第四辑

现代中国与世界

马军 张剑 江文君 等著

上海书店出版社
SHANGHAI BOOKSTORE PUBLISHING HOUSE

主　办

上海社会科学院“中国现代史”创新型学科团队

上海社会科学院历史研究所现代史研究室

目　　录

特　稿

日本军医桑岛恕一在奉天虐待盟军战俘案研究

马　军

2016年6月，东京潮书房光人社出版了工藤美知寻[①]撰写的《军医大尉桑岛恕一的悲剧》(『軍医大尉桑島恕一の悲劇』)。作者试图通过这本结构略显杂乱、薄薄的156页的小书，为自己的同乡——1942年至1944年在中国东北专门关押盟军战俘的奉天俘虏收容所充当军医，1946年被上海美军法庭作为战犯判处死刑的桑岛恕一辩诬，将其之死塑造成冤案导致的"悲剧"，并借此对战后日本B、C级战犯的审判问题(如合法性、准确性和相关程序等)提出了若干质疑。有鉴于此，笔者依据原作者未曾利用的英美战俘日记、中外新闻报刊，以及若干庭审资料，对全案进行了梳理和考证，并进而对其错误和片面的观点予以辨析和驳斥，以尽可能地还原真相。

一、"犹如春芽般的温顺、开朗"

有关桑岛恕一(Kuwashima Joichi，亦作 Kawajima Joichi)的简历，依据《军医大尉桑岛恕一的悲剧》一书可归纳如下：1916年5月30日，生于山形县西置赐郡长井町，是其父桑岛忠一(曾任长井小学校校长、长井町町长)的长子。1934年3月，毕业于县立长井中学校，随即入东京医专(现东京医科大学)成为军医委托生。旋再至陆军军医学校深造，毕业后赴隶属关东军的

① 工藤美知寻，1947年生于山形县长井市，曾在日本大学法学部、维也纳大学、东海大学大学院求学，政治学博士。现为日本保健体育大学(ウェルネススポーツ大)教授，主要研究日本海军史，著有《山本五十六的真实》(《山本五十六の真実》)等。

满洲奉天陆军医院任职。1941 年获军医中尉军衔。1942 年 12 月至 1944 年 10 月在奉天俘虏收容所任医务官，其间晋升大尉。1945 年 8 月“终战”时他正在中国派遣军编成内的济南航空队服役。同年 12 月被遣返回国，与妻子节子、儿子纯一团聚。1946 年 5 月 8 日因战犯嫌疑被逮捕，关押至东京的巣鸭监狱。6 月 10 日经空路押送至上海提篮桥监狱。同年 9 月 5 日至 16 日，上海美军法庭对其实施公审，桑岛被判处绞刑。绞刑于 1947 年 2 月 1 日凌晨执行，骨灰于 6 月间被人带回日本，9 月 1 日入葬长井市内药师寺。①

上述所谓“奉天俘虏收容所”，指 1942 年 11 月至 1945 年 8 月，日本军政当局为关押盟军战俘而在奉天（今沈阳）建立的一座大型战俘营。太平洋战争爆发后，有大批西方军人陆续在东南亚等地被俘。他们经艰难的长途海运和陆路颠簸后，首批 1 428 名战俘于 1942 年 11 月 11 日被押抵奉天，其中有在菲律宾被俘的美军 1 328 人、新加坡被俘的英军 84 人（包括新西兰人）和澳大利亚战俘 16 人。著名的美军温莱特（Jonathan Wainright）将军和英军帕西瓦尔（Arthur R. Percival）将军亦在其列。之后数年又陆续有战俘押到，至 1945 年 6 月 30 日战俘总人数为 1 709 人。同年 9 月 11 日，则有 1 698 名盟军战俘获救撤离奉天。②

鉴于该收容所内曾存在过大量的战争犯罪行为，奉位于华盛顿的美国陆军部之命，1946 年初由中国战区美军总司令部在上海华德路提篮桥监狱组建的美军法庭（American Criminal Commission，亦有译作“美军战犯审判委员会”），对相关犯罪嫌疑人进行了立案审理。1946 年 3 月 14 日，以“虐打及苛待战俘”罪，判处原监视官三木遂中尉有期徒刑 25 年；9 月 16 日，又判处原所长松田元治（Matsuda Genji）大佐有期徒刑 7 年，判处原医务官桑岛恕一军医大尉绞刑。值得一提的是，该军事法庭在前后 9 个月的过程中，总

---

① 工藤美知寻甚至暗示，桑岛恕一类似加藤哲太郎的著名小说《我想成为贝壳》（《私は貝になりたい》）的主人公清水丰松，他因执行上级杀死被俘美军飞行员的命令，而在战后被美军法庭判处死刑（参见［日］工藤美知寻：《軍医大尉桑島恕一の悲劇》，第 86 页）。该小说多次被翻拍成电视剧和电影，主人公的悲剧事迹在日本家喻户晓。

② 杨竞：《盟军战俘在中国——奉天战俘营口述纪实》，人民出版社 2016 年版，第 32、33 页。

共审讯了约50名日本战犯嫌疑人，其中被判处死刑的有6人，桑岛是唯一的一名军医。①

为了替桑岛恕一鸣冤叫屈，工藤美知寻开始了资料调查之路，尽管他多次抱怨资料匮乏②，但还是尽力搜寻到了一些相关书籍。例如《战犯审判的实相》（巣鴨法務委員會『戦犯裁判の実相』，槙书房，1952年）和《世纪的遗书》（巣鴨遺書編纂會『世紀の遺書』，巣鴨遺書編纂會刊行所，1953年），前者可以从中了解到桑岛一案概貌，后者则收录了包括桑岛恕一在内的984名B、C级绞刑犯的遗书和手记。又如《殉国的军医大尉》（桑島治三郎『殉国の军医大尉』，日本医事新報社，1974年），桑岛治三郎与桑岛恕一是亲戚，1968年8月24日他在《医事新报》（『医事新報』）杂志上以《殉国的军医大尉》为题刊登了追悼桑岛恕一的文章。5年后又在同一杂志登载了《继·殉国的军医大尉》，文中增添了新发现的史料和桑岛恕一奉天时期同僚们的回忆和证言。1974年，桑岛治三郎将上述两文与其他刊载在《医事新报》上的文章，再加上若干照片和1946—1947年桑岛恕一在上海的《狱中日记》（被处决后送还给家属）合集出版。

与此同时，工藤教授还曾多次前往东京都千代田区的国立公文书馆，试图挖掘原始档案，但遗憾的是，所获不多。虽然他查到了一份名为“法务大臣官房法制调查部制作·上海审判（审判关系）”的档案（共12册，有1 000多页），“但那并不是美国方面移交的调查和庭审记录，而是日本法务省事后独立调查的记录，包括日本籍辩护人收集的资料，以及从家属那里汇总来的资料和手记，所以肯定没有将全部审判记录网罗进去”。③ 此外，作者还在日本国立国会图书馆的宪政资料室查到了桑岛恕一1946年5月押入巢鸭监狱时的登记记录。④

---

① 其余5人分别为镝木正雄、藤井力、增井昌三、增田耕一和白川与三郎，均涉及1944年12月在汉口虐杀美军飞行员案。

② 工藤说自己曾查阅了30多册有关B、C级审判的书籍，但其中关于桑岛恕一事件的几乎一本也没有。（参见《軍医大尉桑島恕一の悲劇》，第7页）

③ ［日］工藤美知寻：《軍医大尉桑島恕一の悲劇》，第8、72页。

④ ［日］工藤美知寻：《軍医大尉桑島恕一の悲劇》，第64—69页。

工藤教授所依据的核心材料就是这些，坦率地说，具有二手性、有限性和单方面性。由于未能获取美国国家档案馆所藏权威性的上海美军法庭的庭审资料，亦未关注1946年庭审期间的媒体材料，以及中国学术界研究奉天俘虏收容所史的若干最新成果，故而实际上是在这种先天不足的情况下，开始了他的翻案论证。在相当程度上，他只是把桑岛治三郎在《殉国的军医大尉》里讲述的故事又重说了一遍，并没有多少新的观点。

工藤教授试图从展示桑岛恕一的性格入手。依据《殉国的军医大尉》，工藤告诉读者，恕一之名源于《论语》中的“夫子之道忠恕而已”，“就像长井町一带长大的人那样，恕一性格温良，身高近1米7，体格良好，中学时代就是优秀的剑道初段”，“作为父亲的骄傲，他被寄予了很高的期望”，“他学习优异，性格犹如春芽般的温顺、开朗”。[①] 为了强调桑岛恕一的温和性情，以及他在奉天俘虏收容所的工作成绩，工藤美知寻还大段援引了桑岛的收容所同事、监视官三木遂中尉的战后证言：

> 1943至1月至12月，我们作为同事交往密切，我对他的性格、情况，知之甚深。桑岛性格宽厚，责任心强，全身心地救治身体恶化的美军俘虏，让许多在我们这些非医人员看来的重症患者得以康复。
>
> 1942年11月11日，俘虏们到达奉天时的状况是这样的：他们多半在巴丹、科雷吉多尔被围时忍受了饥饿，营养失调，还患有赤痢、疟疾等病。投降后从卡巴纳图收容所到赴奉天的海路（1942年8月至11月），病症在继续传播中。他们皮包骨头，大多数人每天要拉5、6回，甚至30回以上。
>
> 途中到台湾高雄前，船上就死了4个人。从高雄到釜山又死了2个人。从釜山到奉天真是不堪忍受。在釜山兵站医院时有近60个人进了医院，其中死了44人。从奉天站到北大营收容所，一小时内又死了1人。第二天又死了3人。患者超过了700名，入院者有四五十名，其中约半数是因赤痢被隔离的。

---

① ［日］工藤美知寻：《軍医大尉桑島恕一の悲劇》，第12、13页。

收容所最初的附属军医是金子少尉，面对大量的重症患者，痛感设备、药品、卫生人员极度不足，向上司要求妥善的处理方法。由于来不及，他还自费购买药物吐根碱，积极准备代用便器。尽管如此，死者依然不绝，最多的时候，每日要死 5 个人。记得 11 月份死了 50 多人，12 月份也死了 30 人以上。

就是在这样的状态中，到第二年（1943 年）1 月上旬，奉天医院派来了桑岛恕一军医中尉，他经与上司交涉，将医务室升格为“三等医院”（除桑岛外，还配有军医一名，卫生下士官两名，卫生兵约十名），由此增配了药品和卫生材料，同时让俘虏中的重症患者和需要手术的人得以进入奉天陆军医院。经过了这些努力，获得了治疗上的效果。

但是赤痢患者，特别是营养失调的患者，所有的药品和营养都吸收不了，只能枯木般地倒下死去。虽然桑岛就任以后，死亡者逐渐减少了，但还是继续有人死去，因为对那些人来说，无论遇到怎样的名医，无论医院的设备如何好，都是保不住性命的。

反之，如果桑岛没有付出全身心的努力，那么恐怕会死去更多的战俘，他们不会康复，也不会在日本战败后健康地回到祖国。这么说的话，救人命的桑岛军医和收容所内的许多军医（金子少尉、山田少尉、大木少尉），都应该获得俘虏们的真诚感谢吧。①

如果说面对二木遂中尉——同样作为战犯、被战俘们指控有严重暴行、在美军法庭上被判了 25 年徒刑——的话语，需要对其准确性和公正性保持特别的审慎，那么有关桑岛恕一性格温和、工作勤勉的表述还见之于当年的其他同事。既然除了三木遂以外，工藤教授在字里行间并没有“请”出其他证人，那么笔者倒是乐意“相助”。以下是 20 世纪 70 年代初大气寿郎军医写给桑岛治三郎的证言：

我在昭和十六年作为军医预备队员应召入伍，在陆军医院指挥下的兵站医院任职。昭和十八年二月十日，我收到了关东军下达的前往

① ［日］工藤美知寻：《軍医大尉桑島恕一の悲劇》，第 102—105 页。

奉天战俘营进行业务援助的派遣命令，并初次与高洁温厚的桑岛大尉进行面谈。虽然在他指挥下工作时间较为短暂，但我有幸曾与之共事。

那时的战俘营的样子就如同您的文章所说，极尽悲惨，大部分战俘患有营养不良、痢疾和赤痢，因此每天都有死者，他们像是枯木倒地一样凄惨死去。

战俘营仅仅有名目上的医务室，实际上宿舍即是病房。桑岛大尉先生根据疾病种类划分了隔离病室，指挥着由奉天陆军医院带领来的卫生下士官2名，卫生兵数名，美国军医3名，澳大利亚军医1名和战俘卫生兵3—40名，进行战俘的防疫工作，独自一人应对着这种艰难的状况。我记得药物以及卫生用品是在大尉先生的力争下由奉天陆军医院担任着补给。此外，需要外科手术的患者也是经由大尉先生的致力下得以到奉天陆军医院住院。由于他采取了完完全全的人道主义立场并真诚应对，大尉进行着献身性的努力。对于战俘，大尉是他们的救命恩人，理应受到作为救命恩人的感谢；我深深相信，他没有任何遭受到怀恨的道理。当时一般人对于战俘的批判和偏见是非常强烈。大尉采取这样的人道措施需要超乎想象的勇气自不用说，一定是四处低头求人才能办得到的。在我赴奉天上任不久后，哈尔滨的石井部队就派遣来了防疫给水部以进行防疫援助，在防疫之外还实施了细菌检查，我相信这些也都是桑岛大尉先生用心的结果。

由于大规模地实施防疫，极尽猖獗的瘟疫也逐渐偃旗息鼓，很多人的性命得到拯救，恢复健康者也逐渐增多。同年四月的最后一天，我回归原队。

后来，我作为桑岛大尉先生的后任被任命为俘虏收容所的军医，自昭和十九年十一月直到战争结束为止，一直在奉天任职。新建的战俘营在日本所有战俘营里当属第一，我认为这也是桑岛大尉的努力所致。病床数在100左右，具备了小医院的规模。①

---

① ［日］西里扶甬子著，王铁军等译校：《在刺刀和藩篱下——日本731部队的秘密》，沈阳出版社2017年版，第78、79页。

大气军医并非战犯，而且在收容所时期是极少数颇得战俘们好感的日方人员。他不仅用“高洁温厚”来形容桑岛，而且对桑岛的工作给予了极高评价。

事实上，给出类似褒扬之语的还有原卫生兵行方武治，他在同时期是这样回忆的：

1942年12月末，代替与一直以来任职的军医中尉，桑岛恕一中尉（当时）来所工作。同时，卫生军曹以下卫生兵8名，作为支援勤务员来所，让我们感到十分欣慰。

就在大约这个时期，北大营战俘暂定兵舍的搬家计划顺利推行，新建地点定在奉天大东区旧奉天城外东约4公里处。其中，经医务室申请，建造了在所有被称为医院设施的陆军兵舍中最为独具规模的与众不同的医务室。桑岛军医中尉为此也付出了相当的努力。

桑岛军医直接同新京的关东军司令官梅津大将商讨，实现了医务室的三等医院晋升。赤痢也得以平息，生还的战俘通过超过日军标准的4 000卡路里的食品供给恢复了体力。①

如何看待三木、大气、行方上述满是溢美的文字，笔者觉得有几点是必须注意的。其一，作为曾经的战友和同事，他们和桑岛恕一之间存在着某种信念、观念、标准乃至利益的共同性和相关性，所以很难避免“胳膊肘朝里拐”的倾向。其二，大气、行方两人的文字受邀写于20世纪70年代初，具有纪念目的，对因战争已死了20多年的前战友予以较多的美言，也符合“死者为大”的情理。其三，大气医生1943年4月30日便已离开了收容所，直到1944年11月才返所接替桑岛，故而他与桑岛只有两三个月的接触时间，彼此的了解应该并不深入。其四，“温良”“温厚”“温和”，或许是桑岛恕一的一贯性格，他对待战友、同事如是，对待本国人士也如是，但在战争环境中，或者在高强度的工作状态下，他对待敌性的盟军战俘的态度是否也一贯如此呢？这确实是需要去查证的关键问题。但桑岛治三郎和工藤美知寻的书中

① ［日］西里扶甬子著，王铁军等译校：《在刺刀和藩篱下——日本731部队的秘密》，第80、81页。

均没有提供这方面的具体材料。

顺便一提的是，为了表明桑岛恕一是温和、诚实的好人，桑岛治三郎的《殉国的军医大尉》也曾引用过其他一些同事和战友的话语，如广田达三、关口、久保文明、服部一雄、小林茂等，但这些人相识桑岛恕一的时间要么是在他来到奉天俘虏收容所之前，要么是在他离开收容所之后，所以并不能说明什么问题。[①] 但无论怎样，这些人的说辞，一定是加深了工藤教授对桑岛恕一的"好印象"，并进而自己也积极地予以宣扬。

二、"暴虐的畜生"

在奉天俘虏收容所原址上，沈阳二战盟军战俘营旧址陈列馆历经多年维修建设，于 2013 年 5 月 18 日正式免费对外开放，并被列为"全国重点文物保护单位"。与之相应，这些年来，该馆与沈阳九一八历史博物馆、辽宁大学日本研究所等单位的一些学者共同推动下的奉天俘虏收容所史研究，也方兴未艾地开展起来，在一些项目[②]的推动下，贡献出了若干颇有价值的专著、编著和译著，其中主要有《奉天涅槃：见证二战日军沈阳英美盟军战俘营》（杨竞编著，沈阳出版社，2003 年）、《二战时期沈阳盟军战俘营研究》（王铁军、高建著，社会科学文献出版社，2011 年）、《日军侵华战俘营总论》（何天义编著，社会科学文献出版社，2013 年）、《日本盟军战俘营》（杨竞编著，福建教育出版社，2014 年）、《皮蒂日记：奉天战俘营 1942—1945》（杨竞编译、注释，沈阳出版社，2015 年）、《盟军战俘在中国——奉天战俘营口述纪实》（杨竞著，人民出版社，2016 年）、《在刺刀和藩篱下——日本 731 部队的秘密》（西里扶甬子著，王铁军等译校，沈阳出版社，2017 年）等等。需要特别指出的是，上述成果都是工藤美知寻在撰写《军医大尉桑岛恕一的悲剧》一书时未能关注到的，而它们对于全面了解奉天俘虏收容所的整体状况，尤

① 详见该书第 328—361 页。

② 例如：教育部人文社会科学研究一般项目"奉天盟军战俘集中营口述史研究"、辽宁省社会科学规划基金一般项目"奉天盟军战俘集中营历史文化价值的开发与利用"等。

其是医疗条件，乃至桑岛恕一的所作所为具有至关重要的价值。

然而，和原奉天俘虏收容所日方人员的美化言词不同，根据获释后西方战俘们的回忆陈述，以及历史专家们的研究表明，由于“饱受劳役、饥饿、寒冷和疾病的折磨，加之缺医少药和日军非人的虐待”，从1942年11月至1945年8月，共有250名战俘死亡（其中3人被日军枪毙，1人失踪），死亡率高达16%，远高于欧洲战场上德国关押盟军战俘营1.2%的死亡率。[①] 在相当程度上，该收容所与地狱、死亡是一个同义词。

一位英军战俘对日军自以为是的“医疗条件”予以了猛烈抨击：

日本人的药品很古怪。虽然日本也有名医，可是许多所谓的从业人士，不过是比巫师略胜一筹。3名美国医生和1名澳大利亚医生都曾经告诉我说，犀牛角粉在日本人的药品清单上很常见，我还看到过一则药品广告，因为成分里含有珍珠粉，就宣称药力强大。他们把牛奶看作药品而非饮品，而且只能在有医生处方的情况下，以茶匙为计量单位发放。此外，这些医生还告诉我，当我们提出希望用鸦片治疗痢疾时，允许开出的剂量仅为我们认为最小剂量的百分之一。日本医生对于医药认知的标准是，在我们看来是最小的剂量，在他看来则是致命性的。他甚至怀疑我们的医生，要一些鸦片是有着不可告人的目的，可对我们来说分明是必需品。我提到鸦片还只是一个具体事例，这样的情况无处不在。又比如我们需要服用两片剂量的阿司匹林，日本医生却只给出仅相当于我们的药力1/20的半片。当然，许多我们用的药品，日本人从没有听说过。以我们的观点看，这里的医药设备是破旧的和低水平的。例如，进行蛔虫验便时，（我相信）我们当中有39.6%的人都有蛔虫。经过从组织化验到显微镜下检验标本等一番琐碎的工作后，日本人宣布了化验结果，但是却说无药可用，而且也不知道会不会有药品送来。还有，整个战俘营只有一剂抗气性坏疽针剂。日本人常说，在日本各种东西都很丰富，但是在我们看来事实并非如此。我看到过他们的

---

① 杨竞：《盟军战俘在中国——奉天战俘营口述纪实》，第32、33、47页。

部队还穿着日俄战争时期的服装，正如他们缺少被服一样，他们的食物和药品也是缺乏的……①

从1942年初到1944年10月，桑岛恕一一直是奉天俘虏收容所附设医院的负责人，也几乎是唯一的军医。上述英军战俘所描述的存在着医疗水平和观念巨大落差的“日本医生”究指何人，是显而易见的事。此外，字里行间还印证了另外一个现象，即和日本海军日新月异的状况不同，自日俄战争以后，日本陆军的建设出现了明显的停滞趋势，刻意倡导“唯意志论”导致的后果到“二战”时期已暴露无遗，以致在军事学术的诸多领域，包括后勤、医疗、粮食供应等方面，都远远地落后于时代的潮流。事实上，缺医少药、缺吃少穿的政策并非专对盟军战俘，而是基于日本军人自身也面临同样困惑的大背景。战时的青年军官、战后成为日本著名军事历史学家的藤原彰教授在其回忆录《中国战线从军记》中对此有过详尽的阐释。

藤原教授认为，“第二次世界大战中死亡的230万日本军人中有一半以上的人，实际上都不是战死的，而是饿死的，其中主要原因是因为后勤供给断绝，很多士兵患上了战争营养失调症而导致死亡。所以从广泛的意义上来说，他们之中的大部分其实是饿死的。而导致大量军人饿死的重要原因还在于作战优先、轻视补给的日本军队的作战行为特性，在于即使没有粮食，也要凭借气力作战的军国主义精神”。② 就缺医少药问题，藤原指出，由于它跟作战胜负没有直接关系，所以一点儿也不受到重视，从不采取特别的保障措施。野战医院的设备常常极其简陋，因为缺少奎宁，许多士兵感染上疟疾后得不到及时治疗，以致体力衰竭而死，这成为战场病死的最大原因。血清亦严重不足，负伤者的伤口一旦被细菌感染，就只能尽早把坏死的部位切掉。而手术必须的麻醉药品常告不济，有时为了保住生命，不得不在不上麻药的情况下进行切除手或足的手术。藤原不禁感叹“野战医院完全成了伤病员的坟墓”。③ 由此，面对许多伤病员痛苦地死去，军医和卫生兵们也

① 杨竞：《盟军战俘在中国——奉天战俘营口述纪实》，第45、46页。
② ［日］藤原彰著，林晓光译：《中国战线从军记》，四川人民出版社2005年版，第1页。
③ ［日］藤原彰著，林晓光译《中国战线从军记》，第121—124页。

束手无策。

如果说日本军政当局尚且不能充分解决本国军人的医药问题，那么自然不能期望他们在漠视《关于战俘问题的日内瓦公约》(1929年)[①]的前提下，会为敌国的被俘军人施以良好的治疗。笔者由此认为，奉天俘虏收容所的糟糕待遇、孱弱的医疗力量和高死亡率，其根本原因(或者说远因)即在于此。当然，这并不是说具体的执行者就没有个人责任了。

众所周知，日本旧陆军的内部充满着各种暴行，上级打下级，长官打小兵，老兵揍新兵，犹如家常便饭。这种恶劣的情绪和行径，自然也会延伸成对敌国军人和平民的肆意施暴。战俘们的回忆表明，在长达34个月中，奉天俘虏收容所内的暴行从未间断过，点名时"每个人都要(用日语)报出自己的号码。必须说对，不然的话日本人会用枪、战刀或手头有的东西把你打倒"。[②] "殴打的事情是如此经常地发生，以至于不会有谁再会把它当作什么不同寻常的事情予以记录"，"挨拳头或被鞋底掌嘴便是最常见的开场"，"还有很多时候，战俘会因为区区不足挂齿的小小冒犯而遭受毒打"。[③]

在新加坡被俘的英军少校罗伯特·皮蒂(Robert Peaty，1903—1988)冒着极大的风险，偷偷地写下了那几年的日记，战后它成为上海美军法庭极为关键的呈堂证供。[④] 作为一份不可多得的一手史料，笔者从中竟读到了一个形象截然相反的桑岛恕一军医。现将直接提到他的文字摘抄如下：

1943年9月1日

来自皇家炮兵第122野战团的炮手戈宁遭到医务官桑岛中尉的殴打。医务官命令戈宁伸出手来，却只说了一个"出"字。戈宁说，"我不

---

① 日本是签署国，但却并未正式批准。

② 杨竞：《盟军战俘在中国——奉天战俘营口述纪实》，第36页。

③ 杨竞编译、注释：《皮蒂日记：奉天战俘营1942—1945》，沈阳出版社2015年版，第19、20页。

④ 关于该日记的收藏情况，中文编译者杨竞写道："皮蒂少校的日记以英文书写，主要有三种存世形式。其一是日记原件，它作为皮蒂少校的募捐藏品，现藏于英国帝国战争博物馆。其二是庭审证据，1946年9月间，驻华美军上海军事法庭在审判日本战犯时，将检方呈交的皮蒂少校的日记收为证据，该日记也因此与审判记录材料一道藏于美国国家档案馆。还有一种情况，就是它作为史料，掌握在部分学者手中，其来源也多为上述两处馆藏地。"(杨竞编译、注释：《皮蒂日记：奉天战俘营1942—1945》，第250页)

懂，长官。”闻听此言，桑岛便殴打他并把他打倒在地，还试图踢他的裆下部位。事后，戈宁被叫到监视官的办公室，在桑岛医生的指令下，川岛翻译又一次对他进行殴打。

1943 年 10 月 13 日

皇家兵团第二营的一等兵波特昨天夜里列队点名的时候遇到了麻烦，被医生桑岛中尉踢打。

1944 年 8 月 24 日

桑岛中尉休假离开，战俘营医院现在没有主管医生。

1944 年 9 月 6 日

自从桑岛医生把我的假牙拿去修理已经过了两个月，送去的一周后就告诉我修好了，但是他太忙没时间去取。我就没指望还能拿回来，而且我现在已经习惯了没有假牙。

1944 年 10 月 24 日

桑岛医生告别讲话。

1944 年 11 月 14 日

桑岛医生的接替者今天到任，结果不是别人，竟然是大气医生。在旧战俘营的时候他曾经是医生助理。那时，(在桑岛不注意的情况下)他尽自己所能帮助战俘。我知道在药品缺乏的紧急情况下，他自己掏腰包给战俘购买用品。所以，我们倍感幸运，终于逃脱了一个暴虐的畜生，换来了一位有人性的医生。

1944 年 11 月 24 日

我们自己的医生又正式恢复了工作(我没有记录到他们是哪天被桑岛医生驱逐的。大概是在那一次，我和翰金斯致函桑岛医生，指出在他休假离开期间，我们发现医院里的日本人拿红十字会给战俘用的药品给自己用，我们原本以为他会去弄清这种做法是否违反了他的指示。实际上，这些做法他本来就知道甚至是默许过，但是就这么直说会让他很“丢脸”，整个战俘营也会遭到报复。因此，我们等了足够的时间，以便让他知道实际上我们已经知道发生了什么情况，但又不丢他的面子。

结果，我们遭到的报复只是我们自己的四名医生被驱出医院，因为他们对于那里发生的不端行为知道得太多。)①

这就是工藤美知寻所说的那个温顺的桑岛恕一吗？应该就是他吧。

尽管皮蒂的日记不可能涵盖收容所内的全部暴行，但至少“让全世界注意到一幅巨大恐怖场景的一小部分”②。遍阅全文，就对战俘施暴的频率和强度而言，桑岛恐怕仅次于石川大尉和三木遂中尉。③ 这个被皮蒂少校称为“暴虐的畜生”，可能得益于剑道技术，不仅出手狠毒，下脚凶残，而且为了掩盖真相(默许部下挪用国际红十字会提供给战俘的药品)，还赶走了在医院里帮忙、了解内情的战俘军医。当他在1944年10月离职时，皮蒂明显表露出了如释重负的感觉。

如何解释桑岛恕一的“罗生门”现象呢？如果一定要为他的“转变”给出“辩护”的话，或许有以下原因：其一，在战争的严酷环境下，人的性格有可能发生改变，尤其是面对“苟且偷生”的“英美鬼畜”时，鄙夷之情油然而生，这是很多受武士道熏陶的日本人士参战后都曾有过的体验。其二，桑岛及手下为数甚少的卫生员和卫生兵“太忙”了，上级提供的医疗资源又不足，要面对一二千盟军战俘，常常不堪重负，故而将怒气、怨气施加到毫无还手之力的弱者身上，而两方人员在语言上和一些观念上又确实存在着相当的障碍。

根据统计，在死去的250名战俘中，按年度可划分1942年134人，1943年91人，1944年23人，1945年2人。④ 鉴于死亡人数逐年减少，公平地说，桑岛及其医疗班子应当起到过一定的救治作用，但这一切并不能否认收容所的整体恶况和他本人曾经有过的施暴行为。

桑岛恕一于1946年6月10日被押抵上海监狱后，在8月21日接到了

---

① 杨竞编译、注释：《皮蒂日记：奉天战俘营1942—1945》，第75、76、84、124、127、134、137、139页。

② 杨竞编译、注释：《皮蒂日记：奉天战俘营1942—1945》，第4页。

③ 有关石川大尉打人的记载可见皮蒂日记的1943年7月8日、9月1日、10月12日、10月26日(石川在战后失踪)，有关三木打人的记载可见1943年2月20日、7月8日、7月9日、10月3日、10月26日。

④ 王铁军、高建：《二战时期沈阳盟军战俘营研究》，社会科学文献出版社2011年版，第92页。

起诉状，他在这天的日记里写道："罪状有8条，很吃惊，被当成了暴虐无道的人。当时为了那些俘虏们，我尽了最大的努力，毫无遗憾。所以不管结局如何，一点也不恐惧，这就是平常心。"①9月6日日记又写道："都是些不利的证词，这样的话，可能要掉脑袋了，人的行为，好的方面很少被人显示，坏的方面却总是被强调……"②

须知，假如一个人既有善行而同时又有恶行的话，那么法庭的职责并不是要对其进行综合评估，而是要针对后者给出惩戒。

三、"绝对不会被判死刑的"

桑岛恕一是在上海美军法庭上被判处死刑的。批评庭审的不公正，是工藤美知寻的下一个步骤。不过他的材料依然匮乏，除了继续引述三木遂的证言、桑岛的《狱中日记》外，其他的几乎都是其本人的臆测和判断。

桑岛是和前奉天俘虏收容所所长松田元治大佐同案受审的，此时已被判刑的三木遂获准向法庭提供书面证词。三木回忆说：

> 在审判开始前，美籍辩护人、日籍辩护人关屋正彦曾和松田、桑岛和我有过两三次会面，美籍辩护人曾说："此次审判，两个人中，无论谁，绝对不会被判死刑的，对此我很乐观。"
>
> 桑岛之所以被不当地判决绞刑，主要是基于两个重要的伪证：其一是美军战俘中职衔最高的哈金斯中校（在收容所时是少校），作为证人就收容所的境况做了完全虚伪的证词。他说："收容所里的给养很差，由此，在奉天新的营养失调者不断增加，大部分医务官工作怠慢，没有实施恰当的治疗，导致许多人死亡。"
>
> ……
>
> 其二是一个名叫甘纳脱的美军下士官，在满洲工作机械株式会社工作时，喝了工业酒精，结果导致视力受损。他戴着墨镜，在妻子的搀

① ［日］工藤美知寻：《軍医大尉桑島恕一の悲劇》，第75页。
② ［日］工藤美知寻：《軍医大尉桑島恕一の悲劇》，第76页。

扶下到上海军事法庭作证说:"自己在奉天俘虏收容所时,桑岛毫无理由地将其绑在椅子上,灌水,拷打了一个晚上。由此,再加收容所条件恶劣,营养不足,导致了失明"。但这完全是虚构的。[①]

在给法庭的证言中,三木遂自认"曾经动手(用手掌)、日式剑术用剑和木棍殴打过10到15名俘虏"[②],面对这样一个劣迹斑斑的战犯,工藤教授并不对其所谓"两个重要的伪证"的说法进行严谨的辨析和求证,相反却直接援引过来,作为桑岛蒙冤的"有力"证据。实际上,哈金斯(Stanley H. Hankins)的话是基本符合事实的,而所谓甘纳脱(Thomas R. Gagnet)偷喝工业酒精导致失明,却只是三木遂的一家之言,并无旁证。仅靠此孤证就想指控原告方提供了伪证,工藤教授岂非太轻率了。

接着,凭借摘录桑岛恕一《狱中日记》中的只言片语,工藤教授试图表明,对桑岛的庭审存在着不正常的现象,从9月5日开庭至9月16日判决结束,桑岛完全是在旁听,"一次也未获得为自己做口头辩护的机会"。[③] 工藤认为其中的责任主要在于一位美籍辩护人[④]和两位日籍辩护人。前者可能着力避免损害前述两位美国证人的名誉,不愿去揭露伪证,因为战后他们在美国社会享有"勇士"的称号和待遇。而美籍辩护人在审判前对桑岛所说的"绝对不会判死刑的",以及"无论说什么都是不利的"的话语,很大程度上误导桑岛放弃了自辩的愿望,或者也可以说"妨碍了桑岛的自终陈述权"。[⑤] 至于两位日籍辩护人——关屋正彦(Sekiya Masahiko)和川村[⑥](Kawamura Yunosuke),原先都是陆军军官,他们自身也处于有可能成为战犯被告的不安状态,而且对国际法并不熟悉。日籍辩护人可能想当然地认为,桑岛恕一与松田元治是同案受审的,松田是所长,是长官,如果松田被轻判的话,桑岛自然也会得到轻判,所以他们把辩护的重点放在了松田身上。因此,只有松

---

① [日]工藤美知寻:《軍医大尉桑島恕一の悲劇》,第106、107页。

② 杨竞:《盟军战俘在中国——奉天战俘营口述纪实》,第84页。

③ [日]工藤美知寻:《軍医大尉桑島恕一の悲劇》,第22、79页。

④ 指科尔比中尉(Lieutenant Raymond A. Kirby)。

⑤ [日]工藤美知寻:《軍医大尉桑島恕一の悲劇》,第77、108页。

⑥ 此人的汉字全名,待查。

田作了口头上的自我辩护，而桑岛可能认为没有必要讲话，由此丧失了从医学角度为自己辩护的最后机会。但是桑岛并不清楚的是，按照战时国际法的规定，“一旦虐待俘虏的事实被认定，是否出自上级的命令并不重要，责任应由具体实施者来承担”。[①]

就这样，出乎意料的是，作为一所之长的松田元治只被判了 7 年徒刑，而军医桑岛恕一反倒是被判处了绞刑。接下来的文字中，工藤教授又渲染了桑岛的受刑过程，展示了他的遗书[②]，以及遗骨的入葬、遗族蒙受的苦难等。

在对桑岛“冤案”进行单薄的考证，再加部分猜想的同时，工藤教授在全书中还不时表露出如下一些理念，即：984 名被绞死的 B、C 级战犯和桑岛案件具有共同点；终战以后，几乎所有的证人都怀有牢固的“仇恨日本”的观念；B、C 级战犯审判中的许多证言缺乏可信度；美军法庭并不是按照传统建立的，而是此次大战的产物，犯罪类型也好，量刑也好，充满了独断和矛盾；美军法庭并不遵从普通法的繁琐规则，日本人的辩解并无价值，战俘的证言往往具有生杀予夺的权力；[③]等等。

至此，工藤美知寻撰写此书的“深意”已经说得很清楚了。显然，桑岛的“悲剧”只是手段，而非目的。不过话又说回来了，《军医大尉桑岛恕一的悲剧》一书也确实留给了读者们一个疑问，那就是为什么桑岛的长官和一些同事只被判处了有期徒刑（有些人的暴行似乎还超过了桑岛），而唯独他却被处以最重的绞刑？是辩护策略上的失误吗？还是美方因 250 名战俘的死亡，要迁怒、问罪于一个军医呢？或者兼而有之，或者还有其他什么原因？

这些都还需要查阅更多的资料。

---

① ［日］工藤美知寻：《軍医大尉桑島恕一の悲劇》，第 78 页。

② 桑岛的遗书有两封，一封给父母，另一封给妻儿，除了感恩外，并未有涉及收容所和庭审的内容。他宣称：“将以谦恭的心情，服从神安排下的命运……绝不悲伤，亦不怨恨。”（参见［日］工藤美知寻《軍医大尉桑島恕一の悲劇》，第 131—133 页），全文又见巣鴨遗书编纂会《世紀の遺書（複刻）》，第 106—107 页。

③ ［日］工藤美知寻：《軍医大尉桑島恕一の悲劇》，第 21—23、100、102 页。

四、“屠夫”,“不准吵”

上海美军法庭审理松田、桑岛一案期间,许多记者到场聆听、采访,主流媒体亦对其广为报道,其中也包括近代中国最著名的中文报纸《申报》。由于桑岛的发音有 Kuwashima 和 Kawajima 两种,故而常被误作川岛,而且奉天也常被误作长春。《申报》的连续报道对于多方位地了解庭审的过程颇有助益,现搜检如下:

1. 1946 年 9 月 5 日第 4 版《松田川岛两战犯,美法庭今晨提审,被控在长春虐待战俘》:

> 继香港案件后,美军法庭今晨八时,在提篮桥审讯日战犯松田上校及川岛上尉二名,彼等被控在长春虐待美军。前者为日长春战俘管理处主任,后者为管理战俘之医官,两犯对于在长春之美军战俘均备极残酷。美军中校哈金斯(Hankins)及上士甘纳脱(Cagnet)二人,即为受虐待最甚者,渠等已于日前由美抵沪,出庭指证该两名战犯之罪状。缘哈金斯等于一九四一年珍珠港事变时,被日军逮捕,移解长春战俘集中营,至一九四五年苏军入长春时方被释放。哈氏服务军队已十八年,在长春时身受日军之压迫虐待,今将有所指证。甘纳脱上士被俘期间,因受虐待而致双目失明,今次来沪系由其妻伴护。

2. 1946 年 9 月 6 日第 4 版《美法庭鞫审两战犯,虐待战俘手段毒辣》:

> 虐待美军俘虏之前长春日方战俘管理处主任松田上校及医官川岛上尉,昨由美军法庭提审,两犯对于是否自认有罪一节,与以往“荷克案”各犯如出一辙,均答称“无罪”。
>
> 检察官威廉·福勒中尉指称,当时长春俘虏营中美俘备受虐待,其中一百四十人均身罹重疾,而此种疾病实系可以预防者。营中对于俘虏不予防空设备,致有美官兵二十四人于轰炸中罹难。松田上校行为暴虐,某次于观察时,曾令美兵于户外零度下之气候下作长时间之立正。不少俘虏偶有不合,即遭禁闭,概不加以审询。俘虏中有柏莱蒂上

尉等三人，因拟越狱被捕后，竟遭枪决，松田应负此罪行之责任。川岛上尉则身为医官，而忽视其责任，某次为考莱上尉割治盲肠炎，竟不上麻药，考莱呻吟呼痛时，反遭辱骂。

被告辩护人雷芒·科尔比中尉及两日籍律师，要求庭上将两被告分别审问，并拟请日政府以书面证明同意日内瓦战俘公约，此项要求均遭驳斥。

证人哈金斯中校，及失明之甘纳脱上士，昨均到庭，甘纳脱由其妻陪伴，对于本案之进行，其态度甚表关切。

3. 1946年9月8日第4版《长春俘虏营暗无天日，美俘廿四人被炸身死》：

日战犯松田大佐及川岛大尉虐待前长春俘虏营美俘案，昨晨由证人哈金斯及甘纳脱先后证述。哈金斯当堂递呈该俘虏营之照片，指出其地点离一电车制造厂仅二百公尺左右，彼曾建议在营中建筑防空壕，但为松田拒绝，致在某次轰炸中，美俘廿四人被炸身死。松田更迫令伤者致书美指挥部请求停止轰炸此一区域，但结果受伤美军于信中反声称欢迎美空军继续轰炸长春云。第二证人甘纳脱双目已近失明，但昨日犹能步至被告席前，细认川岛大尉后声称："此人即大尉！"甘纳脱继痛述当时情形，谓每次被申诉患有目疾时，川岛均丝毫不理，并拒绝给予任何药品。某次更指彼偷饮酒精，因而拳足交加，并用水刑，故迄今鼻部仍时感不适。至于当时营中医院之一般情形更恶劣异常，川岛每夜离营后即无药品供给，致有不少病人因而病重死亡云。

4. 1946年9月17日第5版《被俘盟军备遭荼毒，日战犯川岛处绞刑，松田判处劳役七年》：

沈阳前敌军战俘集中营医官川岛，因对被俘盟军之种种暴行罪状确凿，业为本市美军事法庭判处绞刑。该集中营主任松田，因毒打美军战俘，且在彼任内，有美籍战俘三人因图脱逃未成，重被逮捕，终至判处死刑，松田亦未谋阻止，因此二罪，亦被判处劳役七年。巴丹岛之役，盟军勇士多人因众寡悬殊不幸被俘，即被拘禁于此集中营内。检察官福勒少校宣读供词时，曾述及巴丹岛英雄温锐德将军之证词，温氏否认曾与松田有书札往来之传说。另一证人为美籍军医汉柏斯德，彼谓根据松田之命令，凡肺炎极重之病俘，日军每日仅予以硫胺剂粉三公分，而即此浅浅之数，于病俘温度稍降时，亦即靳而不与。美军考来军曹被捕时，患有盲肠炎，而川岛故意延不为其诊治，俟其盲肠溃烂时始送入医院施行手术。于一九四四年的，川岛又不允患有耳腺炎之病人与其同伴隔离，结果遂致被传染者达战俘全数三分之一。考来军曹之证词尤极凄惨，彼书面证明云：患盲肠炎达三日之后，始行送院开刀，时适麻醉药业已用罄，彼遂不得不于神经完全清醒之时受英刀圭，偶或呻吟呼痛，川岛则殴击其头，高呼“不准吵”。而手术完毕后，川岛乃又命其自行从手术台爬起，走至床铺。按川岛在集中营中有二绰号，一曰“屠夫”，一即“不准吵”也。

雷纳逊军曹之证词称，一日战俘于劳役毕归营时，川岛命患病者皆行出列。应命而走出者约八九人，彼等之病症多系冻伤，足趾有冻至紫墨者。川岛乃命彼等脱去鞋袜，立于冰块之上，而其时天气，实已寒至零下二十一度。川岛乃向彼等严厉训斥，谓天下初无“冻疮”一物，然后始准彼等离去。

虐待、殴打甘纳脱至双目失明；拖延治疗考莱（Edward S. Coley，又译考来、考雷等）的盲肠炎，在不施麻药的手术中，对其殴击；不对患耳腺炎的战俘进行隔离，致使在所内广为传染；迫使数名伤病战俘在寒冷天裸足立于冰块之上，故意令其冻伤；等等。由此被勾勒出的一个“屠夫”的角色，恐怕也是工藤美知寻不曾知晓的。

就上海的英文报纸而言，最权威的当属有七八十年历史的 *North-China Daily News*（《字林西报》）。该报有两篇报道涉及此次庭审，即 1946 年 9 月 6 日第 3 版 Japanese Face Court For War Crimes（《日本人面对战犯法庭》）和 9 月 17 日第 3 版 Jap Camp Doctor Gets Death（《战俘营日本医生被判死刑》），大旨与《申报》相同。在后文中有这样的字句：“先是听到了对自己上司的判决，然后再听到对自己的判决，桑岛非常震惊，这明显出乎了他的意料……”

1947年2月2日《申报》和《字林西报》又分别对前一天桑岛的受刑过程进行了报道。前者称桑岛“已于昨晨八时三十分在华德路外监内执行绞决”，而松田元治“因未直接虐待俘虏，故罪名较轻，现在东京监狱内执行”。[①] 后者则说，桑岛“平静地”走向了绞刑架，直接负责行刑的是美军宪兵帕尔塞克上尉(Capt. Clarence R. Parsek)。[②]

五、“未出庭质证，但是已经提交其陈述并被列入证据”

当然，最权威的资料还是上海美军法庭的原始庭审记录，如今它保存在华盛顿的美国国家档案馆里。中国学者杨竞曾前往查阅，并将其中若干重要的部分译成中文，收入在其著作《盟军战俘在中国——奉天战俘营口述纪实》第273—290页[③]，从中可以窥见不少面相。

1946年7月3日美国陆军部给位于南京的中国战区美军总司令部发来WAR93445号授权电，命令组成合议庭审判战犯嫌疑人松田元治和桑岛恕一，主审官由麦伦上校(Colonel Daniel H. Mallan)担任，陪审官为里尔中校(Lieutenant-Colonel James B. Leer)、贝里中校(Lieutenant-Colonel C. Radford Berry)和斯戴尔沃特中校(Lieutenant-Colonel Frederick W. Stairwalt)。检察官为富勒尔中尉(Lieutenant William J. Fuller)，被告美籍辩护人是科尔比中尉(Raymond A. Kirby)。该合议庭将遵照“战争犯罪被告人审判规则”，这虽然有了更加宽泛的处理权限，但对于定罪判决仍需要三分之二在场成员的同意。

---

① 《沈阳集中营日医官桑岛执行绞决》，《申报》1947年2月2日，第6版。

② Kuwashima Hanged at Ward Road Gaol, *North China Daily News*, February 2, 1947, p. 3.

③ 原档检索信息为Trial Transcript, the War Crimes Trial of Genji Matsuda, Volume II, Folder 5, Box 1660, Entry 1321, RG 331, NARA。参见杨竞《盟军战俘在中国——奉天战俘营口述纪实》第303页。

在11天的庭审中，法庭共收录副本证据7项，起诉方即检方证据35项，其中包括温莱特将军在内的多名前战俘的书面证据，并进行了多项庭上直接质证和辩方动议，包括多位证人出庭作证。杨竞向读者展示了1947年1月18日美国驻华军事顾问团法务参谋办公室提交给顾问团团长卢卡斯少将(Major General John P. Lucas)的复核书，其中汇总了上年9月庭审时的基干资料。

首先是检方对松田元治的指控：

从1942年12月至1945年8月间，即日本与美国及其盟国处于交战状态期间，日本帝国陆军上校松田元治作为满洲奉天辖内的日本战俘营指挥官，非法蔑视且未履行其职责，未对被关押在该战俘营的美国战俘给予他们所应享有的待遇和保护(且非法未能制止其下属人员对当时羁押在该战俘营的美国战俘施行残酷暴行和其他重大罪行，从而造成大量美国战俘死亡和长期患病)，违反战争法则。[①]

检方概述松田的犯罪事实如下：

1. 未能提供足够的食物、衣服和鞋子，以及供暖和住宿条件。

2. 未能提供充足的药品，尤其是治疗痢疾和维生素缺乏症的药品。

3. 未能提供适当的医疗护理。

4. 未能制止其属下人员施行惨无人道的殴打和其他暴行。

5. 未能制止其下属人员多次在零度以下气温的情况下对美国战俘进行搜查，并致使他们在穿着单薄或完全不穿衣服的情况下暴露在寒风中。

6. 造成或允许许多美国战俘被禁闭长达不合理的时间。

7. 未能提供必要的牙科和眼科治疗。

8. 造成和允许实施多起集体管制和处罚。

9. 准许桑岛恕一对美国战俘托马斯·加格奈特中士(当时为下士)施加残酷殴打和折磨，殴打踢打其头部和躯体，并对其施以水刑，并将

① 杨竞：《盟军战俘在中国——奉天战俘营口述纪实》，第275页。

其湿漉着投入禁闭室，不提供供暖、水、食物或寝具。

10. 未能防止该战俘营的医务官通过迫使战俘光脚站在冰雪中并围着操场跑圈而对病患进行刑罚。

11. 未能让美国战俘知晓该战俘营林林总总的规定，导致其下属人员殴打继而残酷刑罚那些所谓违反这些规章制度的美国战俘。

12. 违法未能避免3名逃跑的战俘被非法执行枪决。

13. 未能就战俘营作出可避免遭到空袭的标示，未能给美国战俘提供防空设施保护其免受空袭攻击。

14. 未能就战俘营收到的国际红十字会药品物资的分发做准备。

15. 未能按照《日内瓦战俘公约》对美国战俘予以待遇。①

其次是检方对桑岛恕一的指控：

从1942年12月到1944年10月，即日本与美国及其盟国处于交战状态期间，日本帝国陆军上尉桑岛恕一(Kuwashima)，又名Kawajima，作为满洲奉天辖内的日本战俘营的医务官，非法蔑视且未履行其作为医务官的职责，故意违法对该战俘营的美国战俘实施残忍的、非人道的和残酷的暴行，从而导致大量美国战俘死亡和长期患病，违反战争法则。②

检方概述桑岛的犯罪事实如下：

1. 未能提供治疗痢疾和维生素缺乏症所需要的药品。

2. 拒绝战俘医务人员使用医院设施而未能给美国战俘提供适当的医疗护理。

3. 迫使许多美国战俘在零度以下气温的情况下，穿着单薄或完全不穿衣服的情况下接受检查。

4. 迫使许多病患美国战俘光脚站在冰雪里并迫使他们围着操场跑圈，以此用作所谓的疾病诊断。

5. 未能提供广泛使用战俘营已经接收的国际红十字药品。

---

① 杨竞：《盟军战俘在中国——奉天战俘营口述纪实》，第275—277页。

② 杨竞：《盟军战俘在中国——奉天战俘营口述纪实》，第277页。

6. 未能给托马斯·加格奈特中士(当时为下士)及其他战俘因视力衰退所需的医学治疗和眼镜。

7. 用刀鞘和拳头凶残殴打托马斯·加格奈特中士,踢打他并对他施以水刑,并未经审判在极其寒冷的天气下,将其投入禁闭室,其衣服还因为遭受水刑后依然湿漉着,长达两天的时间里不提供食物、水或寝具。

8. 为爱德华·克雷下士手术时未能提供足够的麻醉剂并对该战俘击打和虐待。①

随同对松田和桑岛的指控,检方还提出了具体证据,其中关于桑岛的部分见下:

1943年春,有一组战俘报请就诊,桑岛或他的助手让他们围着操场跑步直到体力耗尽倒地(审判记录第82页)。另有一次,桑岛用手诊断战俘是否发烧,手上还戴着手套(审判记录第90页)。

整个冬天里,每7或8天桑岛都要在室外对在工厂劳作的战俘进行一次视察,其间在极其寒冷的天气里强迫他们脱去衣服和鞋(审判记录第43、44、84页),导致发生冻伤(审判记录第45页)和肺炎(起诉证据#24)。这些检查经常要持续30到40分钟,每次有大约400名战俘接受检查(起诉证据#23)。有一名战俘的两个脚趾不得不被截肢,就是因为被要求赤脚站在雪地里接受检查而冻伤(起诉证据#30)。

1944年1月18日,有8到10名战俘在集体就诊时摔倒,其中有3个人是脚趾冻伤,脚趾末端变黑。桑岛要求他们脱去袜子,然后赤脚站到一块冰上,当时气温低于零下21摄氏度,然后他说,根本就没有冻伤这种事(起诉证据#26)。

1944年1月,首批国际红十字会的救济药品抵达战俘营并由日本人负责掌管。在此之前,战俘得到的药品量少质差(审判记录第40页)。第二批国际红十字药品于1944年5月晚些时候运来,而这些药

① 杨竞:《盟军战俘在中国——奉天战俘营口述纪实》,第277、278页。

品到8月晚些时候才开启包装，1944年9月才开始首次发放这些药品，直到1944年11月25日才允许战俘军医使用。而这些药品拆开包装后一直由桑岛掌管，直到他于1944年11月1日离开战俘营（审判记录第41页）。从1944年6月30日到1944年11月24日期间，战俘军医们被桑岛拒绝进入战俘营医院。同时还发现，在桑岛主管战俘营医院期间，日本卫生兵曾盗用国际红十字会药品（审讯记录第42页）。

战俘爱德华·S.考雷中士在禁闭室关押了31天后，阑尾炎发作，3天后被送进战俘营医院就医，桑岛协助手术。手术结束前，麻醉的效力已过，但是桑岛拒绝再给麻药。每当战俘呻吟的时候，桑岛就打他并说："不许说话。"手术后，桑岛还要求他自己从手术台上爬下来到担架上去（起诉证据＃25）。

不允许战俘军医有足够的药品可用，尽管战俘营里有红十字会的药品，但是，直到1944年11月25日，日本军医大気替换桑岛之前，都不许战俘军医使用。1944年2月15日，战俘布利斯特中士在满洲工作机械株式会社受伤。桑岛只给了少量血浆，而印刷在包装袋上的保质期是1935年。布利斯特中士死亡。如果有足够的药品，布利斯特可能还有救（起诉证据＃28）。

战俘托马斯·加格奈特在桑岛到来负责医院之前曾经接受过日本人给予的眼疾治疗，自桑岛到来后便没有再给任何药物，尽管他也曾经向桑岛申请过药物（审讯记录第81页）。加格奈特现在的视力低于20/200，按照美军分级被定为盲人（审判记录第79页）。

1944年10月，战俘托马斯·加格奈特被指控喝了酒精。桑岛掌掴了他，又刀鞘击打他的头和脖子。他被捆绑在了一个椅子上，用毛巾缠绕住嘴和鼻子，然后往嘴和鼻子里灌水。他全身湿透，然后松了绑，被带回禁闭室，但是没有给予食物、毯子或寝具（审判记录第85页）。大概6天后，桑岛来到禁闭室，此时加格奈特还在被关押，桑岛用拳头击打加格奈特的头部直至他昏厥。加格奈特醒过来后，发现桑岛还在踢他。加格奈特的脸部肿胀，眼部发青。后来在 1945 年冬季晚些时候，每次感冒他都要流鼻血。在被关押的禁闭室期间，前两天他都没有食物和水，而且直到被正式处罚前都没给寝具。禁闭室非常寒冷，起初也没有供暖。①

除了打人、虐待、施暴外，私扣和挪用国际红十字会提供给战俘的药品肯定让军事合议庭印象至深，这很容易与收容所内大量战俘的死亡建立因果关系，或许正是因此直接导致了后来的重判。至此，桑岛可能还有通过口头自辩挽回局面的最后机会，但复核书显示，他的确“未出庭质证，但是已经提交其陈述并被列入证据”②。

1947 年 1 月 27 日，美国驻华军事顾问团团长卢卡斯少将批复了对他的死刑判决，并指示在提篮桥监狱予以执行。

至于松田元治，他在自辩中宣称：

他直接向关东军总司令负责（审判记录第 126 页），并称医药用品可以以他的名义从日本人的医院那里获得，战俘营的医生负责估计所需的药品，然后由松田照此申请获取。他说桑岛负责对战俘进行医疗照护（审讯记录第 132 页）。③

换言之，松田认为，就医疗和药品问题而言，应该由具体执行者桑岛负责。针对 15 项指控，他的一系列“推脱”或许是得到轻判的重要因素。1950 年他在巢鸭监狱服刑不到 4 年后即获假释出狱。④

关于桑岛之死还有一种说法，那就是他可能与 731 部队在奉天俘虏收容所对盟军战俘实施的细菌试验⑤有关，故而有关方面为了掩盖真相，把他

---

① 杨竞：《盟军战俘在中国——奉天战俘营口述纪实》，第 285—287 页。

② 杨竞：《盟军战俘在中国——奉天战俘营口述纪实》，第 289 页。

③ 杨竞：《盟军战俘在中国——奉天战俘营口述纪实》，第 287 页。

④ 《麦克阿瑟非法“假释”日本战犯八十一名》，《新华社新闻稿》（1950 年 8 月），第 732 页。

⑤ 有关 731 部队在奉天战俘收容所的细菌试验，王铁军、高建《二战时期沈阳盟军战俘营研究》第 6 章有详细的讨论，作者“认定 731 部队在沈阳盟军战俘营的一条‘活动’主线，即是在战俘营内进行对战俘血液检查和各种疫苗注射（痢疾、霍乱、斑疹伤害等）的试验，随后在沈阳日军的‘奉天第三陆军医院’进行分析，试图通过试验来测试美军士兵的血液特征及对传染病的免疫力。”（该书第 203 页）

灭口了。[1] 但这都还只是猜想,目前并无实据。

此外,工藤美知寻在书中还不断暗示另外一种原因,即盟军战俘们忘恩负义地把当年所受的怨气出到了桑岛军医的身上,把本应感恩的人送上了绞刑架。事实上,这一点在逻辑上有些说不通,假如桑岛真的如日方人员所说的那么完美、对战俘曾竭力救治,战俘们怎么可能把矛头齐集到他身上,他们即使要实施报复,也大有其他看守人员可供选择。

很显然,要彻底搞清楚全部脉络,恐怕还要到美国国家档案馆直接查阅和分析原始档案,仅靠杨竞先生的间接传递是不够的。

小　　结

工藤美知寻采用的资料过于单薄和片面,在此基础上,自然不能指望他会对桑岛恕一军医大尉的战时行为做出公正、准确、全面的评估。试图藉翻此案来颠覆整个 B、C 级战犯审判,则又明显属于能力有限却“抱负过大”的行为。然而,在拙劣考证的同时,工藤对美军法庭的批评也并非全无道理。第二次世界大战以后,人类开始了审判战争罪犯的首次实践,由于历史经验不足,时间仓促,再加各国法律制度的差异,在此过程中,的确出现了许多程序上和法律上的疏漏和失误,这些亦是值得深入反思的。不过,B、C 级战犯审判的合法性和基本原则却不容置疑,因为这不仅是一个学术问题,更是国际社会普遍认可的针对侵略国贯彻正义的重大的政治问题。

在亲友和同事眼中性格温和的桑岛恕一,在战俘们的记忆和笔下却是一个残忍的施暴者,而且他对国际红十字药品的消极处置,可能导致了许多

---

① 例如日本学者西里扶甬子就曾猜测:“身为军医的桑岛是不是实施‘细菌战人体实验’的一员呢? 是不是美国为了细菌战部队相关人员的完全隐藏和免罪,以及独吞实验数据,出于封口或找替罪羊两个目的‘消灭’了桑岛呢?”([日] 西里扶甬子著,王铁军等译校《在刺刀和藩篱下——日本 731 部队的秘密》,第 86 页)另外,王铁军、高建亦有类似的暗示。(参见《二战时期沈阳盟军战俘营研究》第 113 页)西里扶甬子的日文论文《探寻 731 部队的秘密: 它在奉天俘虏收容所干了什么?》(《15 年戦争と日本の医学医療研究会会誌》第 9 卷第 1 号,2008 年 10 月)则专门探讨了两单位的关系。

本可以活下来的人的死亡。这里面的矛盾性和复杂性固然有桑岛个人的因素，但战争的反人性，以及日本旧军队滥施暴力、轻视物质建设、无视国际规则的基本特点，则是根本的、深层的原因。

桑岛被判死刑，相较于他的一些同事，显得尤富“悲剧性”，一个军医，一个也曾为治疗战俘做过许多工作的人，因为他生活中一部分的“恶”，付出了生命的代价！但相较死于日本战争机器的数百数千名盟军战俘，乃至数百万各国的罹难者，他的“悲剧”更倾向于个人性质。对其刻意渲染，而对发生在收容所内的暴行只字不谈，甚至在更大的范围内漠视受害国家的累累惨剧，这样的做法难道不是太自私了吗？

（马军：上海社会科学院历史研究所研究员）

张謇、赵凤昌的交往与清末民初政治

李志茗

“有闭关却扫之风，左顾孺人，右弄稚子；以运甓惜阴之志，门有通德，家藏赐书”①，这是1908年张謇为赵凤昌新建成的私宅惜阴堂题写的一副楹联。二十多年后，该联被收入其自定文集《张季子九录》出版，文本是这样的：“有闭关却扫之风，脱略公卿，跌宕文史；以运甓惜阴为志，方轨前秀，垂范后昆”②，上下联的下半部分与之前完全两样，显然是经过修改的定本。其实初本、定本均为集句，运用汉晋人物冯衍、陶侃典故，“闭关却扫”“左顾孺人，右弄稚子”“脱略公卿，跌宕文史”均出自江淹《恨赋》描摹冯衍的句子，然取用不同，意境也判然有别。定本更加精巧别致，清新隽永，相应地抬高了赵凤昌的形象，使之更儒雅高尚，从原本的独善其身而抱经世之志，兼济天下。张謇前后评价的变化，反映出他对赵凤昌的了解和认识有个不断深入的过程，表明他们之间的交往不仅持续时间长，而且非常密切。赵凤昌收藏有关张謇函电137封，其中张謇致赵凤昌108封，致他人14封，他人致张謇15封（含赵凤昌致张謇4封），时间从1901年至张謇去世前一年（1925），长达25年之久。③

张謇“虽不做官，却有左右政治之潜势力”，是中国近代史上“殊不多见”的人物。④ 有学者早就注意及此，从其与晚清重要政治人物的往来入手，研究他们的交谊与晚清政局之关系，不仅拓宽了近代人物研究的视野，而且丰

① 钱听涛：《“民国的产婆”：辛亥革命的幕后人物赵凤昌》，《纵横》2001年第10期。

② 张怡祖编：《张季子九录·专录》卷九，中华书局1931年版，第6页。

③ 这些函电散见于国家图书馆善本部编《赵凤昌藏札》（国家图书馆出版社2009年版）第1、3、9、10册。

④ 刘厚生：《张謇传记》，上海书店1985年版，第189、190页。

富了中国近代政治史研究的内容，令人耳目一新，印象深刻。[①] 然赵凤昌未取得科举功名，并非达官要人，只是一个被革职回籍的幕僚，他靠什么与张謇建立交往，他们如何相互吸引，保持终生不渝的友情，他们的交谊与政治的关系若何？本文试图以上述赵凤昌收藏的张謇函电为主要史料[②]，通过分析他们的日常交往及主要政治参与活动，揭示转型时代纷繁复杂的政情社会与士人生活。

一、从相互结识到两家世好

张謇比赵凤昌大三岁，一个是南通人，一个是常州人，前者家庭条件较好，从小读书应科举；后者家计艰难，仅上过两年家塾便辍学自课。甲午战争之前，两人互不认识，但不约而同地走上幕僚道路，只是一个去北方发展，一个在南方谋生。促成他们相互结识的是张之洞。甲午战争爆发这年，被革职的赵凤昌最先迁居上海，接着新科状元张謇丁父忧回老家南通，而后张之洞奉命署理两江总督，驻节南京。张之洞不仅赋予赵凤昌、张謇人生的新起点，而且成为他们两人交往的纽带。赵凤昌本为张之洞幕僚，希望由幕而官，出人头地，但突如其来的参革断送了他的官场梦，迎来他人生的至暗时刻。然塞翁失马焉知非福，甲午战争的爆发让他又有事可做，当时积极备战的张之洞再次起用赵凤昌为他搜集情报，购买枪械，赵凤昌趁此机会，在上海经商立足。甲午战争前十余年，张之洞已注意张謇，曾三次聘请他入幕，一次是 1882 年山西巡抚任上，另两次是 1884 年担任两广总督时，但均遭到张謇婉拒，缘悭一面。直至 1895 年，他们才接触较多，往来频繁。先是 2 月 24 日，张謇接到通州知州汪树堂函，张之洞已奏派他总办通海团练，他欣然接受，致函张之洞谈具体的筹办计划，

---

① 如章开沅《翁张交谊与晚清政局》(《近代史研究》1981 年第 1 期)、《张汤交谊与辛亥革命》(《历史研究》2002 年第 1 期)。

② 有些重大活动和事件无法全景展开和呈现，因为张謇、赵凤昌介入的程度有深浅的不同、发挥作用的大小有别，只能着重论述他们共同参与的部分。比如立宪运动，张謇不仅是领导者，而且全程参与，影响很大，但赵凤昌并非要角，只是友情出演，协助张謇做了部分工作。

并提及此前张之洞对他的关爱，充满感激之情："承服明公，夙问旧矣。山西之辟，粤东之招，虽以事会不获陪左右贤俊之列，公所勤勤于吴武壮旧人之义，每用三叹以为难能。"①

张謇深知"团练之不易措手"②，付出了很大的努力。然不久，甲午战争结束，通海团练撤防，并未起到实际作用。尽管如此，对张謇个人的影响巨大，他"既有状元身份，又是奉旨总办团防，并且和两江总督也有些往来，这样就大大提高了声望，俨然成为通海地区的头号绅士"，"把自己的影响辐射到更多的社会层面"。③ 这是张之洞给张謇带来的第一个新变化。第二个是张謇"实业救国"思想的形成。由于都对《马关条约》割地赔款切齿痛心，张之洞和张謇有共同语言，多次见面长谈，商讨自强对策，形成了许多共识，充分体现在后者为前者起草的《条陈立国自强疏》中。"这篇奏稿既是两人合作的产物，又是两人的一次'心迹交流'"，张之洞兴办洋务的"实践和思想启发了张謇走上实业救国之路"。不仅如此，他还"在具体行动上，将张謇推上了兴办实业的舞台"。④ 此即张謇的第三个变化，成为状元实业家。1896年2月，张之洞奏请在通海设立纱丝厂，推荐张謇担当此任。张謇赞赏张之洞设厂的主张，认为是"求实地进行之法"，但对于自己奉命办厂是经过激烈的思想斗争才答应下来的："余自审寒士，初未敢应，既念书生为世轻久矣，……而秉政者既闇蔽不足与谋，拥资者又乖隔不能与合，然固不能与政府隔，不能不与拥资者谋，纳约自牖，责在我辈，……踟躇累日，应焉。"⑤自此发端，张謇走上一条与以前完全不同的人生道路，成为近代中国践行实业救国的优秀典范。

甲午期间不仅张謇与张之洞往来密切，赵凤昌也跟张之洞互动频繁。在此过程中，以张之洞为中心，张謇与赵凤昌应该相互知道和了解对方，但

① 《张謇全集》编委会编：《张謇全集》第2册，上海辞书出版社2012年版，第68页。

② 《张謇全集》编委会编：《张謇全集》第8册，第387页。

③ 章开沅：《开拓者的足迹——张謇传稿》，中华书局1986年版，第47页。

④ 冯祖贻：《张之洞与张謇》，《贵州社会科学》1997年第6期。

⑤ 赵德馨主编：《张之洞全集》第3册，武汉出版社2008年版，第339页；《张謇全集》编委会编：《张謇全集》第8册，第1011页。

他俩究竟什么时候相识，何时开始交往，却无从得知。[①] 在张謇日记里，他们最早的见面记录是 1903 年 7 月 31 日："晤菊生、时薰、竹君"，即张元济、樊棻、赵凤昌，这句话看似平常、简单，却显示他们四人关系非同一般，已很亲密。《赵凤昌藏札》所收张謇致赵凤昌最早的一封信是 1901 年 5 月 18 日，信云："讯至并《赵小山印谱》。叙承尊属。小山亦故人，率为短章，得弗嫌其寂寥耶？寄去，幸正。"[②]从信的内容看，是赵凤昌先给张謇去信，并附上《赵小山印谱》，请张謇写序。赵小山即庆宽，为赵凤昌好友。该信没有客套话，开门见山，直接说事，表明两人关系已非同一般，比较熟悉，至迟在 1901 年年初即已相识相知。在这一年的随后日子里，张謇又给赵凤昌写了 5 封信，多为他办实业碰到的问题求助于赵凤昌，说明他们联系频繁，投桃报李，相互帮忙，张謇很认可和相信赵凤昌的办事能力。其中一封涉及湖北纱局，张謇甚至请赵凤昌想办法、写方案："愿公智囊中少出余绪，为草一呈，或条示次第。"另一封说他所乘从南京至武汉的"江裕"船中的三日饮食起居，"皆承君赐，感戢无量"。[③] 他去武汉是应张之洞之邀前往商量覆奏清末新政谕旨事，同行的还有沈曾植。赵凤昌细心周到地为他们置办船中的饮食起居，这种真诚友好、热情体贴的品质更增添了张謇对赵凤昌的好感。

因此，他们两人越走越近，不仅交情日益笃厚，而且创造条件修通家之好。他俩都中年得子，巧的是两个孩子同年出生，且均为独子，因此他们既疼爱自己的儿子，也十分关心对方的儿子。1910 年 7 月 17 日，张謇致信赵凤昌，说 23 日要带儿子张孝若去南京参观劝业博览会，回家时将从上海经过，"俾与世兄相识，得一胜己之友"。27 日，张謇父子到上海，赵凤昌、赵尊岳父子立即前往看望，令张謇很感动。第二天，他带儿子到赵凤昌家做客。

---

① 张謇晚年自订年谱里对重要的朋友都会注明结识的具体时间，如光绪十五年九月"始识山阴汤蛰先（寿潜），与为友"，光绪二十六年七月"识武进刘厚生（垣）"（《张謇全集》第 8 册，第 1007、1016 页）。该年谱张謇还寄请赵凤昌补充缺漏，但两人何时结识并无记载，表明他们的相识较为特别，似乎难以确定一个具体的时间节点。

② 《张謇全集》编委会编：《张謇全集》第 8 册，第 567 页；国家图书馆善本部编《赵凤昌藏札》第 3 册，第 429 页。

③ 国家图书馆善本部编：《赵凤昌藏札》第 9 册，第 212、203 页。

29日，张謇致信赵凤昌，说昨天惜阴堂之聚丝毫不弱于历史上的荀陈会坐，“儿子颂公家庭之盛与身受之宠”，“感荷感荷”！次日坐船回家途中，他又了解到赵凤昌夫人送东西给自己儿子，再写信给赵凤昌表示“感谢不尽”。[①]从张謇的信中，不难看出张孝若第一次去赵家便很受欢迎，得到热情款待。后来，赵尊岳回忆这段往事，说张謇携张孝若“观南京南洋劝业会，迂道海上，栖息惜阴堂，谓与余同岁，当缔奕叶之交。归即赋五古一章见贻，余亦有和章，则两为改定之，自此两家世好，音问勿替”。[②] 成为世交后，他们两家两代之间的走动更加频繁，犹如亲戚一般，张孝若每次到上海，都会住在赵凤昌家，与赵尊岳切磋所学。以孩子为媒介，张謇和赵凤昌之间又多了不少共同的话题，加上他们都从事工商行业，在生意上有往来，因此，他们越来越趣味相投，志同道合，当时局不稳时，他们为身家性命安全计，能够声气相求，挺身而出，表达关切，积极作为。

二、投身立宪

世纪之交的庚子年，义和团在华北掀起狂飙巨澜，酿成八国联军侵华战争，而南方则出现截然相反的一幕，各省联合起来，与各侵略国达成和平共处、互为保护的协议，极力阻遏兵燹的蹂躏和荼毒。南方之所以会采取东南互保措施，维持地区社会秩序和稳定局面，是各省官绅通力合作的结果，张謇、赵凤昌积极参与其中，发挥了一定作用，但他们分别行动，并没有共同筹议谋划的记载，[③]说明他们当时还不太熟识，但经此重大事件后，彼此相互了解，发现双方有许多相同点，如均处“通官商之邮”地位，政治见解、立场较为一致；关心地方、国家政局，有强烈的经世意愿。物以类聚，人以群分，他们志同道合，于是乃相与谋。

---

① 国家图书馆善本部编：《赵凤昌藏札》第3册，第233、235、237页。

② 赵尊岳著，陈水云、黎晓莲整理：《赵尊岳集》（叁），凤凰出版社2016年版，第787页。

③ 张謇有日记、自订年谱存世，记录了他参与东南互保的活动（《张謇全集》第8册，第482—488、1016页），赵凤昌则撰《庚子拳祸东南互保之纪实》（《人文》月刊1931年第2卷第7期）叙述他发议东南互保的过程，但他们的文字中都没有提及对方。

庚子之变后，“有志之士，多起救国之思”①，萌发了革新的愿望。张謇“以为非改革政体，不足以系人心而回天命。又念人民知识，梏于累千百年之专制，仓卒无由以自振。乃与三数同志，谋师德、日之立宪。上朝下野，奔走陈说，冀幸万有一成之日”②。1903 年赴日考察后，他对君主立宪制度更加热衷。1904 年 2 月日俄战争爆发，他从报上得知“日获小胜二”，就断定这场战争实为立宪、专制二政体之争，而且前者占优势，因此在 1904 年 2 月 15 日的日记里，他感慨地写道：

> 日本全国略与两江总督辖地相等，若南洋则倍之矣。一则致力实业、教育三十年而兴，遂抗大国而拒强国；一则昏若处瓮，瑟缩若被絷。非必生人知觉之异也，一行专制，一行宪法，立政之宗旨不同耳。而无人能举以为圣主告也，可痛可恨。③

为了能向圣主上达改行宪政的好处，张謇等主要采取了两方面措施：一是走上层路线，寻求地方督抚和中央枢臣支持。1904 年 4 月，湖广总督张之洞到南京同两江总督魏光焘商量江南制造局移建新厂事，张謇趁机前往拜访，游说他们推动立宪，并主动代他们起草立宪奏稿。张之洞、魏光焘均已年近古稀，虽赞成立宪，但不敢公然倡导，用张謇的话说，“其论亦明，其气殊怯”。所以他对所起草的奏稿非常谨慎，力求委婉，反复修改。5 月 17 日定稿，还传阅多位友人，“属各以所见磨勘之”。至 20 日，经三易其稿，才抄送魏光焘。6 月 10 日，他又以第七稿寄呈魏光焘，但仍不放心，不仅自己再推敲，还请赵凤昌、汤寿潜帮忙打磨。④ 因赵凤昌曾是张之洞亲信幕僚，为他起草过文书，深知写作技巧和张之洞的偏好。《赵凤昌藏札》收有这份经三人重新斟酌的立宪奏稿，在主要改动页的天头上，除了补充内容外，赵凤昌还细心地将文中改动字迹不清之处重新誊抄一遍，并标明哪些内容是谁修改的，为我们留下一份弥足珍贵、极具价值的原始资料。

---

① 《孙中山全集》第 6 卷，中华书局 1982 年版，第 235 页。

② 国家图书馆善本部编：《赵凤昌藏札》第 10 册，第 469 页。

③ 《张謇全集》编委会编：《张謇全集》第 8 册，第 577 页。

④ 《张謇全集》编委会编：《张謇全集》第 8 册，第 583—584 页。

根据这份资料，立宪奏稿主要改动计 14 处，其中赵凤昌 6 处，张謇、汤寿潜各 4 处。赵凤昌不仅改的地方多、幅度大，而且凡经他润色之处，点铁成金，气势和意境不凡。如第 1 处写列强环伺，原稿分国叙述，赵凤昌改成先总论各国动态，再分论各国具体行为，让人立即产生时不我待、局势万分危急的感受；第 13 处则相反，原稿“按照各国初行宪法章程办理”，指向不明，无所适从，赵凤昌将“各国”改成“日本”，目标明确，可操作性强；还是第 13 处，将“乘此中立之时”改为“为目前救急计”，语气更强，也更有说服力。第 11 处原稿“适于皇太后开其盛，而皇上席其成”，论及慈禧太后、光绪帝的不同贡献，有讨好前者压低后者之嫌，赵凤昌改成“适于皇太后、皇上廓宏规而开景运”，则既突出前者，又尊重后者，无畸重畸轻之弊。尤值得一提的是，汤寿潜翰林出身，赵凤昌连秀才都不是，但在汤寿潜修改稿的基础上再做修改，可见赵凤昌经过张之洞幕府的历练，文字功夫非常了得。据张謇日记，这个立宪奏稿十易其稿，最后一次是赵凤昌“考定日本国会借债八百兆之数，又增入前稿，至是十易矣”。而实际该稿是十一易其稿，《赵凤昌藏札》收有 1904 年 7 月 16 日张謇致信赵凤昌，说据报纸报道，旅顺两礼拜内将被日本攻下，“下则即有变相”，“原稿内‘英复以大枝兵舰游弋’云云，须改作‘英、德、法、美各以’云云”。① 说明该稿虽为张謇起草，但最终放在赵凤昌处，由他统稿、定稿。这应该是他们两人在政治方面的第一次合作。自此一发不可收，凡家国大事，他们“大都共计相商”，长达 20 余年。②

不幸的是，对这份反复修改、“语婉甚而气亦怯”的立宪奏稿，张之洞非常慎重，不肯轻易上奏，再三叮嘱张謇先了解直隶总督袁世凯的态度再说。张謇原本是袁世凯的老师，因看不惯他飞扬跋扈、目中无人而与之绝交已达 20 年之久，但为立宪故，不惜拉下老脸，主动给袁世凯写信，结果“袁答尚须缓以俟时”。③ 于是，这份奏稿被束之高阁，未能上达天听。策动疆臣不成，

---

① 《张謇全集》编委会编：《张謇全集》第 8 册，第 584 页；国家图书馆善本部编：《赵凤昌藏札》第 9 册，第 230 页。

② 国家图书馆善本部编：《赵凤昌藏札》第 3 册，第 432 页。

③ 《张謇全集》编委会编：《张謇全集》第 8 册，第 1020 页。

张謇、赵凤昌、汤寿潜、张美翊等东南精英经过商量，决定寻求枢臣支持。1904年6月3日，张美翊写了一份说帖请人转呈其师军机大臣兼外务部尚书瞿鸿禨，希望他倡导立宪，于年内颁布诏令，预备改行宪政。9月10日，汤寿潜也致信瞿鸿禨，提出实行宪政的策略。在东南精英的努力争取下，瞿鸿禨深受影响，对立宪表示浓厚兴趣。① 就此而言，走上层路线方面，东南精英终于有所突破，取得一些成效。

二是翻译出版宪政类著作，供士人阅览。在上述被搁置的立宪奏稿中，张謇盛赞日本宪法是伊藤博文考察欧洲各国，对它们的宪法"斟酌损益，慎之又慎"，历经十年制定出来的，伊藤博文又亲纂《日本宪法义解》进行权威解读，条分缕析，纲举目张，成规具在，建议清廷"采择施行"。② 因此，他主持译刊的第一本宪政书就是《日本宪法义解》。该书由沈纮翻译，赵凤昌负责在上海印制。张謇于1904年6月22日为该书作序，7月12日就催问赵凤昌书印成否？因为当时朝廷高层已有人赞成立宪，需趁热打铁提供养料。③ 两天后，张謇接到密信说，载振收到王清穆请求立宪的上书后，不仅赞成，而且告诉其父亲奕劻，奕劻"亦深以为然"，"但言须稍从容"。他认为这是好消息，又致函赵凤昌问"印书成否"，希望"速成、速布、速进"，"以百本即见寄"。同时他听说张之洞主张"有限制宪法"，"民间有义务无权利"，抨击这是以"学术杀人"，请赵凤昌"不可不尽言"，规劝张之洞改变看法，不要犯"毒民"之罪孽。7月16日，张謇再致信赵凤昌，说"北方殊有动机"，"日盼印成之书到眼"，因为"书来若迟，寄出亦迟"。④ 从张謇频频催促赵凤昌印书，说明他对立宪非常热心，积极推动。

赵凤昌何尝不是如此，甚至比张謇更有办法。他告诉张謇想把《日本宪法义解》寄给庆宽"径达内廷"。张謇对此很赞赏，但内心又很纠结："目下止

① 侯宜杰：《二十世纪初中国政治改革风潮》，人民出版社1993年版，第50—52页。
② 国家图书馆善本部编：《赵凤昌藏札》第3册，第550—551页。
③ 《张謇全集》编委会编：《张謇全集》第8册，第584页；国家图书馆善本部编：《赵凤昌藏札》第9册，第229页。
④ 国家图书馆善本部编：《赵凤昌藏札》第9册，第231—232、230页。

盼此一路”,“但不知丛桂留人处机括何如”?① 因为张謇自己向高层送达《日本宪法义解》的路都被堵死了,只能寄希望于庆宽这一路,但又对庆宽能否办得到充满疑虑,故言不知庆宽处“机括何如”? 庾信《枯树赋》有“小山则丛桂留人,扶风则长松系马”之句,庆宽,原名赵小山,“丛桂留人”代指庆宽。出乎张謇意料的是,庆宽还真办成了。多年后,张謇在自订年谱中写道:

> 六月,刻《日本宪法》成,以十二册由赵竹君(凤昌)寄赵小山(庆宽)径达内廷。此书入览后,孝钦太后于召见枢臣时谕曰:“日本有宪法,于国家甚好。”枢臣相顾,不知所对,唯唯而已。旋命其七弟来沪,托凤昌选购宪法各书,不知赵故预刻宪法之人也,举告为笑。②

这里的《日本宪法》为《日本宪法义解》的简称,但许多学者都误认为与《日本宪法义解》是两种不同的书,故特予指出。慈禧太后读过《日本宪法义解》说好,枢臣马上派人选购,而且找的就是赵凤昌,一方面表明赵凤昌名声在外,高层也要托他办事,另一方面也体现张謇、赵凤昌刊印《日本宪法义解》收到成效,打破“无人能举以为圣主告”的现状,引起清廷兴趣和重视。

为此,张謇深受鼓舞,继续向朝廷高级官僚赠送《日本宪法义解》一书,以便扩大影响。他曾致信赵凤昌,问“尊处尚有前印《宪法义解》否? 有则请分十六七本,以便寄京”。11 月 21 日,张謇在南京拜见兵部侍郎铁良,“闻其言论甚明爽”,两天后即以“《宪法义解》印本送铁侍郎”。事后,他函告赵凤昌说铁良“愿研求宪法,亦难得也”。③ 总之,在张謇、赵凤昌等东南精英的努力下,对清廷上至慈禧太后下至中央、地方大员进行了一番宪政启蒙,多少起到了些许作用,促使他们将立宪提上了议事日程。1905 年 12 月,张謇在日记中说,立宪动机起于铁良、徐世昌之入军机处,端方进京召见时又反复言及,载振也在旁帮着说话,慈禧太后遂决定派遣大臣出洋考察政治。④ 次年,五大臣考察归来,朝廷即颁布仿行宪政上谕。于是,掀起了一

① 国家图书馆善本部编:《赵凤昌藏札》第 9 册,第 235 页。
② 《张謇全集》编委会编:《张謇全集》第 8 册,第 1020 页。
③ 国家图书馆善本部编:《赵凤昌藏札》第 9 册,第 233、236 页;《张謇全集》编委会编:《张謇全集》第 8 册,第 595 页。
④ 《张謇全集》编委会编:《张謇全集》第 8 册,第 620 页。

个立宪运动高潮。年底，为推动立宪运动的发展，促使君主立宪政体的尽快确立，东南精英在上海成立预备立宪公会，公推郑孝胥任会长，张謇、汤寿潜为副会长。

赵凤昌于宣统元年加入该会。当时各界对立宪抱有很高的期待，均认为只要实行宪政即可毕其功于一役，国家从此走向富强，所以立宪成为一时风尚，士人积极鼓吹立宪，政治热情高涨，政治参与活跃，政治诉求也越来越多。然而，清廷又无法满足他们日益增长的要求和愿望，便引发了许多政治抗争。面对这些扰攘、喧嚣，赵凤昌似未受打搅和影响，不见有什么表现，但这不意味着他置身事外，实际他密切关注时局，有自己的观察、判断和思考。1911 年 5 月，皇族内阁出笼，坐实了清廷假立宪的本质，引起一片斥责和反对。张謇特地赶到上海，与赵凤昌、沈曾植、汤寿潜联名上书摄政王载沣，极力规劝他危途知返，“更引咸、同间故事，当重用汉大臣之有学问阅历者”。[①]随后张謇还亲赴北京对载沣等皇室贵胄作最后忠告，但均未引起积极回应，并尽快采取补救措施。这种麻木迟钝和不自知注定了清王朝行将覆亡的命运。

三、注力社会联美

投身立宪运动期间，张謇和赵凤昌还努力从事“中美国民外交”，力图与美国商界加强联系，开拓世界市场。其办法是“与美联络，输入其财，兴办农工之业，分年归还本息商借”。[②] 由于当时张謇忙于筹办南洋劝业会等事，与美国商界的接洽主要由赵凤昌组织策划，张謇称他“甚注力于社会联美”，为“接待美团事，所筹至当”。[③] 在所写《记宣统二年美国特组商团来游中国》一文中，赵凤昌自述其缘起：

① 《张謇全集》编委会编：《张謇全集》第 8 册，第 1026 页。

② 章开沅：《开拓者的足迹——张謇传稿》，第 214 页；国家图书馆善本部编：《赵凤昌藏札》第 3 册，第 242—243 页。

③ 《张謇全集》编委会编：《张謇全集》第 8 册，第 698 页；国家图书馆善本部编：《赵凤昌藏札》第 3 册，第 233 页。

宣统元年，美国商人大来游历扬子江，至汉阳看炼铁厂，循京汉车道至北京，复回上海，秋间返国，尚贤堂彼邦教士李佳白博士饯之，邀予晤谈。席间大来颇责中国排外，谓自南至北，此风均盛。其时我国正争铁路、矿务不借外债，其说非无因。予告之曰：汝来华所遇皆洋行雇员，所述多传闻异辞，不足为据。我国士大夫之所反对者，系政府受强权之条约，及订片面之合同。强权条约，如君必主公道，当亦以中国外无一国能受。至片面合同，如铁路借款，并将沿铁路三十里内之矿产属之，试问贵国多外商营业，曾见有此合同否？凡中国具有知识明白事理之人，深知中国物产丰富，惜乎科学未昌，尚少发明。中国幅员既广，铁路仅仅发端，既少人才，更乏赀力，正欲延揽各国人才，借助外来资本，何云排斥，实正欢迎！望汝约贵国商旅来游中国，我各省谘议局议员，定能欢待。渠乃欣然，谓久有组织美西商团来华之意，同人欲行仍却，今回去后，必力图成之。

大来拥有九艘商轮，是美国旧金山大来公司创办人。除总公司外，他还在西雅图、上海、天津设有分公司。1900年起开展对华贸易，是第一个从中国引进生铁和铁矿石的美国商人。[①] 宣统元年，他来华考察业务，在李佳白引荐下结识赵凤昌。他本对中国有很多偏见，但经赵凤昌上述一通解释，始捐弃前嫌，并愿意组织商团来华访问。经一年多的准备，于1910年9月成行。为了更好地接待他们，3月19日，赵凤昌和汤寿潜说服张謇接受民间联美之事，赵凤昌并向他索要照片，转赠大来。9月1日，张謇“寄去五十七岁相片一张”，并交代赵凤昌说：“背面应记姓名、本贯、职业，须请严以亭君以英文译书于后印之。”[②]严以亭，即严饴庭，名善坊，浙江桐乡人，曾任《申报》主笔，美国商团访华时随从翻译。15日，美国商团抵达上海，受到各界热烈欢迎。赵凤昌说团员都是美国西部“筚路蓝缕时开辟之人才，且有兼长

① 章开沅：《开拓者的足迹——张謇传稿》，第218页；虞和平、王杰译：《大来日记》，《辛亥革命史丛刊》第9辑，中华书局1997年版，第204页。

② 《张謇全集》编委会编：《张謇全集》第8册，第1025、698页；国家图书馆善本部编：《赵凤昌藏札》第3册，第248页。

学校，或曾任府尹，并有医员，不仅称为商团，而亦可称政团”。23 日，他们到南京，25 日，张謇在建筑尚未完工的江苏谘议局新址举行隆重的欢迎宴会。作为议长，“张謇热情而又认真地主持了这次宴会，到会的还有包括奉天在内的十六省谘议局代表，所以实际上是一次全国性的立宪派与谘议局系统的联合欢迎”①。大来在日记里也记述了宴会的盛况：

> 江苏省谘议局邀请我们出席在他们的议会厅里举行的宴会，这是一个尚未完工的建筑。这种谘议局相当于我们的州立法院，其建筑相当于我们的州议会大楼。由于他们刚刚开始实行立宪政府的新方针，全体议员的会议是极其重要的，所以他们急于从我们身上了解到，什么是已被我们的联邦政府形成过程所证实的成败之由，以便他们能够采纳成功的方式而避免失败的方式。我们的宴会在他们的议事厅里举行，这个议事厅是第一次启用。更值得注意的事情是，他们的议长在席间提议为美国总统的健康干杯。毫无疑问，这幢建筑为我们的荣誉而开放，它已成为一个划时代的事件。讲话采用汉语和英语，主要的演说是议长和西雅图的白澜先生。后者作了一个关于立宪运动的动人而详尽的演说。②

11 月 9 日，赵凤昌设宴款待大来等。《记宣统二年美国特组商团来游中国》一文仅简单提及：“美团中有因要务分起先回国者，大来夫妇及他团员仍来沪回国，由予饯之于惜阴堂，张、汤两君亦在列。”但张謇和大来日记都有较详细记载，可资补充。张謇日记云：“竹君约同熊秉三、叶揆初与余及严饴庭、杨仲达与美商达赉、华尔特两夫妇合宴。熊、叶夫人及厚生夫人与竹君夫人俱在座，凡十四人。欧美风俗，凡宴客以十三人为忌，盖耶稣门徒十三人中有一人卖师者，故耶稣遇难，至今奉教人忌之，妇女尤甚。竹君于接待外宾事，自室中陈设及饮馔言语之节，无不审慎，可谓能用心者矣。而能破费私资为国家社会谋安全之计，同人中尤不多见也。”据此可知，外宾为大来夫妇、华尔特夫妇，中方出席者为张謇、严饴庭、杨仲达以及赵凤昌夫妇、

---

① 章开沅：《开拓者的足迹——张謇传稿》，第 219 页。

② 虞和平、王杰译：《大来日记》，《辛亥革命史丛刊》第 9 辑，第 215 页。

熊希龄夫妇、叶景葵夫妇和刘厚生夫人。赵凤昌说“张、汤两君亦在列”，指张謇、汤寿潜，可汤寿潜并未在列，显系他记忆有误。大来日记说他们回国前在上海10天，每天有人招待午、晚餐。“最突出的是在赵竹君公馆，这一家的夫人们和其他人员都出席作陪。这是超乎寻常的，我们都非常快乐。在场的男宾中有江苏省谘议局议长、奉天将军和其他有名华人。我在南京见过这位谘议局议长，虽然他不会讲英语，但是通过翻译，我们就立宪政府问题进行了一次非常有趣的讨论，目前这个问题是他们面临的最重要问题，他们都迫切地向我们了解我们所知道的各种立法机构。”[①]奉天将军应指熊希龄，时在奉天任东三省清理财政正监理官，大来可能搞错其职衔了。

正是赵凤昌按照西方礼仪的用心接待，大来、华尔特非常高兴，愿意与中国商会合作，并达成建立两国商人互访机制。随后，张謇、赵凤昌设立报聘美团事务所，积极组织中国商团回访美国，张謇任团长。美国那边也做好接待准备，可惜因辛亥革命爆发而罢。1912年，张謇向总统袁世凯再提组织商团赴美访问之事，袁世凯担心“张至美后，为外交所重，忌之，即力言汝年已高，岂可远渡重洋，至再阻之”，结果张謇、赵凤昌所致力的中美国民外交最终失败。[②] 赵凤昌不禁在《记宣统二年美国特组商团来游中国》文末感叹“千古忌才，同一秘诀”，对这场国民外交的夭折扼腕叹息。

四、支持袁世凯政府

袁世凯是深谙权术的政治强人，从清帝逊位到他就任临时大总统，举凡首都之争，内阁人选之争、参议院北迁之争都以他的胜利而告终。北京临时政府正式成立后，他当然更要集权中央，加强控制，尤其革命党人在南方还拥有重兵，令他放心不下。于是，他把防范异己力量、消除政治隐患放在第

---

① 《张謇全集》编委会编：《张謇全集》第8册，第708页；虞和平、王杰译：《大来日记》，《辛亥革命史丛刊》第9辑，第235页。

② 《张謇全集》编委会编：《张謇全集》第8册，第708页；赵凤昌：《记宣统二年美国特组商团来游中国》，《人文》月刊1932年第3卷第2期。

一位，并积极拉拢与革命党关系非常密切的赵凤昌，为他所用，主要表现在两方面：一是以金钱维系。据袁世凯幕僚唐在礼称，袁世凯设有专管特务费的军需处，“最重要工作就是调拨支付特别费”，其所列政治性怀柔费用第二类“大数目的，即每次馈送总是十万、八万元的”，名单中就有赵凤昌，对赵凤昌的说明是“江南的重要人物”。[①] 二是聘请赵凤昌为北京政府顾问，赵凤昌第一时间婉拒，袁世凯没有勉强，复电请继续支持他：“电悉。谦德遐心，弥深渴想。仍乞关怀大局，时惠好音，则拜赐多矣。”[②]对于张謇，袁世凯则诚邀其参与国务，但被谢绝。张謇认为自己处江湖之远，能在野为袁世凯“拾遗补阙”“遥为声援”，发挥作用更大，“若一处行政地位，侪于国务，则言论转难发挥，而与社会亦易隔阂，故窃以为不可”。[③]

自袁世凯出山后，张謇与赵凤昌都暗中支持他，为他当选临时大总统出谋划策，费尽心机。他正式就任临时大总统后，张、赵二人更是不遗余力地呐喊助威，有合作、有分工地帮助他排除干扰，消除隐患，进一步巩固和加强政权。合作方面，主要体现在张謇与赵凤昌代他劝请岑春煊出任四川宣慰使。当时四川局势混乱，滇军进入四川，与川军发生战斗[④]，给当地群众带来很大伤害和困扰，川人希望北京政府派岑春煊前来处置，尽快恢复社会秩序，结束这种动荡局面。于是袁世凯委托张謇劝驾，但不巧他生病了，乃致电转请赵凤昌帮忙：

顷洹上来电，谓蜀中望西林如岁，鄙人亦望其出山，共扶民国，拟以宣慰相托，到蜀后即发表督川，惟未经首肯，不敢轻举。蜀事关系全局，除岑公威望，更无可替之人，祈转达鄙意等语。謇适患大吐泻之后，未能即日莅沪，请公即诣西林代为劝驾。洹上钦迟于西林者至殷，时势倚赖于西林者至迫，甚盼允诺，即以办事方面而有所商，不妨先为订约。举国堕漩涡，若听其自休，吾辈亦无以逃后世之责云。公必见及之，如

① 唐在礼：《辛亥革命以后的袁世凯》，杜春和、林斌生、丘权政编：《北洋军阀史料选辑》上册，中国社会科学出版社 1981 年版，第 101、106、107 页。

② 国家图书馆善本部编：《赵凤昌藏札》第 4 册，第 123 页。

③ 《张謇全集》编委会编：《张謇全集》第 2 册，第 320 页。

④ 胡滨译：《英国蓝皮书有关辛亥革命史料选译》下册，第 553 页。

何？即盼电复。①

洹上代指袁世凯，西林即岑春煊。尽管他们两人在晚清是死对头，但为了四川地方的安宁，袁世凯不惜盛赞岑春煊，非常诚恳地邀请他出山。张謇深知此事重要，转托赵凤昌时也请他务必重视。赵凤昌不敢怠慢，亲自找岑春煊面商，岑春煊也表示愿意为国效力，但提出带一支 3 000 人的军队前往。有兵必须有军费，“饷需何指”，“能否应手”？进川后，现任都督“如何位置”？② 这几个问题既现实又棘手，赵凤昌无法解决，遂复电张謇转达袁世凯。其时财政紧张，兵变不断，袁世凯正想方设法剪除地方军队，岑春煊反其道行之，袁世凯不可能答应，此事便作罢。

分工方面，张謇主要通过组织政党、物色人才、削弱南方革命党力量等几方面活动“来协助巩固袁世凯政府”，这些已有较深入研究，不赘述。③ 下面着重探讨相对不为人知的赵凤昌是如何“遥为声援”袁世凯的。首先，协助熊希龄对外借款。熊希龄深知民国财政困难，五辞唐绍仪内阁财政总长不获准后，才不得不担任该职。他上任后，面对的是库空如洗的局面，而中央政府不仅没有分文现款收入，亟需支出的款项“共有二万六千万之巨额”，“故论救急之策，舍大借款无以支持危局”。④ 上任伊始，他就接替唐绍仪同四国银行团谈判借款问题。但因为民国肇建，大局不稳，信用未孚，银行团“动滋疑虑，辄藉口于资本危险，力求担保确证，故有请派武官监督撤兵，并于财政部内选派核算员监督用途之要挟”等，熊希龄认为这两条有辱主权，“万难允许”⑤，可由于对外借款被四国银行团垄断，只此一家，别无分店，他不得不忍辱负重，与之进行艰难的谈判。为了“破银行团之垄断政策”，他采取两种办法：一是请赵凤昌帮忙请律师参与借款事，因为“将来借款条件，争论必多，万一决裂，不得不宣布公道于东西各国”，赵凤昌即为他请了德籍

① 国家图书馆善本部编：《赵凤昌藏札》第 10 册，第 291 页。
② 国家图书馆善本部编：《赵凤昌藏札》第 10 册，第 289—290 页。
③ 详参章开沅《开拓者的足迹——张謇传稿》，第 268—272 页。
④ 周秋光编：《熊希龄集》第 2 册，第 643、586 页。
⑤ 周秋光编：《熊希龄集》第 2 册，第 649、593 页。

名律师约满，“计应付薪水银四千五百两”。[①] 二是请赵凤昌“约集沪上各团体，速联名分电英、美、德、法、俄、日各政府，及海牙和平会，译成英文，谓该团不顾中国需款危急，概用垄断方法，……实于维持中国秩序大有妨碍，恐非各国扶助中国之美意”。赵凤昌接电后，经与沪上各团体商议，决定“先由总商会电英、法、美、德政府，措词极妥，译英文已发”，电报费“共三千三百余元”。[②] 尽管熊希龄想尽办法，付出很大努力，但四国银行团只在武官监督裁兵一条“乃作罢论”，监督财政出入一条则坚不让步，他所签的垫款七条全名即《监视开支暂时垫款章程草稿》。该“章程草稿”披露后，“南方反对甚烈，克强尤甚，已电总统及参议院，责令废约”。[③] 对此，熊希龄觉得很冤枉，“屡以电文发泄”，赵凤昌认为这种做法“徒启恶感”，建议他不必如此。后熊希龄声明辞职，赵凤昌又致电安慰他：“借款受击意中事，久必白，祈镇定，勿摇大局。”[④]最终大借款暂停，改成一千万之小借款。

其次，平息唐绍仪内阁风潮。据施肇基回忆，北京政府成立前，唐绍仪问袁世凯：“新政府采何制度？系总统全权制，抑内阁责任制？”袁答曰：“总统内阁，相助而行，不分彼此。”他当时就觉得这第一届内阁“断难圆满”。[⑤] 果然，这届内阁一开始便不顺，先是人选有争议，经协商，最终组成南北混合内阁。接着政界又纷传唐绍仪和袁世凯间貌合神离，有“龃龉之说，来往电报上多有可证者”[⑥]。随后内阁阁员各行其是，同床异梦，“国务院之主要人物有五人：唐总理、内务赵总长、财政熊总长、教育蔡总长、农林宋总长是也。唐氏每有要议，必就商于蔡、宋二君，然蔡君文雅有哲思，宋君稳健持正论，三氏似非能相合者。熊近铮铮有以自信，赵则力守内务独立主义，当以别种眼光视之”。[⑦] 阁僚不能齐心协力，导致内阁缺乏威信，办事效率低，风

---

① 周秋光编：《熊希龄集》第 2 册，第 640、755 页。

② 周秋光编：《熊希龄集》第 2 册，第 696 页；国家图书馆善本部编：《赵凤昌藏札》第 10 册，第 135 页。

③ 周秋光编：《熊希龄集》第 2 册，第 649、627、652 页。

④ 国家图书馆善本部编：《赵凤昌藏札》第 10 册，第 137、132 页。

⑤ 《施肇基早年回忆录》，传记文学出版社 1985 年版，第 81—82 页。

⑥ 黄远庸：《远生遗著》上册第 2 卷，商务印书馆 1984 年版，第 4 页。

⑦ 黄远庸：《远生遗著》上册第 2 卷，第 6 页。

波不断，阁员动辄提出辞职。时任北京临时参议院参议员的杨廷栋函告赵凤昌该情况，赵凤昌很是着急，于5月26日致电杨廷栋：

函悉。近闻冲突益甚，事实争持国之福，党派相轧国之祸，情形危险，能从中和解，大局之幸。并乞速代弟密致少川、敦初、孑民、正(庭)[廷]、秉三诸先生，切勿遽言辞职，摇动观听，外氛甚恶，万勿为两邻利用。民国初萌，竟为党祸摧折，实所痛心。①

少川、敦初、孑民、正廷、秉三分别为唐绍仪、宋教仁、蔡元培、王正廷、熊希龄，他们都是内阁阁员。赵凤昌希望他们能消除党见，化解矛盾，千万不能被俄、日两国利用，从而让新生的民国遭遇不测。可见，赵凤昌是从中外多重关系角度分析问题，因而把内阁的安稳与否看得很重，甚至关乎民国的存亡。6月17日，熊希龄致电赵凤昌云："唐总理因王芝祥督直，于总统意见两歧，昨于十五早晨不辞而行，租居天津〇(原文空缺，疑为"租"字)界。总统特派梁燕孙、段芝泉前往劝驾，坚不肯回。"②唐绍仪出走，内阁摇摇欲坠，赵凤昌马上复熊希龄电云：

洽电悉。克强已电劝少川。近闻公与少川有隙，弟虽不信，亦颇滋疑。共和党中官僚派向好挤人，公必不为然，望表示以息浮议。少川于和议及合并，保全生灵，力全大局，功岂可没。今至避嫌出京，追想前尘，不禁泪下。借款事公切勿独肩，必求国院同意，尤望以诚感人。一切实情乞电示，以慰病友。③

不难看出，为挽救内阁，赵凤昌不仅请黄兴出面电劝唐绍仪，而且毫不客气，直言熊希龄与唐绍仪有隙，强调唐绍仪是对民国有功之人，不能这么排挤他，希望熊希龄捐弃前嫌，"以息浮议"。熊希龄阅电后，觉得事情很严重，担待不起，立刻公开通电申明他与唐总理是同事，并无丝毫私人恩怨，即与各国务员亦均和衷共济。大丈夫做事磊落光明，"若妒嫉排挤，是妾妇之

① 国家图书馆善本部编：《赵凤昌藏札》第10册，第295—296页。
② 国家图书馆善本部编：《赵凤昌藏札》第10册，第133页。
③ 国家图书馆善本部编：《赵凤昌藏札》第10册，第135—136页。

行也”。[①]

当得知唐绍仪去意已决、劝驾无果后，赵凤昌又致电杨廷栋，建议“目前内阁仍以合集为是，唐不回京，陆对外相宜，似可真除。各总长必仍留以维现状，段不宜总理，城北尤万不宜，均足惹猜嫌，决非大局之幸。并致秉三兄”[②]。文中的陆指陆徵祥，段指段祺瑞，城北应借指徐世昌。赵凤昌的意思是既然唐绍仪离职，内阁仍应基本保持现状，总理段祺瑞不宜担任，徐世昌更不行，因为他们都是袁世凯的亲信，容易引起猜疑，导致大局动摇。只有陆徵祥大家都能接受，适宜提任总理，其他阁员则不必变动。赵凤昌这一方案不仅保留了内阁，而且维护袁世凯的统治，得到采纳。6 月 17 日，陆徵祥被袁世凯任命为代理总理，唐绍仪内阁风潮暂告一段落。

第三，促成黄兴北上。唐绍仪离京出走后，熊希龄致电赵凤昌，希望他设法敦劝黄兴北上。[③] 但黄兴并未去。不久，为了缓和南北党争，消除双方成见，袁世凯力邀孙中山、黄兴北上。因同盟会内部存在争议，有反对意见，黄兴暂缓前往，赵凤昌遂想方设法，促成黄兴早日启程。8 月 18 日，赵凤昌和章士钊致电北京总统府的沈秉堃说，黄兴“决志北上，行时为同盟激烈派力阻，势将决裂，彼只能暂留，免滋纷扰”，他们建议“大总统如能再派亲信要人至沪，伴黄北发，以杜激烈派之猜疑，更示大总统之局量，则南北之见消弭无形”。由于“此事所关匪细”，他们迫切要求沈秉堃将此事“上达大总统”。沈秉堃请示袁世凯后，袁世凯表示完全接受。于是赵凤昌、章士钊“同访克公”，但黄兴说自己被“舆论所缚，刻难成行”。刚好孙中山已不顾反对前往北京，赵凤昌、章士钊又有新的主意，电告沈秉堃“派人请暂缓”，等孙中山到京后，“由孙加电促行”。[④] 8 月 28 日，沈秉堃复电赵凤昌、章士钊，告诉他

---

① 国家图书馆善本部编：《赵凤昌藏札》第 10 册，第 138—142 页。

② 国家图书馆善本部编：《赵凤昌藏札》第 10 册，第 296 页。

③ 国家图书馆善本部编：《赵凤昌藏札》第 10 册，第 134 页。

④ 国家图书馆善本部编：《赵凤昌藏札》第 10 册，第 283—284 页。黄兴的儿子黄一欧在一篇回忆黄兴的文章中说，1912 年秋天，“袁世凯邀请中山先生和先君入京会谈。先君本来是不准备去的，中山先生到了北京以后，来电极力敦劝，先君才于九月十一日入京”（《回忆先君克强先生》，《辛亥革命回忆录》第 1 集，第 617 页）。其实，他只看到表面现象，不知其后有赵凤昌、章士钊的策划、推动，故所言不确切。

们：大总统“切盼克公来”，对你们的所作所为很感动，已经“饬交通部转饬沪局”，对你们的来电“不收电费”。随后，赵凤昌、章士钊再度拜访黄兴，转达袁世凯“神交千里，究不若把晤一堂”的盼望之情，刚好黄兴也接到袁世凯密电，“允即部署行李北上”。9月5日临行前，黄兴与赵凤昌作了一次深谈，敞开心扉地说他北上的宗旨就是“注重集权统一，力顾大局，并愿与共和党诸君予开怀畅聚”。赵凤昌立即将此信息密电袁世凯幕僚张一麐，并托他将该电转致也在北京的张謇，请张謇与其他共和党要人范源濂、熊希龄、金还、叶景葵等共同商量，一定要隆重接待黄兴。① 果然，11日黄兴抵京时，袁世凯以接待孙中山的礼仪规格来接待黄兴，据一位法国目击者记述：“皇宫附近的街道上都布满了岗哨，蒙古骑兵伫立在车站外面的露天广场上，卫队沿着月台排列成行，迎候列车。还有一些少妇和少女，像团队一样整队肃立，她们来自新式学校，到这里来向革命军统帅致敬。她们大部分穿着淡蓝色上衣和淡色丝绸裤子。……当黄兴在队列中间走过时，士兵们举枪敬礼，妇女积极分子也向这位革命元戎致敬”。② 17日，共和党也“宴黄克强于农事实验场”③。而黄兴也不食言，致力于消除成见，商榷救济之方，并与孙中山一起同袁世凯从容讨论，拟定了“八大政纲”，强调“立国取统一制度”，“调和党见，维持秩序，为承认之根本”等。黄兴到北京后的作为立竿见影，很有成效，10月5日，国内外英文报纸不约而同地报道说：本来南北的“猜忌和纷争已危及民国的生存”，“黄兴到北京后，继续致力于消除党派之间的猜忌和纷争，其结果无疑是加强了政府的力量”，使得“此间情势已有惊人的进步”，“民众对民国政府深为满意，对临时大总统的反对声浪也沉寂下去”。④

民国建元以来，纷纷扰扰，终于在数个月后迎来了难得的融洽局面，这与张謇、赵凤昌的种种努力是分不开的。他们曾参与南北议和，把袁世凯送上了临时大总统的宝座。但袁世凯临时大总统要转为正式大总统，须等国

① 国家图书馆善本部编：《赵凤昌藏札》第10册，第281、286、287页。

② 转引自薛君度著、杨慎之译：《黄兴与中国革命》，湖南人民出版社1980年版，第141—142页。

③ 《张謇全集》编委会编：《张謇全集》第8册，第743页。

④ 转引自薛君度著、杨慎之译：《黄兴与中国革命》，第144页。

会成立在大总统选举中获胜才行。因此，为确保袁世凯能够胜选，顺利当上中华民国大总统，他们极力支持袁世凯，为他创造各种有利条件。他们的努力没有白费，随着孙中山、黄兴的相继入京，国内政局出现和平稳定局面，袁世凯的声望和支持率也逐渐攀升。然而，树欲静而风不止，一个突发事件不仅使他们所取得的成果化为乌有，而且让他们再次忙碌起来，继续居中调停。

五、调停“宋案”

1913 年 3 月 20 日晚，宋教仁在上海火车站遭暗杀，两天后伤重不治，黄兴第一时间通知了赵凤昌：“竹君先生大鉴：钝兄被刺，想已详悉，痛于今晨四时四十七分绝命。知注，特此飞闻。弟兴启。二十二日[①]。”这就是著名的“宋案”，一时掀起轩然大波，各种议论猜测铺天盖地。当时张謇刚好在上海，立即走访黄兴，了解国民党方面的反应。国民党 3 月 3 日刚由同盟会改组而成，黄兴任协理。黄兴很悲愤，表达两个意愿：“第一、以国家为前提；第二、要死者明白。”[②]但张謇似乎没有就此突发重大事件与赵凤昌面谈，而是通过函电交流。24 日，他致函赵凤昌：

竹公鉴：顷计电达。遁初以调和南北慷慨自任，无端被害，此必有不欲南北调和者。乱人横行如此，世岂可问！拟挽以联云：“何人忍贼来君叔，举世谁为鲁仲连？”不知联寄何所？想公亦必伤悼之也。[③]

来君叔为东汉名将来歙，鲁仲连乃战国辩论家，史称他们都是排忧解难、讲求信义的仁人君子。张謇以来歙、鲁仲连来比拟宋教仁，说明对他的评价很高。尤其在当时南北猜忌、成见很深的背景下，革命党人中像宋教仁这样能够不受党见困扰，相对理性，愿意往来游说、调和南北的人比较少见，所以为他的不幸罹难表示可惜。据说袁世凯得到此消息后，也惊愕地说：“确矣，这

---

① 国家图书馆善本部编：《赵凤昌藏札》第 1 册，第 1 页。
② 《张謇全集》编委会编：《张謇全集》第 2 册，第 367 页。
③ 国家图书馆善本部编：《赵凤昌藏札》第 1 册，第 2 页。

是怎么好？国民党失去遁初，少了一个大主脑，以后越难说话。”[1]张、袁看法惊人相似。

宋教仁被刺后，袁世凯责成江苏都督程德全、民政长应德闳办理该案。凶手很快抓到，搜出证据牵涉内务部秘书洪述祖。时赵秉钧为内阁总理兼内务部总长，袁世凯不免怀疑是赵秉钧指使，“而赵以洪时往袁府，亦疑袁授意”。[2] 连北京政府内部都不淡定，总统和总理互相怀疑，外部就更别提了，各种说法甚嚣尘上，有认为是同盟会自相残杀的，也有怀疑冯国璋是主谋，当然更多的则指向政府，特别国民党中很多人直斥袁世凯为罪魁祸首。3月25日，程德全到上海，前往黄兴公馆商谈宋教仁被刺案，赵凤昌与刚从日本赶回国的孙中山等也参加。次日，孙中山对来访的日本驻沪总领事有吉明谈起宋案：“昨晨返沪以来，根据所收到之报道，其数虽少，而出自袁世凯主使之证据，历然在目。……袁以大总统之高位，尚用此种卑劣手段，实所不能容忍。”[3]基于国民党对袁世凯的不信任和激烈反应，30日，程德全、应德闳、张謇均至南阳路10号赵凤昌家秘密会议，“商办宋案”。[4] 会议内容不得而知，但有迹可寻，大致包含下列内容：一是应尽快结案，给公众一个交代，以消除不良影响；二是想办法让政府和袁世凯摆脱干系，以减少国民党的愤怒情绪，避免激化南北矛盾；三是把洪述祖列为最大主谋。洪述祖是赵凤昌妻弟，晚清以来就屡屡犯事受处分，赵凤昌对他本已失望，这次又闯大祸，激起公愤，舆论斥之为“洪杀胚”，只好听之任之，袖手不管。次日，张謇根据秘密会议共识，致函袁世凯，建议对宋案“以光明中正之概处之”。指出此案以洪述祖为中心，洪“无不归案之理”，如果赵秉钧涉嫌，“亦应解职受审，使四海之人，皆知公之坦然明白，则万疑尽释”。倘若洪述祖还有良心，不愿累及其上司赵秉钧，一人承担责任，或赵秉钧“尚不至受嫌”。张謇还说，据他了解，国民党方面也担心袁世凯有所袒护，因此希望袁世凯“宜先有

① 黄远庸：《远生遗著》下册第3卷，第95页。
② 朱宗震、杨光辉编：《民初政争与二次革命》，上海人民出版社1983年版，第236页。
③ 陈旭麓等主编：《孙中山集外集》，上海人民出版社1990年版，第203页。
④ 《赵竹君家之会议》，《民立报》1913年3月31日，第10页。

一中正光明之命令”,以示“必不袒护”之决心。①

4 月 26 日起,程德全、应德闳陆续公布宋案证据,但没想到引起巨大震动。本来国民党就怀疑袁世凯、赵秉钧是幕后主谋,证据公开后,赫然有他俩的言行在列,如获至宝,迫不及待地对外宣布宋案告破:“宋先生之死,袁、赵死之,非洪、应与武死之也”。进而分析案情说:“袁素反对政党内阁,宋先生为主张政党内阁之最有力者,宋先生之志行,则袁将不得为所欲为,苦于束缚,赵则恐权位之不能长保,不得肆意横行,此其所以决意欲暗杀宋先生也。”②与此同时,袁世凯又悄悄与五国银行团签订了条件极为苛刻的 2 500 万英镑的善后大借款,这无异于火上浇油,加剧了南北之间的裂痕。“自宋案发生,即有南北开衅之谣,借款成立后风说益甚”③,南北针锋对麦芒,一边互相指责攻讦,一边暗中做战争准备,使得局势非常紧张。5 月 11 日,女学生周予儆向北京地方检察厅自首,称奉血光团团长黄兴之命暗杀袁世凯,顿时把黄兴推上风口浪尖,他不仅广受谴责,还被北京总检察厅发出传票传唤。

13 日,张謇的朋友致电给他,评论此事。他回信说:“昨承惠电,读之愀然不安者累日”,并极力为黄兴开脱:宋案发生时,他刚好在沪,两晤黄兴,“论及宋案,而愤恨则有之,实未尝几微有南北分裂之见端”。随后他从理和势两方面分析,认为黄兴不可能对政府宣战,制造分裂。因为宋案和大借款均可依法解决,他怀疑是有人冒用黄兴名义播弄构扇,招惹是非,黄兴本人未必如此。④ 为提醒黄兴爱惜羽毛,不被人利用,并希望他做好本党工作,将重心转移至利国福民事业,5 月 26 日,张謇写信规劝黄兴,请赵凤昌先给杨廷栋、陈陶遗看,再转交。赵凤昌、杨廷栋阅信后,觉得心动不如行动,乃催张謇来上海“调停南北”。⑤ 恰巧此时,程德全拟派应德闳和杨廷栋北上,

---

① 《张謇全集》编委会编:《张謇全集》第 2 册,第 367 页。

② 《宋案证据之披露》,《民立报临时增刊》1913 年 4 月 27 日,第 2 页;血儿:《综论大暗杀案》,《民立报》1913 年 4 月 27 日,第 2 页。

③ 朱宗震、杨光辉编:《民初政争与二次革命》,第 306、312 页。

④ 国家图书馆善本部编:《赵凤昌藏札》第 1 册,第 10—17 页。

⑤ 《张謇全集》编委会编:《张謇全集》第 8 册,第 754 页;国家图书馆善本部编:《赵凤昌藏札》第 1 册,第 7 页。

向袁世凯汇报南方情况，并讨论时局进展，遂电催张謇前往南京。6月4日，张謇到南京，叮嘱应、杨二君面陈袁世凯的重点及要点，可他还不放心，又给袁世凯写了一封长信，认为几个月来局势发展经历了平流、漩流、改道之流、会归之流、纳入之流几个阶段，国民党借宋案、大借款喧闹不已，结果搬起石头砸自己的脚，反而"处群疑之地，为众怨之府"，举国望治之心倾向于政府。值此之际，袁总统应该做以下几件事："发正当法律之言，示恻怛人民之隐"，"申诫军人，毋逾国纪"，"其有暴徒作乱，……声而讨之"。最后他强调撰写此信的意图是"区区私忧，但求人人知觉中有国计民生四字，彼此相谅，各让一步，使正式政府早日成立，国会渐次宁静"。[①] 在张謇看来，南北之争的核心是宋案，宋案只有走法律途径，才能得到根本解决。他支持袁世凯，就是希望袁世凯以法治国，解除纷争，提供一个良好的社会环境，举全国之力发展经济。

由于在南京屡屡论及国民党的叫嚣隳突，而这种现象又主要发生在上海，张謇以"沪上嫌疑是非"，乃改变去沪计划，回南通休息。[②] 但赵凤昌并不知情，按照张謇的要求与国民党要人接触，密计南北调停问题。当时胡瑛由北京来上海，汪精卫、蔡元培刚好从德国回到上海，他们三人都主张调和南北。6月5日，赵凤昌致电陈陶遗说：胡瑛来言，汪精卫已与国民党要人孙中山、黄兴等研究时局，一致认为南北应和平，袁世凯的地位须保持稳定。希望中央不要相信谣言，不要突然有政策变动，俾便汪精卫做工作。请与程德全、张謇二公商量，"速密电中央，免生阻碍"。[③] 次日午后，蔡元培来拜访赵凤昌，赵凤昌通过他进一步确认了国民党内部确有追求和平的诚意，晚上九点即致电程德全、陈陶遗，并请转张謇，认为前电汪精卫所谈南北调和问题切实可行，"惟须贯彻，务请坚邀啬公偕陶即来沪，并盼乞复"。[④] 张謇接电后，致函赵凤昌说：他往南京送应德闳、杨廷栋北上后即回南通，已"专函

① 《张謇全集》编委会编：《张謇全集》第2册，第376—378页。

② 章开沅：《赣宁之役史料辑录》，《近代史资料》总31号，中华书局1963年版，第37页。

③ 国家图书馆善本部编：《赵凤昌藏札》第1册，第8页。

④ 王世儒编：《蔡元培日记》上册，北京大学出版社2010年版，第231页；国家图书馆善本部编：《赵凤昌藏札》第1册，第9页。

劝北方勿过逼迫,致碍民生”。[①] 他没有透露上述爽约赴沪的真实原因,也避而回答何时赴沪问题。赵凤昌与国民党的接洽紧锣密鼓,越来越深入。据蔡元培日记,8 日晚,胡瑛约他和陈陶遗、汪精卫商量宋案问题。次日,他们四人到赵凤昌家商议,正式敲定了解决宋案的三点方案:(一) 总统问题。南北统一后,国民党支持袁世凯出任正式大总统,但宋案发生引发种种魔障,只有先去除这些魔障,才能“为顾全大局计”,“终决心举项城为正式大总统”。(二) 各省都督问题。宋案发生后,各省都督飞电四传,词锋所指,无所不用其极,大局几致纷乱。“宜由总统诰诫各省都督不得轻于发言,军人不得干预政治”,并申明暂不撤换皖、赣、粤、湘四省的国民党都督。(三) 宋案解决问题。宋案决于法律,“将来罪名,至洪述祖而止”,国民党放弃传赵秉钧到案之主张,政府也应停止票传黄兴之举动。[②]

10 日,陈陶遗、刘厚生带着这个方案启程去南通,请张謇转达袁世凯,居中调停。然而,出发后,他们得知袁世凯已于 9 日下令罢免国民党籍江西都督李烈钧职务,刚好与方案中暂不撤换皖、赣、粤、湘四省都督有抵触,连夜致函赵凤昌:“赣督免官命令已见,所事刻下是否可以进行? 乞速与汪、蔡、胡三君接洽,以急电示知为荷”。刚好,10 日这天,蔡元培听说“政府有撤换江西都督之命令”,去赵凤昌家了解情况。经过紧急磋商,他们认为袁世凯是在不知道他们提出宋案解决方案的情况下所作的决定,情有可原,方案照旧,无需更改。[③] 11 日下午,赵凤昌急电已抵南通的陈陶遗、刘厚生“仍旧进行”。[④] 接到赵凤昌电报之前,陈陶遗、刘厚生根据他们与汪精卫、蔡元培等接触、商谈情况,已说服张謇作调人。张謇乃致电袁世凯,枚举事实,为

---

① 国家图书馆善本部编:《赵凤昌藏札》第 3 册,第 256 页。

② 王世儒编:《蔡元培日记》上册,第 231 页;国家图书馆善本部编:《赵凤昌藏札》第 1 册,第 19—23 页。

③ 国家图书馆善本部编:《赵凤昌藏札》第 1 册,第 24 页;王世儒编:《蔡元培日记》上册,第 231 页。

④ 国家图书馆善本部编:《赵凤昌藏札》第 1 册,第 25 页。刘厚生、陈陶遗是 6 月 11 日到南通见张謇的,但张謇五月初八日日记记载“厚生、陶遗来”(《张謇全集》第 8 册,第 755 页),五月初八日阳历为 6 月 12 日,该日期不确。一般来说日记真实、可靠,这里敢于质疑,除正文中所引赵凤昌电报外,还有一个有力的证据,即张謇 6 月 12 日致袁世凯函中有“昨十一号陈君陶怡、刘君厚生来通”之说(《张謇全集》第 2 册,第 380 页)。

国民党辩护："南中各方面自汪、蔡回国竭力解说，人心益趋稳定"，"外间所传种种乱谣，悉由假托。犹洪、应之假托政府，不足凭信"。为根本解决南北彼此相疑问题，他建议袁世凯"发诚恳剀切之命令，禁止谣传"，"为孙、黄声明，决不为此破坏民国大局之事"，"明发命令，禁止军界干涉政治"，请电约蔡元培、汪精卫"即日赴京，详询一切，必能解释双方，裨益大局"，并承诺当"忠告孙、黄"，支持袁世凯选举正式总统。①

接到赵凤昌电报后，12 日，张謇又致函袁世凯，摘录汪精卫等的解决宋案方案，肯定国民党方面诚意，说该方案"汪、蔡、孙、黄当面通过，确是同意，所拟诚亦明达事理能顾大局之言"。尤其可贵的是，"十一日已见撤换赣督之电令，颇疑汪、蔡或有异说。旋得赵竹君函，前拟不以赣令而易，益见汪、蔡维持全局之诚"。因为"汪、蔡、孙、黄不以赣令为轻重"，所以没必要收回撤换赣督成命，毕竟政令"无朝夕反汗之理"。不过，来而不往非礼也，张謇认为袁世凯也必须采取相应举措：

> 一、宋案既可不传赵，周案亦可不传黄。以案理论，宋根证据，周类告密，本有异点。而总统即可借示宽大，或令黄遣代表辩诉了之。一、赣督既撤，临时期中，粤、湘、皖可不再提，以示举一而三，使之自反。一、申(诫)[诫]军人不干预政治，可连四省说，庶南北皆无迹相。一、通令为孙、黄分办，非专为孙、黄也。一面剔清孙、黄，使不逞之徒无所假托，一面即严重处置假托之人，以正乱民之狱，以后军法易于措手。一、即申请汪、蔡入都，俾指导其党之暴乱分子，使选举时稳静一致，亦以示公之尊贤而亲仁，并无党见。②

正式总统选举在即，张謇反复建言献策的目的就是希望袁世凯拿出态度，尽量争取各方支持，从而顺利当选。

14 日，袁世凯又免去国民党籍广东都督胡汉民职务。16 日，他致电张

---

① 国家图书馆善本部编：《赵凤昌藏札》第 1 册，第 26—31 页。

② 《张謇全集》编委会编：《张謇全集》第 2 册，第 380、381 页。该函日期，《张謇全集》整理者仅模糊标注为 1913 年 6 月中旬，据张謇五月初九日日记："与洹上讯"，可知为 6 月 13 日，又据上文考证张謇这几天日记所记内容与日期不符，推断此信应写于 12 日，完成于 13 日。

謇，说来函、来电均收悉，“下令禁军人预政，自当遵教续办”，但对于国民党，他也有满腹苦水要吐。他说，自共和成立以来，对孙中山、黄兴等倾诚结纳，甚至有人指责他过于顺从，都在所不顾。然而，孙、黄手下的那些人“气焰薰灼，俨同贵胄”，他也“不惜屏声忍气，曲予优容”。一年以来，国民党执拗，动辄骂人，肆意污蔑，凡与他稍有牵连“莫不吹求痛击，体无完肤”。他以国计民生，不堪再扰，并不计较，隐忍迁就，降心相从，没想到“国会将开，党争剧烈，适有变故，借为大题，北伐乍闻，逢人辄告，煽乱之使日有所闻，以及军事会议、暗杀分途种种奇闻现于沪上”。尽管“调人络绎，名曰维持，而暴烈进行，仍不住手”。如果孙、黄“果肯真心息兵，我又何求不得；如佯谋下台，实则猛进，人非至愚，谁肯受此”？①

张謇接到袁世凯的复电后，立即抄寄赵凤昌，请他阅后，一份给陈陶遗、刘厚生，一份备着给汪精卫、蔡元培看。并说袁世凯对国民党“不能放心处甚多”，请他打听“日内孙、黄之观念又何如也”？赵凤昌随即回信，告诉张謇：汪精卫已回广东，临行“劝导同志，归于稳定一致”，还留信给他，如果袁世凯有什么消息，与蔡元培、胡瑛接洽。因此他收到抄电后，连续两天约蔡、胡到他家商谈，出示抄电，蔡、胡都说电内最要在“佯谋下台，实则猛进”一语，足见袁世凯推心置腹，“肯于说透”。现在仍照前议，不因江西、广东都督被撤换而改弦易辙，孙中山、黄兴必当有所表示，以安定人心，只等汪精卫回上海后商定表示之法耳。所以请他“先为酌复，俾知并无变动，免生枝节，汪回沪再详达”。② 6月22日，张謇致电袁世凯，简明扼要地叙述了他和赵凤昌就其16日铣电居中转达国民党的过程。③

26日，袁世凯复电张謇云：“果如蔡、胡所云，是彼此释嫌，同图建设，如天之福，国赖以存，鄙人决不为已甚。汪何日回沪？孙、黄表示之法，甚所愿闻。公苦心调和，成人之美，中央意见，已有廿二命令可证。请检阅便

① 国家图书馆善本部编：《赵凤昌藏札》第1册，第48—49页。

② 国家图书馆善本部编：《赵凤昌藏札》第1册，第32—33、34页。

③ 国家图书馆善本部编：《赵凤昌藏札》第1册，第35页。

知。”[1]“廿二命令”，即刊登于6月22日《(北洋)政府公报》上的《临时大总统令》。该令与上述铣电类似，袁世凯先是对民国成立以来的政局痛心疾首，接着他称那些隳突叫嚣者的种种坏法蔑纪，无论哪个政体都不能容忍，必须“整饬纪纲，纳民轨物”，最后他告诫军人必须服从命令，不得干政，而提倡改革的“先觉”也要爱惜名誉，“毋使依附之徒托名暴动，倾覆邦家”。[2] 其实这个命令针对的仍然是国民党，军人指皖、赣、粤、湘四省都督，他们曾联名就宋案和大借款公开表示对政府的不满，被袁世凯训斥身为现役军官，不知服从，插手职任范围外之事；[3]先觉则指国民党领袖孙中山、黄兴，他们被要求劝导党员回归理性，并公开承诺不与政府对抗。与该命令相配合，袁世凯态度日趋强硬，继罢黜李烈钧、胡汉民之后，又于6月30日免去国民党籍安徽都督柏文蔚职务，并派兵南下，预先做好战争部署。

尽管如此，赵凤昌与张謇的调停活动仍在继续。他们通过函电往来，积极在国民党和袁世凯之间做沟通工作。可7月12日，李烈钧在江西湖口公开武力讨袁，并宣布独立。15日，江苏率先响应，也宣布独立。对此，张謇事先一无所知，还不大相信，在当天的日记里写道：“闻江宁独立电，颇滋疑怪。”[4]当确认消息后，张謇不禁既沮丧又愤怒，几个月的调停完全无效，他极力想避免的南北战争竟然就在他眼皮底下发生。17日，他致函赵凤昌说：“吾两人为人利用，信用失矣，实业生计大受损害，外交亦恐生危阻，殊可痛也。”赵凤昌也深有同感，慨叹“近事无可说，只可谓之恶梦”。[5]

张謇对国民党本没有多大好感，曾在给儿子张孝若的信中批评国民党“在南中已天怒人怨”，如顽劣小儿，“与较则伤我量，不较则可厌”[6]，但因宋案发生，国民党与袁世凯政府剑拔弩张，战争有一触即发之势，才不得已出面调停，为国民党说好话。没想到国民党非但不领情，还发动战争，殃及无

---

① 国家图书馆善本部编：《赵凤昌藏札》第1册，第36页。
② 《临时大总统令》，《(北洋)政府公报》1913年6月22日，第2、3页。
③ 朱宗震、杨光辉编：《民初政争与二次革命》，第269页。
④ 《张謇全集》编委会编：《张謇全集》第8册，第756页。
⑤ 国家图书馆善本部编：《赵凤昌藏札》第1册，第50、59页。
⑥ 《张謇全集》编委会编：《张謇全集》第3册，第1541、1542页。

辜,令他十分恼怒,从而断然终止调停,坚决地站在袁世凯一边。当汪精卫致函给他,愧疚地说:"事既如此,不能不思所以了之,此仍非先生出而援救,无以出斯民于水火,望为苍生计,勉来上海一行,不胜祈祷之至。"他却写信给赵凤昌,以生病为由婉拒:"即欲去沪一谈,但病暑湿,不能出门,须俟稍愈,即可行路,请为致意汪君曲谅。"[①]自此之后,张謇抽身而退,不复关心与国民党有关之事。

而赵凤昌则还为江苏独立之事善后。如果说李烈钧湖口起兵讨袁还有所准备和策划的话,那么黄兴宣布江苏独立则近乎儿戏,因此旋起旋灭。据参与其事的赵正平回忆,江苏讨袁战争是他奉黄兴之命和冷遹、章梓、洪承点几个人密商的结果,"七月十五宣布讨袁","徐州前线即于当夜开火",徐州战败退出后,黄兴于 7 月 28 日"听从一部分劝告","悄然退出南京",他和冷遹、章梓、洪承点也跟着出走,"乘小民船,经溧水、溧阳,而至宜兴,再由宜兴赴湖州,改乘小轮赴沪"。[②] 黄兴等逃离南京后,驻守南京的第八师军官陈裕时、张厚琬致函赵凤昌说:"现南京主动诸人,如黄、章、洪、冷诸君,均已远扬,已奉都督命令取消独立,现由陈之骥担任秩序。应如何善其后,拟谒先生面陈一切,尚乞不拒为祷。"赵凤昌接待陈、张两人,了解相关情况后,即致函江苏民政长应德闳,称苏事全赖他和程德全,"苏民方有再生之望","顷在八师之陈君裕时、张君厚琬自宁来,已遵都督命令取销独立,惟善后事急须面陈左右,嘱为代达。何时可见,即希传知",并附上两人所言情况及相关建议。[③] 与张謇相比,赵凤昌相对随和,基本有求必应,热心帮忙,因而在调停宋案过程中,有始有终,做出较多的努力,即使最终失败,也未置身事外。

六、由拥袁到弃袁

宋案证据公布后,因牵连内阁总理赵秉钧,赵提出辞职,使得内阁徒有

① 国家图书馆善本部编:《赵凤昌藏札》第 1 册,第 43、44 页。
② 朱宗震、杨光辉编:《民初政争与二次革命》,第 580—585 页。
③ 国家图书馆善本部编:《赵凤昌藏札》第 1 册,第 53—54、59—61 页。

虚名。于是有改组内阁之议，当时公认的总理人选有徐世昌、熊希龄两人。前者为袁世凯“最满意之人”，但因系清朝官僚出身，“惟一切葛藤须先划除干净”，才能出山，所以只能退而求其次，选择时任热河都统熊希龄。[①] 1913年6月2日，袁世凯致电熊希龄云：“国事危迫，阁员动摇，非有强固政府，不足振兴”，“执事组织内阁，开物成务，公推伟才，务望入京面商，勿稍延却”。次日，熊希龄复电婉辞：“希龄自省菲才，办理一部分之政治，尚恐不及，国务责重，绝不敢冒昧担任”，并推荐张謇自代：内阁总理“能胜其任者，应以张謇为最适宜”。而张謇私下认为熊希龄是最佳人选，17日，他在致梁启超等人信中说：“至新内阁之组织，就謇两年来之观察，私以为年力才望，秉三颇足惬意。”[②]看来，他们二人真是彼此了解，惺惺相惜。与五辞北京临时政府首任财政总长不获准而就任一样，熊希龄也是七辞袁世凯电召无果，才不得不应允成为该政府第四任内阁总理。

经国会表决通过、袁世凯特任，熊希龄于8月27日到京就职。第二天，他致电张謇请其出任工商总长，遭到后者婉拒。[③] 于是他一方面再致电张謇争取，并表示无论张謇愿不愿意，他都决定提名；另一方面他致电赵凤昌协助其组阁：“此次内阁关系民国安危，弟固不敢爱惜羽毛，勉强就职，若无人协力，亦必颠覆。现拟季直担任工商，郑苏堪或张菊生担任教育。除季直已经电商，乞公劝驾外，郑、张两先生求公转恳，迅速于明晨电复为荷。”熊希龄拟提名张謇为工商总长，请赵凤昌劝驾，想推荐郑孝胥或张元济出任教育总长，请赵凤昌转告。赵凤昌办事神速，效率很高，9月1日当天即回电云：“电悉。大局转安，惟公是赖。郑、张两君已分别切实劝驾，郑决意暂不入政界，张尤无心出山，同抱歉忱。季处当函劝。”[④]在熊希龄和赵凤昌的诚邀和规劝下，4日，张謇分别致电袁世凯和熊希龄，表示“公谊私情，无可再辞”，

① 张国淦：《中华民国内阁篇》，杜春和、林斌生、丘权政编：《北洋军阀史料选辑》上册，第191页。
② 周秋光编：《熊希龄集》第3册，第582、583页；《张謇全集》编委会编：《张謇全集》第2册，第381、382页。
③ 周秋光编：《熊希龄集》第4册，第228页；《张謇全集》编委会编：《张謇全集》第2册，第393页。
④ 周秋光编：《熊希龄集》第4册，第232页；国家图书馆善本部编：《赵凤昌藏札》第10册，第162、163页。

决定出任工商总长。[1] 10月16日，张謇抵京，次日履新，到总统府会议大政方针。

这届内阁熊希龄自称袁世凯绝不掣肘，任其组织，因此他要选择"有世界知识、政府经验"者充当阁员，组织"第一流经验与第一流人才之内阁"[2]，但实际大部分阁员袁世凯已经圈定，仅留教育、司法、工商三部供熊希龄支配。工商部好不容易请张謇担纲，教育、司法两部总长也颇费周折动员汪大燮、梁启超分别担任。尽管如此，"名流内阁"总算于9月11日成立，熊希龄雄心勃勃，想大干一场。14日，他发表就任国务总理宣言，提出了自己的执政纲领。27日，他在参、众两院演讲，表示要好好组织政府，实行责任内阁制，使中华民国成为法制国。随即他公布了经过内阁多次讨论的《政府大政方针宣言》，在指出外交、财政、军政、实业、交通、司法、教育等方面问题的同时，对症下药，提供了具体的施治方案和计划，强调"今后一年间，实中国生死存亡之关键，苟治具不张，则过此以往，吾国人决无复能力、无复机会、无复资格以自行处理此国，而遑论平治，遑论富强？故今兹政策，殊未敢命之曰建设，但以救亡而已"，希望政府与国会齐心协力，"循此方针而各加奋勉，以尽其所应尽之责任，斯国家无疆之休也"。[3] 然而，时人并不看好，认为"此次内阁差近人望"，对其"能否尽其天职，实行责任内阁，救国之危亡于万一"表示怀疑。[4]

恰在此时，北京军警查获了李烈钧与国民党议员的往来密电数十件，袁世凯逐件披阅后，大为震惊。他概括密电的内容，认为赣宁之役是国民党本部与国民党国会议员潜相构煽的结果，是一场彻彻底底、完完全全的叛乱。[5] 袁世凯早对国民党怨恨很深，只是因为未当选正式大总统，而一直隐忍不发。10月6日当选正式大总统后，老账、新账一起算，于11月4日下令解散国民党，并追缴国民党议员证书，取消他们的议员资格。刚开始，袁世

① 《张謇全集》编委会编：《张謇全集》第2册，第395、396页。
② 周秋光编：《熊希龄集》第4册，第289页；黄远庸：《远生遗著》下册第3卷，第189页。
③ 周秋光编：《熊希龄集》第4册，第250—252、288—289、382—398页。
④ 黄远庸：《远生遗著》下册第3卷，第193页。
⑤ 《大总统令》，《(北洋)政府公报》1913年11月5日，第1页。

凯只下令“自江西湖口起事之日起，凡国会议员之籍隶国民党者，一律追缴其议员证书及徽章”；“遂又补行追缴八十余人，即凡湖口起事以前已退出国民党者，亦无一幸免”①。这使得国会达不到法定人数无法开会，只好停会。可袁世凯仍不放心，“夙隶革命党籍及开国有功者，若非变节无不在嫌疑之中”。于是他以“莫须有”理由下令捉拿革命旧人，严格控制舆论，审查书信往来等，有《爱国报》主笔丁某作时评，“当事判以迹近通匪，煽惑军心，枪毙”。② 一时间，北京风声鹤唳，传言四起，人人自危。

1914 年 1 月 10 日，有朋友从北京秘密致信赵凤昌，报告京师政情，提醒他已遭受疑忌，应多加小心：“北京寄信极不易，因时时须防检查，故仅于雷、杨出京时托述近情。日来凤(皇)[凰]不稳之情势似已显露，但(皇)[凰]为人沾沾自喜，不认有此。以某观之，亦颇外强中干，去无足惜。……京师各方面对于惜阴感情极恶，污蔑无所不至，何以故？则不肯牺牲也。”③雷、杨指雷奋、杨廷栋，凤凰代指熊希龄，惜阴即赵凤昌。根据该信，主要内容有三方面：其一，北京已加强控制，经常检查书信，因此以后只能托雷奋、杨廷栋出京时转述近情。其二，内阁总理熊希龄的位置不稳，早晚要去职。其三，京师各方面对赵凤昌很不满意，污蔑无所不至，因为他不肯出山为袁世凯办事，做出牺牲。

10 月 10 日，张謇启行南归，勘视淮灾，后又因长兄去世，在家乡逗留较长时间，结果北京竟传出了张謇欲谋乱的谣言。张謇得知后，大为诧异，立即致函赵凤昌，说“此事真伪不可知”，“乞为四面探询，随时见示”。此信写完，张謇又收到张一麐来信，也是事关谣言问题：“近日复解之说，愈衍愈奇，竟有诬指南方人物苏龛、竹君等百数十人电致某国借兵之风说，以此侵及公者”，“上海一方面有无此等捏名隐射之事，乞设法探示，以间执馋匿之口，并乞秘密”。苏龛、竹君分别是郑孝胥、赵凤昌，本来谣言只笼统说上海绅商，现在指名道姓，赵凤昌名列其中。张謇马上函告赵凤昌：“昨奉致一函，后复

---

① 章伯锋、李宗一主编：《北洋军阀》第 2 卷，武汉出版社 1990 年版，第 524 页。

② 马勇编：《章太炎书信集》，第 528、485、486 页。

③ 国家图书馆善本部编：《赵凤昌藏札》第 10 册，第 406、407 页。

得张仲仁讯，其言公与苏堪，盖可骇怪矣”，“公与苏堪亟应登报自明，且不可缓，否则谣诼愈繁矣”。[①] 在袁世凯怀疑共和功臣的背景下，面对突如其来的谣言，张謇、赵凤昌都不敢掉以轻心。张謇亲自前往询问上海总商会会长周金箴，周说“既无所闻，商界亦断无其事”，“大抵出之造谣诬罔无可疑矣”，共商不予理会，以免“为造谣者利用传播”。赵凤昌则拿着张謇的信去找郑孝胥，郑孝胥很淡定，认为无须自证清白，“袁之恐慌而猜疑，故作谣言以施其钩距之技。如为所动，则反成话柄，不理可也”。[②] 此事遂不了了之。

然“京中政局，逐渐变迁”[③]。袁世凯在解散国会后，又废除《临时约法》，制定《中华民国约法》，一步步扫除障碍，走上专制独裁的道路。在此过程中，熊希龄、梁启超等相继辞去内阁职务，张謇认为自己志愿未达到，没有辞职，结果引起猜疑。赵凤昌担心其名誉受损，屡劝他辞职。1915 年 4 月 29 日，张謇终于辞去农商总长职务，致信感谢赵凤昌：“勤殷眷注之意，良以为感。……弟部职已脱，疑谤略远”。[④] 不过，他仍担任全国水利局总裁。而从这时起袁世凯帝制自为的迹象越来越明显，张謇心知肚明，在日记里常有“见中卿证书”“都下谣言益甚”“设筹安会进行颇急”等隐晦记载[⑤]，可依然没有辞职的意向，刘厚生、赵凤昌很着急，都写信劝他务必尽快辞职，以免受牵连，身败名裂。张謇接受他们的意见，以生病为由上呈辞局职。10 月 26 日，他回复刘厚生云：“引疾呈廿三日发快邮，今日必达。”同日，致信赵凤昌：“引退文比已上矣”，“手教所论至当，……要以脱去为清净法耳”。[⑥] 然而，袁世凯正筹备登基，亟需张謇这样的名流站台支持，不予批准。张謇很无奈，于 12 月 28 日致函赵凤昌说：“承公与诸好关垂至切，极荷，极荷！顾

① 国家图书馆善本部编：《赵凤昌藏札》第 3 册，第 264、260—262、265、266 页。

② 国家图书馆善本部编：《赵凤昌藏札》第 3 册，第 268—269 页；劳祖德整理：《郑孝胥日记》第 3 册，第 1541 页。

③ 国家图书馆善本部编：《赵凤昌藏札》第 1 册，第 98 页。

④ 国家图书馆善本部编：《赵凤昌藏札》第 10 册，第 87 页。

⑤ 《张謇全集》编委会编：《张謇全集》第 8 册，第 790、792 页。

⑥ 《张謇全集》编委会编：《张謇全集》第 2 册，第 567 页；国家图书馆善本部编：《赵凤昌藏札》第 3 册，第 252 页。

走之辞已四次矣,迄不得,当更看机势以为诎信,要之无宁日而已。"[①]1916年1月2日,他的辞职请求终于获批,尽管姗姗来迟,张謇还是很高兴,在当天日记里写道:"得政事堂电,许解局职并参政,可喜也。"6日,他函告赵凤昌:"尘网幸已摆脱,惟有仍致力于村落主义,求自治之进步。"[②]此事给张謇的教训很大,他出山担任行政职务本是想助袁世凯一臂之力,好好发展实业,但没料到被袁世凯玩弄于股掌之间,志愿未达成不说,还差点成为袁世凯帝制自为的帮凶,因此下决心远离袁世凯,远离实际政治,致力于地方建设,求自治之进步。

结　语

1923年7月13日,年已古稀的张謇致函赵凤昌,追述往事,称许多家国要事"大都与公共计相商者,亦将二十年"。[③] 20年的时间里,他们共计相商之事甚多,以上只是荦荦大者,但从中不难看出,他们的交往对清末民初政局甚有影响。作为东南精英,他们只是在野地方人士,为什么能够挥斥方遒,指点江山,参与国家政治呢?

首先,是转型时代使然。甲午战败之后,近代中国进入了转型时代,重视发展工商业,随之出现了一个新的社会阶层——绅商,他们"附骥于官场",又"涉足工商经营活动","集中体现了近代中国社会转折、过渡的历史行程",是"一支举足轻重、极其活跃的社会集团力量"。[④] 张謇以状元身份办教育和实业,赵凤昌被革职后在上海经商,都属于新兴的绅商阶层。他们本来是官场中人,从事工商后仍与东南疆吏保持密切联系,提供服务和咨询,了解很多政情内幕,因而比一般的绅商更具政治敏感性,更能研判时势,参与政治。

---

① 国家图书馆善本部编:《赵凤昌藏札》第3册,第277页。

② 《张謇全集》编委会编:《张謇全集》第8册,第800页;国家图书馆善本部编:《赵凤昌藏札》第3册,第270页。

③ 国家图书馆善本部编:《赵凤昌藏札》第3册,第431、432页。

④ 马敏:《官商之间:社会剧变中的近代绅商》,天津人民出版社1995年版,第1、3页。

其次，张謇和赵凤昌关心国家大事，经世愿望强烈。黄炎培曾说，清末民国四十年间，东南之局，有大事必与赵凤昌有关①，若把“赵凤昌”换成“张謇”，这句话也同样成立。从甲午战争开始，东南凡有大事，均能见到他们的身影。尤其日俄战争之后，很多重大事件和活动，他们都热心参与，密切合作，采取一致行动。除辛亥时期共和建国外，其他都不是很成功，虽然如此，却可以看出他们积极入世，只要有一线希望就不放弃努力，百折不挠，意志坚定。

再次，张謇、赵凤昌有佐幕经历，又由绅而商，通官商之邮，形成稳健务实的行事风格。面对清末以降内外冲突、革命运动引起的社会动荡，为避免民生涂炭，“生灵陷汤火之中”②，他们反对采取过激行动，主张改良，通过协商解决问题。这呼应百姓诉求，代表了民心民意，因而始终是一种不可忽视的声音。武昌起义后，清朝皇室要求袁世凯讨伐南方，袁世凯回答说：“你要我讨伐黎元洪、程德全，我可以办到的。你要我讨伐张謇、汤寿潜、汤化龙、谭延闿等，我是办不到的，他们都是老百姓的代表啊。”③张謇和赵凤昌了解民间疾苦，他们代表老百姓，为老百姓发声，所以在当时的政治舞台上占有较为重要的一席之地。

尽管他们二人都是自我奋斗成功的典型，但又有不同。张謇状元出身，科名显赫，学识丰赡，跻身清流行列，而赵凤昌早早辍学，从未参加科考，在佐幕过程中得到多方面历练，逐步积累学识和阅历。在注重科甲的传统中国社会里，两人身份、地位相差悬殊，高下判然有别。光绪七年，刘坤一致信友人，抱怨说：“弟自粗才俗吏，不能罗致清流。”④他时任两江总督，位高权重，可由于只有秀才的功名，竟被清流视为“粗才俗吏”，不屑与之交往。相比于刘坤一，赵凤昌难望其项背，仅为被革职幕僚，连最低级的“俗吏”都不是，然而他能够与张謇交往20年之久，并结下深厚的情谊，自有其过人之

---

① 黄濬：《花随人圣庵摭忆》，中华书局2013年版，第428页。
② 《张謇全集》编委会编：《张謇全集》第2册，第108页。
③ 刘厚生：《张謇传记》，第192页。
④ 《刘坤一遗集》第4册，中华书局1959年版，第1933页。

处：除了“见闻之确、筹画之精”为张謇所佩服外[①]，他的真诚、热情、义气和精干也给张謇留下深刻印象，因此张謇乐意与他交往，凡事跟他相商。张謇力行实业救国，具有潜势力，他的“趋而谋之于赵”，无疑提升了赵凤昌的名气，抬高其身价，扩大其影响力，使得赵成为众所公认的洞悉全盘局势策士，“隐然执东南牛耳矣”。[②]

就此而言，赵凤昌之所以能够名动东南颇有借重张謇之处，他也深知这一点，与张謇保持密切交往，关系甚为笃厚，但他并没有因此活在张謇的阴影下，亦步亦趋，唯张謇马首是瞻，而是有自己的主张和独立性。体现在以下几方面：第一，民国以后，张謇一反“性不爱官”的初衷[③]，愿意出仕，曾先后出任工商总长、农商总长等职，而赵凤昌一如既往地绝意进取，不肯出山，宁居幕后。第二，张謇从政后，一旦志愿难行，无所作为，就政治热情消退，甚至辞职不干。1916年初他宣布退出政界，自此致力于村落主义，无意过问国事。即使如此，赵凤昌也不抛弃、不放弃，周旋于各个政治势力之间，力图通过调和疏导，破解政治僵局。对此，张謇由衷钦佩，感慨他始终有“贤人君子不能忘世之概”[④]。第三，张謇和赵凤昌均由立宪转向革命，但前者并没有真正认同和服膺革命，对革命带来的问题以及革命党人较为反感，不断发表言论进行批评和否定，而后者则接受既成事实，没有明确对革命表示不满，仍与革命党人保持往来，“这样民党中人自然敬重赵了”。[⑤]

张謇、赵凤昌能共计相商20年，自然有共同的志趣、价值观、政治立场和态度等，可由于个性、出身、阅历等的不同，他们在为人处世以及某些具体的政见方面也有若干歧异，然而在长期交往的过程中，他们相互包容，和而不同，密切合作，彼此助力，对近代中国社会转型和政局演变产生较大影响。

（李志茗：上海社会科学院历史研究所研究员）

---

① 国家图书馆善本部编：《赵凤昌藏札》第5册，第284页。
② 刘厚生：《张謇传记》，第177页。
③ 《张謇全集》编委会编：《张謇全集》第1册，第258页。
④ 国家图书馆善本部编：《赵凤昌藏札》第10册，第123页。
⑤ 冯耿光：《廕昌督师南下与南北议和》，《辛亥革命回忆录》第6集，第362页。

从万巴德到李宗恩：跨国、跨文化的中国热带医学

张　剑

丝虫病由奴隶从西非带到西印度群岛并引起疫情，病患逐年增多，但华人移民患病率一直很低，一般以为这是种族因素造成的。这一说法因语言不通等原因无法得到证实。1921 年 4 月，一个由寄生虫病学奠基人罗伯特·利珀[①]领导的五人考察团，在洛克菲勒基金资助下，由伦敦热带医学院(The London School of Tropical Medicine)派往英属圭亚那进行调查研究。考察团有位 27 岁、名叫李宗恩的中国年轻人，他访问了圭亚那首都乔治敦近半华人，通过血液化验和对生活习性的调查，得出了完全不同的结论。7 月 8 日，他代表考察团在乔治敦举行的西印度医学讨论会上报告，指出华人并没有对丝虫病的种族免疫性，他们患病率低是因为他们日落而息、使用蚊帐的卫生习惯和文化传统。[②] 这一研究成果表明丝虫病这一热带疾病对所有的人种都有同样的危害性，并没有种族免疫性，无疑是热带医学发展历程中一个重要的发现，也是中国热带医学的奠基人李宗恩学术生涯中第一个成果。雏凤初啼，就一鸣惊人，这坚定了李宗恩从事热带医学研究的志向与选择。

1894 年 9 月 26 日，李宗恩出生于江苏常州青果巷一个传统士大夫家庭，为长子长孙。父亲李祖年(1869—1928)，1894 年恩科进士，入翰林院，

---

① Robert T. Leiper(1881—1969)：苏格兰人，先后在多所大学求学，后到格拉斯哥大学习医，1904 年毕业。致力于蠕虫学研究，1923 年创办《蠕虫学杂志》，并当选皇家学会会员。1936 年当选皇家医学院院士，1955 年获得格拉斯哥大学法学博士学位。

② 李维华编：《李宗恩医生文存》，美国印第安纳波利斯：《亚美导报》出版，2019 年，第 1、4 页。

后外放山东，先后任文登、历城、泰安、益都等县令，擢升山西宁武知府，后调任泽州、汾州、太原等府。民国建立后，曾任山西财政厅长、全国烟酒事务署厅长等，于书画艺术亦有相当造诣，晚年卖画为生，著有《翰墨丛谈》等。[①]李祖年思想开明，据说他在家念英文、学数学。[②] 李宗恩童年随父迁转，读私塾。1903 年入父亲所办新式小学益都县立高等小学堂。[③] 1909 年，15 岁的李宗恩离开家庭，到上海就读震旦大学预科，习法语。1911 年，受在苏格兰格拉斯哥大学留学的叔父李祖鸿[④]感召，留学苏格兰。先在格拉斯哥大学预科习英文和自然科学课程，1913 年 3 月考取医学院。[⑤]

18 世纪下半叶，苏格兰医学特别是爱丁堡大学是世界医学中心，随后巴黎医学的崛起和以实验生理学为基础的德国医学的突飞猛进，爱丁堡逐渐失去其执牛耳地位。随着伦敦医学的发展，爱丁堡也失去了英国医学的首位。[⑥] 即使如此，李宗恩留学苏格兰时，爱丁堡依然是英国医学科学重镇。格拉斯哥作为工业革命的中心之一，格拉斯哥大学医学虽不能与爱丁堡大学相提并论，但也不可小觑。将基础医学研究与临床实践相结合这一医学科学模式就产生于格拉斯哥大学，并被称为“格拉斯哥学派”。外科手术消毒创立者约瑟夫·李斯特[⑦]就是在担任该校外科医学教授期间，于 1865 年提出消毒法，由此拯救了亿万人生命。

对于学医的选择，李宗恩曾回忆说：“因为官费是指定给学医的人，我就学了医。及至学了医也就安心读书，安心做事。”[⑧]正如他所言，无论是书本知识的汲取还是临床医学的实习，他都非常优秀，有教授推荐时说他“成绩

① 虞云国、李维华编著：《李宗恩先生编年事辑》，美国印第安纳波利斯：《亚美导报》出版，2019 年，第 10—12 页。

② 虞云国、李维华编著：《李宗恩先生编年事辑》第 7 页。

③ 李祖年兼任学堂总办，该校“以设学较早，办学成绩显著，校风良好”闻名青州。

④ 李祖鸿(1886—1942)：字毅士，留学期间与丁文江交好，著名画家与美术教育家，曾任教北京大学、上海美专、中央大学等。

⑤ 虞云国、李维华编著：《李宗恩先生编年事辑》，第 11 页。

⑥ 李尚仁：《帝国的医师：万巴德与英国热带医学的创建》，允晨文化实业有限公司 2012 年版，第 25 页。

⑦ Joseph Lister(1827—1912)：生于英国尤普顿，在伦敦获得医生资格，前往苏格兰，1854 年任爱丁堡医院住院医生，1861 年任格拉斯哥大学外科学教授。

⑧ 李宗恩：《我和协和医学院》，虞云国、李维华编著：《李宗恩先生编年事辑》，第 455 页。

良好，临床医学尤其优异”。[①] 实习中，曾获内科二等荣誉奖和外科三等奖。1920 年 4 月毕业，获得医学、外科学士学位。也许实习期间曾在格拉斯哥皇家妇女热带病救护院担任过代理住院外科医师，从而对热带医学产生了兴趣。毕业后，他没有立即回国，而是选择前往英国医学中心伦敦，进入伦敦热带医学院，跟随利珀教授继续深造。

一、“热带医学之父”万巴德

伦敦热带医学院由“热带医学之父”万巴德创立于 1899 年。万巴德(Patrick Manson，1844—1922)，还有中文名白文信、孟生等，苏格兰阿伯丁人，1861 年进入阿伯丁大学医学院就读。其时，苏格兰医学正开始从哲学自然史学说转向达尔文进化学说。哲学自然史学说认为不同种类生物的身体结构有一个共同的“超验原图”，哲学自然学者的工作就是揭示这个原图。同时，他们也重视生物的地理分布研究，强调生物与环境的关系。[②] 万巴德在阿伯丁完整地接受了生物解剖构造与物种分布的概念与学说，并受到严格的显微镜观察训练，这在相当程度上形塑了他日后的热带医学研究。1865 年，万巴德毕业，获得医学学士学位。随即到英格兰东北部一家精神病院担任助理医官，从事医学研究，撰写博士论文，并于翌年 7 月获得医学博士学位。

当时英国公立医院医师收入较低，万巴德不愿继续在精神病院工作。适逢由英国人控制的中国海关招募医官，万巴德应聘到台湾打狗(今高雄)担任海关医官，负责照顾居留打狗的外国人与停泊船只船员的健康，并观察、记录港埠卫生状况。在打狗，万巴德过得似乎很是惬意，闲暇时经常打猎。1871 年，他被调往厦门，一生的关键性转折点到来，热带医学也由此也进入一个崭新的发展阶段。

---

① 虞云国、李维华编著：《李宗恩先生编年事辑》，第 20 页。

② 李尚仁：《帝国的医师：万巴德与英国热带医学的创建》，第 30—36 页。以下相关万巴德的叙述，除注明外皆来自此著，不再一一注明。

厦门在鸦片战争前凭借其海上贸易已发展成为东南沿海航运贸易中心，是中国第二个开放的口岸，无论是外国人数量还是港口吞吐量，都远非打狗可比。更为重要的是，万巴德在这里除担任海关医官外，也在教会医院担任医生，由此接触到了大量中国病人，碰到天花、疟疾、登革热、霍乱等疫病，也遭遇到引起热带医学革命性进展的象皮病。象皮病因患者下肢肿大如象腿，且患部皮肤也像大象一样粗糙而得名。西方医学界一般认为这是由瘴气引起、像黄热病或疟疾一样的气候疾病。万巴德也认同主流认知，利用外科切除手术进行治疗。他花费不少心思在手术方法的改进上，并取得了一定的进展。

对于万巴德在厦门的早期生活，鼓浪屿一位为万巴德写作简单传记的当代作者如是说：

> 当窗口荡进来一声长长的雾笛，帕特里克·曼森刹那间恍如回到了伦敦。如果说白日里无尽的实验、手术、问诊占据了他全部的身心，鼓浪屿潮湿炎热的夏夜和循环往复的涛声，却总让他的思念和乡愁钻进心瓣之间的罅隙，扰动浑身的气血，毕竟摒除专业带给他的严谨和固执，他骨子里仍是一个多情而不羁的苏格兰人。①

19 世纪下半叶开始，已有一些欧洲医生怀疑象皮病可能与寄生虫感染有关，后来在象皮病患者的体液或血液中发现了丝虫。1875 年，已年过三十的万巴德实在不能忍受思乡病的煎熬，回英国休假，一头扎进知识的宝库大英图书馆，阅读象皮病的文献，了解研究前沿，立马认同象皮病是寄生虫病这一认知。同时，与一位船长的 17 岁女儿相识相恋。热恋中的万巴德，为回到厦门，曾致函恋人说：

> 亲爱的伊莎贝拉小姐，这也许是我给你的最后一封信了。当伦敦午夜雾笛响起，就是我要离开的时间，再度回到中国，我日夜梦回的所在。成千上万的中国人，染着可怕致死的嗜血丝虫、血吸虫、疟疾，在还没有认识耶稣基督的救恩前，病魔就先夺去了他们的性命。中国需要

① 《在鼓浪屿撬开热带医学之门：热带医学之父帕特里克·曼森》，《鼓浪屿的故事》编委会编：《鼓浪屿的故事》（四），内部资料，厦文广新（2014）内书第（098）号，2014 年，第 157 页。

我！……亲爱的伊莎贝拉，满是如火热情的我，在短短相聚的十个月里，不是在图书馆里苦读，就是沉湎在显微镜前，很少对你细语呢喃，情话深诉。真是满心的歉疚。对中国人苦难的负担，使我无法扮演一个好情人。但是，如果回到福音的战场，你将发现我是全力以赴的一流战士。亲爱的，你愿意来中国吗？①

幸运的是，勇敢的恋人成全了他，随他一同来到了厦门。返回厦门后，万巴德立即展开丝虫病研究，寻找丝虫的中间宿主。他从解剖尸体入手，自然困难重重，不仅未能如愿，而且引起厦门民众的责难，因中国人传统观念无法接受尸体解剖。他不得不转向研究动物寄生虫，特别是厦门有众多的死狗。他发现狗也有丝虫病，认为其传染一定有一个宿主将丝虫带到狗体外，进而推断人的丝虫传染也与狗一样。问题是，人体内的丝虫是如何跑到体外？他排除各种因素，天才地预见到应是某种吸血昆虫。吸血昆虫有虱子、跳蚤和蚊子等，仅蚊子就有很多种类。他又从地理分布思考，虱子和跳蚤寒带国家也有，排除它们。他还发现厦门两种蚊子的地理分布与象皮病的分布一致，由此确认其中一种蚊子就是人类丝虫的中间宿主。这是历史上首次发现一个具体的昆虫种类是人类寄生虫疾病媒介，为昆虫病媒概念的提出跨出了关键性一步。由此，从事热带疾病研究者把注意力和思考方向转向昆虫，对寄生虫病学和热带医学的发展产生了转折性的影响，也标志着医学昆虫学作为一门独立学科的诞生。

当然，面对研究中的重重困难，万巴德也曾气馁。1877 年，他致信一位伦敦的友人说："我住在世界之外，远离图书馆，不知外界正在发生什么。因此我不能确定我的工作价值所在，也许这份工作以前有人做过，甚至干得比我好。"事实上，他的工作超越了时代，并不完全被人理解。一位医生曾嘲弄他说："曼森的论断像是一个天才的工作成果，但更像是一个远在中国的醉酒的苏格兰医生所说的胡话。众所周知，他们在中国喝威士忌有多凶。"②

---

① 《在鼓浪屿撬开热带医学之门：热带医学之父帕特里克·曼森》，《鼓浪屿的故事》编委会编：《鼓浪屿的故事》（四），第 167 页。

② 潘维廉：《老外看老鼓浪屿》（中英对照），厦门大学出版社 2001 年版，第 411 页。

1883年，万巴德离开海关，转往香港，开业当医生，业务繁忙，除欧洲病患外，华人名流何启爵士等也是他的客户。声名远播之后，李鸿章请他到天津治病，手到病除，声誉更隆。据估计，他在香港的开业收入与伦敦最顶尖的开业医师不相上下。随之成为香港医界领袖，入选香港卫生委员会，当选香港医学会首任会长。他延揽阿伯丁大学医学院毕业的学弟康德黎[1]与他一起工作。康德黎创议在香港创办华人西医学校，得到他赞同。1887年10月，香港华人西医书院成立，万巴德担任首任校长，李鸿章是书院赞助人，孙中山是学校首届学生，后发展成为香港大学。

1875年万巴德回国休假时，结识了寄生虫学权威汤玛斯·寇博。[2] 寇博虽从未到海外从事研究，但他凭借建立的广泛海外通讯网络，足不出英国，就完成了数本涵盖世界各地区的综合性寄生虫学著作。万巴德也寄送给他不少中国标本，并通过他进入英国科学界，将研究成果在顶尖学术刊物发表。1889年，万巴德回国，已俨然是热带医学权威。翌年，在伦敦开业，并担任海员医院协会主治医师，接触到大量热带病患者。与当初寇博一样，万巴德也建立起海外网络，在温带的伦敦继续从事热带疾病的诊疗和研究。他很快就介入当时正有突破性进展、在医学界风起云涌的疟疾研究。1880年，驻阿尔及利亚的法国军医夏尔·拉夫伦[3]发现疟原虫是疟疾致病因子。万巴德进行一系列实验研究后，提出蚊子或类似吸血昆虫是疟疾的宿主，它们吸取人血液时将疟原虫吸出，再通过叮咬进行传播。可“曼森生活在英国，没有从事实验工作的机会。”[4]

---

① James Cantlie(1851—1926)：1896年，孙中山在伦敦被清政府驻英国使馆绑架，康德黎出手相救，孙中山撰《伦敦蒙难记》记载此事。康德黎著有《孙中山与觉醒的中国》(*Sun Yat Sen and the Awakening of China*)。

② Thomas Spencer Cobbold(1828—1886)：寄生虫学奠基人之一，被誉为英国“伟大的寄生虫学者”。生于英国伊普斯维奇，曾当学徒习医，1847年入爱丁堡大学攻读医学，读书期间发现自己兴趣是自然史研究。1857年移居伦敦，先后担任植物学、动物学与比较解剖学等教职，1873年任伦敦皇家医学院寄生虫学教授。撰有《人类寄生虫》等影响深远的著作。

③ Charles L. A. Laveran(1845—1922)：生于巴黎，1876年毕业于斯特拉斯堡公共卫生学院，1878年赴阿尔及利亚服役，1884年任军医学院卫生学和临床医学教授，1897年到巴斯德研究院工作。1907年因“在疟原虫致病方面的杰出贡献”获得诺贝尔生理学或医学奖。

④ 《诺贝尔奖讲演全集》编译委员会编译：《诺贝尔奖讲演全集·生理学或医学》卷Ⅰ，福建人民出版社，2003年版，第27页。

万巴德提出这一假说时，一位在印度服役的英国外科军医罗纳德·罗斯[①]拜访他，放弃了自己原来关于疟疾的认知，完全拜倒在万巴德的假说之下。罗斯在万巴德指导下，回印度研究证明“蚊子-疟疾理论”。克服一系列困难后，罗斯的研究终于有了重大发现：1897 年 8 月 20 日，在按蚊胃里发现了疟原虫。他激动万分，不仅将这一天命名为“蚊子日”(Mosquito Day)，而且还吟诗道：

> 今天，是上帝将他的怜恤，放在了我的手中……
>
> 我看见那隐藏的作为，那杀死百万人的祸首啊！
>
> 我终于找到了你狡猾的足迹……
>
> 你得胜的凯歌终将沉寂，无数人终将获得拯救。[②]

他后来在获诺贝尔奖的《讲演词》详细地述说了他当天发现的过程：

> 正当我想放弃检查时，我突然看到一个极纤细的圆形细胞，虽然它位于胃的正常细胞之中，且几乎不能与胃细胞相区分。几乎出于本能，我感觉到这是件新事物。在继续观察中，一个又一个相似的物体呈现在我眼前。于是我把镜头对准其中一个仔细观察，发现内含一些黑色的细小颗粒，与疟原虫色素完全一致。

并感叹道：“科学也有其戏剧性场面，在这一真实舞台上的演员回忆起这段情景，会禁不住感动不已，尽管在别人看来可能微不足道。”[③]

万巴德获得消息后，也是兴奋万分，将研究成果发表在《英国医学杂志》上。罗斯继续前进，成功地利用按蚊胃里的疟原虫引发鸟类的疟疾，并证实只有雌性按蚊才会传播疟疾。万巴德不仅帮助罗斯发表论文，还尽心费力地保障罗斯的原创性得到学术界承认。在罗斯鸟类疟疾研究成果发表前，

---

① Ronald Ross(1857—1932)：1874 年就学于伦敦圣巴塞洛缪医院附属医学院，1879 年获得皇家外科学院文凭，1881 年赴印度任军医官，1888 年回伦敦学习细菌学，1892 年开始关注疟疾，1899 年任利物浦医学院热带医学讲师，1902 年升教授，1918 年在伦敦开业。

② 田战省主编：《百年诺贝尔奖青少年阅读丛书·生理学或医学卷》，北方妇女儿童出版社 2010 年版，第 9 页。

③ 《诺贝尔奖讲演全集》编译委员会编译：《诺贝尔奖讲演全集·生理学或医学》卷Ⅰ，第 59 页。

他请相关顶尖科学家如拉夫伦、梅契尼科夫[①]预先阅读论文，并给予肯定性评语，附在论文后一并发表。罗斯因这一卓越研究，获得1902年诺贝尔生理学或医学奖。

1897年，万巴德获任英国殖民部医学顾问，这对他扩展学术研究、进一步发展热带医学这门学科有极大的帮助。次年，他出版了热带医学的第一本教科书《热带疾病：温暖气候的疾病手册》。作为经典，该书在他生前就已出7版，后来不断修订、增补、再版，至今已超过20版。1899年，他克服重重阻力，创建了伦敦热带医学院。1900年，当选皇家学会会员。1903年受封为爵士。1922年，皇家热带医学与卫生学会设立万巴德奖章，两年一次颁授给热带医学的杰出研究者。这年4月9日，万巴德的心脏停止了跳动，享年78岁。

二、"中国热带医学奠基人"李宗恩

万巴德去世当年，伦敦热带医学院在洛克菲勒基金会资助下，更名为伦敦卫生与热带医学院。也就是在这一年，在该院担任蠕虫研究助理员的李宗恩获得热带病学证书后，到格拉斯哥西部医院任住院医生，并开始为回国做准备。1923年6月，阔别祖国已久的李宗恩终于踏上了回归之路，应聘担任洛克菲勒基金会创立的北京协和医学院内科助理，从此将自己的一生献给了祖国的医学事业，不仅开创了中国的热带医学研究，奠基这一学科成为医学科学家；并在抗战期间创建贵阳医学院为抗日战争、中华民族的伟大复兴尽心尽力，战后出任近代中国最著名的医学科学和教育中心协和医学院院长，成为医学教育家；1957年被错划右派，发配到昆明后，担任内科门诊医生，成为专职临床医师（后因年老体弱，转任图书馆资料员）。

---

① Elie Metchnikoff（1845—1916）：生于俄国哈尔科夫（现属乌克兰），毕业于哈尔科夫大学，1865年游学意大利、德国，1867年回国任教新俄罗斯大学。1882年到意大利工作，翌年回国。1888年移居法国，任职巴斯德研究院。1908年因在免疫理论方面的杰出贡献，与德国科学家保罗·艾利希（Paul Ehrlich，1854—1915）获诺贝尔生理学或医学奖。

回国后的李宗恩，没有像他的祖师爷万巴德那样曾开业赚钱，而是全身心投入医学科学研究和教育事业中。全民族抗战爆发前李宗恩一直在协和医学院工作，从内科助理逐步晋升到襄教授，这段时间是他从事科研工作的黄金时期，他一生总共撰写的29篇论文中22篇是这期间发表的。李宗恩高足、1955年当选中科院学部委员的钟惠澜（1901—1987）在其为师所撰传记中写道："当时李宗恩和梅勒尼[①]所领导的热带病研究所发表的有关疟疾、丝虫病和其他流行病的论文，科学性强，都有新的观察，在国内外颇有影响。"[②]合作者梅勒尼也对他赞赏有加，1928年推荐他出国进修时说："李医生对临床研究也极有建树，并对中国临床医学的发展有不寻常的广阔视角。这一点，他无疑受益于在英国接受的训练，这在中国医生中并不多见。"[③]

在学校，他"有一个很大的实验室"，他一个弟弟后来回忆说：

> 我们曾去过那里。记得的是排列在很多架子上的，蒙了薄膜（好像是刮了毛的老鼠皮），里面装着血浆的器皿，即是用来饲养各种各类蚊子的。还记得在显微镜下裹了腊，切成薄片的蚊子，手术台上的兔子，笼子里的豚鼠等，实验用的狗养在离实验室有一段距离的铁笼里，那是个惊心动魄、吵吵嚷嚷的地方。在孩子们的眼里，这里简直是个神奇的王国，穿着白大褂的大哥是这儿的统领。

他几乎每年暑假都回到痢疾、丝虫病、黑热病猖獗的江南水乡调研疫情，进行研究与防治，"整天都在这些又湿又热的地方钻芦苇塘"，"白天穿着厚帆布的衬衣和马裤，带着有纱罩的铜盆帽，在密不透风的苇丛中采集蚊子标本"。路过苏州外婆家休息一天半宿，"他也不忘采集标本，外婆家的园子和暗巷、几十只接'天落水'的大缸，都成了他捉蚊子捞孑孓的处所"。即使如此，面临多灾多难的民族与国土，他还不时自责自己"离乡土太远了，吃不

---

① Henry E. Meleney（1894—1971）：美国寄生虫病学家、预防医学家。1920—1927年任协和医学院襄教授，1927—1941年任范德堡（Vanderbilt）大学副教授，1941—1953年任纽约大学预防医学教授、预防医学部主任，曾兼任路易斯安那州立大学教授（多谢李维华女士专门提供此条资料）。

② 李宗瀛：《回忆李宗恩》，唐弘仁主编：《贵州文史资料选辑》第29辑，中国人民政治协商会议贵州省委员会文史资料委员会编辑出版，1990年，第66页。

③ 虞云国、李维华编著：《李宗恩先生编年事辑》，第32页。

了苦，影响了研究工作的深入”。[①]

留学期间，李宗恩曾与导师在《蠕虫学杂志》合作发表《英属几内亚的丝虫病调查》。回国后，他继续从事丝虫病研究，并逐步扩展到血吸虫病、疟疾、糙皮病、黑热病等方面。中国曾是全球丝虫病流行最严重的国家之一，东南各省区特别厉害。此前除万巴德的开创性工作外，一些来华外籍医生也有过零星报道。李宗恩1925年利用暑假去徐州、清江浦等地考察，翌年在《皇家热带病与卫生学会学报》发表《中国江苏省的丝虫病调查》，指出江苏省北部班氏丝虫病流行相当普遍，主要由尖音库蚊(Culex Pipiens)传染，建议疫区各医院、机关与学校采取积极的预防措施。[②] 李宗恩的研究，开启了中国丝虫病研究大幕。此后，冯兰洲和胡梅基[③]等继续深入研究，为丝虫病在中国的防治奠定了坚实的基础。[④]

血吸虫病在中国历史悠长，流行传染范围广泛，以长江流域及南方最为严重，是危害健康的五大寄生虫病之一。[⑤] 李宗恩非常重视此病的临床观察和治疗，1925年就发表两篇论文，报告了病例和治疗经验，指出长江流域发生水灾后，血吸虫病患感染率增高；从感染到发烧的4周时间可能是寄生虫成熟时期；锑在早期治疗中副作用较小，依米丁(Emetine)在幼儿和青少年治疗效果较好等。[⑥] 同年，他在苏州血吸虫病多发区搜集钉螺，并以仓鼠做动物实验。研究结果在1928年12月开罗举行的“热带病卫生组织百年庆典”上报告，指出钉螺是血吸虫尾蚴在冬天寒冷、干燥的条件下存活的宿主，虫卵造成较大的组织伤害，血吸虫本身释放的毒素不能引起组织坏死，

---

① 李宗瀛：《回忆李宗恩》，唐弘仁主编：《贵州文史资料选辑》第29辑，第65—66页。

② 李维华编：《李宗恩医生文存》，第43页。这一成果，被梅勒尼认为是“一项重要的研究”。

③ 胡梅基(1903—1977)：祖籍广东中山，生于夏威夷，早年毕业于约翰·霍普金斯大学，1931年受洛克菲勒基金会资助到中国，1947年回夏威夷。专长于丝虫病研究，在蚊虫传染病试验工作颇多，曾任上海雷士德医学研究院昆虫研究部主任，1930—1937年间发表相关蚊虫研究18篇。周尧、王思明、夏如兵：《20世纪中国的昆虫学》，世界图书出版西安公司2004年版，第49页；《东平路16号和陈立夫有关系吗?》，微信公众号“外滩以西”(2021-04-21)。

④ 《中国丝虫病防治》编委会：《中国丝虫病防治》，人民卫生出版社1997年版，第8页。2007年，中国成为全球第一个消灭丝虫病的国家。

⑤ 五大寄生虫病分别为疟疾、血吸虫病、钩虫病、丝虫病和黑热病。

⑥ 李维华编：《李宗恩医生文存》，第20页。

两性交媾对成虫特别是雌性起重要作用。[①] 1930 年，他尝试用感染了血吸虫的钉螺感染兔子，作为研究血吸虫病的动物模型。1932 年发表研究成果，认为德国拜耳公司生产的用于治疗血吸虫病的一种锑剂 Fouadin，对在中国流行的日本型血吸虫只有暂时的缓解作用，且肌肉注射比静脉注射效果稍好，但总体治疗效果不佳。[②] 此外，他与朱宪彝（1903—1984）还专门研究了一种体外培养血吸虫的简单技术，利用一种密封的玻璃培养皿，可以将血吸虫存活时间由 21 天延长至 75 天，并可随时进行显微镜观察。[③] 李宗恩及其同道对血吸虫病的开创性研究，对后来成功防治该病奠定了基础。

疟疾在中国的流行也有悠久的历史，范围更广，遍及青藏高原外的全国各地。李宗恩对疟疾进行了广泛的调查研究，在此基础上对其传染媒介按蚊的识别、习性和控制进行研究。1926 年 8—10 月，李宗恩与梅勒尼、钟惠澜合作，到北京郊区进行田野调查，次年发表《北京地区的按蚊调查》《北京附近一个村庄的疟疾》两文。前文研究了他们采集到的三种不同按蚊的形态特征、分布和繁殖习性。后文调查了北京西郊城府村间日疟的发病情况，以脾肿大为诊断方法，结果表明间日疟患者发病率为 10.4%。[④] 1927 年暑假，李宗恩和梅勒尼、杨静波一起，与燕京大学生物系师生合作，在燕京大学校园内采集了 17 种蚊虫标本。在分类基础上，研究了两种疟蚊的繁殖期、分布及与疟疾流行期之间的关系，并提出了 9 项灭蚊建议，诸如填平与风景和农田无关的水注等。[⑤] 此外，李宗恩也曾到上海浦东的高桥镇进行疟疾田野调查，还发表过《厦门地区蚊子及其繁殖习性的田野调查》等。

在上述调查研究基础上，李宗恩对疟疾的流行和临床治疗也提出方案。1929 年发表《关于诊断和治疗疟疾的记录》，临床观察用扑疟喹啉（Plasmochin）治疗疟疾，肯定其治疗效果，但也提请注意其副作用。他建议

---

① 李维华编：《李宗恩医生文存》，第 121 页。
② 李维华编：《李宗恩医生文存》，第 137 页。
③ 李维华编：《李宗恩医生文存》，第 181 页。
④ 李维华编：《李宗恩医生文存》，第 54、59 页。
⑤ 李维华编：《李宗恩医生文存》，第 65 页。

在常规体征和血液检查不能确定的情况下，采用脾穿刺进行确诊。① 1936年与王季午(1908—2005)合作发表《输血后疟疾与回归热》，表明过去10年里，协和医院3 700位接受输血治疗的病人中，有54位感染良性间日疟，6位感染回归热，其中一位孕妇胎儿因感染回归热出生不久后便死亡。他们及时提出输血传播病原的危险性，建议对献血者仔细筛选，若病人输血后有发热症状，应检查是否感染疟疾和回归热。②

对于血吸虫和疟疾研究中的经验，李宗恩曾在1957年全国政协“医学界向科学进军”讨论会上以书面发言作为例证讨论科学研究中的个人与集体的关系：

> 因为科学是个集体的事业，个人工作的好坏也就必定会影响整个的科学成果。……例如我们在进行日本血吸虫病、疟疾等传染病的防治工作的时候，就必须从疫区中收集大批数字材料，进行分析综合，找到这些传染病发生发展的规律，制订合理的防治措施。假如在疫区登记这些原始材料的工作人员，对数字不严肃，随便填表，则把这些材料收集在一起，任何第一流的统计学家都无法推算出科学的结论。③

糙皮病又称烟酸缺乏症，属于营养不良性疾病，李宗恩曾对其病因结合临床进行了探讨。1925年，发表《中国的糙皮病：其发病机制的新观点》，根据中国罕有病例的事实，质疑笼统的蛋白质缺乏为发病机理，分析中西饮食结构，提出豆类蛋白可能含有糙皮病患者缺失的氨基酸，如色氨酸和赖氨酸。④李宗恩对粪类圆线虫和中枢神经猪囊尾蚴病也进行过研究并有报告发表。

相对上述几种热带疾病而言，李宗恩用力最多、成果最为丰硕，影响也最大的是他与协和医学院同仁共同从事的黑热病研究，被认为是“中外医学

---

① 李维华编：《李宗恩医生文存》，第80页。

② 李维华编：《李宗恩医生文存》，第204页。

③ 《人民日报》，1956年3月23日。转引自虞云国、李维华编著：《李宗恩先生编年事辑》，第545—546页。

④ 李维华编：《李宗恩医生文存》，第32页。当时对烟酸和其他营养素的作用与该病的关系尚未有充分了解，原发糙皮病的病因是缺乏维生素B_3和色氨酸。

科学家携手、应用现代科学的方法研究中国流行病的一个成功范例”。[1] 洛克菲勒中华医学基金会（Chinese Medical Board）主席玛丽·布拉克（Mary B. Bullock）女士在纪念李宗恩诞辰120周年的纪念会上说：李宗恩“对黑热病利氏曼原虫的生活史进行了从实验室到野外现场的深入研究，他的研究成果使1950年代黑热病的根治成为可能。他是黑热病研究的光辉先驱和典范”。[2]

黑热病因病人面呈黑色、发不规律高热而得名，广泛流行于长江以北各省区，20世纪30年代患者达数十万，北京郊区也多见。协和医学院因经常收治该病患者，基础和临床各部门包括寄生虫学、病理学、公共卫生学、内科和儿科等，进行过大量的科学研究。李宗恩通过调查研究和中外比对，提出中华白蛉可能是黑热病的传染媒介的假说。1929年，他发表《人工喂养和感染白蛉的装置》《拍打是感染黑热病的因素》和《人工喂蚊的尝试》三篇论文，利用人工喂蚊的装置，证实了中华白蛉可以通过叮咬或人的拍打传染黑热病，论证人工喂蚊的困难可以通过在血液中添加微量蜂蜜予以克服。[3] 1939年，他与袁贻瑾（1899—2003）、诸福棠（1899—1994）发表《黑热病的季节性发病与其对传播的意义》，认为中华白蛉的繁殖季节与黑热病的流行时间相一致，而且黑热病小体可在中华白蛉体内成熟并繁殖，证实了白蛉是黑热病的传染媒。[4]

他于1937年发表《北平的犬黑热病》，1939年与钟惠澜、王季午合作发表《对北平地区587条正常狗中被感染利氏曼小体感染的筛查》，确认了第一例患黑热病狗及被狗传染的病患，这不仅对该病流行病学有十分重要的意义，而且把中华白蛉、犬和人的黑热病联系在一起，确定了狗是黑热病的中间宿主，从而确立了狗在黑热病流行中的重要地位。[5] 钟惠澜等进一步研究，证实了狗可以将黑热病传染给人，并发现中华白蛉叮咬狗后对人的感

---

① 李维华：《民国医学教育家李宗恩》（稿本）。
② 虞云国、李维华编著：《李宗恩先生编年事辑·序言》第40页。
③ 李维华编：《李宗恩医生文存》，第89、93、98页。
④ 李维华编：《李宗恩医生文存》，第227页。
⑤ 李维华编：《李宗恩医生文存》，第213、244页。

染率远高于咬人，因此确定狗是黑热病最重要的宿主。根据他们的研究，1950年以后，政府制定了扑灭中华白蛉、捕杀病犬以根治黑热病的综合措施。1958年，黑热病基本上在中国大部分流行地区绝迹，“成为新中国医疗卫生事业的一个光辉成就”。①

李宗恩还从事黑热病的临床表现和治疗药物研究。1934—1935年间，他与钟惠澜合作发表《黑热病初期之临诊现象》，认为患黑热病与年龄无关，初期临床症状不明显，早期症状一般为发烧；典型症状为肝脾肿大、淋巴细胞减少和蛋白沉淀异常，但这些指征在发病初期均不明显，因此很难确诊，需与结核、疟疾、伤寒和不规则发烧等共同鉴别。② 传记作者说，李宗恩根据丰富的临床经验总结出来的黑热病早期临床表现的描述，“具有很重要的临床指导意义”。③ 此外，他还与瞿承方（1908—2002）合作发表《尿素斯锑巴民（Urea-stibamine）与新斯锑波山（Neostibosan）对于黑热病治疗效力之比较》，与王季午合作发表《中国仓鼠作为黑热病的动物模型Ⅰ：Neostibosan对正常仓鼠的药理作用》《中国仓鼠作为黑热病的动物模型Ⅱ：Neostibosan对被感染仓鼠的药理作用》，与钟惠澜、王季午合作发表《Solustibosan治疗黑热病之功效》等。④ 李宗恩及其合作者在黑热病药物治疗上的研究为黑热病的最终治愈奠定了相当的基础。

作为中国热带医学奠基人，李宗恩的研究几乎涉及热带医学的各个方面，在长期的教学与研究中，不仅取得了重大的科研成就，树立了热带医学研究的标杆，也培养了袁贻瑾、钟惠澜、朱宪彝、王季午、瞿承方等一批杰出的热带医学及流行病防疫人才。当然，无论是在协和医学院还是贵阳医学院，受他熏陶的医学工作者更是不计其数，传记作者因此也说“他的门墙桃李遍及全国”。

---

① 邓家栋：《李宗恩》，《科学家传记辞典》编辑组：《中国现代科学家传记》第3册，科学出版社1992年版，第571页。

② 李维华编：《李宗恩医生文存》，第160页。

③ 邓家栋：《李宗恩》，《科学家传记辞典》编辑组：《中国现代科学家传记》第3册，第571页。

④ 李维华编：《李宗恩医生文存》，第147、216、222、252页。

三、跨国跨文化的热带医学

热带医学作为殖民医学的标志性学科，是医疗社会史研究热点之一，涌现了大批成果，历经“殖民医学”“文化霸权主义”理念指导研究阶段后，研究者们突破了民族国家观念，从跨国跨文化的全球化角度关注学科发展与实际防治疾病过程中的国际网络、文化交流与冲突、合作分享与共有互惠等复杂的历史面相。① 确实，如果我们突破民族国家和不同文化传统的藩篱，从人类历史发展的进程角度可能更清楚地评估与看待热带医学创立发展过程的那些科学家们的发现与创造。

除英国外，德国、法国乃至意大利在热带医学科学的发展上也有其独特贡献，美国、日本在此领域也奋力跟进。中国热带医学的发展源头除英国外，也受到其他国家的影响。1928 年，在协和服务满五年的李宗恩学术休假，计划出国进修，向学校提出的计划除伦敦外，还要去德国汉堡与美国，其行程如此安排：北京—吉隆坡—加尔各答—孟买—开罗—罗马—巴黎—汉堡—伦敦—威斯利—利物浦，美国波士顿—纽约—巴尔的摩—华盛顿—那斯维尔—新奥尔良—巴拿马运河—旧金山—东京—科比—北京。② 这一旅程安排，不仅有热带医学科学的中心英国、法国、德国和意大利，还包括后起之秀美国与日本。10 月成行的这次旅程，他先代表协和医学院出席在开罗召开的热带病卫生协会百年庆典，次年 1 月 7 日到达巴黎，随即调整进修路径，赴德国汉堡热带病研究所深入学习热带病研究新技术，完全放弃了赴美计划。为了让他在汉堡完成学业计划，协和延长他的学术休假至 1930 年 1 月，也认为他放弃赴美，是“一个明智的选择，他在汉堡研究所工作十分努

① 代表性成果有：［英］普拉提克·查克拉巴提著，李尚仁译：《医疗与帝国：从全球史看现代医学的诞生》，社科文献出版社 2019 年版；马秋莎：《改变中国：洛克菲勒基金会在华百年》，广西师范大学出版社 2013 年版；周枚琳：《全球卫生史视域下的亚洲跨国卫生合作——以远东热带医学会为例》，《国际政治研究》2021 年第 3 期，第 89—115 页；胡成：《清除钩虫病的跨国合作：洛克菲勒基金会在中国萍乡（1914—1919）》，《二十一世纪》189 期（2022），第 43—60 页。

② 虞云国、李维华编著：《李宗恩先生编年事辑》，第 31—32 页。

力，建立了令人满意的关系”。在汉堡，他师从费勒鹏[①]教授，做粪类圆线虫感染实验研究。他在致函朋友的信中说：“从中我学到了一些有用的寄生虫学的研究方法。虽然 Fülleborn 教授没有参与这一工作，他的原创性建议和批判性思维对于具有独立工作能力的人极有启发，但新手就可能摸不着头脑了。”也随 Martini 教授学习昆虫学，“他不但是这一学科的权威，而且是一位最好的老师”。他还计划去柏林跟从 Albert Fischer 教授，“希望学习组织培养”。[②] 李宗恩这次一年多的学术休假完全处于繁忙而紧张的学习状态，师从德国热带医学相关的顶尖科学家，在当时世界科学中心的知识海洋中自由徜徉，吸取英国之外的德国科学养分，为回国之后科学研究的勃发打下了基础。

李宗恩在伦敦热带医学院深造时，与他同岁的浙江乐清人洪式闾（1894—1955）正在德国汉堡热带病研究所攻读寄生虫病学。洪式闾毕业于北京医学专门学校并留校任教，法国科学家巴斯德（1822—1895）和日本细菌学之父北里柴三郎（1852—1931）是他的偶像，因为他们不仅在细菌学上贡献卓著，而且还以个人力量创办研究所，“名震全球”。洪式闾 1920 年到德国柏林进修病理学，却认为国内寄生虫病很多，“单单研究病理学不切合实际”，于是到汉堡热带病研究所专攻寄生虫病学。他于 1922 年回国，1925 年再赴汉堡热带病研究所，在费勒鹏指导下从事研究。1928 年，洪式闾在杭州创建私立热带病研究所，研究浙江的热带病，出版论文专刊和丛书。惜乎中国没有私人捐助科研机构的习惯，研究所不仅成效甚微而且不能维持，洪式闾不得不放弃研究所，出任江苏医学院教授兼寄生虫研究所所长、台湾大学热带病研究所所长等职务。[③] 他一生从事寄生虫学的教学、研究工作，进行过疟疾、钩虫病、毛圆线虫病、血吸虫病等的实验和防治工作，曾以“寄

① Friedrich Georg Hans Fülleborn（1866—1933）：以创建检验粪中虫卵的费勒鹏氏法（即浮集法）闻名。曾在伦敦热带医学院学习，1930 年担任汉堡热带病研究所所长。

② 虞云国、李维华编著：《李宗恩先生编年事辑》，第 34—36 页。在汉堡期间也有研究成果发表，如《从两只马来西亚猴子分离的新线虫类》《粪类圆线虫的研究》。

③ 洪式闾：《自传》，中国人民政治协商会议乐清县委员会文史资料工作组编：《乐清文史资料》第 4 辑，1987 年，第 2—6 页；赵慰先、徐陬《洪式闾》，《科学家传记辞典》编辑组：《中国现代科学家传记》第 2 册，科学出版社 1991 年版，第 612—618 页。

生原虫、钩虫及其与人体之关系等研究”正式候选1948年首届中研院院士。

中央研究院首届院士选举时，150位正式候选人中医学有9位之多，除李宗恩、洪式闾外，还有胡正详、冯兰洲两人从事热带医学研究，可见李宗恩、洪式闾等开创的热带医学研究在民国医学界的地位与影响。江苏无锡人胡正详(1896—1968)，1921年获得美国哈佛大学医学院博士学位，1924年回国，与李宗恩一样任教协和医学院，历任助教、讲师、襄教授、教授、病理系主任、教务长等。其间他曾利用休假到欧美游学，1932年在德国著名的阿少夫(Aschoff)实验室工作一年。[①] 他长期从事病理学研究，以“黑热病、锥虫病、斑疹伤寒等研究”候选院士。山东临朐人冯兰洲(1903—1972)，求学齐鲁大学医学院期间，曾参加英国皇家学会组织的黑热病考察团，1929年毕业后任教协和医学院。1933年往英国利物浦热带医学院进修，获得热带医学和卫生学医师证书。后在伦敦自然博物馆研习蚊虫，又到德国汉堡热带病研究所、巴黎巴斯德研究院、罗马疟疾研究所等处考察学习。1938年赴欧洲出席学术会议，并赴美国康奈尔大学等医学院和洛杉矶热带病研究所等学术机构进行学术交流与研讨。[②] 他长期从事寄生虫病学研究，以“锥虫病、黑热病、疟疾、丝虫病、螺旋体病及内脏虫病之寄生虫研究”候选院士。四位候选人最终仅李宗恩以“裂体虫病、线虫病、疟病、回归热等研究，曾主持贵阳医学院”当选，这自然是对他在热带医学研究与医学教育贡献的学术认同与最高学术奖励。[③]

---

① 佘铭鹏、丁濂：《胡正祥》，《科学家传记辞典》编辑组：《中国现代科学家传记》第6册，科学出版社1994年版，第585—589页。

② 刘尔翔：《冯兰洲》，《科学家传记辞典》编辑组：《中国现代科学家传记》第1册，科学出版社1991年版，第628—632页；中国人民政治协商会议山东省临朐县委员会编：《冯氏医学世家》，1994年，第90—91页。

③ 值得注意的是，九位医学科学候选人中，有李宗恩、胡正祥、洪式闾、袁贻瑾、汤飞凡、冯兰洲等六人从事相关流行病学与公共卫生学的研究与工作，可见当时中国各种流行病之猖獗与当时医学知识分子们对国民身体健康的关注与关心。这也从另一个侧面看出，那一时代知识分子并不是固守象牙塔的人，他们将研究与民生的疾苦紧密地联系在一起，也受到士林学界的推崇。其他两位候选人，袁贻瑾是李宗恩在协和医学院的学生，中国公共卫生学创始人，以“统计学及防疫学之研究，主持中央卫生实验院防疫研究所”候选；汤飞凡是我国病毒学奠基人、微生物学家和免疫学家，以“疱疹、牛痘等过滤毒之研究，主持中央防疫处”候选。最终，九位候选人只有李宗恩、袁贻瑾、张孝骞三人当选。

李宗恩的学生钟惠澜，1929年毕业于协和医学院，留校任教。1934年奉派赴海外访学，先后访问美国、英国、比利时、法国、意大利、埃及、印度等国热带医学研究机构，并在德国汉堡热带医学与卫生学院从事研究工作。[①] 王季午1934年毕业于协和医学院，留校任教。1940年赴美，任图兰（Tulane）大学热带病与寄生虫学院访问学者，协助讲授热带医学，成绩优秀，被授予"名誉讲师"。其间考察访问了全美有名的医学院校与热带病研究机构，了解了美国医学教育与科研现状。[②]

可见，中国热带医学的发展，无论是第一代的李宗恩、洪式闾、胡正详、冯兰洲，还是第二代的钟惠澜、王季午等，他们的学术成长历程与世界热带医学的发展紧密相连。1922年，美国加州大学昆虫学教授吴伟士应邀担任江苏昆虫局局长，他在中国科学社于南京为他举行的欢迎会上说："科学为国际的而非私有的，善于应用，乃全人类之福。"[③]万巴德在中国足履台湾、厦门和香港等地，李鸿章是他的病人，孙中山是他的学生，香港大学还耸立以他命名的"白文信"楼。当主流认知认为热带病的病原是细菌时，他认同寄生虫才是热带病的病原体，这完全改变了寄生虫学的发展方向，由此热带医学独立于细菌学成为一门学科，中国因万巴德而成为热带病学的发祥地之一。19世纪初期，德国寄生虫学领先于世界，德国生理学家穆勒（Johannes P. Müller，1801—1858）将之归因于德国缺乏海外殖民地："我们地理位置的限制，赋予我们探索隐藏事物之精神，这使我们对隐藏在本土生物内部的住民（即寄生虫）的研究特别卓著。"[④]时势逆转，19世纪后期，正是像万巴德、罗纳德·罗斯这些专注于海外生物学的英国人，使英国寄生虫学

---

① 佚名：《钟惠澜》，中国科学技术协会编：《中国科学技术专家传略·医学编·临床医学卷1》，人民卫生出版社2000年版，第165页。

② 刘克洲：《王季午》，中国科学技术协会编：《中国科学技术专家传略·医学编·临床医学卷1》，第345页。

③ 《欢迎中外科学家》，《科学》第7卷第4期（1922），第405页。吴伟士（C. W. Woodworth，1865—1940），1886年获伊利诺伊州立大学理学硕士学位，曾任加州大学教授。1918年来华，任教金陵大学，讲授昆虫学等课程。1922年任江苏昆虫局局长，1924年任满回国。著有《加利福尼亚昆虫》《昆虫的翅脉》等。

④ 李尚仁：《帝国的医师：万巴德与英国热带医学的创建》，第314页。

研究取得了独霸地位。万巴德与寇博，罗纳德·罗斯与万巴德这种主要通过建立通讯网络的合作研究，常见于当时英国的科学活动，在地质学、地理学、动物学、植物学等所谓自然史学科中特别显著，也是中国近代科学发展过程中地质学、动植物学乃至医学研究中的常见形式（无论是中国学者还是外国学者在中国采集的有些不能确定的标本，都需要寄送到英法德美等科学发达国家进行鉴定，并由此进入世界科学共同体）。

可见，热带医学的开启与发展，充分地体现了全球化时代的特征，英国、法国、德国、意大利、美国、中国、印度乃至日本因这一科学研究紧密联系在一起，各国科学家们在相互竞争与合作过程中解决一个接一个问题，创建与不断发展这门学科，扩展人类知识视野的同时，拯救无数生命。同样，热带医学的开启与发展，也展现了学术与政治的纽结，中国海关、英国殖民部、李鸿章、孙中山、康德黎因万巴德而连接起来；李宗恩、洪式闾、冯兰洲等的研究因日本侵华而受挫，还有人后来因为政治运动的影响而遭受了冤屈和磨难。[①] 当然，中国热带医学的发展，也是中国与世界紧密联系的结果，英国的万巴德和利珀等，德国的费勒鹏等，美国的梅勒尼，日本的北里柴三郎，中国的李宗恩、洪式闾、冯兰洲、胡正详、钟惠澜等和协和医学院，美国的洛克菲勒基金会等因之而联系在一起。无疑，丝虫病等热带病是地方性疾病，属于地方性科学范畴，但由此引起的寄生虫病学的关键性发展，并带来生命科学的进步，从而具有普遍性科学的特征。因此，热带医学的发展也与其他科学一样，是突破民族国家的藩篱，跨越多种文化传统科学家们苦心孤诣研究的结果。

1985 年，美国科学史家刘易斯·佩恩森（Lewis Pyenson）在其著作《文化帝国主义与精密科学：德国在海外的扩张》中提出“殖民地科学”这一概念。按照他的说法，所谓殖民地科学主要以应用性科学为主，其主要目标是为殖民地的统治者即宗主国服务，至于殖民地本身的科学发展似乎不在殖

① 李宗恩 1962 年 3 月（具体日子不清楚）在昆明因病去世，享年 68 岁；胡正详 1968 年 11 月卒亡，享年 72 岁；冯兰洲 1972 年因心脏病去世，享年 69 岁。

民地者的考虑范围内。[①] 英国之所以如此重视热带疾病的研究，其出发点当然主要是为了维护其国民在殖民地的身体健康和生命安全。但不得不承认，万巴德、罗纳德·罗斯们在中国、印度探究热带疾病的病因并寻找到治疗方法，这自然是人类共有的财富，促进了人类科学发展，给人类带来了福音，也自然为殖民地人民这些疾病的治疗找到了“良方”，通过李宗恩、洪式闾、胡正详、冯兰洲们将这些知识带回了中国，回馈了中国人民，并通过钟惠澜、王季午们传承、发扬光大。这与日本帝国主义无论是在台湾、东北还是上海设立的大量科研机构，主要为掠夺中国财富、为其军国主义张本存在着本质性的差别。因此，万巴德、罗纳德·罗斯们的研究是否属于“殖民地科学”似乎还需要进一步审视。不少的研究者说绝大多数热带疾病的最大危害，不是蚊子这样的病媒，而是贫穷、营养不良与缺乏卫生，因之质疑万巴德们的科学研究及其效应。[②] 这似乎是对科学研究者的苛求，万巴德们毕竟仅仅是“帝国的医师”而已，贫穷、营养不良与缺乏卫生不是他们关注的中心与重点，也不是他们能解决的。

热带病学的发展史表明，近代中国并不仅仅是西方科学的被动输入者，从一定意义上也可以说是近代科学的创造者与发现者，只不过这些发现者与创造者不完全是土生土长的中国人，也有在中国同样贡献其青春与生命、以科学精神在中国大地上孜孜以求的外国科学家。这些人除万巴德以外，还有大批的外籍地质学家、地理学家、生物学家、天文气象学家、农业经济学家（基本上具有地方性科学性质），如葛利普、葛德石、祁天锡、劳积勋、田国柱、雁月飞、卜凯等。中国经历与社会历史现实促成了他们的学术成长，甚至改变他们的学术趣味与研究方向，除万巴德的中国经验使他创立热带医学成为热带医学之父外，卜凯由农业改良推广者成长为举世闻名的农业经济学家；[③]葛利普从世界一流的沉积岩与现代地层学家，转向古生物学研究

---

① Lewis Pyenson, *Cultural Imperialism and Exact Science: German Expansion Overseas, 1900 - 1937*, New York: Peter Lang, 1985.

② 李尚仁：《帝国的医师：万巴德与英国热带医学的创建》第322—323页。

③ 杨学新：《卜凯与20世纪中国农业变革》，人民出版社2018年版。

与构造地质学理论建构；[①]葛德石从一个地质学毕业生转变为地理学家；[②]等等。因此，突破民族国家的藩篱，从跨文化、跨国家和全球史的角度，就能更清楚地看待近代中国所发生的科学创造与发现，也能更清楚地认知近代中国在科学发展史上的地位与作用。

更为重要的是，如果从人类历史发展的宏观角度，以全球史的视野，研究科学在不同国度与文化中的发展与传播，探究科学在不同的政治体制、意识形态与文化传统中的不同境遇，分析促进科学发展与传播的各种因素，寻找阻碍科学发展与传播的各种因子，这样可能更清楚地认知科学的发展与传播，也才能更清晰地认识到科学的发现与技术的进步对人类发展的影响，真正意识与认识到科学与技术的永恒价值。

（张剑：上海社会科学院历史研究所研究员）

① 孙承晟：《海进海退和大陆漂移之地球"沧桑"史—葛利普的脉动和极控理论》，《自然科学史研究》第34卷(2015)第4期，第470—486页；孙承晟：《"他乡桃李发新枝"：葛利普与北京大学地质学系》，《自然科学史研究》第35卷(2016)第3期，第341—357页。

② 张雷：《葛德石与民国地质学》，《中国科技史杂志》第30卷(2009)第2期，第203—210页；张雷：《葛德石与中国近代地理学》，《地理学报》第64卷第10期(2009)，第1164—1174页。

向公立学校转型：1949—1956年的南洋模范中学

施扣柱

私立学校在近代上海特别发达。1949年后，随着新政权的建立和新时代的开启，私立学校普遍面临逐渐向公立学校转型的任务。本文试以沪上著名私立中学——南洋模范中学(下简称“南模”)为典型，探寻这种历史性转型的内涵与特点，以窥全豹。

一、新上海渐进型教育改革举措与南模的拥护和创新

1949年4月25日，中国人民解放军宣布了解放上海、接管上海的总政策——《约法八章》，其中第四条明确宣布：“保护一切公私立学校、医院、文化教育机关、体育场所及其他一切公益事业。”《约法八章》等各种接管政策对解放军是一种军事纪律的约束，对上海市民而言则是新政府的态度和立场。它的宣传和贯彻，对稳定社会情绪、动员各界人士、调动一切积极因素、顺利平稳地接管上海发挥了重要作用。“一系列的具体的接管政策，目的都是为了解决一个问题：在上海解放后，如何把城市接管好，管理好，使城市生活迅速正常化，工厂开工，商店开门，学校上课。”①

5月27日，上海市军事管制委员会(简称“军管会”)宣告成立。军管会是上海军管时期的最高权力机构，下设四个委员会，分别统管和接管军事、

① 王尧山：《回忆接管上海的准备工作》，上海市政协文史资料委员会编《接管上海亲历记》，1997年，第11页。

政务、财政经济、文化教育管理四大系统。文化教育管理接管委员会主任由军管会主任陈毅亲自兼任。同日，文化教育管理接管委员会市政教育处正式接管旧上海市教育局机关，着手接管各级各类公立学校。6月25日，全市公立中小学接管工作基本结束。

与公立中小学接管相比，上海对私立中小学校的全部接管，距离上海解放时间达六年半之久。这段时期内，渐进的教育改革覆盖所有公私立学校。例如校政机构方面，要求设立新的校务委员会作为决策机构，除教师代表外，吸收学生代表参加，主要任务包括：决定校务方针，并设计校务方案，通过预算及审核决算；厘定及审核各项章则；聘请及解聘教职员。总体要求是经济公开，领导民主。课程设置方面，一是坚决废除旧的意识形态课程。早在1949年8月新学期开学后，上海各级各类学校已遵令取消党义、军训、童子军等课程，公民课改为政治常识课，废除训导制度，提倡教与导合一。二是精简课程门类，减少中学英语授课时间，停止小学英语课。1950年按部颁《中学暂时教学计划(草案)》规定，中学统一开设语文、政治、外语(英语或俄语)、历史、地理、数学、物理、化学、生物、动物、植物、生理卫生、体育、美术、音乐等课程。因新教材编写跟不上形势发展需要，各校将华北东北出版的中小学教材加以修改利用。1950年春，上海小学全部教科书、中学的文史地政治等已全部改用新课本，但中等以上学校的数理化生物以及其他自然科目，仍用旧教材。新改编的教材因时间匆促，错误缺点不少，亟待改正①。教材方面，努力破旧立新，1949年秋季开学前，市政教育处在原有中小学教科书中选择若干种，指定为上海市各公私立中小学临时教本。但该处负责人发表谈话指出："这些教材是有缺点的，特别是旧课本"。其中，史地教科书："都是用资产阶级的、甚至法西斯的反动立场和观点说明事实的，一般是不能用。新编的史地课本，立场观点虽正确，但具体事实和材料不够多，教师应加补充。"自然科学教本："观点也多陈旧，例如高中生物学书中，多详讲门德尔和马更一派的遗传学说，提倡优生学，把人的个性及智慧之形

---

① 上海市人民政府教育局：《一年来的教育工作》，《文汇报》1950年5月29日。

成认为是遗传决定一切，而与环境无关，这些都应删掉”。这位负责人特别提醒：“凡是指定教本中如遇有反共、反人民、反苏、反世界人民民主运动的，反科学的，以及违背人民政府法令政策的各种错误观点和思想，教师均应自动删去。能同时根据正确观点和理论予以驳斥当然更好，除指定教本外，其他各书店所出自然科学教科书可作为参考书。”①

对于全市统一的渐进性教育改革举措，南模校方不仅坚决拥护、积极支持，而且还有所创新。例如校政机构方面：一是反思和改进传统的校务会议，二是成立校务协进委员会、教职员会以及校务委员会。其中，校务协进委员会和教职员会是南模的创举：前者存续时间相对短暂，后者成员最为广泛，遵照指令成立的新校务委员会则在成员结构和产生办法上颇有创意。

反思和改进传统的校务会议：解放前南模曾设立校务委员会并较长期实行校务会议制度，那是南模集体共治模式最生动最典型的体现，其实也是民主管理学校的某种体现。新政权建立后，原有的校务会议是否需要改进或废止呢？1949 年 6 月 17 日，校务会议经过慎重讨论，议决参照华中解放区学校的经验，“变更其性质，并扩大而继续予以保留”。同时，通过扩充学生和工友列席名额案，议决：学生代表为 5 名，工友代表为 2 名②，以此改造自身、适应新社会的需要。其实这次会议已有 4 名学生代表和 2 名工友代表与会，行动走在决议之前了。

为了适应新时代初期学校事务繁多的复杂局面，校务会议不仅加强自身改造，还增加了举行频次，1949 年 5 月 31 日至 9 月 11 日之间，举行了 4 次会议，其中前三次时间密度尤其高，5 月 31 日至 6 月 14 日，两周一次，6 月 14 日和 6 月 17 日之间，只隔了 3 天！充分体现了火红年代“一万年太久，只争朝夕”的革命激情。

校务协进委员会　1949 年 5 月 31 日下午 4 时，校务会议决议设置校务协进委员会。下午 5 时，校务会议议决拟订校务协进委员会简则草案，签名同意者 75 人，其中凌渭民签名时特意加上备注意见“各委员连任次数应予

---

① 《对秋季临时课本，市教处发表谈话》，《文汇报》1949 年 8 月 22 日。

② 《校务会议记录》(1947 年 1 月至 1949 年 9 月)，归档号 3，原文无标点。

规定，不得无限止连续”。6月1日，筹备员初步草拟校务协进委员会简则草案，为慎重周到计，决定个别送请全体同仁核阅。6月2日，校务协进委员会简则草案经校长等75人完全同意签名盖章。6月3日，根据前项简则分发选举票，开始投票选举校务协进委员。6月4日上午11点40分，收到选举票75张，当众开票，选出10名委员及候补委员。6月5日通知当选人举行第一次集会。6月6日上午9点，校务协进委员会假高中教员休息室举行第一次集会，全体委员出席，票选贾冰如(6票)为主席，赵宪初(4票)为秘书①。至此，校务协进委员会从动议、筹建到正式成立，仅短短一个星期！

校务协进委员会工作效率非常高，第一次会议就讨论并通过了七项重要提议：1. 候补委员应列席会议便于集思广益。2. 通函同人提出改进校务之意见。3. 通过两种方式征集学生及工友之意见：第一种，学生或工友得个别或集体函本会发表意见；第二种，必要时得邀集学生及工友代表举行座谈会。4. 向解放区各学校调查教育新章则与实施方案及情形。5. 通过各种方式，彻底了解本校现状、研究改进方法：如实存现金行庄余额及物资情形、七宝新址损毁情形、七宝第二次伙食费善后处理情形、合作社营业状况及资产情形，以及七宝新址未经本校收用部分的土地之实际情形。6. 函请稽核委员即日起执行稽核职务。7. 拟购置参考图书及增订报纸，俾同人借校务协进委员会研习。②

举行第二次会议时，已获知校务委员会组织在即，已自知校务协进委员会之存续发生问题，是否应准备“自我了断”呢？主席认真报告了随同校长出席市教处谈话会情形；第一次会议后及出席市教处谈话会前后、与校长商议本会任务问题情形；第一次会议议决案执行及反映情形等。在提议事项环节，全体与会者淡定地作出决议：“于准备组织校务委员会之校务会议上，本会应即提请大会宣告(校务协进委员会)结束”。同时，继续审议其他要事，对校务委员会组织纲要应否提供意见案提出议决：“选举委员中之教职

① 《校务协进委员会会议记录》(1949年6月)，归档号10，原文无标点。

② 第八项是议决下次会议日期。

员代表，应超过当然委员之名额”，以确保反映广大教职员工的“民意”。①

教职员会 1949 年 6 月成立。其宗旨及任务有六条：1. 联络同仁感情。2. 谋取同仁福利。3. 利用集体力量，加强学习兴趣，增进工作效率。4. 选举或罢免校务委员会教职员代表。5. 研究并建议校务之兴革。6. 处理其他有关全体教职员之事宜。最高权力机构为全体大会，并可“组织各种小组委员会”，以确保更准确更专业地完成“研究或执行指定任务”。②

宗旨和任务中第一第二条是软性的，第一条落实有组织茶叙、排练合唱和观摩《白毛女》《思想问题》《红旗歌》《他们有祖国》等电影，其中观影活动往往欢迎家属参加③；联络同仁感情同时，也增进了学校与教职员家属的感情，更便于争取家属对学校工作的支持。在第二条“谋取福利”方面，1949 年 6 月后，建立“南洋模范中小学暨幼稚园教职员会同人福利互助金”，简称“南洋模范同人福利金”，宗旨是“在互助之原则下，以谋取同人之集体福利、减轻同人之个别困难”，资金筹集方式主要有同人输纳（每人酌给所得 2% 左右）、学校津贴（每学期由校务委员会议决津贴数额拨充之）等，福利金运用范围有：1. 合作事业。2. 体育活动、参观旅行等康乐事业。3. 同人集体保险事业。4. 在职患病、经济发生困难时疾病津贴或贷金。5. 婚丧生产、家属患病，或其他特别事宜，需立筹巨款、发生困难者急用贷金。6. 同人在职死亡，身后萧条者之死亡赙金。7. 曾参加福利金输纳义务者之离职金。8. 同人在校服务年久年迈离职、家境寒素者，除离职金外一次性离职补助金。9. 其他有关同人福利互助之事宜。④ 这份几乎涵盖了生老病死各个环节的同人互助金的建立与执行，在切实解决经济困难、缓解经济困顿者后顾之忧的同时，也彰显了同人之间互帮互助的温暖情谊，使得南模不仅是教书

---

① 《校务协进委员会会议记录》（1949 年 6 月），归档号 10，原文无标点。

② 《私立南洋模范中小学教职员会章程》（1949 年 9 月），《教职员会章则》（1949 年 6 月至 1949 年 9 月），归档号 14，原文无标点。

③ 只是无法像教职员工那样享受半价优待：“欢迎师母师公或眷属参加，惟无半价优待。”《教职员会记事》，归档号 15，原文以中文数字记日记时。该卷宗封面注明时间 1949 年 9 月，所收档案实际起讫时间为 1949 年 9 月至 1950 年 11 月。另有未注明日期的单页档案若干。

④ 《南洋模范中小学暨幼稚园教职员会同人福利互助金简则》，《教职员会章则》（1949 年 6 月至 1949 年 9 月），归档号 14，原文无标点。

育人的校园，也是教职员们休戚与共的大家庭。归根结底，特别有助于历史大转折时期教职员群体向心力与凝聚力的形成。

第三至第六条是硬性的，也是教职员会工作中更为着力的。第三条"学习"指时事政治类学习，主要方式有全体听讲或选派代表参加市、区两级组织的各类学习会报告会（代表须回校传达），报告内容有社会发展史、形势学习讨论、社会主义的苏联、知识分子的革命的政治教育等，通过这些活动，帮助广大教职员了解整个人类社会的历史发展进程和规律、中国和世界当时面临的形势、社会主义苏联的新面貌、以及作为新中国的知识分子需要具备怎样的政治思想觉悟等一系列重大问题，也提高了教职员们参加思想政治学习的自觉性，明确了教育教学工作的政治方向。

校务委员会 1949年6月14日，校务会议上重点讨论了校务委员会应如何组织的提案，鉴于校务关涉学校全体人员，校务委员会应该体现学校教职员、学生、工友各方面人士在内的全体成员的集体智慧和共同认知，会议议决：由教职员代表5人、学生代表2人、工友代表1人组织筹备委员会，由校长召集。并推定赵宪初等五位资深教员为筹备委员，具体负责筹建校务委员会工作。6月17日下午，校务会议讨论并通过校务委员会简则。9月11日上午，校务会议主席报告了组织校务委员会的情形。

根据校务委员会简则，该会系遵照上海市政教育处指示而组织，是校务最高决策机构，由当然委员及选举委员合组而成。当然委员由校长及各部主任担任，人数5—7人；选举委员包括教职员代表12人、学生代表3人和工友代表2人，由教职员会、学生自治会和工友会分别推选。设主任委员（以校长担任），另由全体委员会互选副主任委员和文书各一人，由全体委员会互选产生。各委员任期一年（学生代表任期半年），每学年暑假开学时为新旧交替时期。为增进办事效率起见，得组织各种小组委员会，并得有非委员之员生工参加，但其议决案得由本会补充修改或否决。会议决案由校长及各部门分别负责执行。①

---

① 《校务会议记录》(1947年1月至1949年9月)，归档号3，原文无标点。

从简则看，校务委员中教职员、学生、工友各方面均有相当数量的代表人数，在构成上为充分代表和反映各方面意见与呼声提供了可能。其产生办法由教职员会、学生自治会、工友会分别推选，是民主思想在南模校园中的生动教育与实践训练过程；各委员任期一年（学生代表任期半年）的规定，意味着南模在校师生员工均可获得民主思想教育与实践训练的多次机会，对提高全体南模人政治素养、顺利跟上新时代步伐、实现历史大转变是非常重要的因素。

因有上述种种所体现出来的与时俱进的基本态度垫底，1956 年 1 月奉令从私立学校转变为公立学校时①，南模校方非常配合。何况办学性质改变时，上海执行的是“两动三不动”的策略，即校牌和学费变动，人事、工资、财产不动。校牌和学费变动，是“必也正名乎”的正名，在校名上冠以“私立”两字，点明学校性质的改变；既然学校是公立不是私立了，学费当然不可以、也不需要再那么昂贵了。人事、工资和财产不动，则保证了学校行政、教职员工基本队伍和物质生活条件的稳定，以及学校开展正常教育教学活动所必须具备的物质条件的稳定。

南模学校行政在转为公立后基本保留下来：原校长沈同一照常主持校政，直至 1966 年病逝；中层干部如原教务主任赵宪初为副校长之一兼教导主任，原女中主任施懿德也成为副校长之一。这些校长副校长职务均由上海市人民委员会正式任命。其他一些骨干教职员在新时代也依然受到重用，常受学校委托参加各类社会活动。虽然有些老资格教员被抽调到高校和科研机构，但还是留下了一些各科目富于教学经验的老教师，如化学教师徐宗骏（抗战时期来校）、数学教师朱鼎元（1932 年来校）、语文教师蒋秀楠（1938 年来校）、英语教师李松涛（1938 年来校）、俄语教师黄淑谦（1939 年来校）、英语俄语教师兼外语教研组长朱翼东（1941 年来校）、美术教师祝德（1936 年来校）等。重要的是，保留下来的这支基本骨干队伍，不仅是南模

---

① 1956 年 1 月 19 日，上海市人民政府决定接办全部私立学校，南模与成义中学合并，改名为上海市第七十一中学（一年后又恢复原名为上海市南洋模范中学），自此起私立南模中学转为公立。随后，南模中学七宝初中部分校与七宝镇农校合并成立上海市第二十初级中学，与南模中学脱离，原有的南模小学与南模幼儿园也都与中学脱钩，小学部迁至原成义中学校址改名天平路第一小学，幼儿园改名为天平路幼儿园。

老资历的行政干部和教职员，对南模有深厚的感情，而且经过新时代初期的各种时事政治学习和讨论，对新社会充满热爱，对新教育虽不熟悉但愿意学习，这是办好新南模、开启新篇章的重要人力资源保障。

二、普遍的组织化与生源的新变化

1. 普遍的组织化

党、团与少先队组织

上海解放前，南模仅在学生中有地下党组织。1950 年 6 月 24 日，地下党支部公开，王兆熊为支部书记。6 月 28 日，党支部举行公开后的第一次支部大会。1951 年，南模党支部正式成立，从此学校有了教师党员[①]。1955 年 2 月 14 日，南模临时党支部成立(此前是与市四中学合组联合支部)，章琍任支部书记。同日，举行第一次支部会议。至 1956 年，教职员中有党员 3 人。1949 年 10 月 10 日，南模共青团支部成立。不久，在低龄学生中建立少先队。[②] 团员和少先队员逐年增加(具体见表 1)，1950—1952 年间增加了 10%以上。教职员也有入团积极性，1956 年有教职员团员 6 人。

表 1　1950—1952 年南模学生团员、少先队员数量概况

年度	学生	团员	团员占比	少先队员	少先队员占比	团员少先队员总数	团员少先队员占比
1950	1 183	160	13.52	56	4.73	216	18.26
1951	1 276	136	10.66	135	10.58	271	21.24
1952	1 276	175	13.71	187	14.66	362	28.37

资料来源：1950 年《上海市公私立中等学校概况调查表(南模)》第 2 页；1951 年《上海市公私立中等学校概况调查表(南模续)》第 2 页；1952 年《上海市公私立中等学校概况调查表(南模续)》第 2 页。

① 南模化学教师徐宗骏于 1927 年由中共奉贤县委员会组织部长李主一、书记刘晓介绍加入中国共产党，曾列席县委会议。他在李主一提议下共同创办曙光中学，成为浦东地区革命基地之一。学校被国民党军警查封后，李主一被捕被杀害，刘晓被捕数年后脱险。徐宗骏找不到党的组织关系，成为党外同情人士。

② 共青团原名中国新民主主义青年团，1957 年改现名；少先队原名少年儿童队，1953 年改现名。

工会组织

上海的教育界工会名称有一个变化过程——从1950年1月的教育工作者工会到同年9月的教育工会。无论名称如何变化，南模都走在前列。

1950年1月8日，上海市教育工作者工会筹备委员会举行成立大会。1月23日开始办公。4月16日，教育工作者工会徐长区委员会及南模支会同时成立。5月，私立沪江大学、圣约翰大学等15所公私立专科以上学校以及华东教育部机关成立工会。7月，上海市教育局机关委员会成立工会。可见，南模教育工作者工会不仅早于教会大学，甚至早于华东教育部机关和上海市教育局机关。

1950年8月2—11日，中国教育工会第一次全国代表大会在北京召开。9月，遵照中国教育工会第一次全国代表大会决议和全国总工会指示精神，上海市教育工作者工会改称中国教育工会上海市委员会，简称上海市教育工会，由上海市总工会和全国教育工会双重领导。[①] 12月，私立南模与市立上海中学成立工会组织，领先于全市其他中学。南模作为私立学校，又远远走在其他私立中学前列。[②]

南模工会不仅成立时间早，而且充分行使工会权利，保障了教职员工的合法权益。尤其是在关系教职员工切身利益的续聘问题上，工会委员们认真讨论每一个案例的具体情况，根据不同情况，有理有据地给出不同建议。例如吴绍曾曾致函工会，表示希望取得480单位照顾金或继续工作，请工会予以支持。因为他"本人意见彷徨不定"，工会委员会"暂时不作决定"，并表示"在本会将举行之会员大会上，将本会以前处理吴绍曾同志事件之方法加以检讨，并从而今后进行方针"。对龚宇平，校委会鉴于他业务发生严重问题，决定解聘。工会委员会会议讨论后决议"原则上表示同意"，同时提出"龚先生服务本校20年，对本校已有相当贡献。因此本会认为学校行政方面，应将解聘事改为退休，除一次给予退休金600单位外，致信安慰"。对于

---

① 腾建勇主编：《中国教育工会上海市委员会大事记》(1950—2020)，上海交通大学出版社2020年版，第19页。

② 南模工会得到教职员工热情拥护，1952年下学期教职员工中工会会员已达16人。

校委会向工会提出的凌渭民、武次甲、朱翼东三同志不续聘通知，工会会议认为三位老师情况不同，应该区别对待。凌渭民涉及兼课时间规定，“既为交大专任教授，在外兼课不得超过4小时之限制，行政方面自难续聘。本会对校委会不续聘之决议表示同意”。武次甲“在钱业中学任课23小时、收入超过200单位。因此在业务专一的号召下，同意学校对武同志不续聘”，但对校委会所提学生对他业务上的意见，持保留意见。对于朱翼东，工会对校方意见逐一分析，认为：1. 朱同志业务上即使有不够负责情形，并不严重，不足构成不续聘之理由；2. 朱同志虽为兼任教员，但本期已辞去正风中学总务主任职务，时间上既不影响本校业务，经济上尤不可缺少在本校的收入，因此不能与凌武两同志并论；3. 朱同志思想意识上容或存有自由散漫情形，但本校应予以团结改造，而不应作为不续聘的理由。“决定向学校行政方面提出，请将原有工作岗位仍由朱同志服务，不同意不续聘”。

除续聘个案外，工会委员会还特地讨论了“学校行政方面处理不续聘教职员的检讨案”，向校务委员会提出三条原则性建议：1. 经常检讨教职员工业务工作及思想情况，提出批评；2. 发现教职员工在业务工作及思想情况上有偏差后，会同工会及时予以纠正，共同改造；3. 如有特殊情况认为必须解聘或不续聘者，应事前与工会充分协商。

考虑到南模分为两个校区的实况，为便于更具体了解教职员实情，南模工会委员会还讨论了分设天平路总校及七宝分校两个基层委员会的提案，建议天平路总校设一基层委员会（委员8人），除主席、副主席外，分别领导组织业务、文教、劳保、女工、调研工作；七宝分校设一基层委员会（委员6人），除主席、副主席外，分别担任组织、业务、文教、劳保工作。遇有全校性的事件时，举行两委员会委员联席会议，商酌处理方针及步骤。①

工会委员会的所有这些讨论、提议和决议，充满了人性化的光辉，既考虑到纪律规定，也照顾到教职员工的切身利益，提倡以批评教育为主，工作

① 《上海教育工作者工会南洋模范中小学委员会会议记录（9月3日下午7时）》，《历届教职员服务人员题名录》（1949年6月），归档号9。该卷宗内实际内容为1949年6月至9月，甚至1950年3月。

做在前面，避免了解聘或不续聘简单化的倾向，充分发挥了工会作为教职员工群众组织的作用，在当时历史大转型时期，尤其起到了稳定教职员工人心、稳定校园秩序的重要作用。

总之，就人而言：解放初期的南模教职员工已有少数先进分子的党组织、比较先进的团组织，有群众性的工会组织。学生中，有少数先进分子的党组织、比较先进的团组织，以及少先队组织。

就组织而言，在确立基本标准的前提下，党面向先进的教职员工和成年学生，团面向比较先进的青年教职员工和学生，工会面向全体教职员工，少先队面向低龄学生。

这样，既有先进的党组织领导力量，又有群众性的团组织、工会组织和少先队。学校内，各种身份、各年龄层次的所有成员，都被前所未有地整合在各种组织团体之中，前所未有地加强了组织性和集体观念。开始并逐渐习惯了过组织生活、集体生活，在重大问题上，努力统一思想认识和行动步调。这是除了办学方针、培养目标之外，南模在新时代的又一个具有重大意义的根本变化。

2. 生源的新变化：向工农子女开门与接收干部子弟来学

工农子弟和干部子弟是两个不同的群体，向工农子女开门与接收干部子弟来学遵循的却是同一个逻辑：巩固新生的人民政权。中华人民共和国以工农联盟为基础，学校向工农子弟开门，意味着将以往基本被剥夺的受教育权归还工农子弟，使他们获得学习文化知识的机会，更好地为新社会服务，从而夯实工农联盟的基础。干部子弟“与民同学”，则是为了避免其由就学环节的特殊化走向变质、危害干群关系、危及新政权的稳固。干部子弟“与民同学”有两种途径：一种是所有干部子弟学校被通令逐步转型为普通中学，向其他家庭背景的学生敞开大门。一种是原有普通中学在面向工农子弟的同时，接纳干部子弟。两种方法都有助于在就学环节破除等级身份区隔。新时代初期单独建立专门的干部子弟学校的北京等地，主要实行的是第一种办法。1952 年 6 月 14 日，毛主席在北京市委有关报告上批示“干部子弟学校，第一步应划一待遇，不得再分等级；第二步，废除这种贵族学校，与人民子弟合一”①。1953年，周恩来视察北京101中学时，明确提出：干部子弟不能变成八旗子弟。两年后，所有干部子弟学校被通令逐步转型为普通中学，向其他家庭背景的学生敞开了大门。上海地区没有干部大院，也没有单独设立的干部子弟学校，实行的是第二种办法，即普通学校招收干部子弟，南模因为办学质量高，成为这样的学校之一，华东局、上海市委、上海市政府，以及南京军区驻沪部队党政军高级干部的子弟都有在南模入学的②。

表2　1950—1952年南模招收工农子弟和干部子弟数量概况

年份	产业工人子弟	非产业工人子弟	贫农子弟	贫民子弟	革命军人子弟	军烈属子弟	供给制干部子弟	合计	全校学生	工农子弟干部子弟占比
1950	12	13	5			44	11	85		
1951	20	27	2	1	7			57	1 276	4.47
1952	19	27	2	1	7			56	1 275	4.39

资料来源：1950年《上海市公私立中等学校概况调查表(南模)》、1951年《上海市公私立中等学校概况调查表(南模)》、1952年上学期《上海市公私立中等学校概况调查表(南模)》。

与招生变化、生源变化相配套的，是减免费制度和人民助学金制度的实行。工农子弟需要经济资助者，在受助者中占了绝对多数的比重。

表3　1952年核准减免费各类学生数量概况

学期	学段	工农子弟	军烈属子弟	供给制干部子弟	其他子弟	合计	工农子弟占比
上学期	初中	74	12	1	32	119	62.18
	高中	204	19	2	95	320	63.75

① 中共中央文献研究室编：《毛泽东文集》第六卷，人民出版社1993年版，第232页。
② 胡坤礼：《忆陈丕显同志关心南模的几件事》，南洋模范中学校友会《我与南模》第6辑，第290页。

（续表）

学期	学段	工农子弟	军烈属子弟	供给制干部子弟	其他子弟	合计	工农子弟占比
下学期	初中	132	23	3	219	232	56.90
	高中	250	19	2	95	495	50.51

资料来源：1952年《上海市私立中等学校概况调查表（南模）》第3页。

除了较大规模的减免费制度，南模还实行了人民助学金制度。1952年下学期，人民助学金实发情况：初中20人，高中13人，合计33人。①

减免费制度和人民助学金制度的配套实行，给家境贫寒的工农子弟和其他子弟送去了党和政府的温暖，和以往来自社会层面的横向捐款救助不同，制度性减免费和助学金体现的是来自国家层面自上而下的关怀和责任感，有助于增强家境贫寒受助者的翻身感和获得感，增强其对于新政权的向心力。

南模的干部子弟家庭，对于子弟的教育非常重视。1962年11月，时任上海市委书记陈丕显主动邀请孩子班主任来家里，了解南模干部子弟教育整体情况，包括干部子弟思想政治情况、教师教学情况等。不久，华东局机关党委主持召开南模、五十四中等学校部分教师座谈会，听取老师对干部子弟教育的建议。上海市教育局主要负责人亲自过问南模干部子弟学生政治思想教育工作，陈琳瑚局长到南模调研，分别召开了教师、学生、学生干部、干部子弟座谈会。在受陈丕显委托给全体南模学生作报告的大会上，陈局长围绕着“争做无产阶级革命事业接班人”的主题，重点讲述了几个问题：1. 正确认识和对待家庭出身问题，“有成分论，不惟成分论，重在表现”。2. 尊师爱生，树立教学相长的良好学风。学生要尊敬老师，尤其是干部子女更要虚心向老师求教。老师要爱护学生，不论什么家庭出身的学生，都是受教育者，老师要敢于管理，严格要求，只有这样才能把他们培养成无产阶级革命事业接班人。3. 干部子女、工农子女，或是其他家庭出身的子女，都

① 1952年下学期《上海市公私立中等学校概况调查表（南模）》。

是同学，都是同窗学友，同学之间应在政治思想上相互促进，学习上相互帮助，生活上相互关心。4. 学校党支部、团委、少先队，要加强改进学生政治思想工作。发展学生党员、团员、少先队员时，要坚持标准，一视同仁[①]。

华东局、上海市委市政府以及南京军区驻沪部队党政军高级干部们，也纷纷到南模拜访自己子女的任课老师，了解子女在校学习情况，并表示支持老师，让老师大胆管理，严格要求。华东局魏文伯书记，有一天上午独自一人徒步来到南模拜访他侄儿的班主任老师。魏书记对闻讯赶来的党支部书记、副校长张启昆表示：老师们很辛苦，过去我们作为家长对你们学校工作支持关心不够，对老师工作支持不够。陈丕显同志指示我们要配合学校、老师做好学生思想教育工作。[②]

干部子弟入校，也给南模带来了良好的发展机会。南模脱离南洋公学独立建校以来，尤其是抗战期间，办学条件相当艰苦，被逼无奈地实行了低成本的办学模式，校舍硬件方面不足，理、化、生专门实验室、音乐教室等均长期阙如。这与南模高质量的办学声誉形成很大反差。这种困难被南模一位班主任老师家访时反映给了陈丕显，受到高度重视。1962 年底，上海市委正式批文，从学校北面的南京军区干休所大院内划拨六亩土地给了南模。学校在此建造了一栋建筑面积为 3 223 平方米的四层教学大楼，其中 30 个教室，物理、化学、生物 6 个实验室，大小办公室 4 个，学校的教学条件和教师的办公环境由此获得了很大的改善。[③]

三、从思想到行为：爱国主义、集体主义教育与训练

爱国主义、集体主义教育与训练，是新时代初期南模办学的重要内容，这是由新时代培养目标决定的。爱国主义、集体主义教育与训练，既体现在

① 胡坤礼：《忆陈丕显同志关心南模的几件事》，南洋模范中学校友会《我与南模》第 6 辑，第 289 页。
② 胡坤礼：《忆陈丕显同志关心南模的几件事》，南洋模范中学校友会《我与南模》第 6 辑，第 290 页。
③ 胡坤礼：《忆陈丕显同志关心南模的几件事》，南洋模范中学校友会《我与南模》第 6 辑，第 291 页。

日常课程教学中,更体现在思想品德教育和一些重大活动中。日常课程尤其语文教学中,有的教师紧密结合抗美援朝进行讲解,激发了学生保家卫国的热情和对中国人民志愿军的由衷崇敬。思想品德教育方面比较典型的是制定、公布、广泛宣传学生爱国公约,成为此时南模事实上的学生守则。①

"南洋模范中学全体同学共同爱国公约"共有八条:

(一)拥护毛主席,拥护中国共产党,拥护中央人民政府,拥护中国人民解放军!

(二)坚决反对美国对日片面媾和及重新武装日本,进一步开展抗美援朝运动,努力以各种实际行动支援中国人民志愿军与朝鲜人民军,并坚决支持解放台湾,担负起保卫祖国、保卫世界和平的责任!

(三)加强时事形势学习与宣传,提高爱国主义与国际主义的认识,彻底肃清亲美、崇美、恐美的思想残余!

(四)以高度的爱国热情加强师生团结,努力学好正课,充分掌握各学科的基础知识!

(五)开展体育、文艺、福利、卫生工作,练好身体,随时准备为建设强大的祖国而服务!

(六)协助政府坚决镇压反革命,提高警惕,消灭反革命谣言,防止破坏,保护学校,巩固社会治安!

(七)爱护公共财物,反对任意损坏校产,厉行节约,办好学校!

(八)全体同学团结在爱国主义精神下,做好学联、学生会、级会的工作!②

"爱国公约"要求学生在德智体各方面全面发展,准备将来为建设强大祖国而服务。这份公约,宏观与微观相统一,结合在校学生身份,具体可感

---

① 1953年9月,上海市教育局制定并公布《中学生守则》(21条)、《小学生守则》(20条)。1955年2月,教育部颁布《小学生守则》(20条),5月颁布《中学生守则》18条,全国统一实施,上海市的学生守则废止。1961年8月,上海市教育局颁布试行《上海市中学生守则》(草案)。9月,上海市教育局颁布试行《上海市小学生守则》(草案)。余忠明等著《上海教育史》第四卷"附录",上海教育出版社2019年版,第373—375页。

② 《南洋模范中学1951级毕业纪念刊》,第32页。

可操作，促进了南模的爱国主义集体主义教育与训练落到实处。

学科学习方面，学生们学习热情更加高涨。与往昔个体化学习不同的是，各班普遍建立了集体学习小组，学习不再被认为是全凭先天基因和后天努力的个人事务，学习好坏也不再仅仅关乎个人和家庭，“个人学习好不算好，大家学习好才是真正的好”，逐渐成为新南模的校园共识。在集体学习小组里，同学们踊跃交流，无私分享。对若干原先消极看待集体学习的同学，更是多方给予关心，鼓励他们走出自我封闭的小圈子，逐步融入团结友爱共同进步的大家庭，最终使得这些同学有了可喜的转变和进步。1950级有位同学，原先“对于学习小组没有好感”，“根本就不相信”小组学习“可以融洽感情，可以改造思想”的说法。带着敷衍的心情加入学习小组之初，他对小组学习计划非常反感，认为是占尽了个人学习时间，因而“痛恨小组，更痛恨小组的学习计划”，决定“除了参加不得已的讨论外，决不参加任何小组会”。小组内的同学们并没有因此放弃他，反而对他更加耐心更加关心，时常主动征询他的意见，即使他口头表达不太流利，也多方给予鼓励。[①] 经过小组多次学习和辩论，在大家的帮助下，这位同学的思想认识有了很大提高，不仅对学习小组“由恶感变成好感”，认为小组“是一个真正求得知识的学习团体”。更重要的是，他懂得了“个人英雄主义是阻挡我前进的重大的障碍，‘胡思乱想’，是驱使我堕落的恶魔。唯有在小组的团结的力量的磨炼下，才能彻底地被消灭干净”。与此同时，他也弄明白了个人钻研与集体讨论的关系，懂得了“个别钻研固然重要，但是个别钻研与集体讨论是不能分开的，因为个人的能力是有限的，个人的读书时间也是有限的。唯有通过小组，经过反复的讨论，问题才能深入，认识才能提高，思想才能彻底的纠正过来”。[②]

重大活动方面，有购买公债、捐献子弹等。1949年底，为稳定物价、支持解放战争胜利完成，全国已解放地区发行人民胜利折实公债，南模即刻响应。1950年1月5日全校师生新年联欢大会上，大家竞购折实公债。1月7

① 陈祖炳：《我在学习小组里》，《南洋模范毕业纪念刊1950级》。

② 陈祖炳：《我在学习小组里》，《南洋模范毕业纪念刊1950级》。

日，为统筹安排全校的折实公债工作，学校建立专门机构——上海市折实公债南模推销委员会，由师生共同组成，赵宪初等五位教师当选为委员。教职员们除了自己积极购买公债，还纷纷在课余时间走向街头开展宣传工作。1950级的陈冠宗同学，曾用诗歌形式记录了所在班级去静安寺宣传购买公债时的一个故事：

队伍行至静安寺，化装宣传来展开。同学正在讲道理，忽有老翁慌忙来。

要求同学代他问，啥人看见一包袱。工人同志分头找，手拿包袱来交待。

问翁包内是什么，方始知道是钞票。钞票剩余没处去，欲往银行拆息放。

经过同学来相劝，说明国家困难遭。唯待财政好转日，国泰民安有希望。

老翁听了有道理，更变前意购公债。宣传成功同学喜，整队浩荡回学校。

胜利凯歌充满街，购买公债打老蒋。①

这个故事说明南模学子充分理解了购买公债行为所蕴含的爱国意义，并且善于用社会人士易于理解的语言做宣传解释工作。

抗美援朝时期，南模不少同学踊跃参军。为此，有些成绩很好的同学放弃了考大学的理想，有家庭中的独生子用保卫天下千千万万母亲的理由说服了母亲。这些发生在眼前身边的真实事迹，深深感动了同学们，在表示钦佩与敬重的同时，大家各尽其力为志愿军捐购子弹，高三丙班的俞少罗同学跑到讲台上一边哭一边说："我暂时还没有勇气去参加军干校，也没有钱捐献，我虽然尽量节省捐了四十发子弹，但是我还要卖掉身上这件皮外套再捐四十发！让我们的志愿军多打死四十个美国强盗！"沈镇宇同学捐出了一支爱弗释钢笔，姜承烈同学捐出了两块银元，全班捐献子弹数字很快从一千零

---

① 陈冠宗：《人民胜利折实公债给我们的任务：公债宣传》，《南洋模范毕业纪念刊1950级》。

四发直升到三千三百发。还有一位吴全培同学，因为有肺病不能参加“一二九”大游行，也捐献了一百发子弹作为补偿。[①] 大家群策群力，想方设法，为中国人民志愿军战士捐献子弹，表达了南模在校学生的一片爱国至诚。

集体主义教育方面，韩友范事件大讨论从坏事变为了好事。韩友范是1951级一名学生，平时学习成绩相当优秀，但体质较弱。思想观念上他完全认同爱祖国—爱人民—爱劳动人民—爱劳动的逻辑关联，但并不打算直接成为生产第一线的劳动者，中学毕业后进大学学习深造是他的一贯执念。[②]

20世纪50年代初，上海急需建设人才，动员了不少大中学校毕业生放弃高考、直接参干。1951年暑假，上海市人民政府为了在短时期内培养一批青年干部参加市政建设，向应届高中毕业生发出号召。韩友范因为学习成绩好，是学校应该输送的干部对象之一。他带着教师们给予的“好学生”的荣誉参加了上海市干部训练班的培训。一个月后，被派到上海电业学校学习；1952年5月进入实习阶段，被分配到上海电力公司发电厂汽轮间检修部当学习工。他感觉那所学校并不像老师说的大学里那样有名牌教授[③]，也感觉难以适应工厂嘈杂的生产环境和言行不够雅致的工人师傅，更重要的是，工厂的宿舍条件无法提供他计划中的复习功课备考大学所需要的安静环境，成为压倒他心理的最后一根稻草。下厂后的第五个星期，他选择了“先斩后奏”，借口“体力不支”擅自离厂后才致信厂长，认为自己的身体条件不适应工厂劳作，以自己的学习成绩更适应考大学、将来对祖国建设更有用。工厂和电力学校的党团与行政领导对他进行了耐心的批评教育，尤其是团支部11次上门做思想工作，希望其回厂继续实习，并允诺有具体情

① 徐景贤：《八个人和三三九七发子弹——高三丙决心会献出的》，《南洋模范中学1951级毕业纪念刊》。

② “要爱祖国，必先爱人民，而人民中多数是劳动人民，所以我们必须爱护劳动人民……既要爱劳动人民，就必须爱劳动”；“作为一个学生的我在目前应该怎样做才是爱劳动呢？我觉得，我应该加紧学习，努力掌握科学知识，以便将来更好的为劳动人民服务”。韩友范：《一件小事》，《南洋模范中学1951级毕业纪念刊》。

③ 老师可能说的是综合性高校师资情况，韩友范并不清楚电业学校这样的行业学校和综合性高校的区别。

况和要求可以协商，韩友范均拒绝了，后来干脆避而不见。为严肃团纪校纪，电业学校决定开除其团籍学籍。

一年半后，经历各种现实问题、又经过学习和思考后思想认识有所转变的韩友范，于1953年12月向厂方提出了回校的要求，并作了检讨。1954年2月，重新回归该工厂实习。也许是这个转变事例具有典型教育意义，当时以中小学教师为主要读者对象的《文汇报》，发表了《韩友范在学校里和在工厂里》的长篇通讯，刊于1954年12月10日。同日，该报副刊《社会大学》以"韩友范在南洋中学被认为是好学生，为什么到工厂里却不是好的劳动者"为题，在全上海教育界发动了一场大讨论。对韩友范的主要批评集中于劳动观点和纪律问题，由此引出好学生的标准、如何培养适应新社会需求的一代新人等问题。①

平心而论，韩友范擅自离职是违反纪律的，但他学习成绩优秀且体质较弱，确实更适合去高校深造而非去当时物质条件下的生产劳动第一线实习劳作。这场讨论选择性地忽视这些问题，有失公允。但在当时倡导重视劳动、重视劳动者的时代氛围下，又是可以理解的。总体上，通过这场讨论，在社会层面是一次劳动观点和纪律观点的大教育；对南模而言，则是全校上下的一次大反思：校方反思如何全面贯彻党的办学方针、教师反思教书与育人如何统一、学生反思如何德智体全面成长，通过校方、教师和学生三方共同总结经验与教训，提升与统一了思想认识，对于继续办好学校、教育培养好适应新中国新社会需要的全面发展的一代新人，具有积极的意义。尤其是校方的总结，对于后续办学方向具有指导性意义。校方认为：以前的办学实践中，确实存在那种过于片面地重视知识学习与传授、轻视或忽视思想政治学习与教育、轻视或忽视体育锻炼的偏向，需要引起高度重视，认真吸取教训。韩友范的错误有他个人和家庭的若干原因，但学校和教师"在形成青年一代社会主义政治方向、辩证唯物主义世界观的基础、共产主义道德、

① 在认可劳动和劳动人民许多正面价值的同时，韩友范觉得有必要明白劳动和科学之间的辩证关系。但当时的大讨论中并没有涉及这一点，媒体引导集中关注的问题在于生产劳动观点，以及遵守纪律这两大问题。

发展他们的智力和体力中，永远是起主导作用的……绝不应当推卸自己对国家所负的神圣职责”。校方表示：通过韩友范事例的讨论，“全体教师生动地学习了中学教育的目的、任务和性质，进一步明确了社会主义全面发展成员的标准，认识了加强政治思想教育特别是劳动教育的重要性，初步批判了资产阶级教育思想在上述问题上的影响，大大提高了我们贯彻全面发展教育思想的自觉程度”。为了切实吸取教训，校方拟从四方面着手：一是积极参加全市教师的政治业务学习，在学习唯物主义思想、批判资产阶级唯心主义思想的斗争中，提高理论水平和锻炼思想修养……学校行政更应以身作则，首先带头学好。二是加强政治思想教育，当前着重加强对青年进行共产主义道德教育、时事形势教育和劳动教育(特别是毕业班)。三是加强行政对教学工作的思想领导，加强教研组的活动，学习苏联先进科学理论和经验，积极地稳步地改进教学，提高教育质量。克服保守思想和领导作风不深入、不民主的缺点，特别是忽视思想工作的缺点。四是加强班级工作，对学生全面负责，并发挥团、队的作用。同时，努力加强对家长的联系，向他们宣传国家的教育政策，共同担负起培养青年一代成为社会主义社会全面发展的成员的任务。①

简短的结语

得益于彼时上海教育界施行的正确得宜的渐进型教改举措，南模从私立学校向公立学校的转型过程相当平稳与顺畅。而南模自身所积累的数十年优秀办学经验，则赋予了其相当深厚的创新底气和实力，有助于其在此历史大转型期表现出不凡的标志性气度。

从此期变革的着力点看，主要在于普遍的组织化与生源变化，以及从思想到行为的爱国主义、集体主义教育与训练。这些着力点，与彼时国家基本特点和基本任务有着内在的密切关联。百废待举的新时代，迫切需要凝聚

① 南洋模范中学：《从韩友范事例中吸取教训》，新知识出版社编辑：《为培养社会主义社会全面发展的成员而奋斗》，新知识出版社1955年版，第108—109页。

起万众一心的集体力量与国家力量，告别旧时代，开创新时期。学生与教职员工普遍的组织化，正应和了广覆盖的社会动员态势，有利于师生员工在高度的组织化环境中，步调一致地进行新教育改革。而从思想到行为的爱国主义、集体主义教育与训练，则进一步加深与强化了高度组织化背景下的集体力量，单数的个人都被整合到复数的集体之中，与集体同呼吸共命运。以往在很大程度上主要依靠个人先天智力禀赋、后天努力，以及家庭和家族荣耀连接在一起的学生个人的学业成绩尤其是个体化的学习方式，转变为更自觉、更制度化地与集体学习形式、与社会和祖国的前途命运紧密嵌合在一起。所有这些，都使得国家认同意识在南模师生脑海中前所未有地得以强化。

（施扣柱：上海社会科学院历史研究所副研究员）

淞沪抗战

国难之下的救亡呐喊：论抗战时期的海派滑稽

楼培琪

“一二八”淞沪抗战爆发后，上海逐渐成为全国抗敌救亡的文化中心，海派滑稽也相应编演了一系列激发民族危机、宣传抗敌救亡的说唱小戏。“八一三”炮火使灯火似锦的上海顿时沦为硝烟弥漫的战场，在全国上下一致抗战大背景下，上海滑稽界迅速成立了抗敌救亡后援会，以旗帜鲜明的民族立场、激烈昂扬的斗争精神、喜闻乐见的艺术形式不断唤醒上海市民共御敌寇、一致抗日的意识，滑稽艺人通过游乐场、电台、银幕等宣传阵地不断发起了大规模、持续性、多层面的爱国救亡的义演募捐活动。张樵侬、杨华生还加入了由周恩来、郭沫若、田汉、洪深等领导的总政治部第三厅抗日演剧第五队，深入敌后开展抗敌宣传工作。海派滑稽相继出现了许多抗日救亡、唤起民众觉醒和同仇敌忾、传播正义力量的具有民族战斗精神的作品，滑稽前辈大家鲍乐乐认为，滑稽界宣传抗日救亡的创作演出“教育了全国人民的民族危机也教育了滑稽艺人，变革了人民生活的时代力量也变革了滑稽的发展方向”。① “一二八”和“八一三”两次淞沪抗战，使海派滑稽逐步衍变为文化抗战队伍中的一支轻骑兵，海派滑稽将上海市民雅俗共赏的“弄堂文化”“亭子间艺术”与“抗日御侮、共赴国难”的主题相结合，成为唤起广大市民爱国精神、民族意识和抗敌斗志的宣传利器。

① 苏州市文化广播电视管理局编：《苏州滑稽戏资料汇编》，内部资料，2001年，第18页。

一、唤醒民众志，齐力驱倭寇：抗战宣传之中的海派滑稽

“一二八”事变爆发后，为了歌颂中国军队的英勇事迹，鼓舞全国人民的抗战士气，揭露日本侵略者的野心和阴谋，“社会滑稽”江笑笑和鲍乐乐运用他们创造的滑稽“小鼓调”曲调演唱了《歌颂十九军》《一·二八大鼓》《闸北逃难》等节目；在纪念“五三惨案”五周年之际，江笑笑和鲍乐乐又运用哭调演唱了《五三惨案哭蔡公时》。国民革命军第二十九军副军长佟麟阁不幸阵亡后，他们演唱的《哭佟麟阁》更是激起了全体市民坚决不做亡国奴，继承抗日英雄的遗志，保家卫国的斗志。“潮流滑稽”刘春山不仅自编、自导、自演了反映抗敌救亡的喜剧电影《拼命》，还和搭档盛呆呆一起在电台上以现编现演的方式演唱了《十九路军》《闸北丢炸弹》《大战百灵庙》等节目，还多次在表演中以比喻的方式揭露和讽刺日本帝国主义对中国的侵略野心，如他表演的独脚戏《搓麻将》把中日战争比作日寇处心积虑发起的一场豪赌，反映了中国人民团结一致，坚持全民抗战，最后必将赢得胜利的信心和决心；说明进行赌博的侵略者不得人心，国力衰退、无力久战，最终必将彻底失败的道理。他表演的独脚戏《未知数》以吴越争霸的故事为背景，运用“宣卷”曲调，以唱为主，夹唱夹议，当他唱到“千定千定，吃尽苦头不要忘记，要养精蓄锐，去打败敌人，要把夫差赶出去”时，社会现实与艺术的影射之间发生了极其默契的内在关联，在场的观众都心领神会，打败“夫差”就是打败日本侵略者。在揭露侵略者狼子野心的同时，刘春山也没有忘记痛骂那些投敌卖国的汉奸走狗，他运用借古讽今、指桑骂槐的手法演唱京剧《骂毛延寿》，起腔叫板就是一声正义凛然的斥骂，“毛延寿啊！我骂你这卖国的奸贼……”除了江笑笑与鲍乐乐、刘春山和盛呆呆之外，其他编演抗日救亡题材的滑稽艺人还有陆奇奇和陆希希演唱的《打鼓骂东洋》《东三省空城计》，赵希希、丁怪怪演唱的《爱国义勇军》，程笑亭和管无灵表演的独脚戏《女学生活捉东洋人》，裴扬华、邓笑灵表演的独脚戏《十九路军光荣史战事真相》，吕笑峰与唐

笑飞、朱翔飞与何双呆曾经先后上演了滑稽短剧《包公打仇人》(后改称《包公打东洋人》)，白玉泉演出新编滑稽短剧《东三省血泪》《马占山孤军血战新事》等剧目，范哈哈和裴扬华在电台播唱了宣传抗敌救亡思想的《义勇军》《骂东洋》等节目，上海市民尤其喜欢观看的是他们根据韩国爱国志士尹奉吉炸死日军上海派遣军司令官白川义则的英勇事迹所创作的滑稽剧《包公阴审白川》。

"一二八"之后，电台中几乎每一档滑稽节目都有抗日救亡的作品，各游乐场和剧院还根据当时抗战宣传的需要，专门上演了宣传抗日救亡运动的系列戏曲节目，用以弘扬爱国思想、激发民族精神、团结抗日力量，江笑笑《一·二八大鼓》中有这样一段唱词充分说明了当时文艺宣传的精神力量："东洋人听到仔中国人抵制贼货反而哈哈大笑，说中国人弄勿出啥新花样，抵制贼货已经第九趟，吭不一趟会得长久，五分钟热度一过去，东洋货反而有好销场。啊呀，勿壳张中国人颜色出勒第九趟，三个月热血都勿曾冷，弄得东洋矮子眼睛会得白洋洋……"[①]1932 年 12 月 28 日、29 日易方朔"精神团"在中央大戏院演出反映爱国救亡内容的滑稽剧《卖花女救国》，主要演员有易方朔、仲心笑、刘快乐、张利声、范佛笑、沈惠堂、金晶镜、朱天纯、沈一鹤等滑稽名家，易美美、易采桃、李月哭、李秀英、小方朔、张月清、金丽丽、冯凤等女滑稽也参加了演出。1933 年 6 月 3 日，全上海滑稽名家在荣金大戏院举办大赛会，演出滑稽戏《热汤滚了》，其中管无灵扮演义勇军代表，裴扬华扮演汤将军，程笑亭扮演山东马弁，傅小波扮演参谋长，朱翔飞扮演浦东兵士，吴游痕扮演山东兵士，邹笑笑扮演宁波兵士，胡耕辛扮演江北兵士，何双呆扮演浦东兵士，陆奇奇扮演日本大将，陆希希扮演姨太太，侯一鸣扮演大太太，范哈哈扮演杭州小姐。剧情反映了当时整个中国社会的民族情绪和爱国热情，老百姓"抗日救亡、一致对外"的要求就像滚烫的热水，强烈要求国民党政府对日本军国主义的得寸进尺、肆意妄为的侵略行径给予毅然决然的抵抗和以牙还牙的反击。在抗日救亡的宣传中，海派滑稽不但号召民

---

① 苏州市文化广播电视管理局编：《苏州滑稽戏资料汇编》，第 19 页。

众为前方战场上的抗战将士提供物质援助和精神鼓舞，而且还号召市民在后方的市场上自觉抵制日货，在经济上给予日本侵略者以沉重的打击。

为了帮助异乡逃亡的东北难民度过寒冬，1932年12月21日至30日上海游艺界举办了劝募性质的“救济东北难民游艺大会”，当时滑稽界几乎所有的知名艺人都参加了义演活动。据当时《申报》所刊登广告的情况统计，参加这次演出的滑稽艺人们有刘春山和盛呆呆、程笑亭和管无灵、朱翔飞和何双呆、仲心笑和刘快乐、沈无亭和程笑灵、吴游痕和胡耕辛、夏秀英和夏秀珍、笑嘻嘻和笑奇奇、曹一疯和徐一笑、陈幻尔和吴痴儿、徐雄飞和叶又新、张笑东和徐一笑、易好气和易好笑、周血血和周宝珍、筱红娘和筱红声、程化优和赵学贤等滑稽名家，以及陆啸梧的“新戏”、张冶儿的“新剧”、董别声四位合演的“滑稽”、陆正三的“瞎搭戏”、沈无亭的“独脚戏”、洪颂炯的“独脚游艺”，白玉泉、汤金庄与袁朝宗的“滑稽”，“雅韵社”王麻子、张蛤蟆、房人迷表演的“滑稽京剧”，“星期团”的“新剧”，“古今团”的“滑稽平剧”，“三星团”的“滑稽喜剧”等。尤其是韩兰根、易方朔，除了各自主演一场之外，在遇到义演活动脱档之时，自告奋勇地担当起救场的任务。

1933年9月10—13日，中央大戏院首映刘春山自编、自导、自演的滑稽影片《拼命》。由快乐滑稽影片公司出品，盛呆呆监制，徐卓呆说明，刘春山、黄耐霜、邵庄林、刘少山出演。影片以抗日救亡为主题，揭露日本侵略者、讽刺汉奸卖国的无耻行径，影片中出现了日本飞机狂轰滥炸民房建筑，以及义勇军在冰天雪地中与敌人英勇战斗的场面，为了突出日本俘虏兵丑态百出的样子，刘春山还刻意通过报纸刊登招募“矮人”的广告。《拼命》摄制组特赴昆山和松江等地拍摄外景，因不幸被地雷轰炸，致使摄制组中42人身负重伤，刘春山本人和女角黄耐霜也受创入院。当时有报刊评论称：“自东北失陷以后，无疑的激起了中国一般小市民群众的反感。大多数的人们，他们在大炮声中觉醒了自身的出路。因为认清了中国之所以被人侵略的原因，于是有组织的而从事彻底的反帝运动，积极的走上民族战争的前途……他们所表现的是一方面抵制仇货，一方面为国捐躯。现在这两种观念在不断的斗争着。我们在电影作品上也可看出两个不同的分野。刘春山的《拼命》，自然是属于后者。我们在这作品中可看出他满腔的愤慨。他注意到了事业问题，他知道中国只有奋力抵抗才是出路，他痛恨贩卖仇货的奸商，他憎恶有钱人的惨酷压迫。”[①]刘春山和盛呆呆在影片《拼命》开映前必然登台演唱他们新编的说唱《今年笑话》，不但体现了刘春山“潮流滑稽”现编现演批判社会现实的表演风格，更将嘲笑讽刺的矛头直接指向穷凶极恶的日本侵略者和卑鄙无耻的汉奸卖国者，刘春山在演出广告中自称：“我们这次上台演唱的不是去年《鸡鸭夫妻》开映时要我们登台所做的旧套。近来我和盛呆呆在几个晚上用心地找寻些笑料，倒是出于生动而拾之偶然，经我们再细细地整理一下，就成了一串很松脆的笑话。这笑话是今年的事，我们就名之曰《今年笑话》。”虽然《拼命》在情节的合理性和拍摄的技巧性等方面都存在着一定的不足之处，受到观众和报刊媒体的批评[②]，但仍然以其鲜明突出的主题思想，唤醒激励着中国民众团结一致抗击侵略的决心和意志。1933 年 10 月 2 日，上海国货公司发起了“多买国货，发展生产，作睡狮怒吼之运动”爱国救亡活动，邀请王无能、江笑笑每逢单日下午八时至九时在国华无线电台播播滑稽节目。1934 年 3 月 4 日，天堂大戏院上映韩兰根主演的滑稽影片《癞蛤蟆想吃天鹅肉》，邀请女滑稽吴秀琴、沈秀珍演出《孟姜女过关打东洋》《包公阴审胡立夫》《张彩莲活捉巴德文》等节目。

二、愿做后羿矢，射向倭敌师：救亡宣传之中的海派滑稽

1937 年 8 月 10 日，上海滑稽界在新新公司屋顶花园举行“娱乐救国游艺大会”，丁凤英率领的“东方剧团”演出了宣传抗日救国的文明戏《莫名其妙》和《抵抗》。次日，张冶儿领衔的“冶儿剧团”上演了讽刺和声讨日本军国

---

① 凌鹤：《评〈拼命〉》，《申报》“电影专刊·影片谈评”（1933 年 9 月 12 日）。

② 1933 年 9 月 17 日《申报》“电影专刊·观众意见”一栏中有柳村任撰写的《瞧完〈拼命〉的感想》说：“《拼命》的第一天连演三场满座，去参观的老少男女都说比神怪武侠片有趣些，足见它竭力迎合低级趣味的魔力了。剧情里矛盾的地方是不少的……比从前的《鸡鸭夫妻》，大有进步了。”

主义的滑稽剧《骗骗侬》《原还我》，滑稽艺人的表演内容激起了上海市民同仇敌忾、抗日救亡的爱国热情。

“八一三”淞沪抗战期间，东方饭店附设的东方电台成为上海滑稽界播送抗日救亡节目的专用电台，由滑稽艺人每天连档播唱宣传抗战、爱国救亡的特别节目，参加演出的有江笑笑和鲍乐乐、刘春山和盛呆呆、陆奇奇和陆希希、范哈哈和裴扬华、程笑亭和管无灵等几班著名的滑稽艺人；吕笑峰和俞祥明还编演了呼吁市民为战争难民慷慨捐助和揭露侵略者残暴罪行的独脚戏《救难民》《天地元黄》等滑稽节目，他们通过独脚戏、滑稽说唱、滑稽短剧等表演形式，向上海市民及时播报闸北抗战战况。战火中的滑稽艺人以电台播音为战场，用说唱表演做武器，宣誓中国人民抗战到底的决心，揭露日本帝国主义的侵略罪行，宣扬前线战士奋勇杀敌的英勇事迹，动员市民为前方将士慷慨募捐。在他们爱国精神和艺术魅力的感召之下，从贩夫走卒到富商巨贾，踊跃为前线抗敌将士捐款捐物。据鲍乐乐回忆：

> “八一三”炮声响，滑稽界正在中西电台（附设于中西大药房）播特别节目，鼓舞抗日将士寸土必争。……中午一直到深夜，向市民报告闸北消息，广大听众都打电话或到电台捐款，很多听众帮忙收钱写收条。附设在东方饭店（工人文化宫）的东方电台，炮声响后就停止营业，专供滑稽艺人播音，报告战况与征募前方所需要的物质，如草鞋、棉背心、面盆，甚至如汽车等等……这是个行动的时期，在游艺场救亡协会的领导下，艺人们抗日救亡的行动坚持了八个月。①

以关注社会时事、反映社会热点、演唱社会新闻著称的刘春山，发挥了“潮流滑稽”现编现唱社会新闻和时事热点的艺术特长，编演了很多反映抗战的节目，他的学生笑嘻嘻回忆刘春山在“八一三”抗战期间：

> 曾编演过一出《搓麻将》的独脚戏节目，它采取了巧妙的比喻手法，把中日战争比作日寇发起的一场赌博，反映了中国人民团结一致，坚持长期抗战，终将赢得胜利，而侵略者不得人心，无力久战，必将失败的道

---

① 苏州市文化广播电视管理局编：《苏州滑稽戏资料汇编》，第21页。

理。这种巧妙的比喻非常深刻。起先，有些观众看得不太明白，随着剧情发展，观众才领悟到：原来“武大郎”代表日本侵略者，“生病人”代表中国老百姓，也随着剧情逐渐身临其境，感到非常有味道。他们细心品味每句台词和每一个动作的含义，因此产生的剧场效果令人激动不已，长时间的掌声一阵盖过一阵。[①]

为了歌颂抗日民族英雄谢晋元和他率领的“八百孤军”死守四行仓库，奋勇抗击日寇的感人事迹，刘春山根据报刊登载的新闻和街头巷尾的传说，以《八百壮士》为节目名称，每天在电台播唱谢晋元和“八百壮士”抗击日寇的战斗实况和英勇故事，受到广大市民听众的热烈欢迎。[②]“八一三”抗战时期，以刘春山、江笑笑、张冶儿为代表的滑稽艺人把滑稽舞台作为宣传抗敌救亡思想的阵地，将海派滑稽擅长编演社会时事、反映新闻作为抗击日本侵略者及其汉奸走狗的战斗武器，代表着四万万中国人民发出的反抗侵略、抵御外侮的怒吼和呐喊。

“孤岛”时期，租界当局的“中立”态度为抗日活动提供了一定的空间，虽日本军方不断向工部局和公董局施压，迫使他们取缔抗日宣传活动，但具有民族气节和爱国热忱的滑稽艺人心系国家安危和民族存亡，没有因为日伪威胁而有丝毫的却步，将舞台当战场，以说唱做武器，以嬉笑怒骂的方式揭露日本侵略者的滔天罪行，讽刺汉奸卖国贼的无耻行径。为不再受到日本特务和汉奸走狗的控制，很多滑稽艺人宁愿去街头卖唱，或者干脆失业，也不愿继续留在汉奸卖国贼控制的电台、游乐场表演一些宣扬卖国求荣、认贼作父思想的节目。

太平洋战争爆发，日本侵略军占领租界后，日本浪人和汪伪汉奸对“八一三”期间积极宣传抗日救亡思想的爱国艺人展开了疯狂的报复行动，曾经担任过上海游艺界救亡协会工作的江笑笑[③]、刘春山、张冶儿等滑稽艺人大

---

① 阙殿辉、王汝刚编著：《幸福人生——笑嘻嘻》，上海远东出版社 2007 年版，第 37 页。

② 阙殿辉、王汝刚编著：《幸福人生——笑嘻嘻》，第 39 页。

③ 根据 1937 年 10 月 11 日“组织委员会等关于报送抗敌救国团体名单呈及社会局批”的文件显示，在抗敌救国团体名单中出现了“上海市游艺界救亡协会”的名称，注册地点为爱多亚路 880 弄 5 号，负责人为江笑笑。上海市档案馆编：《上海档案史料丛编——上海抗敌后援会》，档案出版社 1990 年版，第 383 页。

多受到威胁与恐吓，生活和演出环境都十分危险。刘春山就曾多次受到汉奸流氓的要挟，为防不测，他曾化名“杨莲春”多次搬家，或寄居友人家里，或临时租房居住，以此逃避威胁和迫害。滑稽艺人除了要面对日本特务和汪伪汉奸的威胁恫吓，还要应付黑社会地痞流氓各种名目做借口的敲诈勒索。① 强占租界后的日本侵略者不仅管控了电台，还在强行关闭了游乐场之后，又通过汪伪汉奸间接控制了游乐场，逼迫艺人表演宣扬认贼作父、卖国求荣等内容的节目。由于局势不稳，邀请唱堂会的顾客也越来越少，之前那些依靠唱游艺场、唱电台、唱堂会维持生活的滑稽艺人不但收入来源越来越少，而且由于受到汉奸流氓的威胁，生存状态也越来越艰难。笑嘻嘻看到大世界游乐场被日伪汉奸控制后，逼迫艺人表演丧权辱国、卖身投靠，麻痹国民意志，甚至色情下流内容的节目，毅然决然地和妹妹笑奇奇一起离开了整整演出了 13 年的大世界游乐场，全家靠着摆摊做些小生意艰难度日，笑嘻嘻先后卖过柴爿、帽子、香烟等，因不善经营生意常常亏本，还经常受到反动军警的殴打驱赶和汉奸流氓的敲诈勒索。1942 年初，濒临困境的笑嘻嘻终于参加了江笑笑和鲍乐乐组织的“笑笑剧团”后，生活才有了一定的保障。像笑嘻嘻这样失去了工作岗位和演出机会的滑稽艺人大多陷入了生活的困境，为了帮助窘境中的滑稽艺人摆脱暂时的困难，江笑笑、张冶儿等出面组织滑稽艺人成立联谊俱乐部，联谊俱乐部设在云南路济华堂药房楼上，除了为滑稽艺人提供切磋艺术，联络感情的便利，还定期讨论一些滑稽界对内对外的公益演出和慈善义演等活动。作为滑稽界救亡协会会长的江笑笑还联合了沪上众多的滑稽名角，成立了第一个专演滑稽戏的“笑笑剧团”，帮助滑稽艺人在生存条件日趋恶劣的环境之下抱团取暖。在江笑笑的带领下，滑稽界逐步从“电台滑稽”“公司滑稽”和“堂会滑稽”转变为专演滑稽戏的“剧场滑稽”，滑稽艺人以敢于面对现实、敢

---

① 据鲍乐乐回忆：“上海战事西移，日本军队进入上海，开出黑名单，担任过游艺界救亡协会工作的主要人员，如刘子云、筱文滨、刘春山、张冶儿、董天民、江笑笑、鲍乐乐等都受到汉奸与日本浪人的威胁、敲诈，滑稽界游艺场堂会都不能做了，生活靠救亡协会发给米粮维持。”上海文化出版社编：《滑稽论丛》，上海文化出版社 1958 年版，第 21 页。

于挑战困境、敢于乱中求变、敢于变中创新的奋斗精神在海派滑稽的发展史上写下了浓墨重彩的一页。

三、东南血洗戈，有梦绕乡河：流亡宣传之中的海派滑稽

“八一三”之后，淞沪一带成群结队的难民逃往浙江，为了安置涌入杭州的大量难民，杭州大世界游乐场停止营业，改为难民收容所。张樵侬和杨华生也积极投身到这场涉及国家安危和民族存亡的抗敌救亡运动之中，加入了杭州“抗敌后援会”宣传队，被编入第八组之后，立即奔赴萧山、塘楼、新昌等地进行抗日巡回宣传。当时，各地的“抗敌后援会”属于民间组织，既没有经费来源，又没有演出报酬，整天跑东跑西，像逃难一样，与其说是宣传队，不如说更像难民营。为了实现抗敌救国的抱负，张樵侬和杨华生离开“抗敌后援会”，参加第十六师政工队。这个政工队不但没有明确的工作方向和行动目标，而且内部管理乱七八糟、乌烟瘴气。1938 年底，他们在南昌遇见张樵侬原来的搭档徐玲玲（即徐笑林），他约张樵侬和杨华生一起参加总政治部第三厅下属抗日演剧第五队。演剧第五队主要以话剧和歌唱表演为主，其间还穿插一些滑稽节目。由于张樵侬、杨华生宣传抗日的滑稽节目非常受观众的欢迎，洪深就提议他们将连说带唱的滑稽短剧改为杂剧，这样不但有利于传播节目内容，也更容易被沿途的观众所接受。他们根据滑稽京戏《老枪南阳关》改编的《南京城》就是这样一出杂剧节目，剧情反映一个家破人亡、妻离子散的老百姓，在沦陷的南京城头和日本侵略者奋力搏斗的故事。杨华生在剧中扮演老百姓，衣服前面贴有“抗战到底”“前方杀敌”条幅，背后贴有“最后胜利”的大字，领头上贴着“拥护领袖”，左手贴着“有钱出钱”，右手贴着“有力出力”，头戴瓜皮小帽，帽子上贴着“国难当头”四个字。出场时，杨华生按照鼓点节奏，运用京剧丑角的快口念白讲述了日本侵略者给中国人民带来的深重灾难：

哈嘿……小子生来二十有八，父母双亡，死了孩子他的妈，三个孩

子死了一对半，家里的房产稀里哗啦，要问这是怎么回事，都只为日本国，有军阀还有财阀资本家，发来了人和马，飞机下蛋尽轰炸。轰隆隆，哗啦啦啦，打进了太原烧了我的家。什么干活的，八格牙路。他说起了一套日本话，我们不理他的话，他刺刀一下把你杀，这个牵你的牛，那个拉你的马，我的妻子跪下叫声老爷饶命吧，鬼子不理她的话，刺刀一下就把她杀。我的孩子见了害怕，急忙就向床下爬。嘿，你说鬼子多么残忍，把我孩子高举起，猛摔下。鬼子还想把我杀。我想反正不干也是死，急慌忙，拿起切菜刀一把，大叫一声杀……一个鬼子就倒下。别的鬼子齐开枪，枪弹打得就像急雨下。幸亏我手捷眼明腿又快，我跑跑，腰弯下，两条腿儿尽蹦跶，跳过死尸堆，跑出虎口下。一路上，饥又饥，渴又渴，只觉得两眼发花腿发麻。这个仇怎么能不报，这个恨怎么咽得下？我决心报名去把抗日军队来参加，报仇雪恨把鬼子杀，把鬼子杀。

除了《南京城》，他们还有一些以说唱为主的滑稽小戏也特别受观众的欢迎，如《安全土》《歌唱八百壮士》《劝米商千万不要囤积居奇》等。为了让更多的观众能听懂唱词，增强抗敌救国的宣传力度，杨华生在演出中除了运用普通话演唱之外，还会根据流亡观众的地域特点，运用上海话、绍兴话、宁波话、杭州话、苏州话、无锡话等方言，不但激起身处战争磨难之中的流亡民众对日本侵略者和汉奸卖国贼的刻骨仇恨，而且唤醒了中国人民抗敌救亡、保家卫国的信心和决心，在《安全土》中杨华生唱到，“从北边到南边，从南边到北边，到处是烧杀抢掠，仰首问苍天，何处才是安全土，用热血去抵抗，打退了敌人，我们到处都有安全土……”

演剧第五队时期，张樵侬和杨华生编演了大量反映中国人民同仇敌忾、团结一致，保家卫国、坚决抗日的滑稽节目。这些让老百姓喜闻乐见、雅俗共赏，极具现实性、喜剧性和地域性的演出形式，不但表演题材和表演内容具有现实意义，而且演出场地随意、演出道具简洁，成为演剧第五队一组最受观众欢迎的表演组合。

“皖南事变”之后，上饶集中营关押着不少被俘的新四军指战员，国民党当局为了达到消磨瓦解新四军战士抗敌斗志的目的，特意组织演剧第五队去集中营演出。张樵侬和杨华生编演的滑稽小戏《拾炸弹》受到新四军指战员热烈欢迎的同时，也引起了国民党特务的注意。队长王梦生在特务盘查的过程中不仅承担了编写剧本的责任，还千方百计地保护了主演杨华生的个人安全。[①]《拾炸弹》改编自京剧《拾黄金》，戏剧采用比拟的手法，以指桑骂槐、含沙射影式的表演隐晦曲折地讽刺了国民党反动派积极反共、消极抗日的真面目。

杨华生在剧中饰演一个从失守后的太原城逃难出来的破产的皮货商人，他穿得破衣烂衫，手持讨饭棒上场，采用京剧丑角的快口念白叙述着自己的不幸遭遇，“昔日里，穿绫罗，快乐逍遥。到如今，只落得光棍一条。一路上，探小巷，东张西瞧，似何物又将我绊了一跤?”突然间他被什么东西绊了一跤，定睛一看，原来是一颗手榴弹。本来以为是日军的手榴弹，拾起来一看，上面却写着“沈阳兵工厂制造”的字样，于是杨华生指着手榴弹借题发挥地骂到，“你真不像样，中国人造你，是为了让你到前方抗日，杀日本鬼子，可你现在贪生怕死，偷偷躲到后方来，你难道不怕后方百姓耻笑么？真是混蛋之极！”他骂着骂着就想把手榴弹扔掉，但转念又思忖到，“唉，丢不得，这一扔它要爆炸，这一炸，岂不是成了自己人炸自己人，自己人打自己人了吗?啊，我不能湖涂，不能湖涂……”这时杨华生又跳出皮货商人的角色，以“手榴弹”的口气说到，“我确实是沈阳兵工厂制造的，前方的队伍撤退时把我丢下，后来被日本人的飞机运到后方来轰炸中国老百姓。我也算是个中国人，我不能伤害自己的同胞，所以才不肯爆炸。”杨华生立即赞扬“手榴弹”一致对外、共同抗日的爱国思想，“好！中国人就是不能打中国人，刚才我错怪你了，我也是远离家乡的逃难人，我想投奔抗日队伍，与你同病相怜啊！……中国是不会亡的，就让我唱几段戏来慰劳慰劳你吧……中国不会亡，中国不会亡，你看那八百壮士死守战场，四方都是炮火，四方都是豺狼，宁愿死，不退让；宁愿死，不投降。你看民族英雄谢晋元，愿与庄严国土共存亡……”最

① 杨华生：《杨华生滑稽生涯60年》，学林出版社1992年版，第32—33页。

后，皮货商人对着“手榴弹”说，“好了，听说那边抗日队伍来了，我带你炸弹兄弟上战场！”节目演出之后，杨华生即刻遭到国民党第三战区特务头子张超的追问和盘查。随着演剧第五队金梨、金羽、王耀祖、王理庭等地下中共党员被捕，张樵侬和杨华生被迫离开了演剧第五队。

离开演剧第五队后，他们心里“共赴国难、投身抗日，不愿意做亡国奴”的意愿却日渐强烈，为了实现自己为抗战尽力的初衷，联系徐笑林和演文明戏的张一亭夫妻，以及唱京剧老生的吴赛音、花脸的秦雷音和青衣的宋彩英等共同组织了以宣传抗日救亡为目的的“战音杂剧团”，在金华一带演出。日本侵略军发动了“浙赣战役”，1942 年 5 月 21 日清晨，张樵侬、杨华生带领着“战音杂剧团”搭上最后一班火车离开了金华，踏上了一条跨越浙、赣、闽三省的流亡之路，他们在沿途县城的小戏院、小茶馆，甚至乡村的寺庙、祠堂和晒谷的空地上演出宣传抗日的杂剧和独脚戏，这些宣传演出大多不收钱。为了维持日常生活，他们还做一些买卖旧货、寄售旧衣、摆粥摊、摆地摊等小生意。他们演出的节目除《南京城》《拾炸弹》《西洋镜》等滑稽短剧之外，还有根据歌曲《新年好》改编的《逃警报》《劝夫郎》《男女平》等滑稽小戏。尤其是根据京剧《投军别窑》改编的独脚戏《出征别妻》特别受到观众的喜爱，可谓走到哪里，演到哪里，红到哪里，“战音杂剧团”的名气也越来越响。1945 年 8 月中旬的一个晚上，正在福建南平演出的杨华生突然听见剧场外鞭炮齐鸣、锣鼓喧天，原来日本侵略者已经宣布无条件投降。

张樵侬和杨华生始终坚持以社会最底层劳动人民的立场观点来观察社会现实、分析社会矛盾、判断社会问题，在演剧第五队由于受到中共地下党员进步思想的影响，逐步形成了团结一致、全民抗战、不怕牺牲、驱除日寇的思想意识，他们在表演中喊出“中国人不打中国人”的呼声是对国民党投降派最为有力的回击，体现了当时的滑稽艺人具有高度的政治觉悟力和敏锐的政治判断力。

结　语

广大滑稽艺人在侵略者入侵，国家和民族面临生死存亡的大是大非面前，表现出强烈的爱国主义思想和积极的人道主义精神。太平洋战争爆发后，日本侵略军不仅关闭了所有的私营电台，还通过汉奸特务控制了游乐场。在侵略者对上海社会实行肆虐残暴、惨无人道的统治之下，海派滑稽也在发生着凤凰涅槃、浴火重生式的艺术蜕变，在江笑笑、鲍乐乐等滑稽艺人的带领下组建了专演滑稽戏的剧团，使海派滑稽的艺术形态由之前适合在游乐场、堂会、电台表演的曲艺形式的独脚戏，迅速衍变为适应大剧场演出要求的戏剧形式的滑稽戏。自此之后，海派滑稽的艺术形态已经趋于完备，同时所具有的两种表演方式的艺术形态，即曲艺形式的独脚戏和戏曲形式的滑稽戏一直保存至今。海派滑稽在这一时期的自我改变主要表现在以下四个方面：

首先在表现内容方面，海派滑稽抛弃了之前只关注社会琐事、日常细节和生活情趣等“小市民式”的批判意识，将讽刺和批判的矛头直接对准了日本侵略者和汉奸卖国贼。

其次在表现方式方面，海派滑稽不仅有说唱形式的独脚戏，还有类似趣剧的滑稽短剧，更有直接改编自现实事件的实事剧，艺术创作形式的多元性、直观性和广泛性为今后进一步拓展海派滑稽的艺术表现方式做好了充分的准备。

再次在表演场合方面，海派滑稽已经从之前游乐场、戏院、堂会等固定表演场地，变为炮火连天的一线战场、逃难流民的露宿营地、街头巷尾的露天舞台，或者不受现场环境影响的广播电台和电影银幕。

最后在演员队伍方面，滑稽艺人为了抗敌救亡的共同目标，空前的努力和团结，很多独脚戏艺人与文明戏艺人之间的日常交往和艺术交流也日趋密切频繁。

这些自我求新、自谋出路式的改变，都为太平洋战争爆发后，日本侵略军采用法西斯手段管制电台、控制游乐场，社会动荡、市面萧条、堂会锐减，海派滑稽在迫不得已的环境下发展为戏曲形式的滑稽戏作好了充分的准备。

（楼培琪：上海师范大学历史系研究生）

暗战淞沪：军统兴衰与上海抗战*

韩洪泉

军统是国民政府军事委员会调查统计局的简称，作为国民党政府最重要的特务组织，它理所当然地成为蒋介石为首的国民党政府维护独裁统治、压迫民主力量特别是对付和镇压中国共产党的重要工具，并因而造成了极为恶劣的影响，犯下了不容抹煞的历史罪行。同时也要看到，在抗日战争时期，以各种方式抗击日本侵略是维护国民党统治的前提条件，也成为军统的重要任务。军统在自身力量迅速发展壮大的同时，也直接投入对敌军事、政治、特工作战之中，给日伪以相当打击，自身也付出较大牺牲。上海作为民国时期最大的国际化都市，因其特殊地位而成为国民政府和日伪当局统治的重心，缘此这里既是军统着力经营的重点区域，也是其进行抗日斗争的重要据点，在抗日战争的舞台上演出了一幕幕惊险惨烈而又复杂的历史活剧。

一、布 局 上 海

1932年3月，秉承蒋介石的意旨所建立的中华复兴社在南京正式成立，蒋介石亲任社长。不久又成立复兴社的内层组织三民主义力行社（蓝衣社），并聘请德国顾问培训情报人员，戴笠担任其核心组织特务处处长助理（一周后即升任处长）。[①] 同年，国民政府将陆海空军总司令部改组为国民政府军事委员会，其下设之调查室也随之改名为军事委员会调查室，后扩充

---

* 本文系上海市哲学社会科学规划委托课题“上海抗日战争史第三编”（2019WZX003）阶段性成果。

① 关于力行社与蓝衣社的关系，一般认为二者实为同一组织，只是称谓不同而已。干国勋、宣介溪等当事人在回忆中，对二者之间扑朔迷离、错综复杂的关系多有揭示（参见干国勋 （转下页）

为军事委员会调查统计局，由陈立夫领导，戴笠兼任其第二处处长。1934年以后，特务处又收编了南昌行营课报科，并掌控了多个行营和省区的谍报机构，其组织力量不断壮大。1938 年 3 月，国民党临时全国代表大会决定将陈立夫领导下的军统局第一处扩充为国民党中央执行委员会调查统计局（简称中统），由徐恩曾任副局长（主持工作）；第二处升格为国民政府军事委员会调查统计局（简称军统），由戴笠任副局长（主持工作），力行社特务处并入其中。后来人们通常所说的军统，即是指戴笠领导下的这个军统局。同年 8 月，军统总部在武汉正式挂牌成立，武汉失守后又迁至重庆。其后，军统在戴笠主导下，不断调整机构，扩大编制，在全国建立起极为庞大的特务系统，“当其盛时，戴氏部属，遍及全国，武职中少将人员，辄以百计”。[①] 仅据 1943 年统计数据，军统已拥有各式电台 569 座，特工单位 709 个，遍布于全国各地。[②] 至抗战后期，仅在罗家湾本部工作的直属特工就有 1 500 余人，成员则超过 4 万余人。[③]

七七事变之后，上海一时成为中外瞩目之地。戴笠为加强上海地区的情报工作，亲自赶赴上海进行布置。他在枫林桥附近的寓所主持召开上海区组长以上十余名骨干会议，讨论在吴淞、江湾、虹口和闸北建立潜伏的组织人事问题。特务处上海区长周伟龙先后提出 2 名组长人选，均以身份暴露、不适宜做潜伏为由拒绝。最后，由周伟龙建议，戴笠钦点沈醉出任组长，受命潜入虹口地区。潜伏组织虽然在沈醉的亲自率领下，在侦察、搜集日军情报、指示轰炸目标、暗杀等方面做了很多工作，但仅潜伏了一个月，便在日军的一次大搜捕中被全部驱出虹口地区。[④] 淞沪会战期间，战场上经常发生日本收买的汉奸暴露我军炮兵阵地和高级指挥部地点以供敌机轰炸的事

（接上页）等著《蓝衣社　复兴社　力行社》，中华书局，2014 年）。王华斌、黄家盛则认为，力行社为核心组织，在其外围建立了革命军人同志会和革命青年同志会两个二级组织，又在二级组织外围建立了范围更广的第三级组织即蓝衣社（参见《军统在抗战中的“双重性”》，《党史研究与教学》2013 年第 5 期）。

① 良雄著：《戴笠传》，台北传记文学出版社 1985 年版，第 3 页。

② 《戴雨农先生全集》上册，台湾地区防卫部门情报局，1979 年编印，第 86、110—111 页。

③ 邓葆光：《军统领导中心局本部各时期的组织及活动情况》，《文史资料选辑》第 86 辑。

④ 王华斌、黄家盛：《军统在抗战中的“双重性”》，《党史研究与教学》2013 年第 5 期。

件，如何防谍成为一个现实问题。戴笠奉命调派大量人员赶往上海，担任临时情报员和防谍工作员，又令招商局护航总队长喻耀离带领 400 人组成巡查大队，在京沪警备司令部指挥专门侦捕汉奸、保护通讯线路和桥梁，并负责防空监视、引导部队、救护伤兵和疏散民众等工作。[①]

戴笠还将其得力干将文强派到上海，公开身份是上海三极无线电传习所所长，秘密身份则是特务处驻上海办事处上校处长，后又兼任军事委员会苏浙行动委员会上校人事科长。文强等人先是组织了一个战地调查勘测组，奉命到浦东的川沙至金山以及杭州湾沿海进行战场勘测，以防日军偷渡登陆，威胁中国军队侧翼及后方安全。[②] 这时特务处侦知日本华北特务机关长松室孝良派其助手南本实隆少将前往上海，刺探中国方面的军事情报。南本抵沪后接洽并试图策反苏浙行动委员会别动队参谋长杨振华，戴笠决定将计就计，要杨振华向南本推荐文强(伪装身份为军事委员会高级参谋李文范)，骗取其信任并伺机除掉日特。文强先后 7 次与南本会面，共骗取日方 46 万元现金及 300 多万元日本正金银行的支票(无法全部提取)。最后戴笠策划在第 8 次会面时一举除掉南本及其同伙，并布置了特务处上海行动组的赵理君、王兆槐等做好准备。但因日军此时已在杭州湾登陆，日本人认为战场局势已经明朗，不再需要这条情报线，南本遂没有如期赴约，致使戴笠等人失之一篑、未竟全功。[③]

淞沪会战结束后，国民党特务机构在上海留有相当力量坚持地下斗争。为加强上海租界的特工力量，军统正式成立前后，又陆续派遣大批人员潜入上海，建立军统上海区，与中统苏沪区一起，成为对日伪特工战和孤岛锄奸的主要力量。当时军统在上海的力量十分强大，上海区是军统各地方区站中最大的一个，区本部有 3 处办公场所，下设联络站 22 处，秘密电台 3 座，

---

① 马振犊、邢烨：《军统特务活动史——民国第一特工组织的兴衰》，金城出版社 2016 年版，第 42 页。

② 文强：《戴笠领导的抗日别动队和反间谍斗争》，《原国民党将领抗日战争亲历记・八一三淞沪抗战》，中国文史出版社 1987 年版，第 71—86 页。

③ 文强：《中日高级特工八一三大较量》，萧宇编：《日本特务在中国》，团结出版社 1995 年版，第 264—284 页。

预备台1座，所属人员达千人，有5个外勤工作组、7个行动大队。[1] 区长最初由周伟龙担任，1938年11月周伟龙被法租界警务处逮捕后，由赵理君代理，不久由王天木接任。因王与赵矛盾难以化解，戴笠撤销王天木的职务，另派陈恭澍接任，王则叛投汪伪76号。

在淞沪会战的烽火之中，戴笠还在上海组建了一支特殊武装——军事委员会苏浙行动委员会别动队。别动队下辖5个支队和1个特务大队，其中第1、第2、第3支队主要是帮会成员和工人，第4支队主要是情报人员，第5支队主要是上海地区曾接受国民军事训练的青年以及高中以上学生军训总队官生，特务大队主要是南京、上海一带的情报人员。别动队共计有官兵一万余人，分布于沪西、浦东及京沪、沪杭铁路沿线。淞沪会战期间，曾先后设立了青浦技术训练班、松江特训班和佘山教导团，轮流调训别动队官兵，以适应作战需求。别动队组建后即投入淞沪战场，给日军以一定打击，自身也付出重大牺牲。淞沪会战结束后，经戴笠派人收容，各部剩余部队2 000余人陆续撤至安徽整编，更名为别动队教导总团，后又更名为忠义救国军。后几经改编整训，长期活跃于江南敌后，鼎盛时有数万之众，成为上海抗战的一支重要力量。当然，这支部队也充当了制造摩擦、军事反共的急先锋，加上其成分鱼龙混杂、纪律松弛败坏，为抗战作出贡献的同时，也带来诸多恶劣影响。杀敌锄奸的赫赫战果与反共反人民的斑斑劣迹相交织，勾绘出这支特殊武装的复杂面相。

二、喋血孤岛

淞沪会战结束后，上海只剩下公共租界和法租界未被日军占领，进入所谓孤岛时期。孤岛四年间，日本一方面物色各方政治势力，扶持傀儡政权，一方面竭力搜罗拉拢社会各界的汉奸流氓，组织形形色色的汉奸伪组织，作为其推行"以华制华"政策、建立殖民统治的工具。

---

① 马振犊：《国民党特务活动史》上册，九州出版社2012年版，第254页。

1937年12月,《惩治汉奸条例》第一次修正通过。1938年8月15日,国民政府正式公布《惩治汉奸条例》修订版,将各类"通敌谋国者"定性为汉奸,依据其叛国情节轻重判处死刑或无期徒刑。上海军统特工行动人员奉命开展行动,对投敌人员进行制裁。1937年12月30日,军统派人化装成水果商贩,将参加上海市民协会的南市水电公司经理陆伯鸿击毙。接着,另一名参加市民协会的上海米业巨子顾馨一在其住宅中发现了以示警告的手榴弹。经此两事,一些汉奸和动摇分子不敢再公开出差,刚亮出招牌的市民协会无形解体。1938年3月7日,曾任国民党第二十六军军长的周凤岐因准备出任伪维新政府绥靖部长,在出门时被军统特工击毙。6月10日,市民协会骨干尤菊荪被刺重伤。6月18日,伪市督办公署土地局长任保安被刺毙命。6月29日,伪市督办公署船舶检查处处长尚德明被刺死。7月4日,黄道会副会长周柳五遇刺毙命。8月30日,伪南市维持会会长陈云被刺死。1939年2月19日,伪维新政府外交部长陈箓以及李鸿章的孙子李国杰被刺杀。据《文汇报》统计,到1939年3月底,日伪大小傀儡被击毙者不下240人。仅1939年2月间,就发生了暗杀日伪人员案件18起,死21人,伤10人。负责76号特工总部的日本人晴气庆胤为之惊叹:"重庆方面不怕死的特务工作队所进行的无比勇敢的地下活动,使日军陷于极大的混乱、迷惑和战栗。"①

这一时期的锄奸活动中,尤以刺杀唐绍仪影响较大,案情也颇为迷离。唐绍仪是中华民国首任内阁总理,在国内外具有相当影响,上海沦陷后继续留居法租界。1938年初,蒋介石托人带亲笔信给唐,要他离沪赴汉,并以国民政府外交委员会主席一职相许,但被唐拒绝。3月中旬,外间盛传唐将落水当汉奸,但他不置可否。7月,土肥原贤二负责的"对华特别委员会"在上海重光堂设立办事处,通过各种途径与唐绍仪联系,并把他作为未来伪中央政府头面人物的主要人选。9月,土肥原亲自到上海秘密访问唐绍仪,进行了两次会谈。会谈中,唐绍仪的女婿岑德广与日方具体商讨了合作问题,日

① [日]晴气庆胤著,朱阿根等译:《沪西七十六号特工内幕》,上海译文出版社1985年版,第8页。

方提出让唐出任伪政府首脑，吴佩孚予以协助，岑则对未来汉奸政府的设计制订了详细规划。双方来往及秘密谈判的情报被军统侦知后，蒋介石命戴笠转告在香港的杜月笙致函劝唐绍仪离沪，但唐回信说宁可当亡国奴也绝不会当汉奸，并说不要怀疑他和逼他太甚。有鉴于此，戴笠根据蒋介石的指令，命令军统局上海特区对唐绍仪进行制裁。因唐的住宅防卫森严，并雇有多名白俄保镖警卫庭院，刺杀行动不易下手。军统最后决定利用唐绍仪收藏古董的爱好，用计巧取。副区长赵理君亲自出马，于 9 月 30 日上午假扮古董商，按照约定带上一件假文物送往唐家进行鉴定与收购，并将一把利斧放在楠木盒的夹层中，以备刺唐。双方在客厅见面后，赵理君设计支开仆人，请唐绍仪鉴赏文物。年迈的唐绍仪戴着老花镜，低下头去仔细观看花瓶，被同行的军统局人员李阿大转到身后，一斧劈死。赵理君等人镇定自若，从容撤退。唐绍仪被家人送往附近的广慈医院，抬上手术台时，已经断气身亡。蒋介石政府为掩人耳目，颁布了一道《国府委员唐绍仪褒扬令》，并散布消息说唐是因为不肯出山当汉奸而被日伪特务暗杀。日方对于唐绍仪被刺，虽然十分恼怒，但也不敢过分张扬。

1939 年 5 月汪精卫抵达上海后，与丁默邨、李士群的特工总部同流合污，汉奸气焰更加嚣张。军统局特工人员频频出击，颇有斩获。他们曾计划在上海暗杀汪精卫，可惜被汪伪特工总部侦破，未能成功。这年秋，军统局行动人员先后击毙了与日伪关系密切的青帮头目季云卿、率部投靠汪伪政府的忠义救国军副指挥何天风等。12 月 22 日，住在法租界马浪路(今马当路)华北公寓的吴木兰，因与汪精卫老婆陈璧君接洽，筹组“妇女和平会”为汪伪集团效劳，被军统狙击身死。据统计，1939 年里租界各种狙击案中，死伤人数达 44 人。

1940 年和 1941 年，孤岛形势更加危险，但军统局的锄奸行动并未因此停止。1940 年锄奸行动主要有：1 月 15 日，刺杀上海闻人俞叶封；1 月 21 日，刺杀汪伪特工谭文质等；2 月 19 日，刺杀伪警员陆雨亭；4 月 13 日，刺杀工部局警务处要人谭绍良；5 月 6 日，刺杀金融大佬谢芝庭；5 月 28 日，刺杀伪团长顾立峰；6 月 5 日，刺杀汪伪参谋纪天寿；6 月 28 日，刺杀“国民新闻社”社长穆时英；8月14日，刺杀青帮大亨张啸林；9月3日，刺杀“国民新闻社”社长刘呐鸥；9月19日，刺杀亲日律师史久棠；10月11日，刺杀伪上海特别市市长傅宗耀；11月12日，刺杀伪工会头目林资炯。1941年锄奸行动主要有：1月20日，刺杀投伪律师董俞；1月起，制裁伪中储银行骨干；3月14日，刺杀伪政府官员潘树冬等3人；5月27日，刺杀伪上海特别警察总署侦缉队班长印占卿；7月17日，刺杀汪伪76号督察秦杰；10月间，刺杀贩卖五金资敌的奸商王汉卿等。①

除对投敌附逆的汉奸进行制裁外，在上海的日军也是军统刺杀的重要对象。1940年，军统局上海区制订了一份《歼敌计划》，该计划的内容主要包括三点：

> 一、以身着军服的日本军人为格杀对象，不论其军阶高低、官职大小，无须事先奉准或报备，得手当场就干掉。
>
> 二、其执行地点，以日军占领区及势力范围之内为限。
>
> 三、尽可能避免殃及我国居民的安全。②

经军统局批准后，上海区从1940年9月下旬开始实施该计划。至1941年10月下旬，共狙杀日军50余次，杀死40余人，杀伤20余人，死者既有士兵也有军官，军衔最高者为少将。据陈恭澍回忆说：“‘上海区’所执行的‘歼敌项目’，在当时的确震撼了上海地区的日本驻军，最明显的事实，就是有很长一段时间，穿制服的日本军人除了结伴成伙，互相戒备之外，绝不敢单独一个人在路上行走，横眉怒目，擅闯民宅的事很少发生了；那种盛气凌人，不可一世的傲慢相也不似先前了。我们认为这就是打出来的效果。至于陷区百姓人心大快，那就更不用说了。”③

1941年10月29日，军统上海区区长陈恭澍、书记齐庆斌等被捕，上海区遭到全面破坏，其后大规模的抗日锄奸活动也就随之结束了。

---

① 孙永祺：《军统上海抗日锄奸活动研究——以1940、1941年为中心》，上海师范大学2016年硕士学位论文。

② 陈恭澍：《军统第一杀手回忆录2》，中国友谊出版公司2010年版，第170页。

③ 陈恭澍：《军统第一杀手回忆录2》，第179页。

三、重 建 沪 区

1941年10月至11月，由于被捕人员大量叛变，军统局在上海的组织基本被汪伪特务所掌握，随之因遭到毁灭性打击而陷于瘫痪。11月28日，汪伪《中华日报》刊出《渝方蓝衣社上海区组织系统及其名单》，将军统局上海区十个部门、八个行动大队、五个情报组组织人员名单全部公布，而其中相当部分被捕人员已经被吸收加入了"76号"。[①] 李士群甚至用缴获的军统电台给重庆军统局发报，欢迎戴笠到南京投汪。[②]

上海军统机构除上海区外，还有一个更为隐蔽的第二区。在此关键时刻，第二区为处理第一区善后问题作出了突出贡献。第二区区长姜绍谟，浙江江山人，戴笠的小同乡，毕业于北京大学，在国民党军政界颇有阅历，1938年参加军统，是军统设计委员会主任委员。他与上海汪伪人事颇有渊源，所以戴笠派他到上海潜伏，但并不向他交代具体任务，待到第一区覆灭、陈恭澍叛变，重建军统上海区的重任便落在他身上。姜首先查清确认陈已完全叛变，随即便截断军统局与上海第一区的任何联系，然后再着手重建上海区。

鉴于军统在上海遭受重大挫败的教训，戴笠决定对上海区组织形式和工作方式进行一次大的改革。他将上海区建在重庆，重新分组，诸如情报组、行动组等，它们独立独行，绝不发生横向关系。戴笠认为，在重庆的"上海区"是实验性质的，故称"上海实验区"，以毛万里为区长，王一心为副区长。毛万里系毛人凤胞弟，江山县吴村乡人，浙江警官学校出身，做过戴笠甲室秘书、军统北平站书记，后任军统局东南办事处（设在金华）主任。新组建的上海实验区下设人事股、会计股、电讯股、译电股等机构。[③] 由于上海实验区是在敌占区内对分散又相互隔离的秘密组织进行指挥的，戴笠认为

① 《渝方蓝衣社上海区组织系统及其名单》，《中华日报》1941年11月28日。

② 邓葆光：《军统领导中心局本部各时期的组织及活动情况》，《文史资料选辑》第86辑。

③ 黄康永口述，匡垣整理：《国民党军统组织消长始末（三）》，《档案与史学》2001年第3期。

效果较好，在以后发展中，又相继建立了华北、华中、海外等实验区。

军统上海第二区的保存和上海实验区的组建，对军统在上海坚持斗争大有助益。但在抗战后期的这段时间里，由于日伪的严密统治和盯防，军统在上海的机构、电台和人员仍然处境危险、活动困难，多次被敌方破获。1942 年 6 月 9 日，日军上海宪兵队破获军统上海区南翔行动队，抓获队长董惠民及部众 23 人，缴获大量弹药武器和电讯器材及一名电报员，董惠民亦因抗不过敌人严酷刑罚而投敌。① 同年 7 月 4 日，上海宪兵队破获军统上海区第二行动总部，第二行动队队长张旦平等 23 人被捕，损失惨重。② 1943 年 3 月 25 日，日军宪兵队及特高科特务队在上海南郊附近，将潜入该区军统直属的忠义救国军第二行动队全部抓获，并缴获大批枪械弹药。该行动队是戴笠布置在上海南郊，负责扰乱沦陷区治安及破坏沪杭铁路、公路交通秘密使命的。③ 同年 7 月 23 日，沪北宪兵队逮捕忠义救国军上海行动队队长崔文田、副队长何眉杰、情报组长张森、行动组长顾明德、交通组长姚曼珠等约 30 人，并核抄出无线电机。④ 由于日伪连续破坏，1942 年初军统在上海的电台仅剩 2 部，1943 年在上海重建电台，至 1944 年共筹建 14 部，后损失 5 台；至 1945 年，上海市郊及浦东地区共建有 12 台，损失 4 台，后又续建 5 台，可谓前仆后继，艰苦卓绝。⑤

由于斗争环境的变化和工作重心的转移，全面沦陷时期重庆政府在上海的地下机关不再以大规模锄奸活动为重点，因此制裁汉奸的行动与之前相比急剧减少，但期间仍实施了一些锄奸活动，如 1942 年春节前后展开了一系列针对日军和汉奸的行动，令日伪惶惶不可终日。此后影响较大的行动还有制裁汪伪特工总部电讯室主任李开峰、制裁大汉奸黄大伟等。

李开峰又名余玠，本为军统局电讯室人员，投敌后任汪伪“76 号”特工

---

① 《日军上海宪兵队破获渝方海南线行动队份子》，《新申报》1942 年 6 月 9 日。

② 《上海蓝衣社残存份子完全肃清》，《新申报》1942 年 7 月 4 日。

③ 《企图扰乱治安破坏交通，渝特工份子被一网打尽！和平区治安确保之铁证》，《新申报》1943 年 3 月 25 日。

④ 《渝方暴徒全部落网，上海剧场大新书厅，恐怖案真相大白》，《新申报》1943 年 7 月 23 日。

⑤ 《国防部情报局史要汇编》，台湾地区防卫部门情报局，1962 编印，第 54 页。

总部电讯研究室主任，帮助日伪破译电讯密码、查获秘密电台、诱降军统人员等颇为出力，对军统构成极大威胁。军统决定制裁李开峰，并将这一任务交给了刘全德。刘全德原为陈恭澍副官，跟随陈投降了“76号”，但仍暗中与军统保持联系。军统利用这关系，要求刘杀陈以自赎，但刘碍于陈待己尚厚，迟迟不忍下手。得到除李的命令后，刘决心尽快完成任务。就在刘奉命后的第二天，李开峰与另一名特务王道生（“76号”情报处副处长）来看望陈恭澍，当李、王二人离开时，刘全德自己驾驶汽车跟踪其后。等到李开峰半路下车，与王道生话别并命车夫再送王返回“76号”时，开车赶到的刘全德跳下汽车，向李开峰连开数枪，将其当场击毙，并成功逃脱。①

黄大伟是国民党元老，早年加入同盟会，追随孙中山革命，曾任南京临时大总统府中将参军、粤军第一路司令、粤军第一军军长等，后长期赋闲。抗日战争中投奔汪精卫，任伪和平建国军第一集团军总司令、伪闽粤边区绥靖总司令等职，受其影响而叛变投敌者为数不少。戴笠根据蒋介石的命令，向军统上海区下达了制裁任务，并通过秘密电台命令周佛海配合上海区行动。由于黄大伟在上海深居简出，军统派去盯梢的人往往很难准确把握其行踪。有一天周佛海偶然得知，黄大伟的日本上级今村及夫人从北京来到上海，下榻于帕莱斯饭店，从而判断黄应当于次日早晨去拜会今村，遂将此消息告知军统。1944年5月31日，军统行动人员经过严密部署，终于在距黄家大门不远的街口一举将其击毙。“黄大伟氏在沪被狙殒命”的消息传来，那些甘心为虎作伥的附逆投敌者莫不心惊胆战，惶恐难安。②

四、策反汉奸

全民族抗战时期，上海成为汉奸附逆投敌的多发地和重灾区，重庆政府以雷霆手段对其进行“制裁”的同时，也注意利用其内部矛盾和复杂心态开

① 蔡德金、尚岳编：《魔窟：汪伪特工总部七十六号》，中国文史出版社2016年版，第132—133页。
② 《国府委员今晨举行追悼会》，《申报》1944年6月4日。

展策反工作，以推动其转化并为我所用。孤岛时期，军统局就在上海组建了策反委员会，由文强担任主任。在文强领导下，策反委员会冒着极大风险开展了一系列工作，其策反争取对象包括：汪伪政府军委会委员、参军处参军长、"和平建国"第三集团军总司令唐蟒，汪伪军委会委员、开封绥靖公署主任刘郁芬，汪伪武汉绥靖公署参谋长罗子实，驻苏州的伪军军长徐文达，驻无锡的伪军师长苏晋康，驻浦东的伪军师长丁锡山等。军统成员冒险同这些人物秘密约谈，晓以利害，申明大义，收到了一定成效。① 陈恭澍叛变后，文强等人处境危险，几次险被诱捕，遂奉命撤离上海。随着太平洋战争爆发和上海全面沦陷，策反委员会在上海的人员和工作亦归于结束。

除策反委员会外，军统上海第二区的组建，很大程度上也是出于策反工作的需要，或者说将策反工作作为一项主要任务。姜绍谟组建第二区时，除了区书记陈祖康及电台由军统配属外，其他人员完全不凭借军统的既有人脉，而是另起炉灶，依托姜绍谟的北大同学和党政关系开展工作。二区建立后，利用伪财政部钱币司长梅哲之和伪文官长徐天琛搜集伪政府方面情报；以徐天琛佯任伪上海市经济局长、汪伪政府文官长，负责策反陈公博，并由新加坡华侨龙道孔担任徐天琛与二区之间的联络；通过大汉奸任援道的弟弟任西平的关系，对任援道进行策反；王炳镛佯任上海敌特机关嘱托，负责主持敌特公开组织"浙东学会"，并通过王炳镛将敌特机关及"登部队"的打字员、译电员等多人发展为情报关系。②

1943 年以后，重庆政府的策反工作突飞猛进，取得了很大的成效。据统计，军统局掌握了 80%以上、大约 80 万之众的伪军，很多伪政权的头子亦受其策动，"待机反正"。这一方面得力于军统等机构在沦陷区的深入工作，另一方面也是由于第二次世界大战形势日趋明朗、日本帝国主义败象渐显、中国人民的抗日战争胜局已定，那些投敌的汉奸特务，或由于良知未泯迷途知返，或出于投机目的预留后路，纷纷接受军统的策反，并接受重庆指

① 帙明：《"孤岛"时期的军统局策反委员会》，《档案天地》2009 年第 7 期。

② 乔家才著：《浩然集二：戴笠将军和他的同志》，台北中外图书出版社 1981 年版，第 302—303 页。

令、配合抗日斗争，以求报效自赎。这其中最重要和最有影响的，莫过于对周佛海的策反。

策反周佛海的行动开始于 1941 年，戴笠策划了两条线，一条以唐生明为主要负责人的明线，一条是以程克祥为主的暗线。唐生明通过在上海与周佛海的接触，了解到周佛海对大后方的母亲、岳父母及各位亲人十分挂念的这些"孝子"的特点，于是电报给戴笠建议将周母及其岳父监管起来并悉心照顾，并且动员周母向周佛海写信，劝其弃暗投明。这对周佛海的内心有一定的触动。之后又由打入周佛海身边的军统人员程克祥出面与周佛海详谈 3 个小时，基本确定了周的反正。

周佛海的反正，给戴笠带来很大的收获，凭着周佛海在汪伪政权内的特殊地位，先后策反了伪军政部长鲍文樾和汪伪特工头子丁默邨。至此，汪伪政权中的政、军、特三方长官竟都听命于戴笠，暗中帮重庆政府搜集日伪情报。而三人手下的汉奸也相继通过他们的关系与重庆取得联系，求得谅解。一时之间汉奸被策反形成了一股强流。[①] 就连伪国民政府代主席陈公博也于 1943 年 6 月间，派其心腹到重庆向蒋介石联络，祈求得到谅解，表示愿意立功赎罪，听候差遣。只因陈历史上多次反蒋，因此没有成功。

针对伪军开展的策反，也是抗战后期隐蔽战线的一项重要任务。1944 年，戴笠利用周佛海的关系，派军统局熟悉参谋业务的周镐任上海区军事参谋，并由周佛海任命为伪军事委员会作战科长，凭借其职位之便与各伪军进行联络，并根据抗战需要对各伪军防地进行有利的调度。为接应和配合美军准备在东南沿海的登陆作战，军统急需将已被策反的伪军孙良诚等部调至东南一带有利位置。由于伪军调动必须得到日本军方的同意，孙良诚部的调防就颇费曲折。程克祥最初奉到命令，要把孙良诚的部队从华北调到长江北岸扬州一带，而日本军方并不同意其调动。程克祥找到周佛海，经过周佛海做工作才使得孙良诚部顺利调防至苏北。此后，同样通过周佛海暗中运作，将伪军吴化文部由鲁南调防蚌埠，派张恒为伪第十二军军长，统率

---

① 施岩：《关于冯少白同志策反周佛海的经过及其结果》，《党史资料丛刊》1981 年第 3 辑。

伪军三个师及一个特务团部署于沪杭沿线，同时将周佛海统辖的伪税警团和伪上海市保安团部队等部及时补充弹药装备。这些工作均于1945年间秘密布置完成。[①] 需要指出的是，抗战后期军统对敌伪的策反，除了为反攻作战进行布置和准备外，一个非常重要的目的就是用以对付在敌后抗战的新四军。对此，戴笠后来在军统的一次会议上也毫不掩饰地承认："经我们策反的伪军将近百万，他们对国家、对抗战，有罪无功。现在要他们对付共产党，保卫国家，用来洗刷伪军耻辱，必然全力以赴。所以，这百万伪军，我们必须善为运用。试想，如果不是靠这些伪军负责保守各个城市，我们接收能这样顺利吗？能不为共产党抢占吗？伪军是对付共产党的一股强大武力，我们不能疏忽。"[②]

（韩洪泉：国防大学政治学院副教授）

① 刘措宜：《抗战胜利后蒋介石收编伪军经过》，《文史资料选辑》第36辑，文史资料出版社1962年版，第163页。

② 中共南京市委党史工作办公室、南京中共党史学会编：《周镐》，南京出版社2013年版。

城市空间

文化空间的变迁：从法国坟山到淮海公园

刘　华

淮海公园位于现淮海中路177号，1958年7月1日建成，1997年和2009年曾两次对公园景观进行了改建。现有总面积25 641平方米，全园修篁扶疏，花树婆娑，绿荫如织，观赏植物多达120多种，木本植物总量逾4万株。在这里健身锻炼、棋牌娱乐的人们，是没法想象这里曾是外国坟山所在。

"1864年，根据比索内和巴隆的建议，公董局董事会皮少耐饬令道路检查员拉家塞(lagacé)越界在八仙桥一带乡村购置六十多亩的地皮，作为法租界新公墓。而当时英租界也有同样的目的，这六十多亩的土地，法租界仅购买了25.584 4亩土地，其余留给公共租界。"①很长一段时间，此地在地图上被称为"新公墓"。②

一、纪念碑的树立：历史事件的赋形与空间的被赋义

法国坟山在文化空间意义上的特殊性，很大程度上来自园内的法兵纪念碑。1853年9月初，小刀会占领上海县城。1855年1月6日法国军队与

① 牟振宇：《近代上海法租界城市化空间过程研究(1849—1930)》，复旦大学历史地理研究中心博士学位论文，2010年，第45页。

② ［法］安克强：《上海租界公墓研究(1844—1949年)》，《中国海洋大学学报》(社会科学版)2008年第5期，第28页。

清军联合进攻上海县城北门。“早晨 6 时，安置在领事馆附近的两门炮向北城开火。与此同时，有两列纵队，每对四排，共两百四十人，在围墙的掩护下排列好，准备攻打。”①此次进攻失败，法兵 13 人丧命，伤 30 余人，是为小刀会起义历史中比较出名的“北门之战”。

1 月 9 日，法国驻沪领事爱棠通告法侨说：“法国人的血，已为公义而神圣的利益，在上海县城上流去了；此班博爱的牺牲者，为他们自己的尊严而奋斗，勇敢的战死了。你们都应晓得，他们是为保护外侨全体利益而向那一班中国强盗和外国流氓作战的；他们今要用以生命换来的代价，向所亲爱的祖国，和所护卫的宗教，以及一般的同胞，要求一座纪念碑。此碑是用以追思他们的功绩，和表示我们的感恩。此种神圣的本分，是该由在中国的全体法国人来完成。”②

纪念碑最开始在北门和洋泾浜之间的一处地点。3 月 26 日费都尔神父追述 15 日追悼礼时提到：“队伍在城北，离洋泾浜不远，即将树立纪念坊的地方停住了。”③

八仙桥法兵纪念碑初落成时，法国《画报》发表了一篇揭幕典礼的报道，对纪念碑形制作了详细描述：“纪念碑安置在距离攻打地点二百米的地方”，“三十六根等距离排列的灰色花岗石柱子支撑着用大块石板砌成的平台，石板是红黑两色交叉铺砌的花岗石。平台上安放着棱锥体的尖塔。这座尖塔是四方形的，每一面宽二米半，高五米。底部是漂亮的绿色花岗岩石料，每一面都是单独一整块；台脚和檐口是黑色花岗石”。“支承尖塔的座墩四角搁在四个球上，座墩是白色大理石，每个面都是单独一块。尖塔和底部一样，也是绿色花岗石；在‘贞德’号上制作的一个镀金的铁球和铁十字架装在整个纪念碑的顶上”。“尖塔对着县城的一面雕刻着法国的武器”。白色大理石座墩四个面上分别刻有题词，“南面的题词是最主要的，是向我们的战

① [法] 梅朋、傅立德著，倪静兰译：《上海法租界史》，上海译文出版社 1983 年版，第 156 页。

② 上海市地方志办公室、上海市历史博物馆编：《民国上海市通志稿》(第一册)，上海古籍出版社 2013 年版，第 684 页。

③ 3 月 15 日追悼礼的过程可参考[法] 史式徽著，天主教上海教区史料译写组译：《江南传教史》第 1 卷，上海译文出版社 1983 年版，第 307、308 页。

斗兄弟表示敬意”，“另外三面用中文刻着本省巡抚的题词”。①

南面大理石石板上的拉丁文题词有多个版本的译文。《上海碑刻资料选辑》所载译文和中国科学院上海历史研究所筹备委员会译自高龙鞶《江南传教史》的译文相一致，唯后者于阵亡名单后有“息止安所”四字，译文为：“纪念因激于公义与人道而攻打侵犯上海城之盗匪，于一八五五年一月六日为国争荣而阵亡诸法人。同国骈肩作战诸友，谨立此碑。”②白色大理石座墩“另外三面用中文刻着本省巡抚的题词”“已经完全消失了——如果说它曾经存在过的话”。③

约在 1876 年，此纪念碑迁移到了八仙桥公墓。④ 由是，八仙桥公墓这一空间就被赋予了额外的意义。

二、空间内的仪式：意义的传播和诠释

八仙桥法人坟山内的纪念仪式，就目前检搜所及有 5 次：1922 年、1927 年、1932 年、1939 年的停战日纪念和 1941 年的法国国庆日纪念。各摘引材料如下：

1922 年 11 月 11 日“欧战停止之和平纪念日”，“上午十时许，法国总正副各领事暨海陆上级军官四员，法总巡法兵士二十四名，安南军乐队一队，安南兵士两百四十名，法国教十二十余名，童子军四十名均戎装列队至法租

---

① 更详细描述，见倪静兰译《上海法租界史》，上海译文出版社 1983 年版，第 537、538 页。

② 上海博物馆图书资料室编：《上海碑刻资料选辑》，上海人民出版社 1980 年版，第 498、499、500 页；中国科学院上海历史研究所筹备委员会编《上海小刀会起义史料汇编》，上海人民出版社 1958 年版，第 916 页。另一广泛引用译文见倪静兰译《上海法租界史》：“纪念这些法国人，他们为正义和人道，攻打侵占上海县城之盗贼，于 1855 年 1 月 6 日为祖国争光而阵亡，他们的同胞与朋友谨立此碑。”（第 168 页）另，1958 年《上海小刀会起义史料汇编》和 1980 年《上海碑刻资料选辑》所载法兵阵亡名单译文为：“贞德号”：海军少尉狄司克里，二等兵雷上德，水兵宫少林，海军上尉杜伦，海军少尉贝蒂；“高尔拜号”：步兵托阿力，水兵布非，一等兵陶米尼西，水兵皮阿尔，水兵艾文，水兵马西，一等兵齐古，水兵勒盖夫。

③ 倪静兰译：《上海法租界史》第 537 页。该书 1929 年由巴黎泼隆书店出版，也即“巡抚的题词”在 1929 年之前已消失。

④ 此时间具体考证过程参见刘华《上海八仙桥法兵纪念碑始末》，《上海法租界史研究》第四辑，上海社会科学院出版社 2021 年版，第 157—165 页。

界维尔蒙路外国坟山，行祭阵亡将士典礼。祭毕即整队回顾家宅法国营盘而散。法总巡费沃礼预令各捕房悬灯挂旗并在霞飞路、敏体尼荫路、恺自尔路一带沿途装设木杆，杆上悬旗举行祝典。午后各救火车均悬旗列队至顾家宅花园操演并在界内各马路游行，晚间法国公园开跳舞厅聚餐会”。①

1927 年 11 月 11 日，“本埠纪念礼节一仍曩年首奠花圈于浦滩纪念碑前，由领袖领事克宁瀚于上午八时半举行，凡各国海陆军及商团巡捕均将拨队襄礼，而官吏绅商与退伍军人亦必联袂偕往，其后则有大祈祷，新北门外天主堂定于九时开祷，三马路大礼堂定于十时三刻为始，八仙桥坟山则于十一时纪念阵亡法兵，此外皇家航空协会定于十一时半在汇丰银行楼上开庆祝和平会，下午二时劳神父路有法兵之游艺会，下午八时后法总会复开盛大之庆祝宴，宴毕将继以跳舞而终。”②

1932 年 11 月 11 日，法国停战日这天，首先在领署行升旗礼。在殖民地步兵团和领署卫兵、梅礼霭、领署成员、各级军官的注目下，三色旗升起，军乐队奏马赛曲。在圣约瑟教堂举行特殊弥撒。宗教仪式结束后，在八仙桥墓地举行纪念活动。来自马恩和法国志愿军的士兵围绕纪念碑形成了方形阵列。纪念碑基石前是手拿鲜花的学童。梅礼霭在讲话中谈到了来自法国各个城市和村庄的 150 万名男子，来自世界各地，响应他们国旗的号召，为国家献出生命。他谈到了法国的力量和伟大，以及那些为确保自由而牺牲的人，他们仍然在人们的记忆中鲜活的存在。随后，宣读那些来自上海的牺牲者的名字，每念一个名字，一名老兵以“死的光荣”(Dead on the field of honour)回应。然后在纪念碑底部敬置花环，学童们也将手中的鲜花依次献上。③

1939 年 11 月 11 日，“值兹欧洲二次大战日趋紧张之际，重临此日，均

---

① “欧洲休战纪念之庆典”，《申报》1922 年 11 月 12 日，第 13 版。

② 《今日欧战休战纪念日》，《申报》1927 年 11 月 11 日，第 14 版。

③ “Shanghai Remembers: Armistice Day Celebrated with Fitting Sense of Solemnity and Reverence” The North-China herald and Supreme Court & Consular Gazett (1870 - 1941), Nov 16, 1932; ProQuest Historical Newspapers: Chinese Newspapers Collection Pg.255，上海图书馆 ProQuest 历史报纸数据库。

具特殊深思”。“法租界内，则由法总领事鲍黛芝主持典礼，在天主堂街天主堂开会。参加者有法总领事、法国驻沪海陆军长官、法公董局代表及法侨学生、童子军等数百人，举行追思仪式。至十时许，复全体前往维尔蒙路法国坟山内举行献花”。“途经法大马路及霞飞路时，沿途密布巡捕，禁止两地行人穿越马路”。公共租界则于“和平神前，奏乐献花”，大英礼拜堂举行追思仪式。①

1941 年法国已“国势大变”，“旅沪法侨昨日以贝当元首意志，用沉肃态度庆祝法国民主纪念日。晨八时三刻，驻华法大使戈思默、偕法总领事马杰礼等官员，在八仙桥公墓内纪念碑前献置花圈。法兵仪仗队与童军分列碑前致敬。九时半，大使复在法领署内主持升旗礼，旋马杰礼招待法侨。查往年每逢法国民主纪念日，法租界法军与巡捕必在顾家宅公园举行盛大操演，并有儿童竞技；入夜法租界外滩与霞飞路上满悬三色电炬，灿烂如画；公园中游人如织，参观焰火。”②西文报纸对八仙桥公墓纪念碑前的仪式活动，有更详细描述，并配发了照片。“纪念 152 年前攻克巴士底狱的第一个活动发生在八仙桥公墓内。纪念碑前有法国国旗和长长的仪仗队。他们来自公董局警务处以及法国在上海的海陆驻军，仪仗队共 200 人，在通往纪念碑的通道两侧形成整齐队形。穿过行‘持枪礼’的人墙后，戈思默先生在纪念碑前献置花圈。总领事马杰礼和上海退伍军人协会主管 A. Plessis 上尉出席了公墓活动。A. Plessis 上尉宣读了那些为法国牺牲人员的名单。”③

很明显，八仙桥法人坟山内举行的欧战停战纪念日活动，不会只有前述的 1922 年、1927 年、1932 年、1939 年四次。④ 1927 年和 1939 年纪念活动报

---

① 《昨日欧洲休战纪念》，《申报》1939 年 11 月 12 日，第 10 版。

② 《昨法国民主纪念日，在沉肃中渡过》，《申报》1941 年 7 月 15 日，第 7 版。

③ “French Observe July 14 Quietly” The North-China herald and Supreme Court & Consular Gazett (1870 - 1941), Jul 16, 1941; ProQuest Historical Newspapers: Chinese Newspapers Collection Pg.94，上海图书馆 ProQuest 历史报纸数据库。

④ “十几年后，这座纪念碑被迁移到八仙桥的法国人公墓。每逢‘北门之战’纪念日，上海租界的法国人常会举行所谓的追思仪式，日后来沪的法国官兵也会来此‘瞻仰’这些侵略者。”江天岳：《法国海军与上海小刀会起义的失败——以法方新档案史料为中心的研究》，《世界历史》2018 年第 2 期，第 116 页。

道都提到，与法租界在八仙桥纪念碑前的活动对应，公共租界类似活动是在外滩和平女神像前举行。虽然前述八仙桥法人坟山内公共纪念活动和仪式的梳理粗陋，但也明示20世纪二三十年代，该处坟山是上海法租界的一处公共纪念空间。

契合公墓本身气氛和纪念仪式需要，八仙桥法人公墓管理严格。竹枝词“外国坟山”言：“一地方方四面环，俗呼外国做坟山。其中墓石分班立，不许游人入此关。”[①]在基本操作方面，法租界公董局和公共租界工部局一样，对公墓严格管理：每天有严格的工作时间；来宾须衣冠整洁，禁止随地吐痰；儿童禁止入内，除非有人陪同；狗禁止入内；1924年还颁布了未经许可不得在公墓拍照的禁令。[②]

与墙内气氛迥异，20世纪三四十年代的坟山外是一片热闹。坟山内法租界当局所宣扬的“义”和试图引发的“共情”对墙外的上海普罗大众来说，形如方凿圆枘。“我小的时候，经常一个人在外国坟山一带玩耍，看热闹，看卖梨膏糖，看变戏法，看拉洋片，听说书，那里五花八门，应有尽有。”[③]卖梨膏糖就是所谓的“小热昏”。20世纪三四十年代，八仙桥法国坟山是上海十多个“小热昏”演出地盘之一，述说者贪看的应该是叶楚生(艺名小德利)和朱克勤(艺名小百利)摆场子卖梨膏糖。[④]

1941年法国“国势大变”，上海法租界当局在八仙桥军人纪念碑举行国庆纪念日活动，且为当日的第一个活动。此后，随着法租界在上海地位的尴尬和所谓的“交还”，八仙桥公墓也逐渐沉寂。从档案材料来看，1946年的八仙桥公墓日常管理，如监看灵柩落葬情况，“督率工人等轧剪杂草及扫除落叶垃圾等”，已归属上海市卫生局殡葬管理所。[⑤]

---

① 顾炳权编著：《上海洋场竹枝词》，上海书店出版社1996年版，第102页。

② 安克强：《上海租界公墓研究(1844—1949年)》，《中国海洋大学学报》(社会科学版)2008年第5期，第28页。

③ 杨华生、张振国文，李守白图：《上海老滑稽》，上海辞书出版社2006年版，第20页。

④ 徐和其口述，俞成伟整理：《民间艺术“小热昏”记》，上海市档案馆编：《上海档案史料研究》第二辑，上海三联书店2007年版，第198页。

⑤ “上海市卫生局关于八仙桥公墓的文件(194609至194812)”，上海档案馆馆藏档案，档号Q400-1-3919。

三、新社会：文化空间的再塑造

新旧社会这个说法，很好地点明了1949年前后上海的巨大变化。政权更替、主流意识形态变化，必然导致对文化空间的重新塑造。纪念碑、博物馆、颂词和纪念仪式，对烈士和英雄的形象化表现，诠释兴趣就在于解释这些“人工制品”如何被赋予随时间变化而变化的意义，尤其当它们因政治权力变化而成为争议性认同的对象。[①]

1956年12月12日上海市第27次市长集体办公会议，讨论通过将八仙桥公墓改作公园。[②] 青浦吉安公墓扩充土地五十亩，作为八仙桥公墓的迁葬地点，按上海市人民委员会园林管理处所拟迁墓工作计划草案，“凡不登记的无主坟墓在代迁时一律不予保留寿穴及预定穴”，“棺柩腐烂不完整者一律装坛子埋葬”，凡“除特别笨重坟墓建筑外一般的墓碑、石圈、石盖全部随同迁往，墓圹不迁”，并争取在1958年春节前全部迁完。[③] 笔者所见的相关档案中，没有见到如何处理那座“特别笨重坟墓建筑”法兵纪念碑的文字。

据1957年点检，当时的八仙桥外国坟山“共计葬有坟墓4 644具”，“中国人仅310具，占总数的6.7%”，“坟墓的结构有的相当精致，墓地上有教堂式礼堂一座，大门口有楼房现共有殡葬管理所及卫生局职工家属10户居住在墓地内。墓地树木相当高大，但因乏人管理，野草丛生，显得荒乱；路线亦因年久失修损坏严重但四周围墙尚完整”。“现在市人民委员会根据市人民代表的建议决定将八仙桥公墓改为公园，是完全符合人民要求的，在城市绿

---

① [美] 帕特里克·H.赫顿《记忆：见证、经验、集体记忆》、[加] 南希·帕特纳：《根基：关于“过去”知识的理论框架》，[加] 南希·帕特纳、[英] 萨拉·富特主编，余伟、何立民译：《史学理论手册》，格致出版社2017年版，第502页。

② “上海市建设委员会关于八仙桥公墓改作公园的会议通知”，1956年12月31日，上海档案馆馆藏档案，档号B326-5-120-15。所改作的公园即现淮海公园。

③ “上海市人民委员会园林管理处关于分发八仙桥公墓迁墓工作计划方案（草案）的函”，1957年8月24日，上海档案馆馆藏档案，档号B326-5-120-36。

化建设工作中，能够利用已有的绿化条件也是很确当的”。① 1958 年 7 月 1 日，公园正式对外开放，“整个面积为 42 亩，地处中心，有人量的密度很高，据 1963 年的统计资料，全年游人量为 200 多万人次”。②

1979 年 4 月上海市基建办公室的一份材料对当时淮海公园内群众文化活动作了生动的记述：

> 淮海公园自去年夏季晚上开放以来，有些游客自发开展了说唱活动。开始，个别人清唱，听众也不多，以后说唱的人逐步多起来，并配有乐器伴奏，吸引了愈来愈多的游客。该园今年二月份售出的门票达十二万余张，比去年同期猛增三倍。目前，这种自发性的说唱活动日益发展，不仅名目繁多，有京剧清唱、越剧表演，还有弹词、沪剧、淮剧、宁波滩簧等等；而且演出场所日渐扩大，复兴、襄阳、虹口、和平、蓬莱、浦东等公园均有出现。

伴随而来，也出现了一些值得注意的问题，如演员构成复杂、内容不够健康等等。园林局党委及时采取措施，制订和公布公园管理条例，加强了对淮海公园及全市公园的管理。③

待到 20 世纪 90 年代中后期，淮海公园已经成为当时市中心区群众广场文化活动中心之一，经常开展戏曲、舞蹈、音乐、体育等各项活动。十一届三中全会 20 周年之际，上海交响乐团就曾在此举办群众性演出。④ 旧日的外国坟山已经成为新社会服务人民群众的公园，无论物质载体的“形”还是抽象价值的“义”都已经被重新塑造。

---

① “上海市人民委员会园林管理处关于八仙桥公墓改建公园的计划草案的报告”，主送上海市人民委员会，1957 年 2 月 28 日。上海档案馆馆藏档案，档号 B326－5－120－4。

② “关于发动绿化近卫军的工作汇报——上海淮海公园园主任王夏祥在绿化经验交流会上的发言稿”，1965 年 6 月 19 日，上海档案馆馆藏档案，档号 C27－2－95－35。

③ “基建情况第 39 期(淮海公园等处出现自发性说唱活动有些问题值得注意)”，上海市基建办公室编，1979 年 4 月 24 日，上海档案馆馆藏档案，档号 B289－2－152－124。

④ 郑崇选：《国际文化大都市的多元内涵：上海探索与实践》，上海人民出版社 2019 年版，第 86 页；许洪新：《从霞飞路到淮海路》，上海社会科学院出版社 2003 年版，第 117 页。

结 语

1949年3月2日接管北平历史博物馆的时候，人民政府就“要求按照社会发展规律组建新的历史陈列，把博物馆办成提高大众文化水平，唤起人民觉悟的社会教育机构”。① 人民政权需要对历史重新诠释，博物馆无疑是重要的承担者之一。原法国坟山内的法兵纪念碑已全无踪迹，仅存的几张拓片成为上海城市历史博物馆陈列展示小刀会历史的重要载体。1957年年底上海市历史与建设博物馆（现上历博的前身）完成的基本陈列和1991年开放的上海市历史博物馆基本陈列“近代上海城市发展历史陈列”中，法军纪念碑拓片都曾厕身其间。2018年3月上海市历史博物馆人民广场新馆基本陈列开放，法兵纪念碑拓片没有再作为展品出现于其中。这也许意味着曾经的八仙桥法人坟山在文化空间意义上彻底的“死亡”，作为曾经的历史文化空间，它的文化辐射和传播能量近乎寂灭。

1884年，一名法国人就感叹：“由于算计和对现代历史的忽视而健忘的上海的居民和官员，似乎都不记得法国此前给他们提供的有效救援，也不记得死于1855年与叛乱者作战的英勇的法国人。”②这是一名19世纪的法国人基于自身立场发出的哀叹。对笔者来说，更倾向这样一个说法：“帝国主义从来都不仅仅是枪炮和商品，它还是一个文化过程”，是“一系列往往需要取得被征服人民默认的‘霸权工程’”。③ 从这个角度，法国坟山和其中的仪式，可以被理解为上海法租界当局的霸权工程之一，虽然它可能不曾如期望般的有效。前文已提到，20世纪三四十年代坟山围墙内外，气氛迥异。对当时的一个上海普通居民来说，此法国坟山可能仅意味着一块中国人不能

① 梁丹：《北京博物馆工作纪事（1949年1月—1966年5月）》，中国博物馆协会主办：《中国博物馆》(2)，文物出版社1993年版，第73页。

② ［法］于雅乐著，蒋杰译：《法国人在上海：1853—1855年清军围困上海的经过》，上海市档案馆编：《上海档案史料研究》第21辑，第155页。

③ ［美］何伟亚著，刘天路、邓红风译：《英国的课业：19世纪中国的帝国主义教程》，社会科学文献出版社2007年版，第3、20页。

进去的外国人的坟地。[①] 从“霸权工程”这个视角来说，昔日法国坟山，在新社会被改造为服务群众文化活动的公园，这是上海近代历史的逻辑必然。

（刘华：上海市历史博物馆副研究馆员）

① 2006年，89岁的江南造船厂退休工人李恩善在淮海公园的口述内容。苏智良主编，姚霏、江文君副主编：《上海城区史》（下），学林出版社2011年版，第1119页。

近代上海餐馆与海派文化

江文君

上海人在家宴请宾客的时候，为了自谦都会说只是些家常菜，不成敬意云云。那么上海家常菜到底是什么呢？上海家常菜一般可分为三大类：第一类是地方特色菜；第二类是模仿菜馆里的菜肴所烹制的家常菜；最后一类家常菜不是来自已有的烹饪方法，而是“家庭厨师”的创造发明，尽可能地使用厨房里现有材料，偶尔也模仿一下西菜的做法。至于所谓真正的上海本帮菜，刚开始经营者面对的消费层非常普通，到本帮菜的简陋小店来就餐的，大多是一些小商小贩、车夫苦力等类型的客人。[①] 这一社会底层人群对就餐的环境和种类没有奢侈的要求，只是图个简单方便而已。面对这样的消费者，经营者的目标定位自然也不高，菜肴品种简单，价钱也很低廉。

伴随上海都市的发展，到了20世纪30年代，根据1935年统计，上海共有北平菜、镇江菜、闽菜、川菜、湖州菜、粤菜、宁菜、锡菜、徽菜、绍兴菜、本地菜、素菜、宵夜馆等16派菜系，此时各派名菜馆已达109家，著名的西餐馆也有40多家。[②] 到了40年代，根据上海市政府统计处的统计，包括正式经营西菜的64家餐馆在内，上海专营或兼营西菜的餐馆加起来一共151家，而各式中菜馆则有542家之多。[③] 近代上海的餐饮业是海派文化的特色典范，融合和汇聚了东西方文明的优秀精华。自欧美舶来的西餐与中国本土的饮食文化相遇与碰撞，形成了会通中西、独特浓郁的上海味道。

---

① 顾承甫：《老上海饮食》，上海科学技术出版社1999年版，第8页。

② 沈伯经等：《上海市指南》，中华书局1935年版，第125—135页。

③ 《上海市统计处半月刊》，上海档案馆Q1-18-187，第242—243页。

一、近代上海餐馆业的缘起

上海最早的餐饮业主要集中在老城厢，鸦片战争以后逐渐向现在的市中心一带延伸开来。[①] 在这一时期，西餐的引入可以被视为沪上西餐馆兴起的一大标志之一。大概在19世纪60至70年代，上海就有了西餐馆，最初是外国人经营的，主要服务对象也是外国大班、买办职员。据说光绪年间真正大菜只有“密苏里”一家，它开在开埠时期最繁盛的爱多亚路(今为延安东路)泰晤士报馆对面。在报纸广告中自称“专办精致外国大菜”。[②] 葛元煦1876年在《沪游杂记》一书中就曾介绍过此时的外国餐馆：“外国菜馆为西人宴会之所，开设外虹口等处，抛球打牌皆可随意为之。大餐必集数人，先期预定，每人洋银三枚。便食随时，不拘人数，每人洋银一枚。酒价皆另给。大餐食品多取专味，以烧羊肉、各色点心为佳，华人间亦往食焉。”[③]这说明最初惠顾的食客仍然多是外国人。中国人虽也有间或光顾西餐馆，只是由于习俗之不同，清末中国人光顾番菜馆的人还为数不多，许多人都以赶时髦的心态去吃西餐。上海洋场竹枝词中就有不少有关番菜馆的描述，如称赞其“几家番馆掩朱扉，煨鸽牛排不厌肥。一客一盆凭大嚼，饱来随意饮高馡”，“酒楼灯火接云霄，曲折兰房伴阿娇。下箸千金何足惜，一生几度醉春宵”。[④] 也有赞誉其“分间设座雁铺陈，西式灯台簇筷新。大字横书番菜馆，飞笺招妓宴嘉宾”。[⑤]

《上海小志》也记载西餐馆“昔惟四马路之一品香、一家春、海天春三家”。[⑥] 旧上海最著名的西菜馆乃是福州路的一品香，建于1879年，是中国

① 顾承甫：《老上海饮食》，第5页。
② 《法国大菜馆》，《新闻报》1893年2月19日。
③ 葛元煦：《沪游杂记》，上海古籍出版社1989年版，第30页。
④ 顾炳权编著：《上海洋场竹枝词》，上海书店出版社1996年版，第83页。
⑤ 顾炳权编著：《上海洋场竹枝词》，第135页。
⑥ 胡祥翰等著：《上海小志》，上海古籍出版社1989年版，第39页。

最早的西餐馆之一。[①] 洋场竹枝词唱词中就称赞："番菜争推一品香，西洋风味睹先尝。刀叉耀眼盆盘洁，我爱香槟酒一觞。"[②]一品香也是近代上海文化人和社会名流经常聚会的场所。胡适就曾在日记中多次记录友人请客到一品香的事情，如其中一次记下："夜到一品香吃饭，主人为金伯屏。"[③]坐落在福州路山东路拐弯角（福州路22号老巡捕房东首）的一品香就建在原先坐落于此的塔式建筑的二楼。1882年，孙宝瑄所写的《忘山庐日记》中亦曾多次提及他在上海西餐馆请人吃饭一事，对设在四马路上那座塔式楼上的一品香西餐馆怀有好感，赞不绝口，"日中共饮一品香，下不闻车马声，望极远"。这说明一品香所处的位置很高、很好，而且很安静，饮酒之时能"下不闻车马声"。曾做过广州布政使的姚觐元，他吃了一品香的大餐后便甚是欣赏，于是在《弓斋日记》中留下这样一段记载："至一品香赴伯施大餐之约，团坐共饮，味甚佳，而值也不昂。"[④]曹聚仁也说："一品香的大菜，乃是华人的大菜，等于中菜西吃，这才有点菜吃，下得肚子，煎牛排就不会那么血淋淋，望之生畏了。"[⑤]的确，西洋原汁原味的番菜常常会令人望而生畏。晚清小说里，经常能看到那些初至上海的外乡人，进入上海的饭馆，见客人叫上一盆牛肉，于是大惊失色，先是推辞不吃，在客人再三礼邀下，才皱着眉头吃了一块，随即恶心难忍，逃至门口，呕吐不已。此为西食洋相之一。西人食牛肉，有七成熟的、八成熟的，自己选择。遇到同桌上有长辫子的中国人，一见这满带血丝的牛肉，于是便大惊失色，惊恐不已。[⑥] 血淋淋半生不熟的牛排，一般国人自然不敢领教；不过洋派还是要学的，于是有了所谓"宁波大菜"，生涯鼎盛。点"三明治"，便叫"三门大橱"。[⑦]

---

① 上海最早的西餐馆乃是杏花楼的前身"生昌番菜号"，1863年开始在虹口老大桥直街第三号门牌创建。1883年迁四马路，改名为"杏花楼"。

② 顾炳权编著：《上海风俗古迹考》，华东师范大学出版社1993年版，第413页。

③ 中国社会科学院近代史研究所中华民国史研究室：《胡适的日记》，中华书局香港分局1985年版，第195页。

④ 余之：《摩登上海》，上海书店出版社2003年版，第6—7页。

⑤ 曹聚仁：《上海春秋》，上海人民出版社1996年版，第248页。

⑥ 余之：《摩登上海》，第5页。

⑦ 周劭：《黄昏小品》，上海古籍出版社1995年版，第170页。

到了1882年，租界内有了中国人自己开设的西菜馆——海天春，从此华人对“吃大菜”也有切身体会与亲身经验。池志澂在约作于1893年的《沪游梦影》一书中就描述过这些中国人自办的西餐馆：“番菜馆为外国人之大餐房，楼房器具都仿洋式，精致洁净，无过于斯。四马路海天春、一家春、一品春、杏林春皆是也。人各一肴，肴各一色，不相谋亦不相让，或一二人，或十数人，分曹据席，计客数不计席数，饮膳则有做茶、小食、大餐诸名色，中外名酒皆备。惟肴馔俱从火上烤熟，牛羊鸡鸭非酸辣即腥膻，岂风尚不同，嗜好亦异耶？向时华人鲜过问者，近则裙屐少年，巨腹大贾，往往携姬挈眷，异味争尝，亦沾染西俗之一端也。”①

二、作为摩登风尚的西餐馆

到了20世纪20年代后，西餐馆在上海已经渐渐大众化起来，成为寻常之物，吃西餐逐渐成为一种彰显个人身份与品位的饮食时尚。因为上海领风气之先，所以处处都沾染欧化，就拿吃菜而言吧，也渐渐舍弃中国菜而注重西餐了，所以“上海中餐馆固多，而西菜社却也不少”。吃西菜的便利地方，就在每人各占一客，至于食法，其实也很平常。而且与一般中国菜不同的是，“吃西菜座位上是无分伯仲的，不像中国式，有大小尊卑”。② 西菜座位格局隐含着西方文明中对平等的追求，即所谓“人人生来平等”的方向性选择与西方传统。这一点与在儒家的“礼乐”的等级制度下、不平等制度的中国传统有着天壤之别。西菜座席的平等使长期生活在身份制社会下的近代上海人大为艳羡。上海这种渐渐舍弃中国菜而注重西餐的移风易俗之举，隐含着都市内日益兴起的中产阶级市民群体对平等这一西方价值理念的认同与赞赏。

西菜馆之生意非常兴盛，西菜馆也成为租界当局依法监管的公共场所之一。馆内不许有醉酒滋闹赌博等事；晚间营业时须在馆前大门上悬挂照

---

① 池志澂：《沪游梦影》，上海古籍出版社1989年版，第158页。

② 不才：《吃西菜（上）》，《上海常识》1928年第13期，第2页。

明灯，限于10点半闭门；工部局医官或派员可往大菜馆查验酒品，并对劣品或不洁有害之酒予以充公。[①] 随着西菜的日渐流行，许多吃大菜的门槛也渐渐引人注意。一篇文章就提出了吃大菜的几条建议提示，其中如付小账之多少，“小账之费，普通多以加一计算，然上海多阔少，所食不过一元，而小账反與三四角之多，以表示其阔，而不知暗暗之中，实已将瘟生二字，加诸自己之头上矣。盖此辈西崽，当面虽曰谢谢，待客去之后，早已忘诸脑后，大概多则加一，少则加五厘，然亦视其交易之久暂而定，如老主顾则小账不妨略多，否则亦不必多付也”。[②] 关于小账的注意足可见上海市民之精明，长于精打细算。

在西菜中，最为价廉物美的就是所谓罗宋大菜了。昔日的罗宋大菜馆，在今称淮海路的霞飞路上总有数十家之多，还有一些小马路上也有很多俄国大菜馆。都是流亡上海的白俄侨民开的，其便宜真不可想象，花两三角小洋，罗宋汤和面包任你吃饱，绝没有闲言。[③] 当时正在上学的戏剧家陈白尘也回忆：“小洋二角供一盆罗宋汤和几块面包；大洋二角则除同样罗宋汤之外，面包不限，挺吃。”[④]对这一时期的上海中产阶级而言，罗宋大菜馆，是最好的去处了，“那里面除了老板和老板娘是真正的罗宋人外，其余人员大多是中国同胞”。一进入俄菜馆，“进了玻璃门，有无线电播送的西洋音乐，吃五角大菜，无妨登楼雅座。向服务生要黑面包，就显得你是内行。因为别处吃不到，虽比白面包硬些，一盘什锦生菜，一块牛排。外行或点童子鸡，其中最有味道者是罗宋汤。而且照例有布丁、水果、咖啡”。[⑤] 可谓花色繁多，种类齐全，而且价格也不昂贵，吃一顿大菜只需五角而已，就餐氛围也相当雅致，有无线电播送的西洋音乐。价格便宜外，俄式西菜分量也比普通西菜大得多，往往“一客牛排，足有团扇那么大小”，足足吃了一客，别的菜已装不下肚了。俄国大菜馆里最负盛名的是罗宋汤，“盛在铅质深口的锅子中，满满

① 罗苏文：《沪滨闲影》，第36页。
② 凉月：《吃大菜的门槛》，《常识》1928年1月25日。
③ 周劭：《黄昏小品》，第170页。
④ 陈白尘：《对人世的告别》，三联书店1997年版，第318页。
⑤ 陈亮：《罗宋大菜》，《申报》1936年10月21日。

的一锅，中间还有一大块牛肉。外加一大盆面包，叠得像宝塔一样，吃三四块已很饱”。这样一顿西餐在俄国大菜馆里价格并不贵，通常六角大洋一客，有一菜一汤一点心，有几家还多一冷盆，平常人吃一客已很够饱，若八角、一元一客的则是分量十足。①

至于高级的西餐馆，则主要位于各大酒店内。譬如，据杨小佛口述，大华饭店的“西餐厅平时对外开放，进餐者可参观各式套房。蒋介石、宋美龄在此举行婚礼，益增其名声，但未能改变它的生意清淡、最后关闭的命运。我的印象是餐厅大，地毯厚，价格贵，每客三元，为沙利文、马赛尔公司菜的三倍。特点为餐具考究，菜肴精致，供应大方，主菜如牛排等可添加，味道不过如此。中央研究院成立一周年时，在那里联欢和聚餐”。② 霞飞路亚尔培路往南，伟达饭店楼下左面第一间，是一家名叫菲亚克的西餐馆，可能是上海最小的西餐馆。这家餐馆只有一个主菜供应，即烧烤牛排，牛排原料用的是牛身上紧贴脊背两边、最嫩的里脊肉。这块牛排，再加上一碗纯浓鸡汤，及一客新鲜奶油制作的冰雪糕，餐费约合美金 50 元，这在当时的上海，算是相当高的价格了。③ 另据时人回忆，在上海的十几年中，其印象最深的高级西餐厅自然是外滩的华懋饭店和惠中饭店里的西餐厅。这两家餐厅内的装饰、餐桌的陈设、使用的餐具等，都相当高档，各类汤、主菜、甜点的口味也首屈一指。客人在用餐过程中，侍者服务态度之殷勤恭谨，更是其他西餐厅无法相比的。④

二、公司菜与包饭作

随着在写字间办公的新中产阶级的日益增多，由于外国公司一般都不准备职员的午餐，所有午餐膳食都须自理（不过有数量不等的饭贴补助）。

---

① 《社会日报》1935 年 7 月 8 日。
② 杨小佛口述，朱玖琳撰稿：《杨小佛口述历史》，上海书店出版社 2015 年版，第 79 页。
③ 张绪谔：《乱世风华：20 世纪 40 年代上海生活与娱乐的回忆》，上海人民出版社 2009 年版，第 49 页。
④ 张绪谔：《乱世风华：20 世纪 40 年代上海生活与娱乐的回忆》，第 50 页。

所以自30年代起，许多位于这些写字楼附近的西菜馆也纷纷做起了公司菜的生意，招待这些当年人称“写字间阶级”的公司职员。如德大西餐社靠近外滩，当年许多在附近洋行里工作的中国员工和外国人都在这里吃西餐。[①]四川路一带的西餐馆更是顾客盈门，因为那些在外滩工作的洋行和银行职员每天中午大多吃着西式的工作餐。[②] 一般而言，公司菜由菜社排成或五道、或七道，另加水果咖啡。不过这是适用于午餐和晚餐，早餐可没有这么多，只有两三样。专营公司菜的餐馆也是分档次的。上等的餐馆完全是西式的，如大华、礼查、雁中，“他们的下午茶要一块半或两块钱，夜餐则两元半、三元，有时三元半也有，那里的仆役也是傲慢无理，英语更须纯熟”。中等的如一品香等，“夜餐一元二角半，价格公道，所以他们生意鼎盛、坐客常满”；此外他们大宴的客菜比公司菜更为便宜。第三等就是中西合璧的大菜，也就是广东宵夜馆。他们除了售宵夜，还有西菜，“最起码四角大洋一客，约有三四道菜，再有布丁、咖啡、水果，其余五角、六角、七角都有……他们的面包限定每人两块，多吃一块要加五分”。[③] 在这些档次餐馆中，“最上等的是大餐馆，房屋又高大又幽深，客座又清洁雅致，每上一次菜，所有刀叉用具便更换一次，盛菜的器皿又极其洁净。先上汤，再上鱼肉点心和饭，末次再上咖啡、水果，外国人所设的餐馆，每次要七八元之贵，普通还是公司菜，就是不能点菜罢了”。[④]

经营公司菜业务的西餐馆也为数不少。如当时的四川路青年会，其附属西餐部就专营公司菜及大菜。其广告中称，“四川路青年会西餐部，为沪上最先创办之卫生经济食堂。每逢节及耶诞日，例有特别大菜。”“每客只售一元六角，并且赠甜心牌太妃糖一包。诚大好机会，另有白帽蛋糕，每磅只售七角”。[⑤] 另有一家由广东摄影师开设的名叫晨餐大王的西餐馆，系连锁经营，也专攻公司菜。开张时大肆铺陈广告，用“晨餐大王”四字相标榜，着

① 蒋为民主编：《时髦外婆：追寻老上海的时尚生活》，第95页。
② 蒋为民主编：《时髦外婆：追寻老上海的时尚生活》，第97页。
③ 不才：《吃西菜（下）》，《上海常识》1928年第14期，第1页。
④ 瘦鹤：《上海的餐馆（下）》，《上海常识》1928年第44期，第1页。
⑤ 《四川路青年会西餐部特别大菜》，《申报》1935年12月19日。

实宣传了一番。店中废除点菜，完全售饭。这家店的顾客主要是附近各大公司行号的中层职员。① 一般而言，“普通牛肉丝饭、咖喱鸡饭，每盆小洋两角，外加菜花汤一碟。一盆饭加上一碟汤，中人之量已尽可果腹”。② 其早晨的西点，并不怎样，只是兼售，但是中午和晚间的经济西菜，倒颇受欢迎。因为在其菜色中“三角小洋，已有牛肉丝或香肠等炒饭一碗，菜花或蛋花汤一盂，有西菜的雏形，而别富风味，且方丈斗室，布置得也十分雅致”。③ 南京路靠近外滩、四川路江西路地段本多洋商公司行号。职员膳食自理，往返不便，现在相距咫尺，既有欧化的经济午餐，自然乐于承教了！

当然，也有人认为公司菜不实惠，有人就认为当时福州路的西菜馆，“公司菜（现称套菜）每客一元二角，表面上花色繁多，除面包二片外，还有两道菜、一道点心、一小杯咖啡、一只水果，可是总量不及罗宋大菜的二分之一。遇有西菜宴会，一般人都讲没有吃饱”。④ 有些供应公司菜的普通西菜馆，用上海梅林罐头食品厂生产的番茄酱、辣酱油来代替进口品。这两项在西餐的烹制调味过程中，耗用甚多，用国货可降低不少成本。不过，高级的西餐馆是不肯这样做的，因为桌上调味料的品质也代表了餐馆的等级。太平洋战争爆发后，海运中断，连进口货存货也用罄后，迫不得已只有用本国的产品。梅林公司的番茄酱味道尚可，辣酱油则逊色不少，无法与英国货相比。⑤

包饭作也是公司菜的一种形式。上班时，公司职员的午饭一般是到包饭作解决的。洋行和华资公司的职员比较喜欢吃西菜馆的包饭，外滩、四川路许多西菜馆，主要是做公司职员的生意。⑥ 其经营模式是“老板或厨师租一两间房，开一家半公开的小饭馆，卖饭给办公室的人，一般是卖中饭不卖晚饭。办公人员在这家包饭作，固定每周吃六天中饭，配上几样菜，轮流食

---

① 秦瘦鸥：《海棠室闲话》，上海文艺出版社 1991 年版，第 133 页。
② 吴承联：《旧上海茶馆酒楼》，华东师范大学出版社 1989 年版，第 134 页。
③ 王定九编：《上海顾问》，中央书店 1934 年版，第 214 页。
④ 吴孟庆主编：《文苑剪影》，上海辞书出版社 2006 年版，第 274 页。
⑤ 张绪谔：《乱世风华：20 世纪 40 年代上海生活与娱乐的回忆》，第 54—55 页。
⑥ 熊月之主编：《上海通史》第 9 卷“民国社会”，第 164 页。

用。这种菜和汤,当来源于西菜馆所谓的公司菜名称,每天更换,广州和香港今日仍称之为例菜、例汤。包定饭后,付了定洋,每天去吃,定期结账,这是固定的客人。说它半公开,包饭作也卖零星散客,如同正式营业的饭馆。还有另一种情况,开一个包饭作,专将饭菜做好后送往包饭的公司、商店和其他机构,即只有厨房,没有饭店,包饭的对象都固定下来,客人不上门,更没有零星散客了"。[①] 而且不少工厂内也多有包饭作,每月六元,由工资内扣除,两荤两素一碗汤,每天三餐。[②]

1937 年的调查,上海以包饭作为营业目的的包饭店,大小总数共达 350 家,有职工 1 700 多人。此外,一些小规模的馆子实际也兼营包饭作,所以全市的总数至少要加上一倍。[③] 关于包饭作的主持人约三分之二是常州人,其余为宁波、镇江和本地。[④] 其运营模式是职员们在某家包饭作,固定每周吃六天中饭,包定以后,付了定洋,每天去吃,定期结账。还有另一种情况,开一个包饭作,专将饭菜做好,送往包饭的公司。[⑤] 当然,也有包月的,以包月计算,每客饭的代价最低每月 7 元,但也有 10 多元的。因为大部分是半月以上结算,所以店家需要垫付款项。[⑥] 沪上有不少知名的包饭作,如声名赫赫的莫家包饭作(原江西中路上海商业银行二楼);以及南京路上一家专做福建菜的包饭作,满足了许多在沪福建人的口味。[⑦] 20 世纪 50 年代后,南京路上的闽江饭店,即从这个包饭作衍化而来。[⑧]

卡尔登也是一处午餐好去处。1927 年时就有人介绍该餐馆地点便利,午餐"只卖一元半一客,道数不少,很是便宜"。南京路上的沙利文因为地近洋行,"价钱便宜,只有一块钱一客,菜差不多有十道"。星期五的午餐还另

---

① 《包饭作》,《唐振常文集》第 6 卷,上海社会科学院出版社 2013 年版,第 118 页。
② 朱邦兴、胡林阁、徐声合编:《上海产业与上海职工》上,三联书店 2014 年版,第 343 页。
③ 《上海的吃饭问题》,《中央日报》1937 年 1 月 29 日。
④ 《上海的吃饭问题》,《中央日报》1937 年 1 月 29 日。
⑤ 唐振常:《中国饮食文化散论》,(台北) 商务印书馆 1999 年版,第 184 页。
⑥ 《上海的吃饭问题》,《中央日报》1937 年 1 月 29 日。
⑦ 唐振常:《中国饮食文化散论》,第 185、186 页。
⑧ 《包饭作》,《唐振常文集》第 6 卷,第 119 页。

加一道鸡饭，而价格不变。况且座位又很雅致，光顾者很多，星期五更加拥挤。①

四、海纳百川、五湖四海的中餐馆

就中国人的口味来说西餐并不比中餐好吃。西餐以外，来自全国各地的中国菜系也随着各地移民的涌入而在上海生根发芽。有人就指出，上海的菜馆，“昔时只有苏馆(苏馆大率为宁波人所开设，亦可称宁波馆。然与状元楼等专门宁波馆，又自不同)、京馆、广东馆、镇江馆四种。自光复以后，伟人、政客、遗老，杂居斯士，饔飧之风，因而大盛”。② 有文章赞许，“上海各式菜馆之多，甲于全国，十里洋场，颇似一菜馆博览会，无论何省何帮，皆有一二家在此陈列。上海人之口福，诚不浅哉”。③ 该文随后介绍：

> 上海普通社会之宴客，大都用苏帮菜，以苏帮在上海之历史最为悠久，习惯使然也。近年来标新立异之菜馆日多，而苏菜则依然故我，失势多矣。四川馆宴客为近来上海最时髦之举。川菜馆以确有数味特殊之菜，颇合上海人之口味。……就是菜馆规模较大者，有平望街之福兴阁，前后有大厅二，喜筵宾客，最为适宜。
>
> 上海之宁波菜馆，亦极发达，宝善街之复兴园，法大马路之鸿运楼，二马路之太和园，为上海鼎足而三之宁式菜馆……京菜馆在上海亦占一部分势力，京馆中之堂倌多北方人，招待顾客，最为周到。雅叙园、悦宝楼、会宾楼、同兴楼四家，为上海京菜馆之最有名者。其中以雅叙园之资格为最老……
>
> 本帮菜之有名者，只小东门内之人和馆，和小南门外之一家村二家。其余皆属饭店，不甚著名。

---

① 四进士：《谈谈上海的菜馆(二)》，《快活世界》1927年5月14日。

② 严独鹤：《沪上酒食肆之比较》，载倪墨炎《浪淘沙：名人笔下的老上海》，北京出版社1999年版，第64页。

③ 《申报》1924年12月21日。

西菜馆以华人自设者，最合我人口味，真正西菜，嗜之者颇鲜，太平洋、新礼查、一品香、倚虹楼、大观楼、一枝香……南京路之东亚、大东、惠尔康等，皆供国人饮宴之西菜馆。其中以一家春、一枝香之资格为最老，一品香之西洋色彩最重，倚虹楼之烹调最合上海人之口味。①

另一份史料也显示，“繁盛的上海，大小餐馆不下数十百家，而各帮餐馆，派别很多”。其中如：（一）大餐馆：大餐馆烹调的方法都仿照欧美，著名的像一枝香、大东酒楼、东亚酒楼等；（二）京菜馆：京菜馆雇佣的厨师都是北方人，风味都迎合北方人的嗜好，著名的像悦宝楼、同兴楼、会宾楼；（三）苏菜馆：苏菜馆烹调的滋味，都为苏省人所喜，北方人叫它“南菜馆”。其余的还有广东菜馆、川菜馆、淮扬菜馆，等等。②

以上这些主流的如苏浙菜系外，还有其他独具地域风味的菜系。如闽菜馆，就其最著名者言之，则为小有天、别有天、中有天、受有天、福禄馆诸家。有老食客亦有经验之谈，“以入闽菜馆，宜吃整桌，十余元者，八九元者，经酒馆中一定之配置，无论如何，大致不差。即小而至于两三元下席之便菜，亦均可吃。若零点则往往价昂而不得好菜，尝应友人之招，饮于小有天。主人略点五六味，皆非贵品，味亦不佳。而席中算账，竟在八元以上，不啻吃一整桌，论菜则不如整桌远甚。故余劝人入闽馆勿吃零点菜，实为经验之谈。凡属老吃客，当不以余言为谬也。”③

其次还有所谓北方馆子，其中最负盛名的便是复盛居。曹聚仁就曾描述这家小馆子，“在石路口二马路附近，是一家天津馆子。两间大小不等的食厅，大的是十二乘十八，小的是十二乘十四。那儿几张四方台子，十来张长凳子，只有两台电风扇是‘现代’的，其余都是祖老太爷那一代的家具。大家都是搭台镶边，挤成一堆。主要是小米绿豆稀粥，火烧（一种现烘的烧饼），再来一盘红烧卤肉，加一小碟白雪里蕻（咸菜），这就行了。也有面式，也有炒菜，也有拼凉菜，那都是其次。到复盛居吃火烧去，就把几个孩子高

---

① 《申报》1924年12月21日。

② 瘦鹤：《上海的餐馆（下）》，《上海常识》1928年第44期，第1页。

③ 严独鹤：《沪上酒食肆之比较》，载倪墨炎《浪淘沙：名人笔下的老上海》，第66页。

兴透了;我们也在那儿吃过炒面、酸辣汤,也不错。至于整整齐齐要吃整桌的菜,那就该另请高明了”。[①] 此外如广东馆子,在上海也独树一帜,如京菜、川菜一样,都有其特色。曹聚仁就叙述北四川路横浜桥,有一家新雅酒楼,规模不大,吃的是广东茶点。他的那班文化界熟朋友,在那儿孵大的颇有其人。[②]

结　　语

纵观近代上海的餐饮业,可以发现海派餐饮文化固然起源于近代舶来的西方文明。然而,异域文化的传入不仅是文化的简单移植,更是文化在本土适应、互动、转译的过程。譬如,当西餐融入中国的饮食文化背景中,实质上就是一个双重文化互动的历程,东西方双重文化影响的共存。以餐饮文化为标志,近代上海的海派文化不仅是西方文化与本土文化共存融合的典范,而且使文化多元成为近现代中国真正巨大的趋势之一。

(江文君:上海社会科学院历史研究所副研究员)

① 曹聚仁:《上海春秋》,第 242 页。
② 曹聚仁:《上海春秋》,第 236 页。

汕头道路建设与市外势力(1921—1937)*

李梓昱

近代城市建设中有两个问题需要注意,一个是外国产业如何处理。自鸦片战争后,外国人借着特殊权利进入中国,迅速在商业、工业等方面建立地位,在城市中占据优良资产。中国政府对于有关外国问题的处理,一直是一种谨慎、让步的态度。随着南京国民政府成立后相关主权的收回,中国与外国势力之间的关系发生了变化,多数研究都有谈到此时中国政府收回相关权力,但外国人身份的特殊性依然存在。[①] 另一个问题是城市建设如何处理在市外的中国势力。外国人在中国建立势力时,中国人以一种"官督商办"方式建立起类似外国模式的公司,并在各地建立分局,也迅速在中国各大城市留下产业。相关的研究往往重视的是这些产业对于中国近代国有经济的影响,却忽略了它们所具有的特殊架构——听命于上级。[②] 汕头早期发展中,受到上述两种"市外势力"的影响。在城市道路建设中市政府与"市外势力"的争执,可以一窥"市外势力"与市政建设之间的纠葛。[③]

---

* 这里的"市外势力"指虽在该市,但又不听命于当地政府,而是有直属机关作为其背后权力支撑。这股"市外势力",既指国属机关的外地分支,也指外籍产业、居民。

① 杨新明:《近代中国邮权的丧失与收回》,《求索》1997 年第 2 期;张丽:《上海公共租界会审公廨收回始末》,《史林》2013 年第 5 期。类似的研究还有很多,在此不一一列举。

② 笔者在有限搜索中发现,如何处理与外国势力的相关问题是研究的重点,大型国有产业与在地城市矛盾则基本不见。

③ 汕头也有相关的收回外国权力运动,相关研究见黄鹤绵:《20 世纪初收回教育权运动后教会学校的命运——以汕头聿怀中学为例》,《潮学研究》第 13 辑(2006)。但这并不代表着汕头在对待其他问题时也是强势的态度,而且强势的态度也未必能取得成功。

一、市外势力与早期汕头建设

汕头开埠前，外商即对汕头有所重视。1857 年，英资怡和洋行约瑟夫·渣甸向英政府代表报告“一个未经条约承认的非常重要的港口就是汕头港，汕头为广东沿海北部位于韩江口的一个最好寄跕港(寄泊港)”。[①] 开埠后，很多外国人涌入礐石，英国、挪威、印度与美国四国洋人纷纷在此建立领事馆、医院、银行。不过，由于赫德将汕头市区作为潮海关的驻点，潮海关一带也就成为外商的聚集地。[②]

汕头早期道路发展与填海造地活动随行，早期填海造地活动又与商人密切相关，所以可以说商人建设了汕头早期的道路。这批商人，不仅有洋人，也有本土商人。

开埠之后，伴随着经济的发展，对土地的需求激增，原有土地极为有限，只得用“向海争地”的方式获取土地。1865 年，潮海关向鲁麟洋行购买汕头埠内房屋作为住所，开始迁入汕头埠内办公。不久，潮海关获得该地以东 50 亩滩涂使用权。此后，潮海关不只将滩涂填筑成地，同时也将办公住所前面海坪不断填筑，使得此区域的土地不断向南扩展。这次填海活动，很大程度地推动了汕头海岸线的南移。海关这种填海活动，一定程度上也推动了其他势力在土地开发上的互争短长，进而促进了汕头埠城市空间的拓展。

各方势力也通过各种手段向南争地填海、建筑码头，其中有鲁麟洋行、广德洋行、福源洋行、太古洋行、德记洋行和耶士摩等。这种土地开发活动一时无法禁止，直至光绪八年(1882)，澄海知县蔡凌霄因马路经费问题，只能承认既定事实，决定在汕头埠南面画一红线，订立章程，允许商民填至红线处并负担马路修筑。这条红线由海关关员画出，随后部分海面地主也相继向南填海，负责修筑马路，并筑造坚固石篙，留 30 英尺宽作为

① 李宏新编：《潮汕史稿》，汕头大学出版社 2016 年版，第 519 页。

② 周修东：《潮海关史事丛考》，中国海关出版社 2013 年版，第 54 页。

沿海马路。这种填地与建设马路同时并举的做法,不仅塑造了汕头西南区域特殊的扇形结构,而且也塑造了这一区域道路环形与直线两种形制并存的特殊风貌。

在潮海关不断向南延伸码头的同时,其他势力若在潮海关以西填筑海坪,则需要从汕头埠的老市向南争地建码头和行栈延伸至深水区。土地或码头就慢慢从"由北向南"变成"由北向西南"发展。海坪的填筑形状,则由长方形变成扇形。这一特殊的造地样式与在汕头埠占有大部分地产的耶士摩有关。如果耶士摩的扇形地按两边扇骨方向往外延伸,前方扇形线将要比后方长得多,这样一种填地扩张方法能使土地面积和价值达到最大化。这种造地方式也对汕头西南扇形街区的形成产生深远的影响。耶士摩这样一种填地方式,使得其土地由最初 390 丈以扇形的方式拓展到 4 100 多丈,超过原数十倍之多。

在这股填海造地浪潮中,中国本土商人也不落人后,代表势力——万丰会馆和漳潮会馆不断往西、南两个方向拓展。① 光绪十九年(1889),汕头万丰会馆以该地为汕头进出口货物集散地,上禀两广总督和粤海关监督,批准会馆在红船湾泊坪地濒海地方进行填筑。新填土地留出部分地段作为马路和常关建造验货厂地基外,剩下地段授予会馆管业、纳租。潮州常关和万丰会馆为此达成一项协议:会馆承诺填筑验货厂周围一片海滩,留出二丈宽的地段作为马路用地,划出五丈宽地段由海关建造一新验货厂。同时每年提供 200 银元作为维修基金。作为回报,其余土地则免费给该会馆管业出租。填地和筑堤工作开始于 1889 年 3 月,在 1897 年 2 月完成。万丰会馆在填地上建造了馆舍、天后庙等。② 漳潮会馆也按照扇形的方式填筑海坪,且在填地上建筑新会馆一座。潮海关对于中国商人的造陆行径也有所记载:1890 年底,"当地一家商行开始在中国招商局地产东面的一片海滩进行填土。招商局的这片土地不久也将进行开垦,完工后这一开垦的地将成为

---

① 上述相关汕头早期填海造地形塑空间,都参考欧阳琳浩:《近代汕头埠空间形态的塑造》,《中国历史地理论丛》2018 年第 3 期。

② 蔡谦:《汕头埠旧影故事》,汕头大学出版社 2015 年版,第 94 页。

目前沿港口北岸的堤岸线的延续。同年秋天，汕头西侧一些地产的中国业主有意将海滩向外开垦到民船航道的地方”。[①] 可知招商局这一官督企业也开始在汕头占地。

外商及本土商人的填海造地活动塑造了汕头早期的道路形态。潮海关一带及汕头的西南一带成为商人势力的聚居地。作为汕头开埠后外国人最先聚集的地方，潮海关一带也成为汕头外来势力的聚集地。教会医院、教堂、学校等也在此聚集，它们共享着商人开拓出来的土地。这片土地属于私人地产，尤其是“市外势力”。1921 年汕头市政厅成立后开展的道路改造运动，市政当局无论是对于该地的征拆，还是派费，都遇到前所未有的困难。

二、潮海关、招商局与招商马路、外马路的修建

1. 招商局、潮海关与招商马路修建

1935 年 4 月，因计划中的招商马路地位重要，“招商路为本市繁盛街道之一，亦为本市交通海湾之大道”，长 1 660 尺、宽 80 尺[②]，汕头市政府决定修筑该路。道路两旁主要业户是招商局与潮海关，市政府特别点名这两业户列席筑路委员会：“查该路两旁地段全属贵关产业，除布告该路两旁业佃限期自行召集组织筑路委员会外，相应函达贵监督希为转函税务司会商办理，并派员参加组织该路筑路委员会，共策进行。”[③]虽潮海关税务司表示愿意转呈，但实际筑路的配合度则让人有所怀疑。潮海关表示已经对该处道路做了修整、铺筑路灯等任务，其他未了工程应该由其他业户承担：“查该路在未辟马路之前，系本关与招商分局共有之业。辟作马路之后，于民国十年间，由本关出资将全路路面及步道，修筑齐整，且于沿路装置洋灰灯柱，工程巨大，所费不赀。是本关对于建设，已尽相当义务，现欲完成该路未了工程，

① 中国海关学会汕头海关小组、汕头市地方志编纂委员会办公室编：《潮海关史料汇编》，内部资料，1988 年，第 53 页。

② 《布告仰该路两旁业佃户十天内自行召集照章组织筑路委员会》(1935 年 4 月 11 日)，民国档案 M030(12—12)73，汕头档案馆藏。

③ 《函潮海关》，民国档案 M030(12—12)73，汕头档案馆藏。

似应由其他有关系业户负担也。”①

虽招商局、潮海关是招商马路修建大户，但想要让这两家缴费却不容易。最初，市政府的策略是通过修建道路倒逼招商局缴费，“招商路拟兴筑，业经半年，迄今无相当结果。职拟将该路工程克日开投兴工修理，路面交通暂时梗塞，则汕头招商局为急求早日顺复交通起见，势必加紧注意，则此筹款办法较易商量。”②后来，又希望减少筑路用费以便招商局能够负担：“改派筑路费，拟请贵局负担大洋五千元，由本府筹拨汕大洋三千元。不足之数，向该路东边铺屋上盖业主派担。”③对于市政府这一方案，招商局以为“查摊派微局提认筑路招商马路之筑路费汕大洋五千元，似属过重，应请贵府酌量减少。再以本局在该路附近之租户积欠租金共达三万元以上，拟请贵府令饬警察局随时派警员催收，协助在即，可从以上催收到之欠租项下提出二成以付此项，应归本局提认之筑路费。”④一方面，招商局希望减少经费；另一方面，希望将招商局租户所欠租金冲抵筑路经费。

市政府判断“预收到二万五千元之地租，方可提到五千元之路款。查东边欠租各户，似非富有，当此世情不善，二万五千元之旧欠款难限期收集，而工程费之支付，又为时间所限，不能拖欠……所有该路工程费由收得地租尽先拨支。如该局催收地租，确另有不逮，可派警员协力催收。”⑤市政府考虑的并不是欠租由市政府收缴是否不妥，而是考虑有无收缴成功的可能性。因此，市政府还是希望招商局能够先为缴费，考虑到招商局可能会存在拖延，也命令警察局抓紧收缴该地租户的欠费：“该项筑路费预算汕大洋八千元，除由本府筹拨三千元外，贵局负担五千元，实不过多，应仍请照数负担。

① 《该路未了工程，似应由其他有关系业户负担》(1935 年 6 月 28 日)，民国档案 M030(12—12)73，汕头档案馆藏。

② 《关于招商路东边人行路原搭板屋事》(1937 年 1 月 19 日)，民国档案 M030(12—12)73，汕头档案馆藏。

③ 《函请招商局负担大洋五千元》(1937 年 1 月 30 日)，民国档案 M030(12—12)73，汕头档案馆藏。

④ 《提认筑路费应于积欠房地租设法严催，即以此项催收到之租项下拨付》(1937 年 3 月 4 日)，民国档案 M030(12—12)73，汕头档案馆藏。

⑤ 《拟函复该局，所有该路工程费由收得地租尽先拨支，如该局催收地租，确另有不逮，可派警员协力催收》(1937 年 5 月 5 日)，民国档案 M030(12—12)73，汕头档案馆藏。

至派员共同监督工程，又派警协助催收租户欠款各节，自少照办，准应请将收得租项先拨足负担路费数。”①

招商局对五千元筑路费非但没有表示，反而要求增费扩修马路：“贵经理以本府新定建筑路面过窄，诚恐于行车及观瞻上有碍，主张向总局请示增拨路费。”②7月17日，市政府致函招商局称：

现据本府工务科报告，以汕头招商局唐经理七月十二日来府商及关于招商马路工程，交商承办及监理工程事，请由本府决定办理。至于摊派之路费，则请照开列警察第二分局地租请并由本府拨入等语……迁延至今，蒙允负四千元。今诸事已安，工程亦已投定，诸未决者，乃工程及监工问题……关于派理路款，尤经贵经理前数日曾亲对本市长说奉总局命拨中国银行租金四千元为筑路费。今忽将工程及监工问题划开，提此向来提及之办法，尤属蔑视本府，儿戏此事。应请仍以原议，俾该路早日完成。③

到8月份，因为局势变化，招商马路暂停修建，市政府与招商局的纠纷也就暂时告一段落，但从后续市政府给广东省建设厅呈文中可以看出许多问题：

呈报拨支招商马路工程费四百元请准备案由。招商马路为市区交通要道，自开辟以来，路基早经完成，惟路面限于财政困难，迄今未建筑妥当……工务科计划，暂筑路面十五尺，约需建筑费八千余元。该路接近招商局码头，一边为潮海关税务司署，一边为招商局地产，经商同汕头国营招商分局唐经理，应允负担建筑费四千元。嗣后由警察局第二分局，及消防队在每年应纳该局地租项下扣拨，悉由职府负担修理。本年六月八日开投以和盛利记工厂出价汕大洋八千元为合格，于本年七月三日订约建筑……适值抗战开始，仅完成清沟及检查井初步工作，经

① 《贵局负担五千元，实不过多，应仍请照数负担》(1937年5月7日)，民国档案M030(12—12)73，汕头档案馆藏。

② 《函准关于招商马路工程如有主张办法，务希从速决定告知》(1937年7月3日)，民国档案M030(12—12)73，汕头档案馆藏。

③ 《函招商局》(1937年7月17日)，民国档案M030(12—12)73，汕头档案馆藏。

由职府在市库收入项下拨取汕大洋四百元。[①]

可见,招商局后来对于筑路费的处理依然是从租金入手,只不过这次变为市政机关下的租金扣费。

招商局在招商马路产业甚多,有多种扣抵筑路费的方式,但对于市政府而言,更需要的是流动性强的资金注入。招商马路的修建可以依照招商局的意愿自主修建,但市政府的强势规划则不一定能够及时修建完成。大户的存在可以意味着筑路派费承担的经费着落,但也会像招商局这样以多种方式扣抵筑路费,反而不利于道路建设经费的筹集。

2. 外马路修建与邮政总局、潮海关

1935 年,汕头市政府开筑外马路与永平路,此两处道路的主要业户是潮海关、邮政总局与台湾银行。对于外马路的派费,海关小洋法币 1 142.75 元,邮局 670.25 元,外马路承包经费 2 504 元,可见大半由潮海关与邮政总局承担。但"该两机关为外人所管理,若由属会派员征收,实难收效而征收路费又不容延缓"。[②]

先是,潮海关以"本关房产,系属固有产业,修理马路,似难与商民同样负担,且本关公款,限于预算,未便动用"[③]为由期望免缴,市政府认为"本市筑路与修理,新需款项,均系由两旁业佃户摊派,原无公私产业之分"。[④] 潮海关并未坚决反对,但也没有顺从,希望在市府的欠款下抵扣筑路费:

奉总税务司令复,查汕头市政府于明十七年一月间曾割让该关关产,并经签约,应赔偿地价大洋一万六千五十一元二角八分。又于民国十八年三月间,该关因摊派筑路费用问题,业经汕头市政府从上列款项

① 《呈报拨支招商马路工程费四百元请准备案由》(1937 年 12 月 23 日),民国档案 M030(12—12)73,汕头档案馆藏。

② 《伏乞迅向海关及邮局交涉,将应派路费如数缴来属会》(1936 年 1 月 10 日),民国档案 M030(12—12)73,汕头档案馆藏。

③ 《本关房产,系属固有产业,修理马路,似难与商民同样负担》(1936 年 1 月 20 日),民国档案 M030(12—12)73,汕头档案馆藏。

④ 《仍希转函海关税务司对于修路派费,勉为筹办》(1936 年 2 月 6 日),民国档案 M030(12—12)73,汕头档案馆藏。

下划拨筑路费三千元，相抵之外，尚欠一万三千五十一元二角八分。再查修路与筑路，本属一律，仰该关援照成案，请市府仍在欠款项下拨抵此次修路费用，所余若干亦应催促清偿，以便结案。[①]

此种做法与招商局无异。市府对潮海关欠费远大于筑路费，意味筑路费完全归市政府承担。

相对而言，邮政总局倒是温顺得多，它对于派费数量有所不满：

查民国十九年间，汕头市政府修筑汕头外马路……市政府为通融办理起见，派摊局屋临街宽度建筑路费八千五百八十元，其筑路面积所摊费用免于摊派以减轻负担……此次汕头市政府修理外马路邮局所摊局屋临街宽度，据报为三百八十三尺，核与十九年间所报三百五十九尺六寸，计多二十五尺有奇，应查明多报理由……又此次修理路面工程若干井，亦未见通知，拟请贵市迅饬查明具示。至上次修路，其屋内面积所摊费用，函蒙贵府由前来公函准免摊派，此次修路面积所摊费用二百八十七元二角五分，并请准予援案豁免。[②]

邮政总局要求只有两个，一是计算面积有误，另一方面希望援案豁免。市政府最初明言拒绝，计算尺寸问题，“贵局外马路宽度尺寸，查与十八年本府所开尺寸相符”；豁免建筑费问题，“查本市修筑马路街道，所需款项，向由两旁铺屋摊派，其派理办法，依照门前宽度及面积两项计算，历经办理在案，对于贵局，未便例外……”[③]最终，邮局还是将两项筑路费缴交，一项是按屋内面积所摊费用大洋234.999元，一项是按临街宽度征收费用小洋357.5元。

最终，该处筑路费欠费，海关743.75元、邮局592.499元，台湾银行产业不肯负担，共欠路费4 201.949元“无法催收”[④]。仅这三家派费就已经占到了外马路永平路两路筑路经费的80%。邮政总局最后交齐，但潮海关与台

① 《函请市府仍在欠款项下拨抵此次修路费用》(1936年7月27日)，民国档案M030(12—12)73，汕头档案馆藏。

② 《此次修路面积所摊费用二百八十七元二角五分，并请准予援案豁免》(1936年2月29日)，民国档案M030(12—12)35，汕头档案馆藏。

③ 《所请豁免未便例外》(1936年4月9日)，民国档案M030(12—12)35，汕头档案馆藏。

④ 《外马路筑路费欠费》，民国档案M030(12—12)35，汕头档案馆藏。

湾银行则较为棘手。市政府只能是先为垫款,“指令汕头市政府呈报拟将市库统交戏厘捐、侨资遗费两款提借补助外马路经费”。①

三、福音医院、福麟洋行与外马路、至平路修建

道路建设中外籍居民的派费历来是一件麻烦事。汕头英领事函开关于割让民妇沈蔡氏产地筑路费一案②,市政府表示沈蔡氏虽然是英籍,但也应有缴筑路费的义务,“当以本市开筑各马路,所有筑路之费概由两旁业户负担。因马路一经开辟,两旁地价增加,商务遂因而发达,业户既享有权利,自当有负担筑路费之义务。沈蔡氏名上虽系英籍,而实际上仍属本国居民,且住市区,应与同路各业户派缴路费”。③ 在多数外籍民事件处理中,市政府展示出强硬的态度,档案留存下来的两件案卷则透露着市政府在道路建设中处理外籍产业的被动。

1. 福音医院割拆案

外马路第三段自公园路至升平路,道路两旁有英国长老会产业甚多,如福音医院、长老会礼堂。英国长老会在汕头所牵扯势力、产业众多。外马路又为汕头道路重要枢纽,为汕头必需开筑之地。这种特殊的历史背景预示着外马路开筑割拆福音医院所面临的困难。早在1926年,就已经有关于长老会产业割拆的交涉:

敝厅建筑福平外马路割用贵院住宅及礼拜堂地基面积共一百三十五分丈一案,本月二十五日承贵院莅临敝厅磋商解决办法,结果划定条件四条:

(1) 免赔补地价及上盖建筑费,惟因住宅拆卸后修复费无着,可由

① 《指令汕头市政府呈报拟将市库统交戏厘捐、侨资遗费两款提借补助外马路经费,请察核准予备案由》(1937年2月16日),民国档案M030(12—12)35,汕头档案馆藏。

② 《汕头英领事函开割让民妇沈蔡氏产地事》(1928年7月30日),民国档案M030(12—12)48,汕头档案馆藏。

③ 《沈蔡氏一案,敝厅未能表示承担,自不能例外》,民国档案M030(12—12)48,汕头档案馆藏。

市厅加入发起，向本市慈善大家劝捐。

(2) 募捐限额不加限制，市厅可先认捐五百元。

(3) 拆卸时期，以市厅所收捐款缴费二千元后一星期内由院会自行雇工拆卸福音医院住宅，一个月起拆卸长老会住宅，所有工资材料均由原物主负担。

(4) 拆让礼堂之地基，计面积八十四方丈，由市厅将学校前之畸零地，计面积二十一方丈三十二方尺，划归英国长老会管业以资抵补，不另要求赔偿地价。[①]

对于福音医院的割拆，市政府给予很多让步，不仅免缴筑路费，而且实地补偿被拆面积。但对其他善堂的割拆最多只是免予筑路派费[②]。

1928年，外马路第三段修建。汕头英领事表示福音医院割拆需要赔偿地价，以及另盖房屋的建筑费。[③] 市政府最初并未同意既赔偿地价，又赔偿建筑费，最多只是赔偿征收的地价。[④] 英领事又表示需要根据割拆面积调换实地赔偿[⑤]。市政府不仅同意割让相同面积的海坦地，而且免收医院的筑路费。[⑥] 不过，长老会觉得虽然是同等面积土地的更换，但福音医院所换得的海坦地并不具有增值效益，通过英领事向市政府要求更大的补偿。[⑦] 此种要求自然难以获得市政府的支持。[⑧] 最终结果体现在合约上：

(1) 此次开辟外马路第三段，英长老会应就汕头市政府所划定部

① 《建筑福平外马路割用福音医院住宅及礼拜堂地基解决办法》(1926年6月10日)，民国档案M030(12—12)69，汕头档案馆藏。

② 《训令新马路北段筑路委员会准同济善堂按照该会所派路费数目全数认缴免予格外负担由》，《汕头市政公报》第59、60期，1930年。

③ 《函如果需要拆让本国长老会之房屋地段，必须先与业主磋商同意，秉公赔偿地价》(1928年10月12日)，民国档案M030(12—12)69，汕头档案馆藏。

④ 《本厅开辟马路，割让外业，向无加偿另盖新屋之费，至赔偿地价一项，自应斟酌办理》(1928年10月17日)，民国档案M030(12—12)69，汕头档案馆藏。

⑤ 《函汕头市厅》(1929年8月3日)，民国档案M030(12—12)69，汕头档案馆藏。

⑥ 《汕英领事函致关于长老会海坦及割让一案具图核查照办理》(1930年1月25日)，民国档案M030(12—12)69，汕头档案馆藏。

⑦ 《函关于长老会海坦地及割拆产业筑路一事》(1930年4月17日)，民国档案M030(12—12)69，汕头档案馆藏。

⑧ 《所请以海坦一千四百方丈调换割拆马路，未便照准》，民国档案M030(12—12)69，汕头档案馆藏。

分拆卸，由市政府收为建筑马路之用，免予摊派筑路费。

(2) 将来开辟本市中马路下段及福音医院马路时，仍应依照本市府规定路线拆让，不给赔偿，在英长老会以免认筑路费。

(3) 英长老会地址由市府另行测量绘图，发给执照管业，并于四周内竖立界碑。

(4) 市政府资办英长老会在本市石炮台东边地方成立新福音医院。

(5) 本合约签订后，前市政府与英领事关于割让马路及庆成堂案来往交涉函一律取消。①

基本上而言，长老会的要求得到了满足，虽然没有多划补偿坦地，但市政府资助成立新福音医院。在市政府给广东省政府的报告中，更能体会地方政府处理涉外产业的谨慎，广东省建设厅批示对于交换地皮需要慎之又慎：

查原呈称福音医院住宅，应割让面积为七十一万方丈，而所缴图说注明七十一井三方尺，一区区一医院，断无如此广阔面积，当系誊写时多写一万……但现在割用该福音医院各地有无别项辐辏，以及现缴与英长老会互订合约，与十五年前案究竟有无关系，又合约第五条所称“签订前市政府与英领事关于割让马路及庆成堂署地案，来往交涉案件一律取消”各节究竟当时交涉如何情形，庆成堂与该员地址发生何种纠纷，未据明白声叙，应由该市长分别详查递呈。②

2. 福麟洋行案

1928年，至平路筑路委员会向市政府提出处理外籍产业：“属会承筑至平马路工程早已告竣，惟该路段之福麟洋行及海平之怡和洋行等胆敢凭借

① 《外马路第三段，应划用汕头英长老会地址，汕头市政府与汕头英长老会合约》(1930年12月26日)，民国档案M030(12—12)70，汕头档案馆藏。

② 《批复汕头市呈外马路福音医院割拆一事》(1931年1月28日)，民国档案M030(12—12)70，汕头档案馆藏。

帝国主义势力抗不遵拆，阻碍路政，侮辱国体。迅将至平路福麟洋行及怡和洋行栈房店屋拆一案，同时提出向英领事严重交涉。”[①]其实福麟洋行拆迁事早已有之，早在1926年至平路开始兴筑时，拆迁福麟洋行即牵扯到众多纠纷，在1926年汕头英领事给市政府的回函中已详细说明：

惟本案有两层(一) 关于市厅警察局八里不善及贵交涉员所允诺对于用人回行当保护，不受惊吓之言，并无实践，此层必须先为改良，方能谈及拆让问题。(二) 关于公平赔偿拆让行地。查第一层所述，市厅函复本领事知照，以报纸所载，殊非事实之语，系属遁词。盖本领事于九月二十八日致市厅函，并附报纸，请具说明报端所登市长之函是否为其所誊。彼十月二日复函，并不敢直据说明，只言并非函饬办理。但本领事附送之报纸，彼一览而知，最易惹起国际交涉者，乃并无饬令更正。观此，足见报纸所登市长请工会开会之函实系市长所誊……福麟洋行罢工系属自动，明明与事实相反，实则无所谓罢工，只系工会听从市厅之唆使，勒令出行而已。不特市厅与工会串通，即巡警亦从而助虐，贵交涉员来函对于所允福麟洋行用人回行不受干预，如有恫吓，即定阻止之诺言，并无文字提及。本领事应请贵交涉员尊重外交，即行实践诺言各节，设法务使福麟洋行用人回行办事并明白告知，倘有恫吓事情再发生，本员与地方各官定即实行保护。若能照此办理，本领事即作为市厅警局工会种种不良之状态现已改善，如此该行主想必愿为磋商拆让行地之事。至于第二层关于该洋行让地，公平补价之处，本领事体察情形，恳以先将第一层妥善办结，方能谈及，想贵交涉员亦必以为然也，希为尊重公道而善邦交。[②]

由此可知道路拆迁与反外行为联系在一起。英领事认为福麟洋行罢工、恫吓事件的出现是由于市政府在背后操作，目的是为了促使福麟洋行拆迁。所以，他们认为应该反其道而行之，先谈保护洋行，处理罢工事件问题，

① 《请迅将至平路福麟洋行及怡和洋行栈房店屋拆一案，同时提出向英领事严重交涉》(1928年1月4日)，民国档案M030(12—12)71，汕头档案馆藏。

② 《福麟洋行拆让马路一案》(1926年11月27日)，民国档案M030(12—12)71，汕头档案馆藏。

再谈拆迁。市政府自然有不同的意见：

> 查至安街马路业已建筑，全街铺面均已遵照拆卸，独福麟洋行抗不遵拆，实属阻碍路政进行，若互相效尤，于全市马路大受影响。不得不与英领事严重交涉，兹将辩论二点列下：（一）因福麟洋行抗不遵拆，以致激动公愤而罢工，业经范前厅长郑重函复，声明并非由厅函饬办理，报纸登载不足为凭在案。平心而论，工人为自身生活程度攸关，苟非激于公愤，何致全体罢工，断非官厅一纸空函所能令其停业，此乃显而易见。范前厅长既经函复否认，又已交卸，自无研究之必要。况溯本推源，因福麟洋行不遵拆卸，激成罢工，如该洋行能将第一层解决，则劝导复工，自属不成问题。断不能混为一谈，借口迁延，致全路遗一缺点，阻碍进行，此应辩论者一。（二）查本市马路章程，凡拆让危机三分之二者，并无赔偿，仍须负担筑路费。因马路已辟，地价随而增涨，难有拆让所得足偿所失，历久相沿，现仍照办。现福麟洋行应拆不及十分之一，该行行东赵维水，原系中国人，虽其自称曾入英国籍民，而中国政府尚未准，与真正外侨不同。其福麟洋行永租契据，终未缴验，今与中国人民一体待遇，并无赔偿理由。况自辟马路之后，地价骤增，于该洋行尤为有益。范前厅长因顾全邦交，尊重英领事要求起见，每井补回地价及修筑费一百八十元，实属情至义尽，无可再增。现在全路业已兴筑，断不能任由福麟洋行独行违抗，致路政难以进行，全市受其影响。如福麟洋行再不遵，惟有呈报国民政府，按照筑路章程派员督拆。此应严行交涉者二相应函达贵交涉员，希即转饬知英领事严饬该洋行遵照办理，限期答复，以准路政。①

一方面，市政府表示福麟洋行罢工事件是由于洋行拒不拆迁，民众激愤所致，并非官厅一纸空函所能发动民众。市政府也知道自己处于不利地位，提出补偿，每井补回地价及修筑费一百八十元。最终签订条约如下：

> ① 由市厅每井划归地价三百五十元。

---

① 《函达贵交涉员，希即转饬知英领事严饬该洋行遵照办理》(1927 年 1 月 17 日)，民国档案 M030(12—12)71，汕头档案馆藏。

② 拆让后，所有筑路费由市厅负责，准予免交筑路费。

③ 该行复业，由市厅令公安局饬警保护。[①]

英领事所提要求基本都达到了，福麟洋行拆迁不仅有补偿，而且免缴筑路费；与之相伴的工人事件也明言会派警保护。

外籍产业因其特殊的身份，相关事件的处理，市政府方面往往需要特殊对待。虽然口气上可以说“一律平等”，但在实际的操作中，往往还是需要做出让步。由此带来的损失要么由市政府弥补，要么需要将之归由其他业户承担，中马路南段派费争执即来源于此。

四、市外势力下的纠葛——中马路南段修建问题

福音医院割拆案中福音医院免赔偿、免缴筑路费，免缴的一部分需要由其他业户承担，这种问题早在中马路南段开筑之前就已提出。

1935年，中马路筑路委员会表示在未解决派费问题之前难以开投招标。中马路的派费有两方面问题，一方面“民国十九年财政部颁发庆成堂管业路线，偏左极巨，以致各业户因而发生重大纠纷，遵令无法解决”；另一方面“民国十九年钧府与英国长老会议决福音医院开路问题，对卖与该院长老会。今将公安路线移南则该院应拆马路之地减少而属会各业户拆让之马路地增多，似徒损国人之土地而益外国人”。因为福音医院免派筑路费，则此筑路费应该如何分担就成了一个纠纷。筑委会表示“前钧府以市库支绌为词，饬由该段两旁业户负担等由。查商业学校所填之地，亦属中马路南段范围内业户之一。则此市库无力负担之路费，该校自应与属会共同比例负担一部分。各业户单独负担，商业学校独免摊派负担，固属过重，办理有失持平”。[②]

中马路南段筑委会于此已经很清楚地说明了将福音医院段筑路费分派

---

① 《福麟洋行割拆合约》(1928年8月25日)，民国档案M030(12—12)71，汕头档案馆藏。

② 《呈为路线变更阻碍进行，乞准暂缓开投，遵照各业户原日预留路线办理更正后再定期开投》(1935年3月7日)，民国档案M030(12—12)3，汕头档案馆藏。

给其他业户的困难之处。而早在这之前，岭东商业学校即已提出不满，表示筑路费应由庆成堂负责。[①] 岭东商业学校先提出减少派费，这是各业户的常用之道，至于最后能否成功减少则要看学校的地位。市政府也只是先为照例否决，要求商业学校共同负担筑路费。[②]

1935年3月15日，中马路南段开投，最终蔡合兴公司以15 300元中标。[③] 因为中马路南段主要是庆成堂与岭东商业学校的业地，所以筑路经费基本上由这两户分摊。而对于福音医院免缴筑路费，庆成堂与岭东商业学校各自的分摊比例为：福音医院应负担的大洋5 813.64元中，庆成堂负担2 686.96元，岭东商业学校担负3 127.57元。[④] 岭东商业学校当即表示拒绝，理由是经费困难，“因省商业学校经费困难，照数仅能负担三分之一”[⑤]。市政府对此只能是以地价增值为由，先为劝说岭东商业学校按数全缴，“贵校海坦业地，属中山马路南段之一部，且全靠该路交通。将来路线建成，交通便利，两旁地段地价定随而增涨，贵校业地，受益至大。……该路工程，业经投定，福音医院答允遵约拆缩，若不乘时赶速兴筑，于交通固属不便，亦且贻笑众人。将来该路筑成，于贵校业地有切身利益关系”。[⑥] 因为岭东商业学校并不属于汕头市直管，所以市政府只能是向上级请求援助。[⑦] 除请广东省建设厅转函教育厅，市政府也有直接请呈广东省教育厅。[⑧] 但结果并

---

① 《函复建筑中山马路经费应由庆成堂负担》(1935年1月4日)，民国档案M030(12—12)3，汕头档案馆藏。

② 《中马路南段委员会新请将福音医院段马路费，与贵校共同负担比例一节，尚属理由》(1935年3月11日)，民国档案M030(12—12)3，汕头档案馆藏。

③ 《令饬于订立工程合同前征集两旁各业户意见，对于派费建筑该路是否赞成签名盖章，核实呈复》(1935年3月20日)，民国档案M030(12—12)3，汕头档案馆藏。

④ 《训令中山马路筑路委员会》(1935年6月11日)，民国档案M030(12—12)3，汕头档案馆藏。按：两部分数字相加并不等于总金额，原档案如此。

⑤ 《建筑该马路经费，应由庆成堂负担》(1935年7月6日)，民国档案M030(12—12)3，汕头档案馆藏。

⑥ 《仍希查照前函勉力筹担福音医院段分路费》(1935年7月9日)，民国档案M030(12—12)3，汕头档案馆藏。

⑦ 《伏乞转令整理省立岭东商业学校委员会，对于福音医院段马路筑费，仍依照地段比例负担办法，勉为筹担》，民国档案M030(12—12)3，汕头档案馆藏。

⑧ 《将中马路南段经过及办理情形呈复并请转令整理省学校委员会，仍依照地段比例负担办法妥为筹担》(1935年8月8日)，民国档案M030(12—12)3，汕头档案馆藏。

不理想，教育厅的意思与岭东商业学校的要求一致，“该学校经费异常拮据，以原案负担三分之一，实为最高限度，仍请令行该市遵以前令办理”。①

最终岭东商业学校究竟缴费多少不得而知，只知道最后岭东商业学校确实享受了道路修筑带来的地价之利，“学校之福音医院后，沿海坦前，因工程将竣，经函请贵府请改定该地中马路南段路线稍移向东方以归平缓，俾将计划分段招租。准贵府本年二月二十八日函复应该呈省核准方能确定在案，现为期已久，经提出本会第三十次会议议决，函师傅仍照前函办理记录在案，相应连同该路路线略图函送贵府，烦为查照办理”。② 岭东商业学校计划分段招租中马路南段地产，也正是证明了市府所提的“两旁地段地价定随而增涨，贵校业地，受益至大”，确实有其道理。

奇怪的是，在同一份卷宗中并没有看到庆成堂的影子，这是否可以解释为庆成堂是相对温顺地缴纳了自己承担的那一部分？相对而言，岭东商业学校则强势得多。在中马路南段修筑中，我们看到筑路派费一般会遇到的三种角色——本市业户、市外机关、外籍产业。福音医院所属的外籍产业没有承担筑路派费，市外机关岭东商业学校因着广东省教育厅的支撑而得减三分之二筑路费，本市业户庆成堂则需全数照缴。这是开埠城市中，修筑与市外势力相关道路时所会遇到的通例。

结　　语

汕头在开埠城市中，所处的政治地位不算突出，外来势力在此的政治参与度也不高。但即便如此，在处理市外势力时，还是略显局促。民国成立后，国家主权陆续收回，处理外籍事务本应顺利得多，但实际案例中并非如此。市外势力的存在，无论是国有的机关还是外籍产业，因为不属于本市产业，筑路派费牵扯更多。市政府虽然能够带来市政权力的加强，却不一定能

① 《仍请令行该市遵以前令办理》(1935 年 9 月 6 日)，民国档案 M030(12—12)3，汕头档案馆藏。

② 《函请贵府请改定该地中马路南段路线稍移向东方以归平缓，俾将计划分段招租》(1935 年 10 月 29 日)，民国档案 M030(12—12)3，汕头档案馆藏。

够带来处理“市外势力”能力的加强。在早期汕头道路建设中,无论是洋商还是本土商人都对新拓土地的建设作出了贡献。到了20世纪二三十年代的市政府时期,这些大商户反而变成道路建设的阻碍者。应该说,早期道路建设“以地换路”,商人有利可寻,后来虽然市府掌控道路建设,但商人不太能从道路建设中获利,自然难以配合。

(李梓昱:上海师范大学研究生、中共河源市委党校教师)

中日文化研究所初探

赵梦云

战后在东京银座创设的中日文化研究所，是由改造日报馆社长陆久之委派挚友菊地三郎等人筹办成立的一家机构，旨在促进中日民间交流、加深双方国民的相互了解。成立伊始，该研究所即着手开展多项交流事业，并发行机关刊物《中国资料》。陆久之也对初生的中日文化研究所寄予厚望，提供财力以及物力上的协助。本文利用已故中日文化研究所所长菊地三郎遗留的尚未系统整理并公开的资料(目前保存于东京三鹰的亚非图书馆)以及相关文献，尝试初步梳理中日文化研究所的成立始末、中日文化研究所与改造日报馆的关联以及中日文化研究所草创期的活动。①

一、菊地三郎的"中国缘"

菊地三郎(1904—1995)生于东京，出生当时的居住地位于浅草寺附近，因此自称"浅草人"②。在神田的锦城商业学校就学期间，同学中有后日成为日共中央委员的中尾胜男，同其结为好友。毕业后在山形自由新闻社谋得记者职，开始其作为媒体人的生涯。然而在山形的记者工作只持续了半年，便回到东京，经人介绍，与中尾胜男两人一起进入中央新闻社，担任校

① 本文所使用的日文资料，均系作者翻译，翻译时尽可能直译，以尊重原文，惟出于中文表达习惯，少数记述酌情意译。文中所引资料，部分原文无标点符号，适当予以添加，以利阅读。

② [日]菊地三郎：《激動中国と私の出会い—青春時代と敗戦前後の上海に焦点をあてて—》，《日中》3月号，1976年2月。有关菊地三郎的履历，除上文外，另参照了《不怕矛盾　菊地三郎先生追想　語学院開校60周年記念》(公益財団法人アジア・アフリカ文化財団/専門学校アジア・アフリカ語学院，2022年11月)所载《菊地三郎先生略歴》。

对，并参与日后成为日本无产阶级文学运动先驱的同人文艺·思想杂志《播种人》的活动。当时日本的新闻出版行业的从业人员深受布尔什维克和无政府主义思潮的影响，中尾胜男热衷于布尔什维克派的出版业工会活动，而立志成为作家的菊地三郎则更倾向于无政府主义，是屠格涅夫的崇拜者。但这一段日子也持续不长，中央新闻社在1923年关东大地震中蒙受巨大损失，19岁的菊地遂辞去中央新闻社工作，通过友人介绍，于是年12月只身前往上海，投奔西本省三。他原打算绕道上海去屠格涅夫故乡俄罗斯，不曾料想却从此与中国结下不解之缘。西本省三是东亚同文书院1903年毕业生，其时在上海主持“春申社”，发行《上海》杂志。菊地抵达上海后，帮忙打理编务。最初，菊地居住在海宁路春申社二楼，不料夜间常有日本领馆人员上门，打听当时日共领导人之一佐野学的去向。据称，佐野学等日共干部往来日本与苏联时，必经停上海。菊地不胜其扰，一个月后移至昆山路西本省三寓所。菊地回忆，在上海期间，他以西本省三“食客”身份，三餐免费，还带酒，外加五元大洋零花钱。当时正逢第一次国共合作时期，菊地在上海接触到了中共机关刊物《向导》，也经常浏览鼓吹革命的《民国日报》以及新文学方面书籍，甚至穿着中国服装参加了这一年上海的五一游行，对中国社会现状有了初步了解，也引发了他对中国现代文学的关注，认为从中国文学汲取了精神食粮，战后还撰写、出版了《中国现代文学史　革命与文学运动》一书。他在序言中写道：“我对中国现代文学抱有深厚的情感，追溯这一情感的由来，乃是因为在中国现代文学的草创期，我在中国生活了一段时期，那一段经历，与我对中国文学的爱好是不可分割的。二十年代当时的我，以青年人的情热，将中国新文学的呼吸当作了我自己的呼吸。”①

菊地的上海生活不到一年，翌年即因故不得不返回日本，写一些带有“左倾”色彩的评论文章，供职于《万朝报》，这是一家当时在日本社会颇有影响力的大众报纸。此后的菊地，仍频繁地变动工作，一度回到最初的中央新闻社，但供职时间都不长，直到1931年进入朝日新闻东京本社，方才结束游

① ［日］菊地三郎：《中国现代文学史　革命と文学運動》，青木书店1953年版，第3页。

走不同媒体的生活。《朝日新闻》创刊于大阪，报名寓意“旭日升天，万象惟明”，报名字体出自颜真卿的法帖。1888年，在收购东京当地一家创刊不久的报纸后，《朝日新闻》进军东京，创刊《东京朝日新闻》，简称“东朝”，负责东日本地区《朝日新闻》的编辑和发行，原先的大阪《朝日新闻》也随之改名《大阪朝日新闻》，简称“大朝”。东西两份“朝日”，因日本战时的报纸统制，于1940年宣布统一使用《朝日新闻》报名，取消“东京”和“大阪”地名，形成东京本社、大阪本社、西部本社、中部本社四本社体制。菊地入职的《朝日新闻》，尚称《东京朝日新闻》。①

19岁那年的上海之行，决定了菊地的一生。自叙“获益匪浅”，理由同在《中国现代文学史　革命与文学运动》一书的序言所述相似：在中国现代史上具有深远意义的1924年，居住在上海，亲身体验到半殖民地中国的社会，从那时起，就深深关注中国以及中国国民。因此，入职《朝日新闻》以后，就期盼有朝一日能够以报社特派员的身份前往中国，甚至主动向报社请缨，却是迟迟不能如愿。无奈之下，打算辞职后自行前往，又为家庭生活所困，不敢草率。但菊地实在按捺不下再度渡海去中国的年头，1940年，他冒着被报社除名的风险，利用暑假，瞒着报社独自来到中国，在上海、南京等地逗留月余，虽在报社内引起一阵哗然，回到报社后竟安然无事。也是功夫不负有心人，1944年机会终于来临，菊地受《朝日新闻》委派，以特派员的名义从军，参加“大陆打通作战”（豫湘桂会战），但附有条件，一旦战役结束，立即途经香港回国。于是，菊地来到中国，先到了南京，见到宫崎滔天的侄子、时任《朝日新闻》南京支局长的宫崎世龙，直截了当地提出，自己想来中国才是真正目的，担任从军记者原非本意，故打算就此辞职，这样就可以留在中国。宫崎世龙虽表示为难，却也尊重菊地的选择，建议他托病，以不便行军而逃避任命，并为菊地办理了手续。《朝日新闻》方面派遣不了替代者，结果只能

① 如今刊行的《朝日新闻》，仍留有昔日《东京朝日新闻》和《大阪朝日新闻》的痕迹，大阪本社版的《朝日新闻》报名题字的背景是芦苇，而东京本社版则为樱树；朝日社旗的旭光方向也相反，大阪本社社旗的旭光从右向左，东京本社社旗的旭光从左向右，原本不起眼的报纸的题头，似也凸显出东京与大阪两地的差异。

让上海支局的一个记者顶替上前线。

菊地如愿以偿地留在了上海，将当年同学中尾胜男的家当作了栖身之处。中尾当时已经在上海居住了多年，担任野田经济研究所上海支所长，家在上海跑马总会附近。翌年2月，菊地从上海出发，经南京等地北上，在北京收到总社的联系，被任命为上海的日本海军武官府报道班员，大喜过望的菊地立即搭火车南下，回到上海，在上海迎来日本的战败。

中尾胜男在上海有不少中国熟人，战后创办日文《改造日报》的陆久之是其深交友人之一。1945年6月的一个晚上，陆久之来到中尾家，边收听美国的短波广播，边对中尾和菊地说道："战争马上就会结束，那时，我们办一个出版日文报刊的出版社吧。"①表示目的是为了促进日本的民主化以及战后中日的文化交流。此后，中尾、菊地和陆久之便秘密着手筹办。从菊地的叙述，可以知道陆久之早有战后创办日文报纸的设想。另据陆久之回忆，他早年就相识接收上海的第三方面军司令汤恩伯，"在他的升官进爵中曾经帮过忙"，有恩于汤。汤恩伯抵达上海后，与陆久之"久别重逢，感情上有了新的发展"。加之陆久之抗战时期一直居住在上海，"对各方面情况比较熟悉，有可利用之处，因此，汤恩伯对我颇重视。党的地下工作负责人刘少文同志了解到这一情况，指示我利用时机，为党做些工作"。于是，陆久之适时向汤恩伯建议，"创办一张日文报纸，作为对日侨、日俘的宣教工具，消除军国主义的思想影响，灌输民主进步知识，使他们的精神面貌有所改变"，获得汤恩伯的赞成。刘少文闻讯后也"非常喜悦，并指示我说：'办这样一张报纸，很有意义。对日本的宣传可以根据《波茨坦公告》的精神，对国内问题则以国共和谈为原则。'他鼓励我好好去干。我得到党的指示，感到振奋和鼓舞"。编辑部的日方人选，陆久之和担任总经理的金学成"聘请的大都为日本进步人士，……例如中尾胜男、菊地三郎、赤津益造、岛田正雄（原文如此，

---

① ［日］菊地三郎：《陸久之先生のこと》，《天竺南蛮情報》，1995年5月号。《激動中国と私の出会い—青春時代と敗戦前後の上海に焦点をあてて—》一文中也有相同记述。

应为“岛田政雄”——笔者)、斋藤玄彦等”。[1] 岛田政雄的回忆也证实了这一点,他在回忆录中写道,因为陆久之重用曾经指导劳动运动的中尾胜男,所以“我们这些共产主义分子获得改造日报馆留用职员的身份,一直蒙受照顾,直到我们回国”。[2] 并且透露,中尾胜男就是日本无产阶级文学作家德永直的作品《没有太阳的街》主人公的原型。菊地的叙述则有所不同,表示他和中尾没有入改造日报馆,但他推荐曾在日本海军武官府工作的宇崎重治任报社日方主编。不过,菊地虽未入社,却一直参与《改造日报》工作,报纸每天大样都会送到他家里,由他做若干修改后再付印。偶尔,他也会要求做大的修改。比如,河上肇逝世的消息传到上海时,1946 年 2 月 1 日《改造日报》也在第二版(该报通常只有两个版面)刊发了东京专电,菊地看后觉得不满意,要求重做,突出报道。他虽然不是编辑,却跑去报社,指示编辑采访同河上肇有交往的沪上人士,写一篇报道,并要求改造日报馆主办追悼会。结果,次日的报纸版面上,以醒目位置刊载了两名在沪日本人的专访,回忆同河上肇的交往。两个自告奋勇前去采访的记者中,有一个叫渡边和子的年轻女子,日后成为菊地的妻子。[3] 菊地也在《改造日报》上发表过文章,如 1946 年 4 月 28—30 日连载的《源于亚洲之旅的回忆》,就出自菊地之手。

亚非图书馆保存的菊地三郎遗物中,有一份名为《〈改造画报〉出版计划(案)》的手书方案。该出版计划草案文末没有署名,也没有日期。虽然单从笔迹观察,无法断定菊地是撰写人,但从该手写计划书的原件保存在菊地遗物中,上述菊地对《改造日报》的影响,陆久之对菊地的信任以及出版计划的内容和所拟日方具体编辑人选来推测,菊地应该是该出版计划的参与者之一。出版计划建议 1946 年 6 月 1 日创刊,考虑到菊地在 1946 年 5 月初已经回国,故计划的拟定时间自然不会晚于 4 月。

出版计划非常详细,一开始就指出:“目前在中国,尤其在上海发行优质

---

① 陆久之:《创办〈改造日报〉的经过》,中国人民政治协商会议上海市委员会文史资料工作委员会编:《文史资料选辑》第 40 辑,上海人民出版社 1982 年版。

② [日] 岛田政雄:《四十年目の証言》,窗之会 1990 年版,第 14 页。

③ [日] 菊地三郎:《激動中国と私の出会い—青春時代と敗戦前後の上海に焦点をあてて—》,《日中》3 月号,1976 年 2 月。

画报极为困难。我们若以《LIFE》级别的画报为目标,就必须在各方面做出相当的努力。就改造日报馆而言,考虑到其对内对外的形象以及今后与各项事业的关联,在上海当地自不必言,即便放眼全中国,也有刊行最高水准画报之必要",并表示已做好准备,"一俟获得陆社长的裁决,即可着手进行"。从这一段文字可以推测,在这一份出版计划之前,《改造画报》创刊设想已经提到了报社的议事日程。接着,计划书提出如下四条编辑方针:(一)使用照片报道战后以中国为中心的动向,但本刊的直接目的则为对外宣传改造日报馆的事业;(二)鉴于上述目的,本刊以照片为主,报道应侧重反映新中国的建设方面(政治、经济、社会以及其他)与日本、美国、苏联等的紧密关联;(三)本刊应外观美观,内容多彩,故无须过度追求时事新闻,重在反映过去数月世界上所发生的大事件;(四)大量采用广告。对于大量采用广告的编辑方针,计划书做了说明:"据《LIFE》的经验,广告也是引人注目的读物。计划刊载的广告页数,占刊物的四分之一篇幅,期望通过陆社长的关系,获取上海以及其他地方最高水准的广告,得以广告收入冲抵印刷费用。若能获得大量广告,可考虑增加画报的版面。"计划书内定改造日报馆的留用日籍编辑岩井五郎、可东己之助、酒见恒平担任画报编辑,其中可东己之助是旅居上海的日本漫画家,在《改造日报》及《改造日报儿童新闻》上经常发表时事漫画。据可东的日记记载,他于1946年6月中旬被报社解除留用,月底回国。[①]

对创刊号预计使用的照片张数以及内容,计划草案也做了详尽的规划,分"在沪取材"及"在日取材"两部分,前者共45项,如最近延安的风情、延安的中共总部、延安的窑洞生活、延安的女性干部(丁玲等)、朱德将军、北平的军事调处执行部、上海的日侨日俘的动向、遣返日侨的上船情景、上海的战犯审判、改造日报馆内情景(陆久之社长及金学成总经理)、汤恩伯将军等;后者计29项,如麦克阿瑟元帅及其司令部所在地的建筑和司令部内部、联合国管理委员会的各国代表、东京风情、总选举的街头风情、总选举各党总

---

① 《みの助の思い出》,私家版,1959年10月,第87—90页。

部和演说会、日共第五次代表大会、民主统一战线运动、野坂参三近况、战犯审判、饥饿的日本、各地罢工游行情景、东大经济学部等新生校园景致等，并注明日本国内部分的照片计划从《朝日新闻》等处获取。另列“其他”部分，计划刊载罗斯福、杜鲁门、丘吉尔、斯大林的照片以及介绍旧金山会议、法国大选、纽伦堡审判以及联合国等。从所列照片内容，不难看出创刊筹备中的《改造画报》的倾向。也许是担忧如此庞大的照片收集成本会导致异议，因此计划草案特地加注“参考”，称 20 页的画报动用大量的照片素材，或许会被认为多余，但事实并非如此，《LIFE》经常为画报的一个版面耗费百余张照片，从中遴选构图、趣味以及富有新闻性的照片，从而形成独特的风格。结论是，“抱着近视眼的态度，一味考虑制作成本，是不可能做出高质量的画报的”。

查上海档案馆保存的《改造画报》申请登记表，该刊发行处为改造出版社，发行人为陆久之，总编辑金学成，“以宣扬国策，改造日人思想并研究日本政治经济文化为目的”。在“编辑纲要及特长”一栏填写了如下三点：（一）报道中外新闻照片；（二）介绍中国艺术；（三）本社摄影特写。创刊日期定为 1946 年 8 月 30 日，申请表的填表日期为 1946 年 8 月 3 日。[①] 表明《改造画报》的创刊，在菊地等人回国之后，虽然比原计划有所推迟，但在陆久之等的主持下，计划一步一步地得到落实。《改造画报》创刊号实际发行日期为 1946 年 9 月 1 日，与申请登记表填写日期大致相当，较之计划草案的 6 月 1 日则延宕了三个月。

仅出版了一期便夭折的《改造画报》，是一本连封面封底在内共 32 页的中文杂志，部分报道配有英文和日文，封面人物起用当红话剧演员蒋天流，卷首刊登蒋介石近影以及蒋介石与汤恩伯的合影，汤恩伯视察改造日报馆与陆久之、金学成等人合影等。陆久之在“发刊词”中阐述《改造画报》的创刊宗旨：“一首诗或是一篇辞藻秀丽的文章，可以博得千千万万人的推敲欣赏，但却不能够使每一个人都懂。只有画，它可以传之久远，深入人心，因为

---

① 上海档案馆藏，Q6－12－62。

它本身就不需要什么注解，无论男女老少，也不必分国籍种族，它可以使任何一个人都了然地懂得这其间的情感。”至于选材方面，“发刊词”写道：“第一我们要描画我们的国家的锦绣河山，无论是山岳河流川桑林木，它所交织成的美丽图案，我们都要全盘的收入这本册子；其次是我们有悠久历史性的文物，无论是山岗石佛出土的小片木石或庞然大物的翁仲浮雕等类，我们也采作考据的研究参证；再就是中外古今的人物画志和剪影，我们介绍给读者认识；最后是时事问题的新闻镜头，供给关心的读者们研讨。”与菊地三郎等人起草计划有所不同，基于这四项内容，创刊号刊载了时事图片以及有关民俗、体育、时尚等方面的报道，但日本仍旧是其关注的重点，内容有战后介绍虹口西本愿寺设立的上海和平博物馆《上海和平博物馆的来龙去脉》；探讨日本前途及中日关系的《日本问题座谈会　日本往何处去》，邀请郭沫若、马叙伦、田汉、翦伯赞、叶圣陶，陈望道、茅盾和丁玲等人参会，报道称，热烈讨论后由郭沫若作结论，指出日本今后的方向，若“走美国式的民主路线，结果恐怕故态依然，走苏联式的路线恐怕也是期待过早，最适当的还是三民主义所说的平均地权，节制资本的方法”；图片新闻《这几帧新闻照片告诉我们　投降后一周年的日本在怎样变?》用了三面篇幅 18 帧照片，以对比的手法，介绍战争期间以及当今日本的变化，是所有报道中占用篇幅最多的；而《东京法庭　远东国际法庭审判长魏布与我国代表检察官向哲濬》则报道了东京审判，特地用人字体强调：“审判如果不公允将来又是一寇酋。”报道战后由渝抵沪的《名作家郭沫若氏近影》的图文，则系“本社特摄的镜头，外间绝对不能见到”，拍摄了郭沫若在书斋以及街头的生活照。其中一帧郭沫若手握钢笔的特写，配以“先生有笔如刀”文字说明，因此遭到谗言。陆久之日后回忆道：“筹备多时的《改造画报》创刊号印好了，这一画报的出世，正好给反对《改造日报》的人捞到了稻草。”认为刊载了“有名的赤党分子”的《改造画报》的创刊，是导致《改造日报》停刊的原因之一，陆久之也因此被免除社长的职务。[①]

---

① 陆久之：《创办〈改造日报〉的经过》。

《改造画报》报道的和平博物馆，综合《改造日报》的相关消息，该馆为展示战后在沪日侨“捐献”给汤恩伯以及时任上海市长钱大钧的古董书籍而设立，馆址临时借用乍浦路的西本愿寺，由第三方面军和市政府各自支出25万元“临时费”，与同时设立的“和平图书馆”于1946年3月8日正式开馆。展品的整理由日侨自治会下属的文物委员会承担，筹备整理过程中，也陆续有日侨要求“捐献”，在沪三十余年的收藏家石井成一“捐献”贵重书画277种，其中不乏“珍品”。汤恩伯于2月23日赴该馆视察时，见展品尚未完成整理，便要求馆方尽快制成捐献者以及捐献物目录，并制展品铜牌，以作“永久纪念”。博物馆方面因缺乏展示用品，要求在沪日侨提供“个人所有的玻璃陈列台”，比照书画古董的捐献，作同样的处理。

《改造画报》创刊号虽内容丰富，但相比上述计划草案设想，还是有不少差距，想来画报的照片来源、经费以及留用日本人的遣返而引起的编辑人员变动都是原因。事实上，当《改造画报》创刊时，菊地三郎早已经回到了日本，正为东京的中日文化研究所设立而奔走。

据菊地三郎回忆，1945年10月，改造日报馆已经收罗了众多留用日侨，他们同郭沫若以及茅盾等人多次联系协商，决定在上海设立中日文化研究所，同时在东京设立研究所的分支机构。为了筹建东京分所，菊地三郎被委任为先遣员，于1946年5月初先行回国，出港那天正是劳动节，恰巧与鹿地亘夫妇同船。回到东京以后，他立即以栖身的《朝日新闻》员工宿舍为临时事务所，着手中日文化研究所东京支社的开设准备。

二、中日文化研究所的创立

菊地三郎在《亚非文化财团之二十五年》一书“序言”中写道：“我们从陆久之社长那里得知，过了新年后（指一九四六年——笔者注）郭沫若、茅盾等著名文化界人士将会聚集上海。听了这个好消息，我们都非常欣喜。我们向陆社长提议，等郭沫若先生等到来后，建立一个以文化连接战后日本与中国的机构，名称暂定为‘中日文化研究所’。我们的计划是，研究所的总部设在上海，东京设分部，共同开展活动。”①东京的中日文化研究所在其官网上，载有更为详细的研究所成立经过，概括如下：成立中日文化研究所的最初设想，诞生于改造日报馆内。工作之余，部分留用日侨形成组织一个促进中日间的友谊、相互尊重各自文化的机构，以共同推动中日民主化进程的共识，该设想的中心人物是陆久之和菊地三郎。最初的计划是将总部设于上海，东京则设分部，正因为如此，中日文化研究所的名称将“中国”放在了前面。中方计划中的成员有郭沫若、夏衍、田汉、林汉达、冯雪峰、宦乡、冯乃超、康大川和郑盛寓等人，日方则有岛田政雄、鹿地亘夫妇等。当时，尚处于国共合作时期，政治协商会议正准备召开，马歇尔出使中国，调停国共的军事冲突，中国迎来实现国内和平、施行宪政的历史机遇。但不久马歇尔的调停宣告失败，国共内战爆发，此时业已回到日本的菊地三郎等人决定单以日方人员组织中日文化研究所，集结了菊地三郎、小泽正元、加岛敏雄、赤津益造、野田健二、筒井重保、岛田政雄等人，所址设于大同商会社长筒井重保提供的银座教文馆内。中日文化研究所的初创时期，郭沫若及陆久之向研究所寄送中国出版的报刊，研究所翻译、编辑中国国内报刊的文章，创刊了《中国资料》和《所报》，并举办中文讲习会和中国木刻展等文化活动。

正因为这一设想最初是在改造日报馆内酝酿并着手进行的，故中日文化研究所的所长一职，由《改造日报》社长陆久之兼任。陆久之为菊地三郎准备的用中日两种文字做成的委任书也明确写着“兹请驻东京改造日报·中日文化研究所代表菊地三郎先生为本人代理人全权办理左开一切事宜”，从这一点上说，将中日文化研究所视为改造日报馆以及改造出版社在日本的一个分支机构，似无不妥。中日文化研究所现任理事长堀中浩也曾指出，战后“在上海发行的《改造日报》是中日文化研究所的原型”。②

时任国民政府驻日代表团顾问、1946 年 10 月回国应汤恩伯之邀接手改造出版社的徐逸樵，与菊地三郎的中日文化研究所的初期活动也有交叉。

---

① 亚非文化财团史编辑委员会：《アジア・アフリカ文化財団の二十五年》，1982 年，第 2 页。

② ［日］堀中浩：《菊地三郎先生にとっての日中友好》，《菊地三郎先生追想　不怕矛盾　語学院開校 60 周年記念》，内部资料，2002 年，第 30 页。

从落款为1946年9月12日的菊地三郎给徐逸樵和陆久之的信函草稿，可以一窥菊地回到东京后从事的活动以及打算落实的计划，同时可以推测，菊地等在东京进行的活动，事先都与陆久之进行过协商，并获得陆久之首肯的。[①] 该信很可能是委托回国的徐逸樵面交的，故开头就写道："借此徐先生回国之机，谨汇报在东京进行的中日文化研究所创设事务的一应情况。"值得注意的是，该信的抬头将陆久之的名字放在徐逸樵之后。按理，作为设想中的中日文化研究所所长，陆久之是菊地三郎的"上司"，名字本该在前。或许可以推测，菊地在托徐逸樵捎信之前已经获得消息，徐逸樵此行将出任改造出版社社长，陆久之已遭解职，离开了改造出版社？

信中详细叙述了菊地三郎、齐藤玄彦和渡边和子三人，作为中日文化研究所创设先遣员于5月10日抵达东京后，旋即持陆久之委任书展开调查，同各方人士接洽，以明确各项计划实施的可能性。列入调查计划的项目有：(一) 发行日报《中日民报》(暂名)，(二) 刊行月刊杂志以及其他杂志，(三) 发行有关中日关系书籍，(四) 付诸实施前述各项事业母体中日文化研究所(在东京)的创设，(五) 与日本电影制片厂合作拍摄电影，(六) 中日贸易重开的准备以及事业种类的选定、同日本财界合作的可能性，(七) 中日文化研究所于财力许可前提下在日本国内开展事业(如"中日文化会馆"的创设等)。由此可知，中日文化研究所最初设想事业项目相当多，范围也很广泛，第二项的杂志发刊，计划发行月刊、周刊、儿童报纸等，显然是模仿了改造日报馆和改造出版社发行的各类期刊。当年，在美军占领下的日本，菊地等人的活动，似乎相当谨慎小心，同有关人士的接触，无不回避"公开"，尽量"暗中"行事。因此，信中表示，如此环境下的大规模调查，单凭三人的力量实难推进，特邀"若干名"早些时候已回国的原"在沪日本人员工"加入调查活动，因六月中旬收到出版活动不可或缺的资料以及资金，故决定将出版作为在日本的最初事业，设立了中日文化研究所，成员有29人，业已展开业务。

---

① 亚非图书馆藏《上海時代・草創期の中文研》A33"1946年東京-上海間の通信"。

签署日为1946年9月1日的“中日文化研究所规章”署名处，可以确认该所主要成员有：理事长为菊地三郎，理事为齐藤玄彦、寺田良藏、坂本德松和渡边和子四人，监事筒井重保和篠原匡文，分室主任赤津益造，岛田政雄、加岛敏雄、福田经、野田健二以及山本健太任所员。到了1948年6月底，理事名单发生变化，改为赤津益造、加岛敏雄、岛田政雄和渡边和子四人，监事为立石峻藏和山本健太。而附于《社团法人中日文化研究所一九四八年度事业概况》内的截至1948年9月底的“中日文化研究所干部名单”则再度调整，理事除上述四人之外，另增野田健二和福田经两人，监事立石峻藏和山本健太。研究所成立之初所内人事似不太稳定，时有调整。①

信函中提及的最初出版事业，当指《中国资料》的出版发行。事实上，在该信函的“出版事业”部分，标明《中国资料》的出版业已“着手”。用菊地三郎的话来说，“杂志《中国资料》得以发行，如今想来，也是因为获得了陆先生的资金援助。记得那年的某一天，一个不相识的中国人来银座的研究所找我，称‘上海的陆久之先生交代把这笔款子送到中日文化研究所’，当面交给我五万日元的现金。五万日元在当时是一笔很大的款项，靠这笔钱，研究所支付了专职所员的薪水，出版了四期《中国资料》”。②《中国资料》创刊号于1946年11月发行，菊地三郎在汇报中提及是年6月中旬收到充作出版活动的资金，也许指的就是这笔五万日元的款子。至于翻译所需资料，陆久之也大力协助。1946年5月4日，菊地三郎一行尚未抵达日本，东京的中日文化研究所也八字没有一撇之际，陆久之便以“中国陆军第三方面军司令部改造日报社社长陆久之”的名义，在给中尾胜男和菊地三郎两人的委托书中写道：“本社为促进新中日关系，改造日本军阀时代之黩武思想，发扬民主精神，特创刊改造日报、改造评论、日本论坛、改造画报暨其他有关中日新关系之单行书籍。此项出版物均以正义立场，由中国名人或著作家执笔，兹为使日本人民普及阅读起见，敬特委托贵所全部翻译并出版，尚希秉中日新关

---

① 亚非图书馆藏：《上海時代・草創期の中文研》A12“事業報告・事業計画”。

② ［日］菊地三郎：《陸久之先生のこと》，《天竺南蛮情報》，1995年5月号。《激動中国と私の出会い—青春時代と敗戦前後の上海に焦点をあてて—》一文中也有相同记述。

系、文化提携之旨，玉诺助求为荷。”在菊地一行启程前夕，4 月 23 日，陆久之还特地致函驻日代表团谢南光专员，举荐菊地三郎和同行的齐藤玄彦，称两人是“日本名记者”，同自己的友情“极笃”，望谢南光“折节下交”。①

上述菊地三郎信中提及的七点设想开展的事业调查，最为详细、且取得一定进展的，但最终却碍于种种原因遭遇挫折的，当属报纸的发行以及将报社打造成“超越朝日新闻的大报社”的宏伟计划。鉴于日报的创刊需要大量资金、编辑记者等人员以及印刷器材等，菊地通过熟人介绍，获得曾任朝日新闻社副总编辑的北野吉内支持，决定将不二越钢材株式会社拥有的东京日本桥大楼作报社所在地。不二越是一家总社位于富山市的企业，1928 年创立，生产机械工具，战时为海军生产高射炮以及机枪部品，被指定为“军需企业”。对菊地的要求，不二越方面应允以 2 500 万日元的价格出售该大楼。菊地则以今后中日财界的提携为由，向不二越社长井村荒喜提出，希望在中日恢复邦交之前，由井村社长无偿贷与陆久之，作为回报，若不二越钢材及其麾下四十余家公司遭遇解体或被作为赔偿对象时，通过陆久之的斡旋，不二越钢材将在与中国政府的交涉中获得回旋余地。对此，不二越方面表示应允考虑。该建议得到陆久之赞成，菊地并得到陆久之交涉委任书。不料事情刚有端倪，节外生枝，不几日菊地获知，不二越钢材被指定为赔偿对象，东京日本桥的不二越大楼已经为整理委员会所接手，井村无力按照个人意愿处置。但井村依然相信陆久之的实力，为了日后中日间的经济来往，应诺将不二越的日本桥大楼提供给中日文化研究所使用，先借五间房间作办公场地。此事刚告一段落，报社人员和印刷器械等也大致有了眉目，却发现不二越大楼地下室因高度所限，难以安装轮转印刷机，必须先进行改造工事，如何解决资金问题成了困扰菊地的难题。菊地只能期待陆久之援助，但陆久之的回复却让菊地感到无奈。陆久之称，本该提供办报所需资金，唯眼下缺乏“合法”汇款方法，若通过“非合法”途径汇款，则所需资金总额的输出，需要很长时日，且伴有风险，希望菊地在日本当

① 亚非图书馆藏《上海時代・草創期の中文研》A20“『改造日報』関係”。

地物色可靠人士以获得资金赞助，至于该信贷资金归还，则等陆久之来日之际与贷方协商，待中日邦交恢复后作适当处置。为此，菊地代表陆久之，与筹措资金的代理人吉田庄藏约定，在研究所内特设中日贸易部门，为今后中日经济合作做准备，该部门负责人由吉田担当，并邀吉田担任中日文化研究所理事，商贷的100万日元资金，还贷方法待陆久之来日之后协商。[①] 但此后不久改造日报馆、改造出版社即发生了人事变动，被免去社长职务的陆久之，对东京方面的要求自然心有余而力不足，中日文化研究所上海总部的设立也已经不可能实现。

亚非图书馆还收藏有一件题名“中日文化研究所的事业与其性格”的资料，无署名和日期，但从笔迹以及内容推测，应该是菊地三郎本人所撰，且撰文时间与前述给陆久之和徐逸樵的汇报信相近，可为那封汇报信做一些补充。首先，该文为中日文化研究所做了一个新的定义，开头就写道：“中日文化研究所是目前位于上海汤恩路的、由中国人陆久之经营、通过文化交流活动构筑中日新关系的机构。”明确地指出中日文化研究所与改造日报馆、改造出版社的关系。文内对陆久之的评价颇高，称陆久之本是上海财界人士，不属于国民党，但与代表中国进步力量的民主同盟系统以及中共系统的重要人物交往密切，是一个具有特色的财界人士。战后任第三方面军汤恩伯的机要参议少将，创刊《改造日报》及多种“改造”系列刊物，同时策划电影制作，扎实地拓展事业，留用了70余名日侨，在日侨遣返之后仍孜孜不倦地继续事业。虽然陆久之的事业目前并无收益，但其为了中日文化交流，不惜投入资金。随着在沪日侨的减少，陆久之决意将大部分事业从上海移往东京，以东京为事业的中心，为今后中日文化交流，与日本友人携手开展活动。从中似可看出，陆久之有意将中日文化研究所作为在日事业的延续。文内提及的菊地三郎三人回国后着手的七项调查活动，措辞同汇报信虽有出入，但内容大致相同，也提到了单以三人之力难以完成既定设想，故希望在上海日本同仁的百分之七十能够在1946年八九月间回国，参与中

① 亚非图书馆藏《上海時代・草創期の中文研》A33“1946年東京-上海間の通信”。

日文化研究所事业。同时也承认,日报的创刊牵涉到器材、人员和资金等大量问题,当初拟定“可与《朝日新闻》以及《每日新闻》媲美”的日报创刊,在短期内不现实,决定退而求其次,以收购停刊报纸来实现预定目标。该文还具体提到电影制作的问题,称正与东宝协商合作拍摄一部以“不屈的人民”为主题的电影,已同东宝方面约定,一俟收到陆久之所长委托书,立即转交,估计东宝方面会同意。唯东宝的条件是派遣六名东宝拍摄人员前往上海,万一此条件无法实现,则希望陆久之协助,允许东宝现场拍摄在日中国占领军。该文又提到,闻改造日报馆的青年记者冯度将作为占领军政治部成员来日,负责与中日文化研究所联络;而陆久之在上海就已经筹划,起用李香兰为主角在东京拍摄一部电影的设想,已得到李香兰的应诺。目前正策划陆久之来日期间同东宝进行更大规模的合作,若器材能够落实,也希望在东京独立制作出口中国的电影。陆久之的回复很快就到了,以改造出版社社长和中日文化研究所所长名义致函东宝映画株式会社社长,称为达成二战后的世界和平,尤其是亚洲的永久和平,中国的民主化与日本的民主化是不可或缺的前提,本研究所全体同仁无不抱有这一信念,望贵社与在东京的本所人员携手合作,拍摄以缔造崭新中日关系为主题的电影,推动这一目标的实现。详情可参见另纸附上的委任书,由东京本所人员同东宝方面协商,望制作不仅能够在日本,也能在中国放映的电影,并希望在不久的将来,东宝得以全面参与中国的电影制作事业。有关中日贸易问题,文中提到虽非中日文化研究所事业,但已经同四国地区的渔业从业者就近海捕鱼、同不二越制作所就自行车的制造进行了探讨,开展调查并向上海汇报,以便陆久之来日时即可同有关方面进行磋商。文内也提到利用不二越拥有的大楼成立中日文化会馆的设想,不二越社长期待陆久之来日之际的晤谈,如果得以形成相互信赖之关系,则该设想将会实现。对此,1946 年 8 月,陆久之同样以改造出版社社长以及中日文化研究所所长名义,发出委托书,委托菊地三郎为自己代理人,全权办理与不二越钢业株式会社社长洽谈承购不二越大楼一应事宜。值得注意的是,该委托书中陆久之称菊地为“驻东京改造日报、中日文化研究所代表”。[①]

虽然诸多事宜必须等待陆久之访日时方能定夺，但计划中的陆久之访日却一直未能实现，上述计划也无法落实，最终不了了之。

有报道称，1950 年陆久之其实去过日本，是年 4 月的一天，“中共人士吴克坚亲自至陆久之家造访。……开门见山向他转达了有关方面的指示”，希望陆久之前往日本，策反国民政府驻日军事代表团团长朱世明。接受任务后的陆久之“经香港偷渡到日本，住在了东京老朋友谭觉真家”。计划最终因中途生变而功亏一篑，偷渡来日的陆久之只能再度买通船员，仍旧途经香港回上海，不料航程中意外受伤，“留下终身不治的后遗症”。[②] 但有关此事另一篇报道却有所不同，称陆久之 1949 年 4 月受命策反汤恩伯未成，“中共地下党考虑陆久之多次出入汤恩伯的司令部及汤恩伯的官邸蒲园，可能已经引起国民党特务的注意。虽然汤恩伯无意加害陆久之，但是蒋介石手下的特务不会放过陆久之。于是中共地下党决定让陆久之离开上海，前往日本。到了日本，陆久之受命执行一项新的策反任务——策反国民党当局派驻日本的军事使节团团长朱世明。就在朱世明犹豫之际，被国民党特务发觉，国民党当局免除了朱世明的驻日本军事使节团团长之职。1949 年 5 月 27 日，上海解放。陆久之欢欣鼓舞，从日本返回上海”。[③] 比较前文与后文，策反朱世明一事时间上相差一年，且受命时间和地点也相异。而陆久之的胞弟陆立之在接受采访时则将此事斥为“谎言”，说：“1950 年，上海统战部门负责人吴克坚原定派遣蔡叔厚偕同陆久之赴台湾进行某项工作。蔡陆二人抵达香港后获悉台湾白色恐怖嚣戾，入境困难，不果行。蔡奉命折回上海，陆借口赴日访亲（族叔陆矩吾在国民党政府驻日代表团电台工作），偷渡去日本东京，做了不可告人的勾当（可能为了转移巨额私财，即所谓‘家财千万’）”。该文还否认陆久之从东京返回香港途中意外受伤落下的后遗症，称

① 亚非图书馆所藏《上海時代・草創期の中文研》A24“中文研設立構想”。
② 周军：《蒋介石女婿陆久之东瀛策反记》，《党史博采》2002 年 1 月。
③ 叶永烈：《陆久之："蒋介石女婿"的传奇人生》，《名人传记（上半月）》2015 年 5 月，总第 483 期。

是"母亲遗传的摇头和手腕颤抖"。[①] 有关陆久之战后赴东京一事，由于存在不同说法，加之缺乏确凿证据，莫衷一是，难以断定陆久之在东京逗留期间是否同菊地有过晤面。

亚非图书馆保存的菊地三郎的资料中，有1987年6月30日以及7月13日菊地写给陆久之以及金学成的信，从信中可以得知，菊地和陆久之于1987年在上海重逢。久别后的重逢，令菊地感慨万千，在信的开头写道："相隔四十余年相逢，居然我们都还活着。"又提及中日文化研究所初创期的种种往事，尤其感谢陆久之的援助，披露了当年受陆久之的托付，送来资金的是谭觉真。也许陆久之未及时回信，故菊地特地要求陆久之接信后能够写一笔"收悉"的回复。[②] 从信函措辞判断，似乎1946年两人在上海分手后，1987年是首度聚首，如果1950年陆久之偷渡东京之际两人有过相见，从时间上算，1950—1987年不足40年，按理不存在"相隔四十余年相逢"一说。

同一时期，陆久之也委托中日文化研究所在日本销售改造日报馆以及改造出版社出版物，寄送次数、出版物的名称和数量如今虽无从确认，但从留存下来的一份以"中国陆军第三方面军司令部改造日报馆"名义发出的"寄往日本销售各种刊物清单"可一窥大概[③]，详见表1。

表1　陆久之寄往日本销售各种刊物清单表

<table>
<tr><th>书　名</th><th>包数</th><th>每包册数</th><th>共计册数</th><th>每包重量</th><th>共计重量</th></tr>
<tr><td>改造周报第1—7期</td><td>1包</td><td>300册</td><td>300册</td><td>29磅</td><td>29磅</td></tr>
<tr><td>改造周报第8—14期</td><td>1包</td><td>300册</td><td>300册</td><td>32磅</td><td>32磅</td></tr>
<tr><td>改造周报第15—17期</td><td rowspan="2">1包</td><td>150册</td><td rowspan="2">250册</td><td rowspan="2">30磅</td><td rowspan="2">30磅</td></tr>
<tr><td>英文书</td><td>100册</td></tr>
</table>

① 吴腾凰：《陆久之究竟是什么样的人——访陆立之先生实录》，《江淮文史》2001年2月。

② 亚非图书馆所藏《上海時代・草創期の中文研》A24"陸久之氏・菊地翁の往来信"。

③ 亚非图书馆所藏《上海時代・草創期の中文研》A20"『改造日報』関係"。

（续表）

书　　名	包数	每包册数	共计册数	每包重量	共计重量
丛书第1辑	12包	330册	3 960册	42磅	504磅
丛书第2辑	2包	222册	444册	44磅	88磅
丛书第3辑	2包	222册	444册	40磅	80磅
丛书第5辑	14包	120册	1 680册	32磅	448磅
改造评论	22包	68册	1 496册	35磅	770磅
合计	55包		8 874册		1 981磅

上述清单中的《改造周报》为日文杂志，丛书一至三辑以及第五辑，未列书名，改造日报馆出版的“改造丛书”第一至第三辑以及第五辑分别为《蒋主席的对日言论集》《民主日本的诸问题》《日本如此败北》和《中国的命运》，均为日文，缺少的第四辑《太平洋大战秘史》为中文，自然不必送往日本销售。至于英文书，也没有标明书名，查改造日报馆唯　出版过的英文书籍是《改造日报社论选集》，清单中的“英文书”很可能是这一本。《改造评论》也是日文刊物，未写期号，日本国立情报学研究所运营的学术信息检索系统CiNii显示，日本国内藏有该刊的机构仅东洋文库、日本近代文学馆、孙文纪念馆文库和一桥大学经济研究所资料室四家，均只有创刊号，估计清单中的《改造评论》应为创刊号。此外，《改造周报》和《改造评论》在“上海市社会局报纸杂志通讯社申请登记调查表”的“预计发行情形”栏中，预估日本销售数

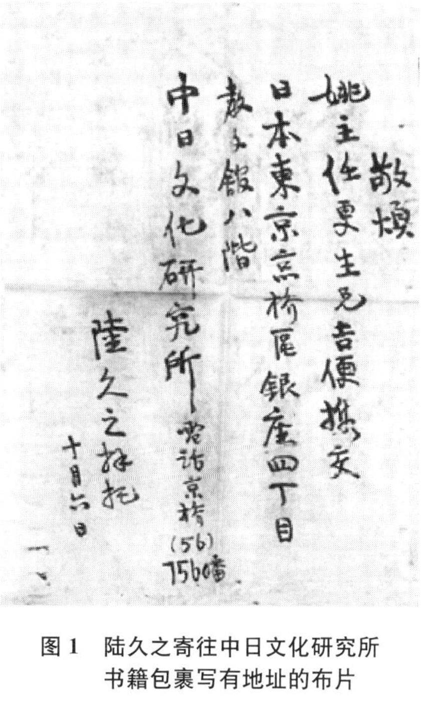

图1　陆久之寄往中日文化研究所书籍包裹写有地址的布片

前者为五千册,后者是一万册。[①] 从如今日本图书馆收藏情况判断,两本刊物的在日销售目标似乎都没有达成。

随着东京的中日文化研究所的工作的展开,所内汇集了越来越多的来自上海的昔日日侨同僚,开支愈发紧张。东京亚非图书馆收藏的菊地三郎在1962年10月1日中日文化研究所重建集会上的致辞要点便条,回顾了中日文化研究所历程,其中就提到了这一点。他说,1946年"年末,得知我的事务所成立的消息,在上海的同志三十余人大举回国,事务所热闹非凡,但同时,薪水的发放……就成了问题"。[②] 加之菊地"生来的文人气质和慷慨,不久资金周转就陷入困境"。[③] 不过,从下列中日文化研究所1947年度决算(表2)以及1948年度预算(表3)来看,研究所成立初期,第一年度的经营尚有结余。

表2　中日文化研究所1947年度(1—12月)决算书(单位:日元)

收　入		支　出		
项　　目	金额	项　　目		金额
基本财产	300 000	人工费	所员各类津贴	612 783
普通财产	357 500		旅费・交通费	143 276
捐款(含实物)	1 200 000		交际费	83 400
会费(普通会费・维持会费)	148 080		婚丧慰问金	28 500
销售收入	435 825	小计		867 959
稿费・委托调查费	28 300	资料费	中国关联资料费	536 500
杂收入	7 523		报刊费	32 012
收入合计	2 477 228		书籍	23 050

① 上海档案馆藏,Q6-12-62-1。

② 亚非图书馆藏《上海時代・草創期の中文研》A18"1962年再建に向けた動き"。

③ [日]大金久展:《菊地先生の思い出》,《菊地三郎先生追想　不怕矛盾　語学院開校60周年記念》,非卖品,2002年11月,第9页。

（续表）

收入		支出		
项目	金额	项目		金额
		资料费	其他资料购入费	4 250
		小计		595 812
		事业费	展览会	76 865
			研究会	24 350
			讲演会	26 580
			讲习会	18 500
			其他活动	49 735
		小计		196 030
		出版费	纸张费	65 720
			印刷费	99 630
			稿酬	60 600
			各类杂费(含出版协会费)	21 112
		小计		247 062
		经营费	研究室设备费	58 150
			什器等购入费	25 612
			研究室・联络室维持费	18 121
			交通费	26 355
			集会费	5 620
			各类杂费	13 120
		小计		146 978
		福利费	所员宿舍设备费	38 000
			所员宿舍维持费	4 858

（续表）

收　入		支　出		
项　　目	金额	项　　目		金额
		福利费	住宅费补助	1 200
			医药费补助	4 600
			慰问金	7 850
		小计		56 508
		支出合计		2 110 349
收支相抵后结余(转入下一年度)				366 879

表 3　中日文化研究所 1948 年度(1—12 月)收支预算表(单位：日元)

收　入		支　出		
项　　目	金额	项　　目		金额
上一年度转入	366 879	人工费	所员各类津贴	840 000
捐款	480 000		旅费・交通费	180 000
会费	720 000		交际费	120 000
销售收入	2 550 000		婚丧慰问金	18 000
稿酬・委托调查费(含经济安定本部委托调查费)	800 000	小计		1 158 000
杂收入	18 000	资料费	中国关联资料	500 000
收入合计	4 934 879		报刊	36 000
			书籍	24 000
			其他特殊资料	3 600
		小计		563 600
		事业费	展览会	
			研究会	

（续表）

收　入		支　出		
项　目	金额	项　目		金额
		事业费	讲演会	60 000
			讲习会	48 000
		小计		374 000
		出版费	纸张费	270 000
			印刷费	950 000
			稿酬	820 000
			各类杂费	60 000
		小计		2 100 000
		经营费	什器及其他补充费	12 000
			研究室·联络室维持费	24 000
			交通费	30 000
			集会费	5 000
			各类杂费	12 000
		小计		83 000
		福利费	所员宿舍维持费	4 800
			住宅费补助	1 200
			医药费补助	6 000
			慰劳费	10 000
		小计		21 000
		支出合计		4 299 600
收支相抵后结余(转入下一年度)				635 279

资料来源：表2和3据亚非图书馆所藏《上海时代·草创期的中文研》A12“事業報告·事業計画”作成。

预算书中提及的“经济安定本部委托调查”，指中日文化研究所受日本官方委托，调查战后中国国内经济方面的情况。“经济安定本部”是战后设立的日本内阁的一个重要机构，主管经济安定施策的立案等方面的工作。但接受该机构的委托所进行的调查，似乎收支不能保持平衡。从1948年事业计划所附的“经济安定本部委托调查计划书”的收支概算可以看到，委托调查费收入是十万日元，而包括人工费、旅费、杂费在内的支出却高达13.55万日元。[①] 此外，来自外部的捐款似乎极少，不得不依赖研究所内的所员以及为数很少的相关人士。表4显示从1946年11月至1948年8月底，研究所总共收到48.5万日元的捐款。

表4　社团法人中日文化研究所捐款一览(截至1948年8月底)

捐款人姓名	收讫日期	捐款人所在地	金额(日元)
筒井重保	1946/11/3	东京	100 000
山本辰五郎	1946/11/10	东京	100 000
菊地三郎	1946/10/15	东京	50 000
筒井重良	1946/10/30	东京	50 000
寺田良藏	1946/10/12	富山	30 000
齐藤玄彦	1946/10/15	东京	30 000
三好崇一	1946/11/12	东京	30 000
今川一雄	1946/10/15	千叶	10 000
上田行雄	1946/11/4	东京	10 000
加岛敏雄	1946/11/10	东京	10 000
渡边和子	1946/11/12	大阪	10 000
山本辰五郎	1947/12/27	东京	40 000
同上	1948/7/21	同上	15 000
合　　计			485 000(捐款总额)

资料来源：亚非图书馆藏《上海時代・草創期の中文研》A05“1940年代の記録ノート”，按金额大小及日期先后排列。

① 亚非图书馆藏《上海時代・草創期の中文研》A12“事業報告・事業計画”。

中日文化研究所会员分为维持会员和普通会员两种。《社团法人中日文化研究所章程》第六条规定，“本研究所由维持会员和普通会员构成。每月缴纳会费一百日元或一次性缴纳五千日元以上者为维持会员，每月缴纳会费二十日元者为普通会员”。据《第一年度所务概况》记载，1947年1月1日有会员91人（维持会员20人，普通会员71人），年底会员数上升到363人（维持会员53人，普通会员310人）。[①] 可见中日文化研究所成立初期，发展相当迅速。即便如此，按照1947年底会员人数及章程所规定会费计算，当年会费收入估计在十来万日元左右，1948年预算中会费预计收入定为72万日元，似过于乐观。

中日文化研究所的设立申请书，现藏于日本国立公文书馆。该申请于1946年11月21日提交文部省，开头的“宗旨”部分有如下叙述：“一九三一年至一九四五年的战争带给中日两国人民的巨大的、破坏性的创伤，必须迅速地有组织地加以清除，使和平睦邻的友好关系得以恢复，重建因战争而陷于荒废的两国的经济和文化。”但由于“日本军国主义者出于对华政治和经济侵略的需要，在日本制造离奇的民族理念，从而在日本国民中产生侮辱中国人民的情感。这种情感的酿成，经历了漫长的岁月，故消除这一认识绝非易事，而恢复中国人民对日本民众的友好与信赖更是困难重重”。为达成“促进相互理解与信赖”，“增强两国民间的和平与友好”的目的，申请书表示，必须反省并清除过去的侵略主义的文化理念，而这一“反省与清除”的大扫除，绝不可以由战后突然改头换面、披上“和平与民主主义”的人物来担当。研究所成立之后的事业，申请书列出以下五项：（一）报纸、杂志以及其他出版物的刊行，其中包括向中国介绍日本最新政治经济和文化动向之事业；（二）资料的收集、演讲会及研究会等的举办；（三）文化作品、电影、戏剧的相互交流，一般技术的交流介绍；（四）为有志于本所成立目的者支付或贷款研究费；（五）两国文化工作者的相互交流派遣。一个月后的同年12月24日，日本文部省依据民法第34条，正式认可“社团法人中日文化研究

① 亚非图书馆藏《上海時代・草創期の中文研》A12“事業報告・事業計画”。

所”的成立。①

三、中日文化研究所创立初期的主要事业

提交给文部省的成立申请书附有详细的第一年度“事业计划书”，重点放在出版方面，表示将通过书刊的出版来达到成立目的，事业计划列表如表5。

表5　中日文化研究所首年度事业计划一览表

事业名称	出版及举办计划	印数	预算（支出/收入）	备注
小册子《中日文库》	两册/月	一万册	120万日元/168万日元	
单行本书籍	二～三本/月	一万本	201万日元/252万日元	金额以每月出版两本计算
半月刊《中国资料》		一万本	160万日元/126万日元	1～6期为月刊，以后为半月刊
月刊《中日月刊》		一万本	108万日元/94万日元	1947年1月创刊
中日文化研究所报		一千册	6 000/无	誊写版
演讲会	两次/月		36 000日元/36 000日元	
研究会	一次/周		48 000/无	

中日文化研究所举办的事业，以“自给自足”为原则②，但从计划看，出版事业显然无法获利，赤字颇多。半月刊《中国资料》每期预计亏损34万日元，月刊《中日月刊》则每期亏损14万日元，以此计算，小册子《中日文库》以及单行本书籍的发行，即便按计划实现盈利，也不足弥补杂志的亏损，收支难以平衡。事实上，《中日月刊》等多项计划因经费的掣肘，最终未能面世。

研究所刊行的不定期誊写版内部小册子《会报》对初创阶段中日文化研

① 《中日文化研究所(設立)S21年度》，国立公文书馆，平19文科00576100。

② 《中日文化研究所(設立)S21年度》，国立公文书馆，平19文科00576100。

究所的工作,有详细介绍,依照这些介绍,同时参照研究所 1947 年度和 1948 年度的计划,可大致掌握研究所成立初期主要开展了以下各项工作,同上述 1946 年 9 月菊地三郎写给徐逸樵及陆久之的最初工作设想有很大的不同。

1. 调查研究

研究所内的研究活动,根据所员各自的研究对象制定研究课题,1947 年度计划研究课题 14 项,也许受资料的限制或其他因素的影响,最终的调查课题的名称、内容以及担当者在“第一年度决算报告及事业报告”中出现了变化,缩减为 11 项,有三项未实施,有两项改变课题名称(表 6)。“第一年度决算报告及事业报告”披露,上述 11 项课题中,有 5 项受“经济安定本部”委托进行,提交之后“备受经济安定本部方面的好评”。

表 6　1947 年度计划与最终实施课题一览表

计划		最终实施
课题名称	担当者	课题名称
以垄断买办官僚资本为中心的战后中国经济的构造	赤津益造	战后中国经济的构造
关于日本贸易再开的中国民族资本动向及商社调查	福田经	同
战后中国的经济法令办法(调查)	加岛敏雄	同
战后中共的经济能力及其政策	寺田良藏	同
战后中国的物价运动(图表制作)	福田经	同
战后中国的土地革命	赤津益造	
现代中国史学界的潮流	坂本德松	同
中国的对外关系	斋藤玄彦	同
国共关系的推移	寺田良藏	
苏联与中国	野田健二	东北(满洲)的经济实态(调查)

（续表）

计划		最终实施
课题名称	担当者	课题名称
以孙文为中心的民族革命	加岛敏雄	
中国近代文学理论史	岛田政雄	同
中国美术与木刻运动	田村宗太郎	同
战后中国大事日志编纂	锄柄雄三	同

资料来源：亚非图书馆藏《上海時代·草創期の中文研》A12“事業報告·事業計画”。

1948年度预算附有“经济安定本部委托调查计划书”，列出10项调查课题，明确需要在7—8月间完成，实际提交时发生变动，改为9项（表7）。

表7 1948年度计划课题与完成情况一览表

计划		实施	
课题名称	担当者	课题名称	担当者
国共两者之土地政策的比较	赤津益造	中国国家垄断与官僚资本的特质	赤津益造
解放地区的农业情况与增产运动	菊地三郎	战后中国的物价动向	福田经
华南经济建设与国内资本工厂的香港逃避问题	加岛敏雄	中国共产党的经济政策	岛田政雄
中共经济政策与民族资本育成保护政策	加岛敏雄	中国民族工商业的实态与中日贸易的展望	寺田良藏
国民政府统治下的劳工情况与工人运动	岛田政雄	有关对华援助问题的中共之态度	岛田政雄
解放区工会与劳资合作体制	岛田政雄	关于中美通商条约	福田经
中美通商条约缔结的意义	福田经	华南经济建设与资本逃避	加岛敏雄
关于中国引入外国民间资本的问题	野田经	东北（满洲）的经济建设	野田健二

（续表）

计划		实施	
课题名称	担当者	课题名称	担当者
东北（满洲）经济建设状况	野田健二	解放区经济中的妇女劳动	渡边和子
中日贸易的将来与中国民主化过程的关联	野田健二		

资料来源：亚非图书馆藏《上海時代・草創期の中文研》A12“事業報告・事業計画”、《上海時代・草創期の中文研》A8“1940年代のメモ・内部文書”。

1949年以后，由于研究所财政入不敷出，各项活动陷于停顿，但上半年度仍计划向经济安定本部提供下列5项报告（表8）。

表8 1949年上半年课题一览表

课题	担当者
东北华北基础产业的现状	野田健二
中共地区税制的实际情况	赤津益造
新中国的贸易构造	山本辰五郎
一九四九年度中国农业生产的实情	岛田政雄
国营管理企业的本质	加岛敏雄

资料来源：亚非图书馆藏《上海時代・草創期の中文研》A8“1940年代のメモ・内部文書”。

日本“亚洲历史资料中心”可以查到当年中日文化研究所受委托进行的两项调查，分别为1948年6月1日发行的《战后中国的物价动向》（日本经济安定本部总裁官房企画部调查科，海外资料第21号，中日文化研究所所员福田经执笔）和1950年3月8日发行的《新中国物价问题的特质》（经调外1950第298号，中日文化研究所赤津益造执笔），两份调查报告皆以上海为调查对象，从题名以及发布的日期看，后者不在上列课题的范围内，可以推测1949年下半年度以后，中日文化研究所也承接过官方委托调查。研究所内部资料显示，1947～1949年，中日文化研究所总共接受经济安定本部支付调查费25万日元①。

2. 资料收集

有关中国情况最新资料的收集以及整理，是中日文化研究所的重要工作之一。研究所最初的调查研究也多依赖这些资料，其主要来源是中国驻日代表团、亚东协会东京分会以及从中国遣返的所员捐助，后自行购买国外出版的报刊书籍等。② 研究所提倡"具体的、实践性的中国研究"，为此倾注全力收集资料。成立之初收集的报纸有《大公报》《文汇报》《时代日报》《时事新报》《世界晨报》《中央日报》《改造日报》等，杂志则以政经以及文艺类杂志为主，有《财政评论》《金融周报》《经济周报》《中国农村月刊》《中国建设》《新中华》《东方杂志》《世界知识》《民主》《周报》《文萃》《观察》《亚洲世纪》《新文化》《中苏文化》《北方文化》《群众》《时代》《解放》《理论与现实》《人世间》《廿世纪》《中国工业》《纺绩周报》《工人周刊》《生活知识》《文艺复兴》《文艺春秋》《文章》《上海文化》《读书与出版》等50余种，另收集有书籍若干。为方便资料的查找，对杂志以及部分书籍根据项目内容做了卡片摘要整理。

3. 创办研究所机关刊物《中国资料》

中日文化研究所的事业是从创刊机关刊物《中国资料》开始的。本着依据中方最新资料阐明中国政治、经济、社会、文化等动向，向国民迅速并正确地普及对中国的正确认识的目的而创刊《中国资料》，如表5所述，最先计划先发行月刊，随后过渡到半月刊，因驻日盟军总司令部（GHQ）对出版物审查以及印刷用纸配给而未能实现。后又有计划，在确保印刷用纸基础上，从第五期起发行月刊。出刊计划不得不依据当时情况应变，可见《中国资料》编辑发行的不易。虽然举行了第五期编辑会议③，最终《中国资料》只出版

---

① 亚非图书馆藏《上海時代・草創期の中文研》A8－6"筆者不詳 PPB 提出ズミ報告文書194908"。

② 亚非图书馆藏《上海時代・草創期の中文研》A8－6"筆者不詳 PPB 提出ズミ報告文書194908"。

③ 《所報》No.1，1948年4月1日。

了四期便告终结，停刊的理由是“经营困难”①。四期出版日期分别为1946年11月1日、1947年6月1日、1947年8月1日和1948年2月15日，实际成为不定期出版刊物。由于杂志内容大多译自中国报刊，在战后日本出版的有关中国的杂志中独树一帜。

日本国立国会图书馆的普兰格文库②内保存着附有英文审查意见、未能面世的《中国资料》第2期校样，显示该期《中国资料》按照每月一日发行的计划，原定1946年12月1日出刊的，但结果却大幅延期，并且，延期出刊的第2期，除“上海期刊调查表—报纸部分—”等极少数内容外，其他栏目与原先的第2期完全不同，且面页数也减少一半（详细目次见表9和表10）。第2期校样刊有第3期预告，比较1947年8月1日发行的第3期，内容也不一样，可见第3期内容也遭到审查机构的干涉，不得不重新组稿送审。

表9 《中国资料》第二期（一九四七年六月一日发行）详目

题　　名	作　者	刊载页	备　　注
正视现实	叶飞	封面	版画
木刻·寻求光明	李桦	封二	版画
中国木刻展与中国民主艺术的聚会		封二	
战后一年来中国经济鸟瞰	小野三郎	1～3	

① 亚非图书馆藏《上海時代·草創期の中文研》A8-6“筆者不詳 PPB 提出ズミ報告文書194908”。

② 所谓“普兰格文库”，是战后驻日美军担任民间出版物审查机构负责人戈登·W·普兰格（Gordon William Prange，1901—1980）在该机构解散后，注意到被审查资料的价值，经上司许可，将资料装入五百只木箱，运至马里兰大学，1978年被命名为普兰格文库，成为了解日本战后出版情况的重要资料。由于战后占领期出版物纸质不良，资料损坏严重，日本国会图书馆与马里兰大学合作，从1992年起实施资料的微缩胶卷化以及数码化保存，如今在日本的图书馆可以查阅的“普兰格文库”，正是经数码化保存作业之后的资料。普兰格系美国历史学家，1937年起执教于马里兰大学，1945年作为驻日美军一员赴日，后任盟军总司令部参谋第二部（G-2）历史科长和历史室长。

（续表）

题　　名	作　者	刊载页	备　　注
中国资料第二期目次		1	
世界工会与中国的工人		3～4	
访日考察团与中国工人代表		4	
解放区的运动指导人刘宁一	SHI・MA	4～5	
为灾害所折磨的中国农村	KO・SE	5～6	附插图
世纪风　伦敦也有中国木刻展		6	插图源自上海《文汇报》副刊
黄河决口之纠纷解决		6	
联合国善后救济总署的对华粮食供给		6	
带着核桃动身往苏联　茅盾先生	水谷正	7	附插图
蒋主席年谱		8～9	附插图
围绕国大的第三势力之动向	A・MA	10～13	附插图。小标题：（一）民盟的内战解决要求—给蒋主席的电报请求内容—、（二）民盟与民主社会党—张澜先生的时局谈—、（三）民社党的脱离、（四）中国青年党的宪法宣言
国共合作的历史资料（1）		13～17	小标题：（一）蒋委员长的声明（一九三七年九月廿二日发表）、（二）抗战开始时的国共合作　中国共产党的共赴国难宣言（一九三七年九月廿二日发表）、（三）抗战建国纲领（一九三八年七月发表）、中国共产党抗日救国十大纲领（一九三八年发表）
战后中国大事日志（1）		14～17	文末标有“以下见下期”
木刻・为生存诉求	阿杨	17	

（续表）

题　　名	作　者	刊载页	备　　注
从统计看上海诸相		18～19	小标题：上海人民公园、清朝以来的上海米价、上海的各种车辆、上海市中心的住房面积、上海市府的职员人数、中国经济小统计
中国职业女性的收入调查		19	附插图。小标题：家庭教师、护士、电话接线员、女工、女店员、女招待、阿妈
中国历史学会的动向　访翦伯赞先生	M・S生	20～21	附翦伯赞近影
茅盾和他的文学	岛田政雄	22～24	
文艺（上海出版界现状　文化杂记　文化人的动静）		24～25	插图文字源自《大公报》文艺栏题字
本期木刻		25	叶飞、李桦、阿杨三人的介绍
书评　茅盾著《清明前后》	JI・MA	24	附插图
书评　老舍著《四世同堂》	岛俊雄	25	
特集　新宪法与五五宪章		26～31	
中日文化研究所的活动		32	
上海期刊调查表（Ⅰ）　报纸部分一		32	
编辑后记		32	

表 10　因出版审查未能发行的《中国资料》第 2 期详目
（原计划 1946 年 12 月 1 日发行）

题　　名	作　者	刊载页	备　　注
中国资料第二期目次		1	
特集　经济民主化的课题			

（续表）

题　　名	作　者	刊载页	备　　注
民主建国会与中国民族资本		1	文末标注“文萃第十三期·作者贺兰”
对政治协商会议的第二次意见　民主建国会的企业·财政·政治建言		2～5	附标有“官僚资本”和“民膏”字样的插图。文末标注“文萃第十七期”。小标题：关于企业自由之问题、关于财政通货之问题、对会议本身之期待、关于基本人权保障之问题、关于政治之问题、关于军事之问题
为《中国资料》特别撰写寄日本文化运动阵营	茅盾	2～3	附茅盾近照
反对经济独裁　上海企业家站起来		4～6	文末标注“经济周报五月三十日号　插图源自周报第二十五期”
黄金政策与官僚资本　马寅初·张一凡等的意见		6～9、29	文末标注“经济周报五月三十日号”
政府的劳动对策		9	文末标注“五月二十九日，于上海，工会代表二千余名参加的会议上”
工会代表的意见		9	文末标注“本文为上篇工会代表集会上的发言，生活知识第二十八期”。该期目录将上文与本文合一，写作“对劳动争议处置方针的两种立场”
停水之前·重庆	王琦	10	版画
战后一年间的中国工业	季崇威	10～17	文末标注“经济周报九月十九日号”。小标题：（一）收复区矿工业接收经过及现况、（二）被遗弃的后方工业的崩溃、（三）经济危机与工业的前途
食粮不足为何发生？	盛慕杰	12～14	文末标注“经济周报五·二三”。小标题：各地的惨状、军用米的提供与投机操纵
战后复工工厂和工人的统计（上海）（至今春五月止）		14	不包括工人数三十人以下的工厂
救救老百姓	鲁芸	15	版画。解放周报第一卷第三期封面

（续表）

题　　名	作　者	刊载页	备　　注
物价为何上涨?	伍启元	15	文末标注“改造周报第十七号”
上海工人生活费指数(九月份)—以民国二十五年为100—		16	时代日报九・二十所载
上海电力公司主要工业配电分析表(单位千 kWh)		17	源自经济周报八月一日号
上海电力公司历年工业用电力比较表(单位千 kWh)		17	源自经济周报八月一日号
茶业的危机		18	附插图(源自《文章》一九四六年七月十五日号)。文末标注“经济周报二十二期”
纺织与蚕丝		18～19	文末标注“中国工业第五・六期”
布业者的不卖同盟		18～19	文末标注“文汇报五・九”
对外纺织的问题	陆绍基	19～20	文末标注“纺织周刊五月十一日号”。小标题:(一)廉价的美国纺织品、(二)日本纺织业的情势、(三)印度纺织业的现况、(四)人造丝与棉织品的竞争
上海战前战后的工业用电比较(单位千 kWh)		19	源自经济周报八月一日号
关于中国蚕丝公司		20	文末标注“经济周报五月三十日号”
中国纺建公司的生产概况—其设备与运转状况—		21	上海与天津的状况。文末标注“经济周报九月十九日号”
战后解放区的土地问题		22～24	小标题:解放区各地的农民运动、解放区政权对地主的态度、党・政府对农民的政策
中共的土地对策		23	附插图。文末标注“插图木刻源自新华《新中国》五・三十一日号”
中央银行的垄断倾向		24～25	文末标注“上海英文大美晚报五・二九所载　笔者为该报总经理约翰・阿勒斯”(约翰・阿勒斯系音译)

（续表）

题　　名	作　者	刊载页	备　　注
中国资料　社会辞典		24～25	“田赋征物”“二五减租”“高利贷”“行会制度”的说明。文末标注“源自《生活知识》第三十三、三十四、三十七、三十一期”
晋察冀边区银行(中共)的低金利		25	文末标注“源自民国三十五年五月十八日晋察冀日报”
论二五减租	马寅初	26～29	文末标注“源自《理论与现实》第一号”。小标题：(一)浙江省的二五减租概况、(二)地主与佃农的权力义务、(三)永久佃耕权与二五减租之关系
生活的倾诉	阿杨	26	版画。源自《群众》第十二卷第四・五合刊
战后半年的上海国际贸易	盛慕杰	26～29	文末标注“经济周报第三卷第十一期九月十二日号”。小标题：上海贸易之四倾向、进口最多的商品、出口商品品目、入超两亿美元、上海贸易与中国经济
致订阅本刊的读者		29	编辑部对读者的请求
小说・我在霞村的时候	丁玲	30～44	附版画插图(E.Bormann)及译者关于丁玲的介绍
新刊介绍		32	翦伯赞《中国史纲》(《读书与出版》民国三十五年四月五日号)、郭沫若《十批判书》、胡绳《在重庆雾中》(《改造评论》创刊号)、巴金《憩园》、茅盾《霜叶红似二月花》
书评　有关解放区情况的四份报告		35	文末标注“《读书与出版》民国三十五年四月五日号”。李普《光荣归于民主》、黄炎培《延安归来》、福尔曼《中国解放区见闻》、赵超构《延安一月》
交通建设		37	文末标注“金融周报第十四卷第二十二期”
中国资料　下期预告		39	与实际发行的第三期内容相异，另有已发行的创刊号目次

（续表）

题　　名	作　者	刊载页	备　　注
水边	无名	40	版画。源自《文章》第四期民国三十五年七月十五日号
黄河决堤口防塞问题		40～41	文末标注“金融周报第十四卷第二十二期”
电影　演剧		42	限制美国电影进口（世界晨报八・十五发＝时通）、战犯电影演剧人检举原则的决定（世界晨报五・廿三）、文化电影（大公报六・九）、儿童剧的上演（大公报六・二）、抗议红楼梦（大公报六・十八）、上艺的公演（世界晨报六・十一）、“升官图”续演（世界晨报六・十二）
新刊介绍		43	《郭沫若文集第一辑》、《抗战文艺》（改造评论第二号）、综合月刊杂志《清明》、开明书店近况（改造评论第二期）
中国的出版界		44～45	知识出版社、新知书店、智源书局、生活书店、正中书局、中华书局、正言出版社、寰澄出版社、商务印书馆、开明书店、群益出版社各社的书籍介绍。文末标注“以上源自《读书与出版》第三号六・十五日号、《上海文化》第七期八月号”
诗　跳六笙	黄瀛	45	
逃亡	李桦	45	版画
特辑　日本问题座谈会（一九四六年五月于上海）		46～54	出席者（按发言顺序）马叙伦、田汉、郭沫若、翦伯赞、冯乃超、茅盾、陈望道、叶圣陶。司会 A、B。附出席者介绍。小标题：日本的民主化、关于日本的文艺
胜利前后上海教师的待遇	蔡尚思	51～53	文末标注“消息第十期”。小标题：物价的高涨与货币价值、比车夫更加贫困的生活
上海与重庆		53	有关衣・食・住・行的比较。文末标注“大公报七・十”
救捐舞踊！多跳一只舞	丁聪	54	漫画

（续表）

题　　名	作　者	刊载页	备　　注
内战与饥饿		54～57	文末标注“上海《新中国》第一卷第六号”
日本民主化的问题	穆罗	54	月刊杂志《上海文化》主办的座谈会介绍
护士节		55	
出版通讯		55	中日文化研究所的出版计划
上海的住宅问题	马地泰	56～57	文末标注“《中国建设》一九四六·五月号”
上海期刊调查表—报纸部分—		57	
香烟(鲁迅追忆)	景宋	58～59	附插图(源自《群众》第十一卷第九期)。文末标注“作者系鲁迅遗孀·文萃第三期十月号”
鲁迅介绍		59	去年秋季以来上海各杂志刊载的有关鲁迅报道的介绍
CC与CCC	过客	60	文末标注“消息第十四期”。小标题：CC与各派、CCC的联合
中国动向		60～63	有关“政治”“经济”“农业”方面的消息
李闻两氏追悼大会记录	S生	61～63	附照片。文末标注“上海·十·六”
最近的蒋主席(改造评论第二期)		63	
解放区的三处广播电台		63	延安新华电台、张家口新华电台与邯郸新华电台。文末标注“群众第十二卷第八期”
今期木刻作家		64	刘仑(封面)、陈烟桥(表二)、王琦(十页)、鲁艺木刻(十五页)、阿杨(二十六页)、E.Bormann(三十页)、李桦(四十五页)的介绍
上海通讯		64	市府发表的本市三十二区之户口数(世界晨报六·十二)、外籍居民统计(大公报六·四)、鸡尾酒会(生活知识第十号)

战后,GHQ 对日本的媒体出版业进行了严格的审查,担当此项工作的是 G-2 属下 CCD(民间审查局,Civil Censorship Detachment)。G-2 下设管辖民事的 CIS(民间谍报局)和负责军事、刑事的 CIC(对敌谍报部),CCD 隶属于 CIS,由于 CCD 最初从事的工作带有浓厚的军事色彩,故又称"民间审查支队",当对日占领进入稳固期,CCD 的工作重点转移至民事方面,又被称作"民间审查局"或"民事审查局"。CCD 是一个秘密机关,在整个占领时期,其活动均不公开。1948 年度《现代用语的基础知识》曾设 CCD 词条,解释为"民间审查班,对民间情报进行审查的组织",但在以后出版的各年度《现代用语的基础知识》中,这一条目消失,未再出现。占领之初,对报刊书籍等铅字印刷媒体进行强制性事先审查制度,各媒体必须事先提交校样。若媒体不服从禁止出版或削除的处分,则出版人会遭到逮捕、罚款的处分。而且,削除部分必须加以修正,不得留有丝毫痕迹①。CCD 的审查依照 1945 年 9 月 21 日由美国太平洋陆军总司令部民事审查部颁布的《日本出版法》规定进行。出版法之外,另有《禁止刊载与删除类型》等详细的审查内容。送审的出版物,先由审查员(Examiner)预审,若判断有抵触《日本出版法》之嫌时,则用英文翻译出该部分,将写明意见(Examiner note)的审查报告提交给审查官(Censor),由军人或文职人员担任的审查官,参照审查员提交意见,做出"删除"或"禁止发表"的结论。审查员多由懂英语的日本人担当,据说最多时超过 8 000 人②。CCD 活动一直延续到 1949 年 10 月 31 日,战后出版审查也随之宣告终止。

GHQ 之所以对《中国资料》进行审查,据称因为素材均来自香港的"革命支持者"。当时,国共内战已经爆发,国民政府驻日机构也对《中国资料》内容表示不满③。查看最终未能出刊的《中国资料》第 2 期审查意见,密密麻麻,有十张纸之多。比如,校样稿第 61 页刊有《李闻两氏追悼大会记录》,

---

① [日]山本武利:《GHQの検閲・諜報・宣伝工作》,岩波书店 2013 年版,第 3、62 页。

② [日]谷暎子:《占領下の児童出版物とGHQの検閲 —ゴードンW.プランゲ文庫に探る—》,共同文化社 2012 年版,第 19 页。

③ [日]堀中浩:《菊地三郎先生にとっての日中友好》,《菊地三郎先生追想 不怕矛盾 語学院開校 60 周年記念》,第 27 页。

前言部分写道："为悼念李公朴、闻一多两先烈的追悼会由民主同盟与国民党市党部共同发起，多么具有讽刺意味！"对此，审查员给出的意见是"该文介绍了为悼念被反动特务暗杀的李、闻两人的仪式，据说他们是被政府下令暗杀的，建议删除前言"。[①]

4. 书籍出版

该所完成了郭沫若《苏联纪行》、茅盾《清明前后》及《抗战文学集》等翻译，有的已经完成了印刷，有的进入排版作业，却因受 GHQ 于 1945 年 12 月 23 日下达的有关著作翻译权通告影响，未能刊行。[②] 原来，战前日本出版业的翻译版权意识薄弱，战后在 GHQ 治理下，对翻译出版的著作权提出严格要求，导致版税飞涨，加之通货膨胀，使得中日文化研究所出版计划遭遇挫折。其他计划出版的《中国新人名辞典》、吕振羽《简明中国通史》以及许涤新的著作等，也均未成书。菊地三郎为此不胜唏嘘，在 1947 年事业报告中称，"回顾本年度的活动，此乃最令人感到遗憾之处"。[③] 最终得以问世的书籍不多，出自坂本德松、岛田政雄、寺田良藏、齐藤玄彦、鹿地亘等人之手的《鲁迅研究》，1948 年 10 月由八云书店推出，而早就计划的豪华版《中国木刻画集》直到 1950 年 1 月才问世，收录茅盾、周而复、鲁迅、郭沫若等人作品的《现代中国小说集》，则是通过启文馆于 1952 年 12 月得以出版发行。

为了推进出版计划，中日文化研究所曾扩充所内翻译人员，一度拥有英、俄、中文翻译 12 人，也具体设想提供翻译稿，由其他出版社出版的计划，如《袁世凯窃国》《苏联一九四五年十月北极探险纪行》《世界政治漫画集》《苏联—国土和人民》《郭沫若日本逃脱记》等[④]，但也未见出版。

郭沫若和茅盾鼎力协助中日文化研究所翻译出版计划，1946 年 8 月分别亲笔致函中日文化研究所，授权翻译出版。茅盾在发自上海的信函中写

---

① 国会图书馆藏《中国資料【1 号(1946 年 11 月)—4 号(1948 年 2 月)】VH1－C241：検閲文書》。
② 亚非图书馆藏《上海時代・草創期の中文研》A12"事業報告・事業計画"。
③ 亚非图书馆藏《上海時代・草創期の中文研》A12"事業報告・事業計画"。
④ 亚非图书馆藏《上海時代・草創期の中文研》A24"中文研設立構想"。

道:“中日文化研究所兹拟翻译鄙人之作品为日本文,鄙人业已同意,特函证明。”郭沫若信用日语书写,表示“赞同中日文化研究所的成立宗旨,乐意贵所翻译出版鄙人的一切著作。若鄙人著作的翻译出版能稍有助于中日新关系的形成,将不胜荣幸”①。

虽然 1949 年以后,研究所多项工作因经济原因陷于停顿,在翻译出版方面有过重整旗鼓的计划。1950 年 5 月 4 日,时任文化部部长沈雁冰(茅盾)致函菊地三郎,赞赏中日文化研究所的事业,并附上承诺书,再次表示给予研究所翻译自己著作的权限。共有 49 名中国文化界著名人士分别向岛田政雄以及鹿地亘表明同意翻译其作品,除茅盾、郭沫若外,还有曹禺、田汉、周扬、赵树理、丁玲、巴金、胡风、艾青、欧阳予倩等。日方因此成立由新日本文学会、民主主义科学者协会、日本著作家组合、日中友好协会以及岛田政雄和鹿地亘等组成的“翻译权处理委员会”,下设人文、社会、自然三个部委,以推动翻译事业。② 从新成立的“翻译权处理委员会”人员构成来看,此时中日文化研究所似乎已经不握有翻译的主导权。

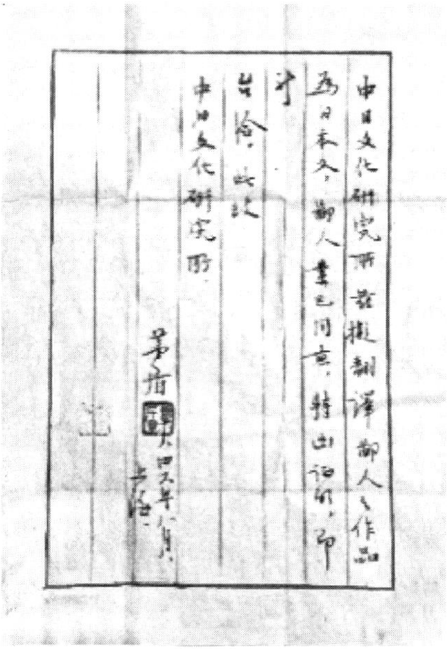
中日文化研究所兹拟翻译鄙人之作品
為日本文，鄙人业已同意，特函证明，
此致
中日文化研究所
茅盾

图 2　茅盾应允翻译出版其著作的亲笔函

5. 举办中国木刻展览会

中日文化研究所于 1947 年 2 月 19—25 日假座银座三越百货三楼会场举办了“中国木刻展”,朝日新闻社为展览会的“后援”,自然应该是菊地三郎的关系。展览会开幕之前,1947 年 2 月 3 日《朝日新闻》刊登题为《农民印

---

① 亚非图书馆藏《上海時代・草創期の中文研》A2“郭沫若・茅盾の真筆”。

② 《新政府文化部長沈雁冰先生から来信　ホンヤク承認書四九先生から到着　出版隘路打開さる》,《所報》1950 年第 2 号。

象　中国木刻画》的报道，预告展览会展期，并称："中国的木刻画是与民族革命运动一起发展起来的新艺术，其表现手法给与日本艺术家很多启发。"木刻展览活动是中日文化研究所初期事业的一大重点。1931 年曾应鲁迅之邀担任鲁迅发起的木刻讲习会讲师的内山嘉吉也到场参观，对 15 年间中国木刻作品水准的快速提高赞叹不已。[1]

岛田政雄在其自传《第四十个年头的证言》中详细叙述了此次展览会，他写道："展出的原画是中华全国木刻协会赠送的，从大约一百幅作品中挑选出第一批的约五十幅，无不以人民的立场生动地反映了抗战期间以及战后国共内战下的中国的现实。……展览会期中，中日文化研究所于二月二十三日下午一点开始，在神田骏河台文化学院的礼堂举办'中国民主艺术集会'，由坂本德松主持，讲师和演讲题目分别是鹿地亘的《关于中国人民的文化》，土方定一的《中国木刻与美术革命》，岛田政雄的《中国民主艺术报告》，田村宗太郎的《木刻之美》。此外，由东宝合唱团演唱中国时下的流行歌曲《五块钱》《你们听好》，歌词内容虽然是抨击通货膨胀下中国人民的生活，但酷似当时的日本现实，因而引发共鸣。中国木刻展一天的入场参观人数平均约为一千二百人，二十五日那天，中国驻日代表团团长朱世明中将莅临参观，在新闻纪录片和报社摄影记者的镁光灯的簇拥下，逐一观赏展品，并相约今后也配合此类展览活动。这一首次在日本展出的中国木刻展反响很大，展览会收到众多观众的留言卡，不同阶层的参观者皆表示，通过木刻作品，第一次认识了中国的现代文化，惊叹中国木刻作品的高水准，表示产生如此文化的中国人民与日本人民应该紧密团结。观众未料到木刻画的感染力如此强大，为木刻画所表现出的真实、有立体感的人民的生活和人民的呼声而感动，并且深深忧虑中国的内战，盼望尽快实现和平，也感谢举办这样的展览会的中日文化研究所，希望多举办类似活动，多介绍中国的文艺作品。"[2]只是岛田政雄记载的会期与《朝日新闻》的报道稍有出入，为 1947 年

---

① ［日］堀中浩：《菊地三郎先生にとっての日中友好》，《菊地三郎先生追想　不怕矛盾　語学院開校 60 周年記念》，第 16 页。

② ［日］岛田政雄：《四十年目の証言》，窗之会 1990 年版，第 58～59 页。

2月19—28日，多了三天。原来，因为展览会备受观众好评，展期延长了三天。

展览会所使用的木刻作品，据岛田政雄回忆，系他被强制遣返时，在陆久之等人配合下随身带回日本的。他写道："翌晨，再度让我们搭乘吉普车，被送往搭船的码头，那里横靠着一艘美国军用船舶LST(坦克登陆舰，战后曾用于日侨的遣返——笔者)。我们的家属也都被送到码头，各自将随身携带的一件行李打开，等待检查。……陆久之社长、金学成总经理等《改造日报》馆的主要干部也都来了。看样子，昨天在得知我们被逮捕的消息后，包括陆社长在内的报社全体同仁，分别行动，安慰我们的家属，帮忙整理行李，带家属到上船地点。……'中华全国木刻协会的版画也赶上了'，陆久之社长指着大木箱说，令我万分感激。遣返的日侨每人被允许携带三十公斤的行李，一千日元的现金以及十天分量的粮食，每个家庭都事先做了准备，这一点我是放心的。除此之外，回到日本后开展活动所需要的器材，首先是木刻协会赠送的版画，另有若干书籍和笔记等，担心检查时会有麻烦，亏得陆久之社长和康大川先生伴随一旁，碍着他们的面子，检查的士兵自然也就不刁难，平安过关。"①

日侨遣返时的检查是颇为严格的，第三方面军上海日侨管理处发行的《导报半月刊》有过专门的报道，描述第一批遣返日侨的检查情景，最初是登船前一天预先在沪江大学操场接受检查。"检查员共分十二组，每组有各队代表两人，由海关、警察及宪兵负责检查，位置配妥，立即开始工作。由日侨管理处将日侨人名簿交与联络员，大声地喊出了十二个人的名字，这时一个一个都自动地将行李搬上磅秤，磅秤完了便分别检查。日侨们都很服从，好像一队曾受训练的军队，一组检查之后又一组，工作一点不紊乱，检查完毕，每人将行李收拾妥当，搬至检查台后面，照样排队。由高科员点名，同时检查有无战争犯混杂其中。然后准他们重返各分团宿舍休息。海关同时又派了六个女检查员专检查妇女，在检查台旁另设一室以便检查，在检查时是依

① [日]岛田政雄：《四十年目の証言》，第52～53页。

据检查须知的规定，如超过规定物件，方予充公，所有充公物件，全部交与日侨管理处保管。他们所带回去的行李、衣物、铺盖、日用品，都是旧的，现钞超过规定数目的很少，但正金银行的汇票最多，而且每人都带有一袋米，还有一斤或半斤白糖”①。违规现象也时有发生。《改造日报》刊登过这样一条消息：“也许是习惯了检查，近来归国者中出现接受检查的态度极为恶劣者。……某夫妇加孩子三人，居然扛来二百七十公斤的行李。因行李过多，经检查被发现，三人可携带的行李总重为九十公斤，却明知故犯。超过的一百数十公斤的物品当场被没收，有衣服、铜、锅、鞋等，宛如搬家一般的行李，令中方检查人员也大为惊讶。”②

岛田政雄早有将中国版画介绍到日本的想法。1946 年 9 月，中华全国木刻协会在上海大新百货公司二楼画廊举办“抗战八年木刻展”，改造日报馆也应邀出席了开幕式。岛田在展会上结识了版画家汪刃锋，得知了木刻展以及木刻协会的情况。他回忆道：“展览会筹集了来自中国各地的近两千件作品，因为会场的原因，从中遴选出八百六十余件，将作品按照抗战第一年、第二年的年头来安排顺序。众多上海市民、工人以及学生等前来参观，盛况空前。版画的题材丰富多彩，反映人民的生活、劳作、灾害、风景等，也有人物肖像。朴质的粗线条、白与黑的鲜明对比呈现出强烈的主题，这是这些作品的共同特色，令我感到震撼。每一件作品都坚定地立足于人民的立场，呈现出对农民、石工、铁匠、船工、搬运工等劳动人民的深爱和对劳动的自豪。人民的生活，尤其是蒙受侵略战争之害、如住房为战火所焚毁、用扁担挑着仅剩的家当逃难的苦难大众的形象充满了痛苦与悲愤。一幅作品描写紧紧抓住被洪水冲走的屋顶求救的百姓，从画面似乎能够听到那声嘶力竭的呼救声。随着抗战进入后期，特别是解放区和国统区的人民生活的状态形成对照。相比表现解放区的农民与战士的亲密关系以及村民庆丰收的联欢情景，国民党统治下人民的饥寒交迫的生活愈加显得黑暗。这些以抗

---

① 陈金煌：《检查第一批归国日侨素描》，《导报半月刊》（中文版）第 3 期（1945 年 12 月 10 日）。

② 《引揚荷物悪質違反　持ちも持つた二百七十瓩　これで三人分とは、検査官唖然》，《改造日报》1946 年 3 月 14 日。

战八年为题材的版画所倾诉的，或许就是任何势力都无法泯灭的人民的力量以及毛泽东的《论持久战》的鲜明形象吧。……听汪刃锋先生说，美国以及法国等国家都提出希望在自己的国家介绍这些作品。‘千万允许我们在日本也举办这些版画的展览’，我们通过改造日报馆，向今年六月刚成立的中华全国木刻协会提出了我们的请求。由于运输的原因，木刻的原画还留在重庆或延安等内地，有的版画家是空着双手来到上海的，加之还有复制上的困难，但木刻协会方面表示尽力满足我们的要求。”[①]在日本展出的木刻，后来正是受中华全国木刻家协会干事汪刃锋的委托运来日本的[②]。据中日文化研究所《第二年度事业计划　自一九四八年一月一日至十二月三十一日》披露，从中华全国木刻家协会入手的版画共有 150 余幅[③]。东京的展览会结束后，在日本多地进行了超过三百场次的巡回展览。中日文化研究所《所报》对研究所的中国木刻介绍事业作了如下归纳：“研究所的中国木刻普及活动可分为三个方面，一是举办展览会，二是在报刊上介绍作品，第三则是为革新日本的版画，向版画作家发出呼吁，同时这也是在介绍中国情况的同时促使日本国民的觉醒。”[④]

6. 各类讲演会・中文讲习会

中日文化研究所成立伊始，在木刻展的同时联络各地的文化团体，举办旨在加深日本国民对战后中国理解的讲演会。《社团法人中日文化研究所　一九四八年度事业概况》叙述了第一年度以中国木刻作品展览为契机，同时举办了旨在介绍中国情况的讲演会和指导实习会的一般启蒙活动情况后，表示第二年度以所员为中心，集中举办研究会和中文讲习会，积极介绍中国情况，与日本各地的各团体加强联络，派遣介绍中国情况的讲师。所内研究会除每月两次研究报告例会以外，招聘外部讲师举办临时研究会。中

---

① ［日］岛田政雄：《四十年目の証言》，第 47～48 页。

② 《所報》No.1，1948 年 4 月 1 日。

③ 亚非图书馆藏《上海時代・草創期の中文研》A12“事業報告・事業計画”。

④ 《中国木刻（木版画）は日本人に何を与えたか　一九四九年の普及活動について（報告）》，《所報》1950 年第 1 号。

文讲习会则邀请中国讲师为研究所内外中文爱好者进行实际指导。①

战后以“日侨日俘”的思想改造为目的而创办的《改造日报》，发行不到一年即停刊，而菊地三郎和陆久之等人在报纸刊行期间策划的中日文化研究所却在东京扎下根来。创立之初，虽遭遇种种困难，导致计划中的多项事业无法进行，出版计划中唯一得以落实的《中国资料》，在艰难的环境中也仅维持了四期，但研究所的事业仍然取得了不俗的成绩，尤其在介绍战后中国的现状以及中国木刻方面功不可没。亚东协会会刊《亚洲世纪》曾撰文介绍战后日本的中国研究团体，中日文化研究所也跻身其间。②

1949 年以后，“因财政困难，研究所面临无法积极开展活动的状况，故无新的计划”。③ 1950 年前后，研究所内部发生纠纷，一度面临解体的危机。此后，获得郭沫若次子郭博馈赠郭沫若流亡日本期间藏书 1 300 余册及日常使用文具等，成立了“郭沫若文库”。经菊地三郎的多方活动，得到日本财界及文化界知名人士的协助，以“郭沫若文库”为主体，创建了财团法人亚洲文化图书馆(后更名为亚非图书馆)。图书馆以“亚洲文化”命名，据说是郭沫若本人的意向。郭沫若 1955 年底率中国科学代表团访日时，对菊地表示文库不必以个人名义命名，也不称“中国文库”，建议菊地成立一家包容整个亚洲的图书馆。④ 此后，中日文化研究所胼手胝足，历经重建、创办语言学校等，主要事业虽发生了变化，70 余年后的今天，仍在东京的一隅坚持初衷，耕耘着中日交流事业，出版年刊《中国文化研究》和《中日文化研究所论文集》，受到日本学术界的瞩目。

(赵梦云：日本东大阪大学教授)

① 亚非图书馆藏《上海時代・草創期の中文研》A12“事業報告・事業計画”。

② 《日本研究中国的团体》，《亚洲世纪》第 3 卷第 2—3 期(1948 年 9 月 1 日)。

③ 亚非图书馆藏《上海時代・草創期の中文研》A8“1940 年代のメモ・内部文書”。

④ [日] 木村实季：《「郭沫若文庫」と『改造日報』—アジア・アフリカ図書館所蔵資料の紹介—》，《中日文化研究》第十号(2023 年 2 月)。

雏凤初鸣

近代出版社的性知识传播实践*

——以北新书局《性爱丛书》为例

符　涛　何祚庥

民国时期是中国传统社会向现代社会转型发展的关键时期，人们逐渐开始从生理卫生层面认识“性”。在这一过程中，通过西书译介而来的西方性知识传播起着关键作用。在西方性知识传播的影响下，诞生了一批致力于性知识传播的书刊，囊括性教育、性解放等方面的内容。学界对民国时期性知识传播的研究多聚焦于对某一社会现象的分析，尚缺乏针对特定出版物的探讨，而对特定出版物传播内容与形式的研究，可以帮助我们浅窥民国时期出版界在性知识传播方面所做出的努力。①

20 世纪 20—30 年代，李小峰主持下的北新书局陆续出版了一系列传播性知识的著作——《性爱丛书》，在当时被视为一项颇具魄力的创举，其中部分作品因题材敏感与观念新奇，引发了众多学者的争论，并产生了一定的社会反响。本文试图聚焦《性爱丛书》中有关儿童性教育、同性恋知识与夫妻性知识三方面的内容，探讨当时西方性知识的传播，以及国人在西学东渐的大潮流下对性学的认识，同时分析当时性知识传播中的经验与不足。

---

* 本文初稿承湖南师范大学段炼教授，上海社科院李志茗、张剑、沈洁研究员、陈炜同学，重庆大学徐洋博士指点，在此一并致以谢忱。

① 已有研究主要有余华林：《现代性爱观念与民国时期的非婚同居问题》，《首都师范大学学报(社会科学版)》2009 年第 1 期；马小敏、周谊：《近代中国的性教育思潮》，《重庆教育学院学报》2009 年第 2 期；王雪峰：《性话语的兴起与近代中国思想文化的转型》，《扬州大学学报(人文社会科学版)》2013 年第 4 期；Travis S.K. Kong, The sexual in Chinese sociology: homosexuality studies in contemporary China, *The Sociological Review*, 第 64 卷第 3 期(2016 年)；侯杰：《近代家庭教育与儿童性别认同探析》，《天津大学学报(社会科学版)》2018 年第 3 期；邹海英：《民国时期儿童性教育初探》，《兰州教育学院学报》2018 年第 7 期；李世鹏：《公众舆论中的情感和性别——陶思瑾案与民国女性同性爱话语》，《社会科学论坛》2019 年第 1 期等。

一、近代性知识传播思潮的发展

鸦片战争之后，西方文化在中国传播的维度逐渐扩大，首先影响的就是知识分子中的开放派。戊戌变法的领导者们就曾提出他们在性知识方面的认识和主张，康有为在《大同书》中提到，“人生而有欲，天之性哉……美男妙女之欲得我意者而交之也”①，书中对封建传统礼教下的正统观念对妇女的压迫进行了抨击，并大力提倡妇女解放和男女平等。谭嗣同在其代表作《仁学》中也同样批判了陈旧的性观念，指出性知识“为一吝之秘之，使不可即得，而迫以诱之……淫者自淫，防岂能断耶？不淫自不淫，抑岂防之力耶”②。社会风气对性知识的禁锢不仅不能保护青少年，反而会导致对性知识的误解，进而危害身心，并不是引导青少年养成良好习惯的正确方式。

在民族危机刺激下，通过翻译西人学说向西方学习愈发成为一股潮流。在这股译述西学潮流中，“性”的学说随之传入，中国本土刊物也开始陆续传播性和生理卫生等方面的知识，如《教育杂志》《东方杂志》《万国公报》等报刊发表了许多转译自西方生理卫生方面的文章。③ 此类文章不再像往日一样视性知识为洪水猛兽，而逐渐认同“色欲即生殖能力之表现者”等观点，将看待性爱的角度从道德视角转向了生理视角④；并提出教师应当“以关于色欲之知识公然为生徒讲授之宜”，以科学的态度进行性教育⑤。清末民初，虽然传入我国的西方性知识仍不够科学全面，也没有在真正意义上引起社会的广泛关注，但是这种声音的出现无疑具有开拓性的意义，大大冲击了传统礼教禁锢下的禁欲主义、蒙昧主义和神秘主义，促进了近代性知识传播思

---

① 康有为：《大同书》，吉林出版集团有限责任公司2012年版，第56页。

② 谭嗣同：《仁学》，中华书局1958年版，第16页。

③ 《教育杂志》有《性教育在新学制课程上的位置》《青春期之性的卫生及道德》，《东方杂志》有《论色》《尊欲说》《说性》，《万国公报》有《论性》等文章。

④ 陆费逵：《色欲与教育》，《教育杂志》，1911年，第7卷第3期，第75页。

⑤ 志厚：《教育上之色欲问题》，《教育杂志》，1914年，第12卷第6期，第61页。

潮的形成，也预示着一种新型性学观念的萌发。

20世纪20年代，西学中的性知识传播思潮同其他学术思潮一样，进入梁启超所说的“寝假而涨”时期，冲击着当时的开明知识分子。有人提出，社会不仅不应该禁锢性知识的传播，还需要进行“一切应知的性知识的早年教育，并且这种教育不应当仅仅只是着重于性知识的讲授，而应当是一种感情与实际生活的理想的操练”[①]，要求教师在教授性知识的同时，还要着力培养学生的情感。针对以往“万恶淫为首”的观点，有学者提出“人生固然不是为的是性欲，但性欲却为的是人生”的观点[②]，将一向讳莫如深的性欲视为人生之必需。在这一时期，性知识传播的思潮推动着社会各界对性知识相关问题的讨论，甚至有学者公开提出人类文化的昌明有一大部分是靠着性教育的辅助，把性教育提高到促进人类文明进步的高度。在当时这股思潮的影响下，性教育和性解放逐渐成为教育界与舆论界的热门话题之一。[③]

与此同时，民国时期民营出版业的勃兴为性知识传播提供了绝佳的载体。民国时期，由于“国民经济有了恢复，在市场经济和文化教育界爱国图强的激情促进下，伴随着中国近代第二个出版高潮的发展，民营出版企业也得到了飞跃的发展”[④]。在20年代民营出版业蓬勃发展的浪潮中，“以编辑职业化、印刷工业化、发行规范化为显著标志”的书局成为出版业的重要组成部分。[⑤] 得益于出版业的繁荣，性知识传播突破了此前报纸杂志等传播形式，转而以性学著作的形式面世，性知识传播的思潮得以延续。换言之，出版业的发展在一定程度上推动了性知识的传播，而北新书局则是性学著作出版中的佼佼者。

二、北新书局与性知识传播

作为民国时期中小型民营出版业的代表，北新书局的时代声望不容小

① 蔼理斯：《战争与性的问题》，《语丝》，1926年第107卷，第143页。

② 易家钺：《中国的性欲教育问题》，《教育杂志》，1923年，第8卷第15期，第2页。

③ 马小敏、周谊：《近代中国的性教育思潮》，《重庆教育学院学报》2009年第2期，第95页。

④ 叶再生：《中国近代现代出版通史》(第二卷)，华文出版社2002年版，第333页。

⑤ 苏亮：《近代书局与小说》，华东师范大学2016年博士学位论文，第251页。

觑，从某种意义上来说“纯粹的新书业可以说是由北新书局开始的”。[①] 若对其追本溯源，可追溯到由傅斯年、罗家伦、顾颉刚等人于 1918 年在北京大学创办的新潮社。标榜“批评的精神”“科学的主义”和“革新的文字”的新潮社结束后，其出版事业与最为重要的“自由求新进取”精神为北新书局所继承。[②] 李小峰在自述这段历史时写道：“五四运动以后，北大成为新思潮领导之中心。当时出版界异常沉寂，多数未能担负出版任务，李小峰等有鉴于斯，继承北京大学新潮社之精神组织出版机构，定名北新，发行新文艺新思潮书籍，嗣短期内出版书籍风靡全国……”[③]这段话可以很清晰地看出北新书局的创办理念，就是继承了新潮社以来的新文化传播事业。1925 年 3 月 15 日，北新书局正式成立于北京，并以出版文艺作品为主，后因奉系军阀查封而被迫迁往上海，与更为开放包容的海派文化融为一体，但其批评、科学和革新的思想底色始终没变。[④]

北新书局的发展离不开两位灵魂人物，分别是李小峰和鲁迅。李小峰是在“五四运动”的中心——北京大学——成长起来的知识分子，又深度参与《新潮》杂志的出版，本身就具有求新精神和一定的出版经验。李小峰曾以“C.F 女士”“Y.D”“ C.Y”或“林兰”作为笔名从事翻译出版工作，其中就包括 4 本性学著作，可以说李小峰就是向中国介绍性科学的先驱之一。[⑤] 鲁迅是北新书局发展壮大的重要扶持者，也是李小峰的师辈，两人交情匪浅。作为五四健将，鲁迅在抨击旧的性道德的同时也提倡新的性道德，医学出身的他具备相当的生理卫生知识，故而非常抵制传统的“性教育”。[⑥] 正视性道德、提倡性教育的鲁迅认为“要风化好，是在解放人性，普及教育，尤其是性教育，这正是教育者所当为之事，‘收起来’却是管监牢的禁卒哥哥的专门”。[⑦]

---

① 许钦文：《鲁迅先生与新书业》，《青年界》第 10 卷第 4 期(1936)。

② 李小峰：《新潮社的始末》，中国社会科学院近代史研究所编：《五四运动回忆录(续)》，中国社会科学出版社 1979 年版，第 242 页。

③ 北新书局：《北新书局概况调查》，1947 年 7 月 31 日，上海市档案馆藏，Q78－2－15846。

④ 叶再生：《中国近代现代出版通史》(第二卷)，第 1238—1239 页。

⑤ 李中法：《关于李小峰》，《新文学史料》2002 年第 1 期。

⑥ 邓啸林：《鲁迅谈性道德与性教育》，《社会》1985 年第 3 期。

⑦ 鲁迅：《鲁迅全集(第一卷)》，人民文学出版社 2005 年版，第 274 页。

综上所述，北新书局的主持者们有着纠正传统性教育的知识储备与从业经历。在性解放思潮的推动下，北新书局的同人们逐渐对性知识有了自己的认识，也自发承担起传播性知识的责任，致力于性学著作的译介。李小峰担任总编辑期间，北新书局逐渐形成了自身特有的出版风格——“集‘文艺’和‘科学’于一体”①。基于此，北新书局最早出版了各类新文艺著作与许多优秀的社会科学著作，目的就在于想通过翻译著作唤醒国民。

性知识著作的翻译、出版与李小峰和鲁迅等人的知识背景和出版理念有关。1929 年，北新书局扩充招股时就介绍了其新的出版计划：

> 1. 大规模介绍外国文艺名著。2. 聘请国内最有名学者选译各国最新出版政治经济社会巨著。3. 聘请各有名专门学者编样各种教科用书。4. 编印各种通俗用书提高国人常识。5. 整理旧籍印行国学名著。②

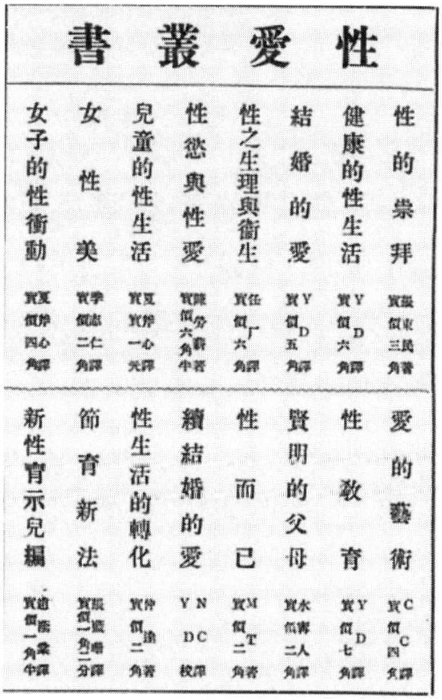

图 1　1930 年《同性爱问题讨论集》上性爱丛书广告

从新计划也可以看出北新书局对出版译著和通俗读物的构想。最终，北新书局以李小峰和赵景深等人为主导，以“宣传性知识为主题，以指示青年伉俪幸福的途径、解决夫妇间性问题的纠纷、调节子女过多与缺少的苦闷”为目标，以“有科学的根据、为实验所证明、均由西洋医学生理学博士的名著译述”为噱头③，于 1930—1931 年间将已经出版了的系列性知识著作汇编成《性爱丛书》（又称《爱育丛书》，以下简称《丛书》）④。《丛书》共 18 本，其中翻译或编译西人著作 16 本，中国学者著作 2 本。

---

① 许立新：《北新书局及其文学丛书研究（1925—1949）》，浙江师范大学 2020 年硕士学位论文，第 19 页。

② 《北新书局扩充招股》，《北新》第 3 卷第 18 期（1929），第 2 页。

③ 佚名：《爱育丛书》，《申报》1931 年 1 月 25 日，第 19 版。

④ 佚名：《爱育丛书》，《申报》1931 年 1 月 24 日，第 11 版。

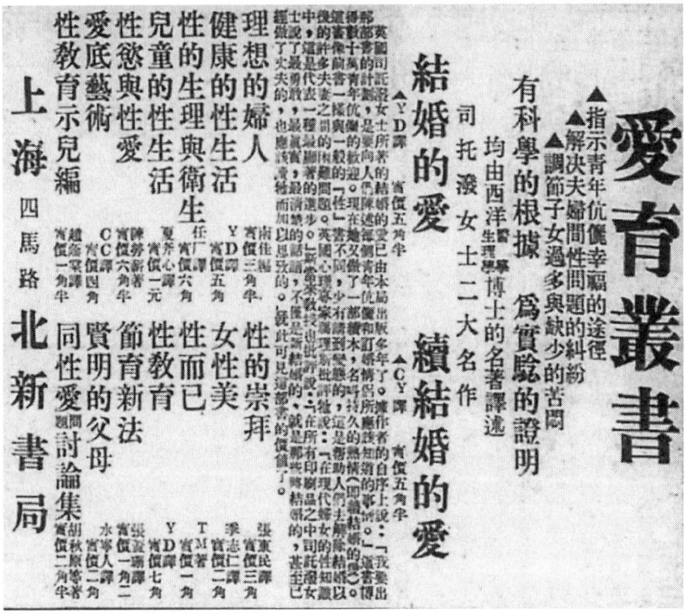

图 2　《申报》1931 年 1 月 24 日第 11 版爱育丛书广告

需要说明的是，这 18 本书并非一开始就是计划好作为《性爱丛书》一部分出版的。从第一本《结婚的爱》到最后一本《续结婚的爱》出版时间跨度达 7 年之久，而且在此期间并未见到相关宣传。直到 1930 年出版的《同性爱问题讨论集》一书最后一页才有《性爱丛书》的介绍，而且只有 16 本书。可能因“性爱”二字过于露骨，1931 年宣传《续结婚的爱》时将丛书称为《爱育丛书》。自此，北新书局这一系列介绍性知识的著作被纳入丛书统一宣传。

表 1　《性爱丛书》目录

书　　名	出版时间	著 译 者	基 本 内 容
《结婚的爱》	1924 年	Stopes 著、Y.D 译	介绍夫妻之间性问题，尤其是结婚之后的两性问题。
《女性美》	1926 年	Gaboriau 著、季志仁译	介绍女性美的社会心理研究。(本书在 1925 年时就经由季志仁陆续翻译发表在《京报》副刊。)
《健康的性生活》	1926 年	Long 著、Y.D 译	新婚夫妇幸福之南针。

（续表）

书　名	出版时间	著译者	基本内容
《贤明的父母》	1926年	Stopes著、水宁人译	讨论已婚夫妇生育节制问题。
《女子的性冲动》	1926年	Ellis著、夏斧心译	女性性本能及性冲动探讨。
《性教育》	1926年	Stopes著、Y.D译	介绍性生理知识。
《性欲与性爱》	1926年	陈劳薪著	介绍性知识，为将婚男女提供指导。
《性的崇拜》	1927年	张东民译	从宗教起源和文化层面解释性的意义。
《性而已》	1927年	T.M.编著	辑录各国人类行为的神话和传说23则以说明人类性本能对思想行为的影响。
《性底生理与卫生》	1927年	Trall著、任厂（梁启超）译	第一部用科学精神普及性生理知识于民众书。
《儿童的性生活》	1928年	亚伯特·莫尔著、夏斧心译	论述儿童性生理及性教育等。
《爱的艺术》	1928年	Maurois著、C.C.译	主要研究性心理的专业书籍。
《性教育的示儿编》	1929年	桑格夫人著、赵荫棠译	以故事形式向儿童进行生命和生育的知识教育。
《性生活之转化》	1929年	林昭音编	包括男女性隐机的来历、男女性刺激的替代、男女性隐机的表现三部分。
《节育新法》	1929年	山额夫人著、张蓝珊译	全面生育节制新方法。
《理想的妇人》	1929年	南佳编译	主要介绍婚姻基本常识。
《同性爱问题讨论集》	1930年	杨忧天、胡秋原著	由《同性爱的问题》《同性爱的研究》两文组成。
《续结婚的爱》	1931年	Stopes著、M.E.译	讲解夫妻结婚后相关问题。（本书在1924年时就经由李小峰陆续翻译发表在《晨报》副刊。）

表格说明：《结婚的爱》初版于1924年10月，北新书局正式成立于1925年3月15日，时间似有讹误。通过对比，1924年版《结婚的爱》版权页中并未出现北新书局字样，推测应当是李小峰在新潮社工作时将译著先行出版，而此后各版“追认”1924年版本为初版。

可以说本套《丛书》是性解放思潮、民营出版热潮和北新书局出版方三重推动下出版的一套科普丛书。正如夏斧心在《儿童的性生活》序言中提到的，本书是为了“写出一本以科学的性心理来满足那些卑鄙的好奇心的书”[①]，传播科学性知识的目的在于补救那些因儿童时期性教育不足而导致人格缺失的人。李小峰在《健康的性生活》一书的序言中也写道：“知识常是无知的消毒剂，用文字叙述出来，也许会被毫无挂碍的便被理会了。”[②]正因为国人“因缺乏性知识而致的精神和生理两方面的病痛很普遍”[③]，所以研究性的问题可以帮助读者欣赏生命，了解生命真正的意义，可以说也是本套《丛书》出版的意义所在。

三、《性爱丛书》的三个面向

《性爱丛书》各书根据其主题，对相关性知识进行阐述，其中各类性知识经纬万端，归结起来主要可分成三个大类：儿童性教育、同性爱与夫妻性健康。下以《儿童的性生活》《同性爱问题讨论集》与《性欲与性爱》三书为例，结合相关资料，分析《丛书》中性知识传播的三个面向。

1. 以医学为基础的儿童性教育

中国有着“男女七岁不同席”的古训，由此可以看出，传统社会对儿童性教育基本采取的是抵制主义，几乎没有对适龄儿童进行过较为正式且科学的性教育。民国初年，人们对性的认知程度十分低，普通民众对性知识，尤其是儿童应具备的性知识可以说是一无所知，“一般的为父兄者大率不知儿童教育”[④]。1912 年，教育部公布小学令案，明确提出“小学校以留意儿童身心之发育，授以道德之教育、国民之基础，并其生活所必须之普通智识技能

---

① ［美］亚伯特·莫尔：《儿童的性生活》，夏斧心译，北新书局 1928 年版，第 1 页。
② Long：《健康的性生活》，Y.D 译，北新书局 1926 年版，第 2 页。
③ W.L.Stowell：《性教育》，Y.D 译，北新书局 1926 年版，第 1 页。
④ 芙：《中国教育制度论三》，《申报》1912 年 8 月 10 日，第 1 版。

为宗旨"①，标志着政府开始对儿童教育逐步重视。次年，教育部要求中学生应当学习生理及卫生，包括"人身之结构及公共卫生"②。随后，舆论对儿童性教育的重视程度不断提高，发表《家庭的儿童性教育》《儿童性教育的教授法》《罗素论儿童的性教育》等文章。

《丛书》中《儿童的性生活》一书由美国著名医生亚伯特·莫尔撰于1912年，16年后经夏斧心译为中文出版。在中译本序中，夏斧心开宗明义地说：本书叙述"儿童时代及青年时代性行为及性感觉之起源和发展，解释左右性反应之潜力"③。莫尔医生在自序中也解释写作缘由："近年来发表的有关性问题底书籍与文章不算少数，但以性学之进步而言，似不能与文字之数量成比例④。"正是由于其他学者研究的性知识相关问题对性学本身并无裨益，所以莫尔医生以自己所接诊过的病人为基础撰写本书，采取"举例子、再反驳"的方法，将他认为不科学的观点先列举出来，再根据临床诊断经验一一予以反驳。

全书分九章，前六章主要从生物学、生理学的角度分析儿童的性本能及性冲动，后面三章则主要对儿童性教育的必要性进行了阐述。莫尔在书中提到，性教育应当被视为普通教育的一部分，真正的道德观念不仅在于外界形式，更在于整个人格的内在熏陶，这才是做好儿童性教育的关键。对儿童手淫的危害性、性教育的时机、人选与尺度等具体问题进行了较为详细的探讨。人们通常将"儿童性冲动觉醒越早，所导致的手淫危害也就越大"当作一种"常识"。莫尔根据自身临床经验和对患者的回访指出，"普通手淫以及儿童的手淫不见得有什么大危害"，因为"儿童手淫的危害在于所犯次数之过多和刺激强度之进增"，故而并不能不加辨别地强调手淫有害⑤。家长和社会应该在合适的时候给予孩子科学的性教育，使儿童能够在引导下学习科学的性知识，从而为其今后健康的身心发展奠定基础。

---

① 朱有瓛编：《中国近代学制史料》，华东师范大学出版社1992年版，第12页。
② 朱有瓛编：《中国近代学制史料》，华东师范大学出版社1992年版，第360页。
③ ［美］亚伯特·莫尔：《儿童的性生活》，夏斧心译，第1页。
④ ［美］亚伯特·莫尔：《儿童的性生活》，夏斧心译，第7页。
⑤ ［美］亚伯特·莫尔：《儿童的性生活》，夏斧心译，第210—217页。

2. 以心理为本源的同性爱宣传

民国时期，对同性之间的情愫或亲密关系的描述通常使用的是“同性爱”一词。甲午战败后，中国掀起了留学日本的热潮，日本学界自明治维新以来所接受的西方性知识也随之扩散到中国，因此“‘同性爱’这一词语很有可能是译自日文的新词语”。[①]

中外知识分子对于同性爱的看法不一而足：有学者认为，同性爱属于一种病态心理，李宗武曾发表文章指出“同性爱，不是性爱的自然发达，是一种变态心理，是精神得病的现象，是性的畸形的发达”且会“危及种族的持续与繁殖”[②]；章锡琛认为同性之间的情愫的原动力在于“肉感的满足”和“肉感的冲动”[③]。也有学者认为，同性爱并非病态，且还有一定的社会意义。如日本学者古屋登代子认为，“在教育上的同性间、精神的爱，以及同性间以精神的爱而相互牵引的憧憬的感情，发见了教育上占有重大位置的现在”[④]。由此可见，同性爱问题在知识分子之间引发的讨论形成了两种截然不同的观点。

《丛书》1930年出版的《同性爱问题讨论集》正是正反两种观点代表作的合集，由杨忧天《同性爱的问题》、胡秋原《同性爱的研究》两文组成。两文的主要依据都是西方人类学、心理学大家的主要观点，立足点在于从心理角度看待性知识，不再将其视为病理学范畴。前者系杨忧天于1928年11月17日旅居东京时完成，次年1月发表于北新书局所办报刊《北新》上。杨氏解密同性爱的主要方法是翻译西方学者著述，大量翻译引用亚伯特·莫尔、格拉夫第·爱宾、阿图·怀林格尔等人的理论，进而总结出同性爱的六种分类，认为“同性爱的本质，依隔世遗传原理，固属是人类一般的都赋有，可是并非生来便表现同性爱的行为，必定要因环境的刺激，然后才可以促进潜在

---

① 陈静梅：《现代中国同性恋爱话语译介及小说文本解读》，西南交通大学出版社2013年版，第66页。

② 李宗武：《评论·性教育上的一个重大问题》，《民国日报》1922年5月12日，第2版。

③ 章锡琛：《非恋爱论与非非恋爱论》，《新女性》第8卷第3期(1928)，第41页。

④ [日]古屋登代子：《同性爱在女子教育上的新异议》，《妇女杂志》第6卷第11期(1925)，第1069页。

的同性爱的本质底发生”[①]。他将同性爱视为变态的性欲，属于一种性的反动。因此，在文章的最后一部分，提出了一系列同性爱的预防及治疗方法，提倡对可能出现同性爱的青少年及早实施预防措施，阻止同性爱的蔓延。

《同性爱的问题》发表不久，年仅 19 岁的胡秋原于同年 2 月写《同性爱的研究》一文予以质疑。认为杨文只不过是代表着社会上一般人的意见而已，对同性爱问题还需要“介绍一些晚近的研究，才能将其意义与价值重新估定一番”[②]。所谓晚近的研究，胡文与杨文相同，也是对西方学者论述的翻译和引用，主要有霭理斯、弗洛伊德、爱伦凯和卡本特等人的理论成果。全文分别从近代恋爱观、对“中性”一词的细致考察、友爱和文学艺术、友爱与教育、社会出发，论述了同性爱存在的合理性。文章最后，胡秋原甚至提出应将同性爱作为两性关系的模范：“结婚关系中是如何缺乏一种友情……友情根本是纯粹的真情之流，而因此是创造而不是占有，是给予的自己的牺牲的而不是报酬的利己的”[③]，他认为两性之间要学习同性之间那种纯粹本源的友爱，才能收获最本真的爱情。

3. 回归两性的夫妻性知识

我国古代对夫妻性知识极为重视，但多是从保健或生育角度进行延展。在马王堆汉墓出土竹简《天下至道谈》中就记载了“孙生者色也，是以圣人合男女必有则也”[④]，对夫妻生活做出了高度概括。传统语境下的夫妻性知识常以“房中术”或“房事”代称，并非科学的性知识。古代有一种性教育工具叫“嫁妆画”或者“压箱底”[⑤]，是一种印有男女交合内容的瓷器或者书画，平时都是藏在柜中，绝不示众。直到女儿出嫁或者儿子娶妻之时，父母才会取出，让子女在成婚前夕初次了解“夫妻之道”。事实上，中国传统社会尤其是明清时期，夫妻性知识更多地从医药学或者生育角度关注如何强身健体、延

① 杨忧天、胡秋原：《同性爱问题讨论集》，北新书局 1930 年版，第 6 页。
② 杨忧天、胡秋原：《同性爱问题讨论集》，北新书局 1930 年版，第 50 页。
③ 杨忧天、胡秋原：《同性爱问题讨论集》，北新书局 1930 年版，第 194 页。
④ 杨殿兴、林红主编：《中医男女科诊疗学》，四川科学技术出版社 2018 年版，第 17 页。
⑤ 杨义胜：《思潮与实践——民国初期的性教育》，安徽师范大学 2007 年硕士学位论文，第 7 页。

年益寿，而非从两性关系本身出发。直到新文化运动后期，激进的学者才猛烈地抨击世人“每以鄙视两性之故，遂误解两性教育之真谛”①，鼓励人们去探索两性之爱的真谛。

《丛书》中《性欲与性爱》一书又名《一名已婚将婚男女必读婚姻指导》，为陈劳薪所著，主要参考了田中香涯《夫妻两性的生活》和羽太锐治《近代性欲学》。全书共八章，分别介绍了生殖器的构造及技能、选择配偶的方针、性欲与爱情、结婚与性交，以及生物学上的妊娠、分娩、内分泌及两性差异等问题，最后还对诸如梅毒、淋病等性疾病的危害和预防措施进行了科普。从生物学入手，进而论证结婚的必要性和重要性，最后再以相关医学知识作为总结，通篇都是试图为将婚男女提供性知识指导。

作者认为性欲与食欲都是人类本能，绝不是罪恶和猥亵的，只因性欲流于放纵才被视为洪水猛兽，写作此书的目的就是给青年男女指导以正确的性知识。中国传统婚姻观念中，性欲被视作罪恶，对正常性欲的压制反而导致人们对性的病态渴望和了解②，而正是由于长期病态的性压抑导致性道德的畸形。作者不断强调夫妻间的正常性生活对家庭和睦的重要性，年轻夫妻“若不注意性的生活……一生陷于悲观之境”③。在此基础上，陈劳薪将夫妻间的性欲分为交媾欲与生殖欲两种：“交媾欲者，行于异性之间，两方生殖器接触的结果，发生一种生理的快感，生殖欲是希望生子育女的欲望，这实是性欲的本旨④。”认为性爱的基础是性欲，并且“性欲的极点是性爱”⑤，所以性欲与性爱实际上是有着不可分割的关系。正因为性欲与性爱这样密不可分的联系，使得恋爱应当是属于灵肉一致的范畴，因此认为在研究两性关系的时候不能将两性之爱与本能欲望区别对待。该书对性欲的正视，尤其是对男女双方均具有性需求的承认，一定程度上冲击了父权制下女性受到的性禁锢。

---

① 林昭音：《两性教育之研究》，《教育汇刊(南京)》第1卷(1921)，第46页。

② 安云凤：《中国传统婚姻与性道德论析》，《道德与文明》2005年第3期。

③ 陈劳薪：《性欲与性爱》，北新书局1926年版，第40页。

④ 陈劳薪：《性欲与性爱》，第67页。

⑤ 陈劳薪：《性欲与性爱》，第68页。

四、《性爱丛书》传播及回响

作为出版界的标杆，北新书局的出版状况为“一般人极为关心”[①]，《丛书》的传播也得益于此，相关著作受到社会各界的关注。此外，《丛书》在出版宣传语中自称是一套“有科学的根据、为实验所证明、均由西洋医学生理学博士的名著译述”[②]，这一噱头也成功吸引了不少读者。如前文所述，作为一套科普性知识的丛书，它在当时“打破自来讳莫如深的惯习”[③]，自然容易受到新兴知识分子的青睐。就其内容而言，书中的部分性知识在当时确实是科学且进步的，即便放之今日也不过时；但受时代医学水平和思想的束缚，其中部分阐述仍存在许多不足。

《丛书》出版后，当时主要报刊诸如《申报》《民国日报》《妇女杂志》《中华基督教教会季刊》《康健生活》等均作了宣传报道。其中《结婚的爱》受到重点关注，周作人评价，该书是他近来所见最好的书籍之一；1924 年冯玉祥发动北京政变后，钱玄同也在报刊上发文，建议溥仪多了解两性知识，并将该书推荐给溥仪，此举不难看出他对该书的重视，也进一步扩大了该书的影响力。[④] 与此同时，很多情侣之间也都在讨论《结婚的爱》：郁达夫在给王映霞的信中多次提到《结婚的爱》一书，并将之与两人的爱情联系在一起；朱湘给刘霓君的情书中也说《结婚的爱》是好书，可以借来阅读。[⑤] 孙伏园主政《晨报副刊》时组织过“青年爱读书”活动，即希望全国青年推荐十本自己爱读的书，最后收到有效票 306 张，共有 28 位读者推荐了《结婚的爱》一书，其中不

① 佚名：《出版界消息：（三）北新书局出版近况》，《读书月刊》第 1 卷第 2 期（1930），第 227 页。

② 佚名：《爱育丛书》，《申报》1931 年 1 月 25 日，第 19 版。

③ 佚名：《介绍结婚的爱》，《妇女杂志》第 9 卷第 10 期（1924），第 1362 页。

④ 钟叔河：《周作人文选 1898—1929》，广州出版社 1995 年版，第 233 页；佚名：《附录：慈幼书报介绍：贤明的父母》1931 年第 8 期，第 77 页；钱玄同：《恭贺爱新觉罗溥仪君迁升之喜并祝进步》，《语丝》1924 年第 1 期，第 11 页。

⑤ 郁达夫：《郁达夫书信集》，吉林出版集团股份有限公司 2017 年版，第 87—88 页；朱湘著，管苇编：《民国最美情书：那些舍不得的爱与孤独》，北京理工大学出版社 2018 年版，第 158 页。

乏潘家洵、安世徽等社会名人[①]。可见《丛书》系列确实受到读者们的认可。

对《结婚的爱》的讨论也更加吸引了读者对《丛书》中其他著作的注意：如《健康的性生活》出版后，笔名道克透（doctor）的作者立刻撰文针对书中的生理学知识进行反驳。[②] 周建人针对《性欲与性爱》提出质疑，与著者陈劳薪在《新女性》上展开了笔战，陈氏认为周对原文有割裂而导致误解，周氏则认为陈行文时将偶然作为必然，且存在学术不端。[③]《爱的艺术》出版后，被云召批评为非科学的书籍，称该书即便是好书也应该被禁止，周作人得知后颇为不满，声称该书的学术地位在世间早有定评[④]；《理想的妇人》一书被评为"无一字无用……以文学的词句，来写科学的道理……不但可做置身情场之南针，而且可算沉溺爱海的慈航"。[⑤] 经过诸多知识分子的讨论，进一步促进了学界对性知识的探索：周作人在阅读《性的崇拜》一书后，评价说此书很有价值，并且希望在此基础上能有讲授性道德与婚姻制度变迁的书出版。[⑥] 而《节育新法》引发的关注甚至影响到时人对作者山额夫人的态度，其来沪时受到了上海中外医学各界名流的欢迎。[⑦]

《丛书》的出版不仅引发了知识分子的讨论，也引起了当局的关注。在当局看来，传播性知识的书籍大多庸俗淫秽，有伤风化，因此很多时候会对此类书籍进行查禁，尤其是其中颇具影响力的佼佼者，以达到杀鸡儆猴的目的。北新书局曾因出版《性而已》等书籍而被总巡捕房判处罚金30元，且相关书籍也被没收[⑧]；《爱的艺术》一书因影响巨大，广东省政府曾发函要求查禁以该书为代表的"淫秽作品"。[⑨] 此外，南开中学曾以保护学生为名，没收

---

① 王世家编：《青年必读书》，河南大学出版社2006年版，第1页。

② 道克透：《评健康的性生活》，《无锡报》1927年1月29日，第4版。

③ 周建人：《"婚姻指导"与"性欲与性爱"》，《新女性》第1卷第12期(1926)；陈劳薪、周建人：《关于"性欲与性爱"：答周建人先生的批评》，《新女性》第2卷第2期(1927)。

④ 钟叔河编：《周作人文类编5：上下身、性学、儿童、妇女》，湖南文艺出版社1998年版，第107—108页。

⑤ 方叔良：《新书评介：理想中之理想的妇人》，《中国新书月报》1931年第6期，第27页。

⑥ 岂明：《随感录：二七、读性的崇拜》，《语丝》1927年第147期，第14页。

⑦ 佚名：《美国节育大家山额夫人将来沪》，《时代日报》1936年2月20日，第2版。

⑧ 佚名：《性北新书局》，《时报》1928年3月31日，第6版。

⑨ 广州市府：《公牍：公布函令：广东省政府训令：民字第三三四三号(二十二年八月 （转下页）

《结婚的爱》，引发《语丝》批评。[①] 由此类查禁事件的频发足见当时性知识传播所遇到的困难，也从侧面反映出《丛书》在当时巨大的影响力。《丛书》的影响力并没有局限在出版之时，十多年后仍有读者写信给报社，询问《健康的性生活》《结婚的爱》等著作的出版信息，足见其对读者的影响程度之深；李敖称"因为看到北新书局《健康的性生活》一书，就发现了手淫之乐"[②]，从而完成了个人的性启蒙，此时距离《健康的性生活》初版问世已经过去了近 20 年，可见其流传之广。

从目前所检索的出版信息来看，《丛书》中共有 6 本著作重印再版，占总数的 1/3。其中最为热门的《结婚的爱》一书初版于 1924 年 10 月，同年 11 月就已经再版，至 1933 年时已经发行 16 版[③]，甚至在 1944 年 8 月由成都新文化服务社再次翻印出版[④]，可见该书影响力之大。《健康的性生活》初版于 1926 年 10 月，2 个月后就再版发行，后由博济医学会于 1941 年 7 月订正出版[⑤]。其余各书再版情况见下表：

表 2 《性爱丛书》再版情况

书　名	出 版 时 间	再 版 情 况
《结婚的爱》	1924 年 10 月	1933 年 6 月 16 版，1944 年翻印出版
《贤明的父母》	1926 年 3 月	1927 年 5 月第 3 版
《性欲与性爱》	1926 年 10 月	1929 年 7 月第 3 版
《健康的性生活》	1926 年 10 月	1941 年 7 月订正出版

(接上页)三日)：奉省府令饬查禁社会新闻等反动刊物及爱的艺术等导淫作品由(附表)》，《广州市政府市政公报》1934 年第 455 期，第 13—15 页。

① 周汝昌：《献芹集》，山西人民出版社 1985 年版，第 1 页。

② 佚名：《三号信箱》，《三六九画报》1933 年第 1 期，第 11 页；李敖：《李敖回忆录》，中国友谊出版公司 2004 年版，第 400 页。

③ Stopes：《结婚的爱》，Y.D 译，北新书局 1925 年版，第 179 页。Stopes：《结婚的爱》，Y.D 译，北新书局 1933 年版，第 184 页。

④ Stopes：《结婚的爱》，Y.D 译，新文化服务社 1944 年版，第 171 页。

⑤ Long：《健康的性生活》，Y.D 译，北新书局 1926 年版，第 189 页。Long：《健康的性生活》，Y.D 译，博济医学会，1941 年，第 145 页。

（续表）

书　名	出版时间	再版情况
《性底生理与卫生》	1927 年 10 月	1929 年 6 月第 3 版
《续结婚的爱》	1931 年 12 月	1940 年 1 月第 7 版

仅从再版情况来看，丛书中的部分著作确实在当时引发了热议。但从内容来看，《丛书》所进行的性知识传播有着一股强烈的理想主义色彩，著者与译者怀揣着以科学性知识启发民智的美好想象，但书中的理论知识却一定程度上脱离了当时的社会实际，成为一种“精英文化”。而性知识的传播与教育本应更多地面向社会普通大众，而非一小部分精英知识分子。在性知识传播思潮下出版的《丛书》虽然引起了不小的社会反响，但究其根本，仍是一种理论层面的探讨，在识字率仅在 20%左右的民国时期，很难在实践层面上对民众提供参考。①

根据现代书局所编《现代书局图书总目》记载，20 世纪 30 年代初期有关性教育的著作共有 23 本，其中北新书局出版 11 本②，占据了半壁江山。虽然也存在些许谬误，但北新书局所引领的民国出版界的性知识传播实践无疑开创了时代先河，不仅让我们看到知识分子的观点交锋中碰撞出的思想火花，还让我们感叹于当时的先行者们努力打破传统桎梏，解放思想，促进社会进步的开拓精神。

作为一套科普性知识的丛书，《丛书》的大部分内容确实是做到了“根据科学的考察，把两性关系的真相庄严地、露骨地提示出来”，宣扬了诸多科学进步的性观念。如《性教育的示儿编》指出，父母教给孩子性知识的目的，就是使孩子能够了解自身各部分器官，尤其是生殖器官，但同时要“教给孩子了解身体的部分不应该教任何人无需要的去触摸”。③《结婚的爱》针对以往“婚姻中妻子是丈夫附属品”的观点，指出夫妻双方在婚姻生活中应“调整以往的

---

① 杨卫安：《中国城乡教育关系制度的变迁研究》，东北师范大学出版社 2015 年版，第 135 页。

② 现代书局编：《现代书局图书总目》，现代书局 1933 年版，第 75—76 页。

③ 桑格夫人：《性教育的示儿编》，第 59 页。

两性关系，而以女性为本位”，正视女性在婚姻中的地位。[①]《同性爱问题研究》一文则旗帜鲜明地表示，同性爱绝不是生理或心理变态的结果，对同性爱的污名化阐述进行了反驳。基于现代的医学知识与社会认知，这些见解无疑具有一定的前瞻性和科学性，也对国人的性启蒙与性解放起到了一定的作用。

不过，囿于时代思维和医学水平的限制，《丛书》的内容中也存在一些谬论。如陈劳薪译著的《性欲与性爱》称：受胎以后交媾的回数愈多，类似父亲之点益著。[②] 以现代的医学知识来看，这样的说法完全站不住脚跟。以对一夫一妻制的见解为例，《性而已》一书中认为一夫一妻制与道德法律无关，甚至认为当男女失调时实行多夫制或多妻制不失为补救之法[③]；而《理想的妇人》一书则认为一夫一妻制源于女性的嫉妒之心。[④]《性教育》一书中则流露出一股浓浓的大男子主义色彩，表现出对女性地位的轻视，呼吁读者们不能太颂扬母性的光辉和影响，甚至蔑称“妇女曾经是男子的奴隶，在东方是他的淫具”。[⑤] 究其根本，还是因为当时女性仍处于社会结构的低位。民律草案第二十七条就曾规定：“不属于日常家务事之行为，须经夫之许可。”[⑥]刚从传统社会脱胎出来的民国，依旧处在一种男本位的社会氛围中，所以在部分性知识的传播中，仍然透露出对女性地位的贬低。

王道不外乎人情，天地造端于夫妇，一个文明进步的社会理应正视性爱。尽管民初的性知识传播浪潮最终归于沉寂，但其对于当今的性知识传播仍然具备一定的借鉴意义。科学的性知识传播不能仅仅依靠知识分子的呐喊，必须全社会勠力同心，将其说出、传开、叫响，才能真正构建一个科学开放的社会环境。

（符涛：上海社会科学院历史研究所硕士研究生；
何祚庥：北京外国语大学国际新闻与传播学院硕士研究生）

---

① W.L.Stowell：《结婚的爱》，Y.D 译，第 112 页。
② 陈劳薪：《性欲与性爱》，第 120 页。
③ T.M：《性而已》，第 30 页。
④ 南佳：《理想的妇人》，北新书局 1929 年版，第 22 页。
⑤ W.L.Stowell：《性教育》，Y.D 译，第 97 页。
⑥ 逸君：《男性中心下底中国妇女》，《妇女周刊》第 10 卷(1924)，第 1—2 页。

20 世纪 30 年代中国女性身体美观念探究

——以《玲珑》杂志为例

靳胜昔

从古至今，女性身体之美一直是中国文学审美中不可分割的内容。这种"身体美"既是女性魅力的体现，也是女性在当时社会自身价值的重要衡量标准。鸦片战争后，政治局势和经济基础的变化动摇了传统封建伦理关系。随着民族危机的加深，传统文人士大夫对女性"豢以美食，处以曲房"①的审美显然难以满足当时社会的需求。上海作为近代中国最早的通商口岸之一，依靠得天独厚的地理位置，已成为当时中国现代化程度最高的城市，成为有"东方巴黎"之称的国际大都会。租界的建立和西方资本主义的涌入，也带来了西方的消费理念和文化产品。在女性生活方面，西方的身体审美悄无声息地影响着中国女性的"身体美"观念。明星效应树立起直观可见的标杆，不仅表现在商业广告的宣传上，也表现在近代媒体的传播上。当时出现了大量以女性读者为目标群体的刊物，如《妇女杂志》(1915—1931)、《良友》(1926—1945)、《新女性》(1927—1929)等，创刊于 1931 年的《玲珑》杂志便是其中之一。

目前学界现有的研究成果，已经关注到民国时期女性身体审美观念的转变，特别是此时期"健美"风尚的流行，及它与消费观念、国族话语之间的联系②。

---

① 李渔：《闲情偶寄》，中华书局 2007 年版，第 138 页。

② 李贞德：《从医疗史到身体文化的研究——从"健与美的历史"研讨会谈起》，《新史学》1999 年第 4 期；游鉴明：《近代中国女子健美论述(1920—1940 年代)》，李贞德编：《性别、身体与医疗》，台湾联经出版事业股份有限公司，2008 年，第 241—276 页；曾繁花：《晚清女性身体问题研究——基于若干报刊的考察》，暨南大学文学院 2011 年博士学位论文；汤嘉：《美人制造：民国女性身体美之塑造》，华东师范大学历史学系 2016 年硕士学位论文。

但纵观当时有关女性身体之美的文字或图像资料，此一时期的女性“身体美”，除了指体格强健，还有着更外延的含义，包括皮肤、面容、头发等具体部位，服饰妆容对身体的修饰，以及身体行动的仪态之美等。《玲珑》杂志作为当时畅销的女性商业杂志，所刊载的内容除了与女性“身体美”观念直接相关，更提供了体察这一观念所形成的社会与文化背景的途径。

一、《玲珑》杂志的创刊、主要栏目及行销状况

1. 创刊情况及编辑团队

《玲珑》杂志全称《“玲珑”图画杂志》，英文名为 *LinLoon Magazine*，由上海华商三和公司于 1931 年 3 月 8 日创刊。发行过程中，曾由于一·二八事变停刊数期，局势稍微稳定后，于 1932 年 4 月 27 日复刊。1933 年曾改名为《“玲珑”妇女图画杂志》。1936 年又改名为《“玲珑”妇女杂志》。1937 年 8 月停止独立刊售。

该杂志 64 开，每星期三出版，由上海各报亭和外埠各书局代售，每册大洋 7 分（铜元 21 枚，外埠加寄费 2 分），外埠及本埠一律全年 50 册售价 4 元，5 个月 20 册售价 2 元（寄费均在内），国外全年 6 元，邮汇不通之处邮票代洋 9.5 折[①]。第 3 期起由于“取材极精，印刷考究，成本过重，亏本极多”[②]遂加价 1 分。至 1933 年，已经涨价至每册大洋 1 角。

杂志收入除了售卖本身，还包括刊登广告、读者捐赠等。首期就标明了刊登广告的价目：“每方寸每期 2 元，长期面议。”[③]此外，该杂志还注重周边产品的发售。出版的过程中曾推广过一系列生活用品，如玲珑胶泥、玲珑乒乓、玲珑酱油等。1931 年 11 月号上，曾刊登玲珑酱油的广告词：“酱油在烹调菜肴时，占最重要的地位。世上所售的酱油，大都口味不佳，没有香气与鲜味。烹调肴馔，醇美绝伦，且发明者用上等原料，照科学方法精制，清洁卫

---

① 《公告》，《玲珑》第 1 卷第 1 期，1931 年 3 月 18 日。

② 《编辑者言》，《玲珑》第 3 卷第 3 期，1931 年 2 月 1 日。

③ 《公告》，《玲珑》第 1 卷第 1 期，1931 年 3 月 18 日。

生,可以打倒全世界一切酱油。"[①]1932 年 6 月的《玲珑》杂志上,也曾为玲珑胶泥做广告:"惊人发明之国货,国民政府事业部特许专利之玲珑胶泥(又名人造皮),专补中西靴鞋,手续简易,异常经用。"[②]这些商品一方面借用《玲珑》杂志版面刊登广告,一方面又借用"玲珑"商标拉近与消费者的关系,为杂志带来扩展的收入盈利。

最初,编辑团队由周世勋、陈珍玲、林泽民组成。周世勋负责"娱乐"栏目,林泽民负责杂志摄影,陈珍玲女士主导"妇女"栏目。后由林泽苍担任主编,编辑团队也几度更换扩充。如曾经与陈珍玲一起担任文字编辑的还有梁心玺、梁永福、彭兆良等人;曾先后担任美术编辑的有徐今生、宗微赓、叶浅予、林奋升、黄士英、赵白夜、许秉铎等人。章霈琳曾对"陈珍玲"其人是否真实存在进行详细考究。[③] 编辑团队极其注重与读者的互动,每期"编辑者言"中,不仅会向读者征文,咨询读者意见,也会回复读者来信的内容。第 1 卷第 5 期《编辑者言》中甚至直言:"本志是读者的,不是我们的,所以极公开。希望爱护本志的读者,加予指正,并赐意见。至于本志的粮食文字和照片,也希望兄弟姊妹们寄投给我们。"[④]"玲珑信箱""如何解决"等栏目,也是采取读者提出问题,编辑公开回复的方式,以此来拉近读者关系,增加杂志与读者间的互动。

2. 主要栏目

(1)"妇女"栏目

"妇女"是《玲珑》杂志从一开始就设置的栏目,也是唯一没有更换过编辑的栏目,一直保留至停刊前,伴随杂志出版的始与终。该栏目一般首篇由陈珍玲主笔,或是介绍时事热点中与妇女相关的话题,或是就婚姻、就业等热点问题表达对女性读者的期望。其他文章则一般由读者投稿,内容包罗

---

① 《玲珑酱油广告》,《玲珑》第 1 卷第 35 期,1931 年 11 月 11 日。

② 《玲珑胶泥广告》,《玲珑》第 2 卷第 53 期,1932 年 6 月 8 日。

③ 章霈琳:《性文化与期刊出版:以〈玲珑〉(1931 - 37)为例》,《近代中国妇女史研究》第 25 期(2015)。

④ 《编辑者言》,《玲珑》,第 1 卷第 5 期,1931 年 4 月 15 日。

万象，涉及学业、婚姻、恋爱、生育、就业、生活娱乐等方面。栏目为女性读者分享生活经历、抒发个人观点搭建起传播讨论的公共空间，对妇女解放思想的传播也发挥着积极作用。

栏目中最为重要也最具特色的应属“玲珑信箱”部分。“玲珑信箱”主要由读者向编辑部写信，描述自己对婚恋或生活等方面的疑惑，由杂志编辑在杂志上发表并予以公开回复。这种书信往来的形式最初也曾被取名为“读者来信”“解答疑难”“如何解决”“少女信箱”“读者呼声”，直到 1932 年第 2 卷第 72 期，才定名为“玲珑信箱”，并一直延续下来。尽管称呼几经变化，但是这一栏目的目的始终如最开始所言：“请姊妹们将困难之问题，不知所措之心事，及痛苦被欺之情形寄下，当代为解决。”[①]有人曾对“玲珑信箱”中公开信件的内容进行统计，其中与恋爱婚姻相关的信件数量占比超过 60％[②]，可见“信箱”的设立不仅为当时解决婚恋问题、促进两性了解提供指导，也为了解当时的妇女生活状况提供途径。

（2）“儿童”栏目

“儿童”栏目开设于 1931 年第 1 卷第 6 期，篇首标语写着：“儿童为将来中国之主人翁，本栏专门指导，养子育儿之智识，欢迎投稿。”[③]前一期《编辑者言》中就已经预告，下期起要增加“儿童”这一全新栏目，指导家庭中儿童的教育和养育问题。在编辑者看来，“……儿童是将来中国的主人翁，不可疏忽的”[④]，这也是他们开设此栏目的主要原因。栏目自开设以来，均以指导儿童教育和养育为主要内容，包括儿童卫生、儿童疾病防治、儿童喂养锻炼、儿童教育、儿童娱乐，以及介绍国外儿童生活等，还常常附有图片。

（3）“常识”栏目

首次开设于第 1 卷第 4 期，标题题字为胡适所书。前身为三日刊报纸《常识报》，由《玲珑》杂志母公司三和公司刊发，在与《玲珑》合刊前，已出版

① 珍玲：《如何解决》，《玲珑》第 1 卷第 10 期，1931 年 5 月 20 日。

② 王楚楚：《从“玲珑信箱”看 20 世纪 30 年代上海都市女性自我意识之觉醒》，张家忠主编《长江文史论丛》（2018 年卷），湖北人民出版社 2018 年版。

③ 《儿童》，《玲珑》第 1 卷第 6 期，1931 年 4 月 22 日。

④ 《编辑者言》，《玲珑》第 1 卷第 5 期，1931 年 8 月 15 日。

4年。1931年,《常识报》与《玲珑》杂志合并,成为《玲珑》杂志固定栏目。杂志编辑介绍《常识报》"素以'介绍实用知识与经验,劝导指迷与改良生活'而著名"。"常识"栏目内容包括社会交际、食物保存、日用品修护、身体保养、美妆穿搭、医疗卫生等"人生所必需之'常识'",几乎涵盖了衣、食、住、行各个方面。编辑者称栏目"阅读之可免被欺失足,乃'家庭'必备之刊物"。[①]在当时社会环境下,它对一些科学观念,如生理、卫生、营养等知识的传播确实起到了促进作用。

栏目中曾开设"案件评述:触目惊心"板块,对社会上的热点案件进行评述。后又开设"法律顾问"板块,回答遗产分割、婚姻纠纷等法律相关问题。在一定程度上普及了法律知识,传播了法制观念。

(4)"娱乐"栏目与"幕味"栏目

如"妇女"栏目一样,"娱乐"也是《玲珑》杂志从一开始就设置的栏目,并一直保留至停刊前,只是主编和内容的侧重点曾几经更换。"娱乐"栏目以"提倡社会高尚'娱乐'"[②]为目标,娱乐方式也更推崇体育和文艺娱乐。第1卷1—19期"娱乐"栏目中,都刊登有林泽民撰写的文章,介绍相机的使用方法和拍照技巧。也曾刊登流行歌曲乐谱,供读者学习。

电影资讯是"娱乐"栏目的重要内容,每期都会对中外明星近况、热门电影、娱乐八卦进行介绍,还常常附有明星照片。1932年第2卷第73期中,专门开辟出"幕味"这一栏目,刊登有关电影的内容。根据编辑者解释,"幕味"一名,既取"银幕趣味"之意,也是与英文单词movie(电影)谐音。编辑者将"幕味"栏目开设的目的总结为三条:

> 尽量供给有趣的电影消息于读者大众。
>
> 搜罗名贵的美化的铜图为读者欣赏。
>
> 用科学的合理的方法,指导现在电影的错误和贡献国产电影界以有价值之意见。[③]

---

① 林泽人:《常识》,《玲珑》第1卷第4期,1931年4月8日。

② 《本刊目标》,《玲珑》第1卷第1期,1931年3月18日。

③ 《幕味"第一章"》,《玲珑》第2卷第73期,1932年11月9日。

相比于原来的“娱乐”栏目，“幕味”增加了对国产电影报道的比重，显示出对国产电影的关怀。

3. 行销状况

杂志的销售状况可以显示出其影响范围，也反映着其观点是否能在人群中引起共鸣。《玲珑》杂志作为周刊，相比于月刊，更能紧跟社会时事，对热点问题进行及时讨论，这是其传播优势。《玲珑》第四期发表声明称：“本刊前三期完全售罄，仅留有一百份专给直接订户。”[①]根据1933年第1期公告显示，代售点除外埠各书局和上海各报贩，还有永安公司、文华、汉口真美善公司、苏州文怡书局、香港萃文书局、北平良友公司、天津大同书局、广州文华公司、厦门千代公司9个代售处[②]。这象征着其流通不仅仅停留在上海一处，有向南、向北拓展的趋势，已经扩大至京津地区、东南沿海和长江沿岸较为发达的港口城市。

二、《玲珑》杂志“身体美”定义及追求方法

《玲珑》杂志中有许多提及女性“身体美”的内容，其标准或以女明星为参照，或由作者在文章中提出期许。其范围包括女性的身体躯干、四肢五官、皮肤头发、服饰妆容等多个方面。并为当时女性追求“身体美”提供种种方法。

1. 定义范围

（1）体格躯干

众所周知，对于人身体的美，古今中外其实很难达成统一共识。《玲珑》杂志曾翻译过两篇国外衡量身体美标准的文章，分别刊登在第1卷第46期和第2卷第47期。第1卷第46期《标准美女的条件》一文中，译者淑芳女

---

① 《编辑者言》，《玲珑》第1卷第3期，1931年4月1日。

② 《公告》，《玲珑》第3卷第1期，1933年1月11日。

士引用美国艺术家的观点，认为十全十美的容貌与身材，应满足的条件有：前额与鼻子长度相同；鼻梁到鼻尖的距离与鼻尖到颐部的距离相同；躯干的长度比头的长度长7倍或8倍；由额头顶到腰线距离是头的长度的3倍；腰线到膝盖距离是头长度的3倍；由膝至踵长度是头长度的2倍；肩部与臀部宽度相等；头部和身体各部分的轮廓为圆形或长圆形。她还给出了美国著名模特包温女士的真实的体格量度，方便读者参考：体长5.8尺，重132磅，颈13寸半，胸平常时33寸，扩大时36寸，髋36寸，肩36寸，上臂10寸半，股（大腿）22寸，腓（小腿）13寸半，踝8寸。[①]

第2卷第47期《健美的标准》一文中，则是把美国"一般审美家公认为较娜斯更美"的黛芙女士的身材作为参考标准：身高5尺5寸半，体重120磅，颈围13寸，胸围34寸半，手腕5.43寸，腰围26寸，臀围36寸半，大腿围21寸半，小腿围13.41寸，足踵8寸。[②]

从这两则材料中可以看出，当时"身体美"标准，很大程度上受西方审美体系和明星文化的影响。尽管文章作者也曾表示中国女子是否适用这种标准还有待商榷，但西方模特的身体数据，对于普通中国女性而言，也有一定的参考价值。那什么是属于中国女性的"身体美"？《玲珑》杂志中并没有哪一篇文章给出具体标准，通过梳理归纳其刊登过的内容，对其中国"身体美"基本内涵，也可有个大致了解。

第1卷第27期中曾指出："女子的美，不但在乎面部，健全的体格也是美。"[③]可见其女性美判断标准中，美女不仅要拥有姣好的面容，也要有"健全"的体格。值得注意的是，这里用"健全"一词修饰"体格"，而非"优雅""柔美""纤细"，或许在编辑看来，健康才是"身体美"的基础条件。这一观点在第1卷第4期中也得到佐证，投稿者秀娟认为中国从前女子身体虚弱的原因是腿部瘦小，"一般姊妹十有八九都把他们的腿忽略过去，弄得不直不壮，

① 淑芳女士：《标准美女的条件》，《玲珑》第1卷第46期，1932年2月3日。
② 《健美的标准》，《玲珑》第2卷第47期，1932年4月20日。
③ 《女子的美》，《玲珑》第1卷第27期，1931年9月15日。

十分不雅”。[①] 表示出对瘦小腿部的不欣赏，认为“直”“壮”的腿才是美观的，进而提出女子想要追求强壮和美观，必须露腿。第2卷第51期上，则更是直接地以“肉腿”为标题，用照片（图1）展现女明星的腿部线条。不过这里的“肉感”也只是相对“瘦弱”而言的，并不是一味追求身材丰腴。第1卷第6期《不适当的体格》中，作者认为“还有一种女子好像很是知道体育的重要的……结果除了两条肥腿之外，其余部分的肌肉绝对未能发展……”[②]，也说明了对于部分人而言，粗壮的大腿是不美观的。

图1 《肉腿》插图(《玲珑》第2卷第51期第29页)

照片上的外国女明星坐在高凳子上，身着格子长衬衫，一双长腿无遮无拦悬在椅边，作者在旁边配文：“……此种歌舞要以肉感为主，顾吾人辄见双双粉腿，耀目动神……”这也是表示对肉感的腿部美的肯定。

杂志刊登的漫画中，女性身体大多是修长偏瘦的。此外，结合上文包温和黛芙两位模特的身体数据，可以测算出两位模特的身体质量指数(BMI)，分别是20.1和19.7，一般认为身体质量指数在18.5—24之间是较为健康的体重，世界卫生组织认为BMI指数保持在22左右是比较理想的。而两位模特的身体质量指数都小于22，即处于正常范围的偏低区间。所以当时的标准身材，其实也是在健康的基础上稍微偏瘦的。

(2) 其他部位

除了体格躯干，“身体美”也表现在其他一些具体方面，第2卷第73期《女明星的美》分别列出当红女星身体最美的部位，分别是曼琳黛屈丝的足、克莱拉宝的眼和睫毛、巴巴拉的牙齿、莉拉海姆

① 秀娟：《露腿发生问题》，《玲珑》第1卷第4期，1931年4月8日。

② 徐慧芬：《不适当的体格》，《玲珑》第1卷第6期，1931年4月22日。

士的口部和玛丽瑙兰的双颊。[①] 但文章只介绍了明星何处美，却没有更进一步地给出标准。以此为目录进行索引，再回到《玲珑》杂志中，也能找到其他文章对标准进行补充。

① 足部

《玲珑》杂志出版的年代，反对缠足已经基本成为较发达地区的共识。第 4 卷第 26 期《足的故事：从缠足说到裸足》一文中，作者兆良甚至将裸足作为现代女子解放的象征。女子的足部从"三尺之布，七尺之带"的缠足，变为穿着丝袜高跟鞋的天足，已经足够象征新女性"受了欧风美雨的吹打，世界潮流的激荡，打破社会因习种种的束缚，摆去家庭种种的恶势力了……"[②]。这种说法尽管对反缠足的意义有一定的夸张，但也充分反映了当时社会对天足的认可。

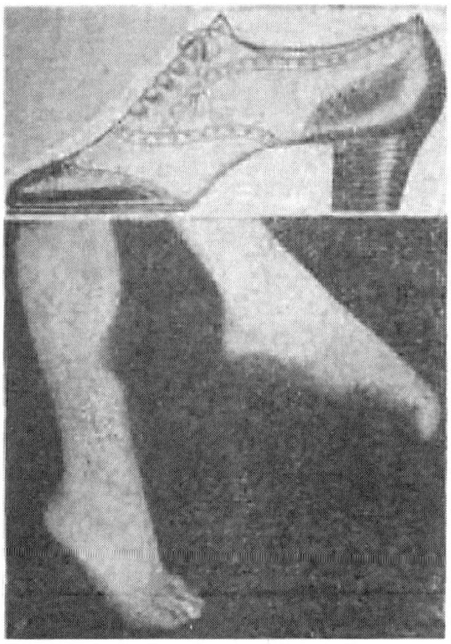

图 2　《摩登的脚》插图(《玲珑》第 1 卷第 12 期，第 412 页)

畸形恐怖的缠脚被否定，自然长成的天足却依旧有美丑之分。第 1 卷第 12 期《摩登的脚》一文中，作者提到自己因为鞋子不合脚导致自己脚上长鸡眼，而后分享了医生建议她进行的足部锻炼方法：早晚进行六次足部锻炼，称如果能坚持下来，"脚部的弧形，就会强健"，这样就能避免脚变形或是生鸡眼。[③] 根据该文配图(图 2)和讲解的锻炼方法，可以猜测文中所提倡的弧形，应该是指足弓。在另一篇《为什么要穿高跟鞋》中，作者认为："穿了高跟鞋的足部有一种异常美丽的弧形……"[④]可见当时对于美足的要求，不再追求三寸金莲，

① 《女明星的美》，《玲珑》第 2 卷第 73 期，1932 年 11 月 9 日。
② 兆良：《足的故事：从缠足说到裸足》，《玲珑》第 4 卷第 26 期，1934 年 8 月 29 日。
③ 姚霞芬：《摩登的脚》，《玲珑》第 1 卷第 12 期，1931 年 6 月 3 日。
④ 丽菲女士：《为什么要穿高跟鞋》，《玲珑》第 2 卷第 73 期，1932 年 11 月 9 日。

而是在放足的基础上，追求足弓曲线优美。

② 面部

依照传统的审美，女性姣好的面容应具"'杏'眼，'桃'腮，'鸭蛋'脸儿，或'瓜子'脸儿，'鹅胆'鼻，'梨'涡，'樱桃'口，'贝'齿……"[①]。根据杂志刊文整理结果，可以发现这些审美标准并未有特别大的变化。第2卷第67期和第68期"常识"专栏先后刊登过《白牙齿法》和《牙齿洁白法》，第3卷第13期也刊登《使牙洁白》一文，可见还是以牙齿洁白明亮为美。第5卷第11期《女子化妆术》中，作者在教授鼻部修容方法时提到："有些女子的脸并无什么缺点的，只是苦于没有鼻子，鼻梁平塌着或鼻尖向上"，并建议有这些面部缺陷的女子，用鼻油灰进行掩饰，可以推断当时的审美提倡挺拔但鼻尖不上翻的鼻子。文中还提到，化妆中最重要的细节是增大双眼，美化眼部线条，如果不加修饰，"就是那女子有双大而有神并密长着长长的睫毛的眼睛，要是不用油彩，也会在明亮的舞台上，比他们原来的样子缩小一半……"[②]可见，当时也喜欢女子大而有神、睫毛纤长浓密的眼睛。

有一个细节值得注意。尽管古代很多文学或美术作品对女子眼睛多有描绘，但很少有作品强调漂亮的眼睛是单眼皮或是双眼皮。曹雪芹写王熙凤"丹凤三角眼"和林黛玉"似泣非泣含泪目"，也着重于刻画眼睛的形状和情态，并没提到单眼皮或双眼皮的问题。而《玲珑》第5卷第29期"常识"一栏中，刊登了一位叫沈建安的医师的一篇《单眼皮变双眼皮法》，声称"就是最流行的双眼皮，也可以用人工来做成的"。[③] 随后第5卷第38期"玲珑信箱"中，一位叫李倩英的姑娘向编辑部来信，称自己看到沈建安的文章后"非常的高兴，因为我最喜双眼皮……反复观诵数百遍"，但始终不知道如何改造，因此来信咨询。[④] 由此可见，当时社会确实有流行双眼皮的风尚，而且有女性迫切地想从单眼皮变成双眼皮。编辑珍玲在回复中，提到一位叫胡

---

① 友梅女士：《女人是可吃的》，《玲珑》第6卷第8期，1936年3月4日。

② 《女子化妆术》，《玲珑》第5卷第11期，1935年3月27日。

③ 沈建安：《单眼皮变双眼皮法》，《玲珑》第5卷第29期，1935年8月7日。

④ 李倩英：《关于改造双眼皮》，《玲珑》第5卷第38期，1935年10月9日。

萍的女明星对自己一只吊眼皮不满，欲除之而后快，于是去某美容院治疗却未能见效，只能白白损失三百元。[①] 对美的要求，已经"武装"到了眼皮上。

③ 皮肤

皮肤是人体最大的器官，也是"身体美"的一个重要表现对象。《诗经》中写美人就用"肤如凝脂"描绘女子白皙的皮肤。这样的审美偏好在《玲珑》杂志出版年代也仍然存在。第 1 卷第 3 期《好莱坞的"肉"》一文中，将好莱坞当红女星的肤色分别列举出来：琶琶妲妮儿的肉是粉红色，比莉朵芙的肉是玉白色，瑙麦希拉的肉是桃花色，克莱拉宝的肉是酱紫色，罗丝却德顿的肉是雪白色，这些都是"动人的"肉，而像曼兰菊莱丝勒的肉为赭石色，曼兰卡的肉是牛肝色，这些肉都让人觉得可怖。[②] 当时比较崇尚的依旧是较浅的肤色。

从皮肤状态来看，美丽的皮肤应该是紧致的、无皱纹的。第 2 卷第 43 期《皮肤收紧法》中，作者认为"女子的皮肤，当然以紧张为上"，如果皮肤变得松弛出现皱纹，则是一种缺憾；[③]第 2 卷第 43 期《美容经验谈》中也提到，皮肤美丽全靠饱满，"有了皱纹，就不算美了"。[④]

2. 实现方法

女明星美丽的形象、时人的提倡和广告潜移默化地宣传为女性"身体美"树立起标杆，让爱美的女性趋之若鹜，如何获得并保持"身体美"成为一门功课。正像前文所说，"身体美"内涵甚广，除了体格四肢，更包括面容皮肤等方方面面，与之对应追求"身体美"的方法，自然也五花八门。

（1）运动锻炼

《玲珑》杂志极其推崇运动锻炼。创刊号上就有《运动与中国》，先提到西方女子非常注意身体的轻重和姿态，称她们"每日练习柔软体操，使肌肉

① 李倩英：《关于改造双眼皮》，《玲珑》第 5 卷第 38 期，1935 年 10 月 9 日。
② 丽芳：《好莱坞的"肉"》，《玲珑》第 1 卷第 3 期，1931 年 4 月 1 日。
③ 姜娟英：《皮肤收紧法》，《玲珑》第 1 卷第 43 期，1932 年 1 月 13 日。
④ 五凤：《美容经验谈》，《玲珑》第 1 卷第 43 期，1932 年 1 月 13 日。

平均发展”。作者对这种勤于锻炼的生活方式表示肯定，并希望中国女子也加以学习，通过练习网球、高尔夫、体操等适宜女子运动，减少身体和精神上的痛苦，增加对运动的兴趣，由此形成良性循环，让身体更加强健，“如此我国懦夫之讥不久可以雪矣”。① 不仅将体育运动与女性生理和心理健康联系在一起，更将体育运动作为雪洗“东亚病夫”的解决方法，可见它对体育锻炼作用的肯定。

图 3　《运动》插图(《玲珑》第 2 卷第 52 期第 76 页)

这种对运动锻炼的肯定在杂志中一以贯之，运动锻炼也被作为一种减脂塑形、实现“身体美”的良法被多次提及。从女性整体角度来看，新女子想要打倒“病态美”，与金发碧眼的外国女郎一争长短，“体育一道，尤须注意”，这样才能一洗积弱，达到女性的健康和民族的强壮。② 从女性个体对“身体美”角度来看，想要健康又美丽的双腿，应该每日早晚踮起脚尖在卧室里走上__十遍，再做五分钟的跳跃运动，每天坚持，“要有坚决的意志，这样就可以得到美丽的腿”③；想要减少腹部赘肉，“一般的减肥运动，可以说完全是无效的。而且其结果，往往是徒耗无可数计的体力损失而已”④，最有效的方法应该是加强腹部的“肌肉控制”，在呼吸和行走的过程中加强腹部肌肉锻炼，才能获得平坦的腹部；想要漂亮的足弓，则应该在清

① 茉莉：《运动与中国》，《玲珑》第 1 卷第 1 期，1931 年 3 月 18 日。
② 曹秀琳：《新女子应有之准备》，《玲珑》第 1 卷第 4 期，1931 年 4 月 8 日。
③ 兰心：《美容之门》，《玲珑》第 1 卷第 7 期，1931 年 4 月 29 日。
④ 《最有效的减肥法》，《玲珑》第 6 卷第 43 期，1936 年 11 月 4 日。

晨未起身之前进行锻炼，“身向上天把脚趾渐渐向膝部弯曲，然后慢慢底回原，使脚趾和膝部成为直线”[①]，早晚进行各六次，长久坚持足部就会有漂亮的弧线。女运动员芝英的腰线被女性们赞美，而她的投稿中，称自己的腰线美“全是靠运动的力量”[②]。

总而言之，运动锻炼对于“身体美”的塑造，表现在于祛除病态瘦弱的积病，获得健康的体格。不同的运动方式还对应着不同部位的塑形和美化，也展现了运动对塑造“身体美”的神奇作用。

(2) 妆容服饰

妆容与服饰，都是依靠外部对身体进行修饰，从而达到“身体美”的手段，是最直观也最见效方法。随着无数外国商品涌入中国市场，新式化妆品和服装也随之而来，为当时女性利用妆容服饰追求“身体美”提供了更多方法和途径。

如果说运动锻炼在于塑造美好的身形，妆容的作用则在于掩盖面部的缺陷。从《玲珑》杂志刊载文章可以看出，当时女性化妆已经有敷粉、画眉、染眼影等诸多步骤。

敷粉时，根据人的皮肤选择不同色号的粉质。皮肤是极富东方色彩的黄皮，则适宜用合适的白粉和胭脂；如果皮肤苍白缺少血色，则应薄施粉黛，使面色红润，比浓妆艳抹更为好看；至于“其他粉质种类的不同，脂粉调和的匀称”，亦有讲究。[③] 敷粉有干敷和湿敷两种方法，干粉敷面往往难以调和均匀，所以在敷粉之前应先洗脸，再在脸上涂上一点蜜糖或雪花膏，用干毛巾涂抹均匀，将粉敷在面部和颈部，而后用干绒布擦掉余粉，这样一番操作后，皮肤看起来就会“粉嫩而美观”；湿粉一般使用“中国粉”，但功效比舶来品更好，使用也更为简单，只是在洗脸后将粉放在手中，滴几滴水调成浆液，均匀涂抹在面部和颈部，等到它干掉就能再上胭脂，“这种化装术真可谓轻

① 姚霞芬：《摩登的脚》，《玲珑》第1卷第12期，1931年6月3日。
② 芝英：《腰线美的力量》，《玲珑》第1卷第3期，1931年4月1日。
③ 黄承颖：《现代妇女何以比从前妇女好看?》，《玲珑》第1卷第24期，1931年8月26日。

而易举”。① 其他部位也颇有讲究：涂抹脂粉应当有分寸，根据场景不同而定，晚间赴宴可以颜色稍重，平日则要薄施粉黛，不可过浓；画眉毛不能一味学明星画得又细又直，形状微弯与眼睛相称，眉眼间距与眼睛高度相同；染眼影不应将黑影涂在眼皮正中央，而应用手指轻轻地、由深到浅地涂在睫毛到眉毛处。②

图 4　《夏季新装》(《玲珑》第 1 卷第 17 期，第 585 页)

叶浅予所绘，女子身着圆领短衫和阔腿长裤。短衫采用传统旗袍盘扣设计，却没有采用传统旗袍的高领款式，而是做成无领款，只在领口有一圈深色镶边作为装饰。长裤以深色为主体，脚管下缘新潮地模仿旗袍进行了开衩设计，并在用浅色包边装饰。这条裤子，一来与上衣的装饰进行呼应，二来开衩的设计在盛夏时节更宜消暑，三来相比于旗袍裙装，更方便行动。这样的设计在方便平日活动的同时，还能展现出女性纤细的手腕、脚腕线条，显示出女性的“身体美”，也体现了中西文化在服装上的交融。

如果说妆容作用主要在于修饰面部，那么服装则是对身材起到衬托作用。环肥燕瘦都离不开服饰的衬托，如何选择适合自己的服装成为摩登女性的功课。杂志中有不少文章介绍服装穿搭技巧。例如从身材上看，身材肥大的人不应穿料质粗厚的衣服，身材瘦小的穿薄料的衣服显得更加单薄。③ 更不能因为身材较胖，就“把衣衫做得特别的紧”，这样过犹不及，让许多肥肉从衣缝里挤出来，看起来极不美观。④ 从花型颜色上看，皮肤黑黄的人不宜穿过于淡的颜色，皮肤白皙的人穿深色的衣服则会更显皮肤白皙⑤；夏天适宜穿浅色，冬天适宜穿深色，外衣适合用深色，内

---

① 假新郎：《敷粉亦有艺术》，《玲珑》第 1 卷第 4 期，1931 年 4 月 8 日。
② 一笑：《妇女化装新术》，《玲珑》第 4 卷第 29 期，1934 年 9 月 26 日。
③ 蒋梅芳：《黑白肥瘦》，《玲珑》第 1 卷第 2 期，1931 年 3 月 26 日。
④ 徐慧芬：《不适当的体格》，《玲珑》第 1 卷第 6 期，1931 年 4 月 22 日。
⑤ 蒋梅芳：《黑白肥瘦》，《玲珑》第 1 卷第 2 期，1931 年 3 月 26 日。

衣适宜用浅色，男人宜穿素净的款式，女士方可用印花、格子、条纹等带花纹的布料。① 从第1卷10期开始，几乎每期都有手绘插画，介绍最新潮的服装款式。这些插画多由叶浅予所作，服装款式既有传统的旗袍样式，也有西式洋服，更有中西结合的改良款旗袍。

(3) 清洁护肤

《玲珑》杂志发刊时代，沐浴不仅被看作一种清洁身体、保持健康的方式，也被视作一种追求"身体美"的手段。第1卷第24期《现代妇女何以比从前妇女好看?》说："皮肤不受水分，怎会滋润美丽？现在的妇女，知道沐浴对于皮肤是极重要的。她们都勤于沐浴，并且有时用杀虫的肥皂。"②第3卷第6期《沐浴与摩擦之益》则具体介绍了沐浴的具体方法：沐浴时，水温宜与体温相近，肥皂应使用无碱性多脂肪的肥皂，沐浴的水中宜加"阿莫尼亚、雀麦粉、硼砂各少许"，浴后应用干毛巾轻擦全身至皮肤微微发红。这样有助于血脉流通与筋骨伸缩，更是有助于美容。③

面部护理步骤则比身体上的沐浴更有讲究。《皮肤收紧法》一文介绍敷用雪花膏或白玉霜后，要用毛巾从下往上地擦抹均匀，而非从上往下，以免产生皱纹。④ 要去除皱纹，则应用"樟脑精少许，和以二倍成分之玫瑰香水，晨夕各搽一次"。⑤ 这些方法虽然在现代看来并不一定有效，但也反映出当时女性追求"身体美"的护肤意识。

(4) 手术

20世纪30年代，随着西方医学技术的传播，对于求美意愿强烈的女性来说，手术也成为一条变美的途径。沈建安医师《单眼皮变双眼皮法》，介绍说随着医学和科学的进步，"一切的奇形丑相，都可以用医药来改良"，当时最流行的双眼皮，也可以通过手术来完成。根据他的介绍，双眼皮手术的人只要在上眼皮上注射一点麻药，进行一个"无需住医院，也没

---

① 《衣料颜色花纹的选择》，《玲珑》第2卷第75期，1932年11月23日。
② 黄承颖：《现代妇女何以比从前妇女好看?》，《玲珑》第1卷第24期，1931年8月26日。
③ 《沐浴与摩擦之益》，《玲珑》第3卷第6期，1933年3月1日。
④ 五凤：《美容经验谈》，《玲珑》第1卷第43期，1932年1月13日。
⑤ 姜娟英：《皮肤收紧法》，《玲珑》第2卷第43期，1932年1月13日。

有痛苦”的小手术后，再经过七天，单眼皮的女子就能拥有理想中永久性的双眼皮了。[①] 其后第 5 卷第 38 期“玲珑信箱”中，编辑虽然认可了双眼皮手术的可行性，称“欲将单眼皮改为双眼皮，在现代的科学技术上确属可能”，但又劝诫想进行手术的读者，做双眼皮手术“惟此系指世界医学而言者”，至于当时中国的美容院是否有这样的技术效果，“则本人殊不能保险”。[②] 可见当时手术虽然是一种变美的手段，但效果和安全还不能得到完全保证。

（5）心情愉悦

如果说运动、服装、清洁和护肤都是通过外在的锻炼和修饰，来实现身体的健康和形体美丽，那么保持心情愉悦，则是通过对心理健康的调控，来实现“身体美”。

《玲珑》杂志中所认可的“身体美”，首先是健康美，而非以病态瘦弱为美。也就是说，要追求“身体美”，首先要摒除身体病态的瘦弱。第 2 卷第 59 期《妇女瘦弱的原因及补救方法》中，作者指出妇女瘦弱的一大原因就是心胸狭小，容易猜疑、嫉妒、忧愁，“没有片刻快乐”，因此导致身体瘦弱。给出的解决办法是旅行、阅读和欣赏音乐。旅行可以亲近自然，舒畅身心，即使没有时间和金钱远游，去公园游玩也是一个经济的办法；阅读高尚有益的书籍和报纸，有利于养成宽广的胸怀，带来快乐；欣赏音乐也是驱散忧愁、获得快乐的好方法。[③] 第 1 卷第 7 期张桂卿女士分享自己的健康生活习惯时，也提到“至于世上的一切事，都要报乐观，面孔要时常现着笑容”。[④]

尽管保持心情愉悦与普通意义上的“身体美”并没有直接联系，但是乐观积极的心态总是与其他健康的生活方式相伴而行，从这个层面来看，它对“身体美”的塑造也存在积极的间接影响。

---

① 沈建安：《单眼皮变双眼皮法》，《玲珑》第 5 卷第 29 期，1935 年 8 月 7 日。
② 李倩英：《关于改造双眼皮》，《玲珑》第 5 卷第 38 期，1935 年 10 月 9 日。
③ 《妇女瘦弱的原因及补救方法》，《玲珑》第 2 卷第 59 期，1932 年 7 月 12 日。
④ 张桂卿：《我的健身术》，《玲珑》第 1 卷第 7 期，1931 年 4 月 29 日。

三、《玲珑》杂志中对“身体美”观念的反思

《玲珑》杂志对女性“身体美”内涵进行了定义，也为追求“身体美”提供可行的方法，但并不是所有人都对“身体美”持肯定的态度，也有另外一部分人对女性追求“身体美”的行为进行反思。这其中，既有对男性审美视角下女性不得不追求“身体美”的批判，也有对部分女性过度追求“身体美”行为的反对。

1. 批判男性视角下的身体审美

近代之前，女性“身体美”多由男性定义。尽管 20 世纪 30 年代男女平等思想在社会上已经被倡导多时，但这种审美的影响还依旧存在。《玲珑》杂志中一些平等意识较强的女性作者，就对此进行批判。比较典型的文章是友梅女士发表在第 6 卷第 8 期的《女人是可吃的》，在作者看来，“‘杏’眼，‘桃’腮，‘鸭蛋’脸儿，或‘瓜子’脸儿，‘鹅胆’鼻，‘梨’涡，‘樱桃’口，‘贝’齿……”这些形容词像在写伙食账，用食物形容女性，尽管并不完全贴切，但这种比喻手法从古至今都广为接受。究其原因，在这些男作者潜意识中，女性就是可吃的。当一个男人看见漂亮的女子，就像饿狼看见了食物一样垂涎三尺，这样的色情心用食欲形容是最贴切的，因而相沿成习，女性在不知不觉中就成了男人口中的牺牲品。在这样的普遍心理下，文人也理所当然地用食物形容女子的体态美。作者进而想到，食物的形容词只是女性被吃的命运的一种表现，她引用秋瑾在《中国女报》发刊词的演说，认为“到现在，我仍不觉得姊妹们有多大改变”，不再缠小脚而是改穿高跟鞋，“滚的”“盘的”旧式装束换成了烫发裸装，但女性还是处在被吃的危险中。最后呼吁女性反抗成为食物的命运，其实也是反抗女性处在男性规定的审美框架中，将依靠外表讨好男性的生活方式。①

---

①　友梅女士：《女人是可吃的》，《玲珑》第 6 卷第 8 期，1937 年 3 月 4 日。

随着社会的发展，越来越多的女性走上职场，却发现在职场上，容貌与身材竟然成为职业要求的一部分。一些目光敏锐的女性发现了这一问题，并对此提出了质疑和批判。她们质问为何男子只需有才能、经验和坚忍心，就能得到雇主们的认可，而女职员“在办事外照例还带有种义务的安慰男性的天职”。如果女职员体貌不美，就仿佛有过错一般，不能使人喜欢。她们认为，“在这色情化的社会中，万事总不利于女性”，并将对女性外貌的要求视为桎梏，提出要打倒这“两重的职业”。[①] 这其实也是一种女性意识觉醒的体现。1936 年特刊《女子的出路》中，陈珍玲也质问：“同是脸，女职员为什么偏须敷粉，而被称为‘红颜’；同是嘴，女职员为什么偏须敷粉而被称为‘樱口’；同是身体发肤，四肢百骸，女职员为什么偏须烫发革履，打扮袅袅娜娜娇娇滴滴的样子？”[②]

尽管当时还没有“男性凝视”[③]的概念，但女性已经发现了这种现象，并开始对此进行讨论和批判，显示了当时女性自我意识的觉醒，和处在被消费被审视处境中所做出的反抗。

2. 反对过度追求“身体美”的奢靡行为

《玲珑》杂志中关于“身体美”的反思，矛头也不是一味对准男性。一些女性对女学生、女职员过分追求“身体美”，甘当“花瓶”的行为也表达了担忧与不满。韵舫女士通过介绍南斯拉夫一所女校严禁女学生涂脂抹粉遭到女学生抗议的新闻，思考女生在求学时代，“若是一味的考究装饰，又何必进学校呢”？她希望借由此事，中国的教育界特别是女学生能进行反思，不要将浓妆艳抹作为主要目标，把选择如意郎君作为任务，而应尽到作为学生的本分，改革“粉装式”的求学。[④] 而另一位刘玉瑛女士，则更是以辛辣的笔触描

---

① 黎美华：《两重的职业观》，《玲珑》第 5 卷第 38 期，1935 年 10 月 9 日。

② 陈珍玲：《女子职业在中国》，《女子的出路》，1936 年 10 月 10 日。

③ 按照 Eaton，E.W 的定义：“男性凝视是从男性的、异性的角度描绘女性和世界的行为，这种视觉艺术和文学将女性描绘成性对象，以获得男性观众的快感。”Eaton，E. W.，“Feminist Philosophy of Art”，*Philosophy Compass*，Vol.3，no.5（September 2008），pp.873－893.

④ 韵舫女士：《脂粉风潮》，《玲珑》第 1 卷第 13 期，1931 年 6 月 10 日。

写一些摩登女子，“西洋化的装束，肉体的美，尽暴露着，在在予人以兴奋的美感”，讽刺为新式“德容言功”的四德之一，表达了对一些摩登女性只注重穿衣打扮，流连交际场所的批判。①

由于日本侵占东三省、发动一·二八事变，抵制日货、节俭富国成为当时社会上倡导的风潮。《玲珑》第2卷第59期上曾印刷标语呼吁，“节俭为一位高尚女子应具有的美德”。② 同卷61期和69期也分别有《节俭为救国要件》和《脂粉救国》两篇文章，呼吁女性要抛弃华丽的服装和涂脂抹粉的陋习，通过节俭金钱增加国富，并提倡全国女性齐心协力，将平时的脂粉钱节省下来，去捐助给义勇军，“假定平均每人每年所用的脂粉费是两块钱……一年的统计已经有一万万元”③，如果用来捐助义勇军，则就可以使至少五万的军队兵充粮足，实现“脂粉救国”。这都是呼吁女性减少装饰方面的花费，来资助国家抗击外敌。

1934年2月，蒋介石发起以“规矩、清洁”为目标，以恢复中国传统道德为核心的新生活运动，部分地区甚至出现了“禁止裸足”“禁止奇装异服”的规定。这些因素都带动了部分人开始对摩登女性追求“身体美”，甚至过分追求“身体美”这种行为的反思。

兆良在《足的故事：从缠足说到裸足》中将裸足看作是“现代女子放浪淫靡的象征”，提及裸足女子要用三样化妆品，分别是涂指甲的寇丹膏、擦腿部和足部的雪肤膏和使皮肤爽滑光彩的肉色花粉。寇丹膏每瓶5—18元，雪肤膏每瓶5—20余元，对这些护肤品的消费造成了极大的开支。作者以为正值国危家破之际，女子应与男子一道担负国难，而不应崇尚奇装异服，穷奢极侈，这与缠足一样，会在社会上造成不良风气，不利于国家发展。甚至把这种花销极大的裸足称为“新缠足主义”。④ 但在对“裸足”的讨论中，也有人支持裸足。杂志同期还有一篇《禁止裸足声中一反响》就表示对“取

---

① 刘玉瑛：《新四德》，《玲珑》第1卷第24期，1931年8月26日。

② 《标语》，《玲珑》第2卷第59期，1932年7月20日。

③ 《脂粉救国：每年省一万万元》，《玲珑》第2卷第69期，1932年10月5日。

④ 兆良：《足的故事：从缠足说到裸足(续)》，《玲珑》第4卷第26期，1934年8月29日。

缔裸足”的反对，并列出三条理由：第一，从健康上说，裸足有利于足部皮肤接触阳光，可起到杀菌之效，有利于足部健康；第二从经济上讲，裸足有利于节省袜钱，并且在当时的北平，还有愚昧落后的妇女为女儿缠足，裸足风尚的盛行，有助于废除缠足之风，因此裸足既能提倡天足，也能减少经济负担；第三，从风化而言，游泳池里的男女只穿泳衣短裤，比裸足更有伤风化，但政府也不曾干预，因此用“有伤风化”作为理由禁止“裸足”并没有说服力。[①] 其实关于是否裸足的讨论，早在 1933 年的《玲珑》杂志上就已经出现过。舒如云女士在当年曾发表过《拥护裸足运动》，反驳“风化家”对裸足的批判，她认为手和足的性质其实是一样的，既然双手外露与风化无关，那么双足不穿袜子其实也不应该有问题。她还对“看到女子赤露的双足，会引起男子的邪念”这一观点进行驳斥，认为男子的神经过敏，并不是女性将自己包裹严实就可以解决的，因为这些男子还会无中生有想入非非，因此最好的方法是把这些男性的眼睛蒙住。[②]

3. 与其他刊物有关女性“身体美”观念的对比

当时大量出版物因立场或风格的不同，对于女性“身体美”态度也有所不同。1936 年 11 月在南京创刊的《妇女新生活月刊》，由妇女新生活月刊编辑部编辑，新生活运动促进总会妇女指导委员会出版，目的是为了响应国民政府发起的新生活运动，“促进妇女新觉悟，使其确实认识人生的意义和现实社会，共同负起复兴民族的责任”。[③] 其中不乏对女性“身体美”观念的评价。

第 4 期《新妇女的新生活》一文中，死爱时髦、硬装摩登、涂粉、点脂、烫发、高跟都被看作是“商品式”地投异性所好，而非“人的生活”，这样过度的装饰“实在不是妇女的福音，这是妇女界幸福前途的障碍物”。[④] 第 1 期《敷

① 北平通讯：《禁止裸足声中一反响》，《玲珑》第 4 卷第 26 期，1934 年 8 月 29 日。
② 舒如云：《拥护裸足运动》，《玲珑》第 3 卷第 24 期，1933 年 7 月 26 日。
③ 《发刊词》，《妇女新生活月刊》第 1 期(创刊号)。
④ 徐若萍：《新妇女的新生活》，《妇女新生活月刊》第 4 期，1937 年 2 月。

粉系慢性自毁》文中，作者也指出妇女日常用的敷面粉中含有伤害皮肤的物质，甚至会导致贫血或骨痛等疾病，“妇女们平时这样在施用纵说不上‘慢性自杀’，然而却不妨说是‘慢性自毁’”。[①] 第3期《容与颜》文中，作者提出“病态、涂脂抹粉、奇装异服、金钏玉饰”都是“假美”，真正的美是“健康、本色、雅洁、朴素、再加上大大方方的态度”。[②] 从这些文章可以看出，《妇女新生活月刊》的撰稿者们并不提倡化妆，也反对妇女们用过多的外部涂饰去追求“身体美”，与《玲珑》杂志中所传达的观点截然不同。

随着新生活运动的发展，各地都纷纷下令取缔奇装异服。对于这一命令，不同的杂志也有不同的观点。《市政评论》上《取缔奇装异服》认为妇女占全国人口之半，将来民族的复兴，妇女也应该负一半责任，如果女性堕落于奇装异服上争奇斗艳，没有觉悟，国家前途是很暗淡的，因此“取缔奇装异服，不过是促进妇女生活向上的一种至低限度的举动”。[③]《洁芳校刊》刊登《取缔奇装异服评议》，作者虽然同情身着奇装异服的女子被警察纠正时抱头掩面的可怜之相，却也认为她们是咎由自取，“我辈同胞，奈何穿着异服以干禁令哉”。[④]《妇女新生活月刊》第1期《谈谈奇装异服（座谈会记录）》，虽然赞同取缔奇装异服的行为，但也认为“所谓奇装异服，是有时间性地域性的，并依社会经济组织为背景的”，取缔奇装异服的方式不合理。[⑤]

1935年，广东省政府下令于当年9月1日开始取缔妇女奇装异服，对初犯进行劝导，对再犯进行拘留并没收衣服，对三犯进行罚款。对于这一行政命令，《玲珑》杂志曾刊登《评粤焚毁奇装异服》予以评价。作者先对这一行政命令予以肯定，认为严禁奇装异服，既有利于国难当头的背景下从事节俭，也有利于女性自勉自励，不在奇装异服上堕落人格。但对奇装异服的惩罚提出异议，认为奇装异服者只是标新立异，并不是犯罪，只是趋时好奇，并不应该被当作犯人对待，“如此取缔，岂非小题大做”，并提倡将取缔的奇装

---

① 《敷粉系慢性自毁》，《妇女新生活月刊》第1期（创刊号），1936年11月。
② 《容与言》（转载《朝报》），《妇女新生活月刊》第3期，1937年1月。
③ 体扬：《取缔奇装异服》，《市政评论》第2卷第4期，1934年10月15日。
④ 姚詠沂：《取缔奇装异服评议》，《洁芳校刊》第17期，1935年10月25日。
⑤ 《谈谈奇装异服（座谈会记录）》，《妇女新生活月刊》第1期（创刊号），1936年11月。

异服转运西北难民。最后指出,女性喜欢奇装异服,只是因为"老爷们"喜好淫遗,使风尘女子迎意取媚,竞相制作新装,然后才有普通妇女群相仿效,成为一种风气,因此希望当局在取缔女子奇装异服的同时,严惩淫浪无度的"老爷们"。① 作者反对"奇装异服"的同时,并没有将过错一味地推给女性,而深挖其根源,指出"老爷们"才是始作俑者。

四、20 世纪 30 年代中国女性"身体美"观念的意义及困境

通过《玲珑》杂志刊登的文章,可以窥探到当时女性"身体美"观念的一角,并对其有了大致了解。在当时历史背景下,"身体美"观念既有其独特的进步意义,也展现了观念本身和女性群体在当时无法突破的困境。

意义

首先,从《玲珑》杂志中可以看出,20 世纪 30 年代中国女性"身体美"观念对当时女性思想的解放起到了积极的作用。以往女性梳妆打扮追求"身体美",主要是为了取悦男性,"女为悦己者容"。而在 30 年代,中国女性的身体自主意识开始觉醒,她们对"身体美"的追求开始从"以取悦男性为目的"转变为"以展现自我为目的"。从《女人是可吃的》《两重的职业观》等文章中也可以看出,女性不再甘于充当被男性审视的对象,而是希望挣脱束缚,寻求自我的意义和价值。关于"裸足"的争论里也可以看出舒如云等女性,对男性起邪念归因于女子这套"红颜祸水"式的话语体系的批驳和不满。很多杂志对裸足和奇装异服的讨论,最终还是不免落脚于规训女性应该怎样,《玲珑》杂志却独辟蹊径地跳出这个思维模式,去提倡男性应该怎样看待女性,社会应该怎样看待女性。

其次,从《玲珑》杂志中可以看出,20 世纪 30 年代中国女性"身体美"观念强调运动锻炼的重要性。不管是对病态美的批驳,抑或是对健康身材的

---

① 珍:《评粤焚毁奇装异服》,《玲珑》第 5 卷第 38 期,1935 年 10 月 9 日。

推崇，最后都是将体育锻炼作为良方。健美成为“身体美”的首要标准，女性不再以“纤细”“柔弱”作为“身体美”的唯一标准。而要实现健美，自然离不开体育运动。于是，各式各样简单易学的运动方式，如游泳、体操、日常锻炼等在媒体上得到传播和推广，让女性的运动有了更多的选择。与此同时，清洁卫生、合理饮食等科学生活的健康观念也在女性追求“身体美”的过程中得到广泛传播，这对增强民众体质，提高国民素质都有积极的意义。

最后，从《玲珑》杂志中可以看出，30 年代中国女性“身体美”观念有利于理性消费理念的传播。尽管女性“身体美”离不开时装、护肤品、化妆品等消费，但媒体并不提倡一味地为了追求“身体美”而穷奢极侈，而是应该畅行节俭，节制消费。这对社会提倡正确的消费观念，起到了积极的引导作用。

困境

尽管 20 世纪 30 年代中国女性“身体美”观念对当时社会起到了一定的积极作用，但不可否认的是，囿于时代背景、杂志本身和当时女性自身的局限，也反映了当时女性和以《玲珑》杂志为代表的女性商业杂志难以突破的困境。

正如杂志文章所说：“在这色情化的社会中，万事总不利于女性。”①20 世纪 30 年代中国女性“身体美”观念对美丽身材的倡导，会引发另一部分身体并不美丽的女性的焦虑。即使女性作者的投稿，也会在评价一些不美丽的女子时，用上“真是令人做三日呕”②之类羞辱性的字眼。在还未形成多元审美观的当时，单一标准下美与丑就像天平的两端，当一方地位上升所伴随的必然是另一方地位的下降。单眼皮的姑娘希望有双眼皮，皮肤黑的女性希望拥有白皙皮肤……从“玲珑信箱”层出不穷的关于美容的问题中，也能看出当时女性对于变美的强烈渴望，更有甚者愿意铤而走险尝试未知的手术。这也恰恰显示出，对于“身材美”的提倡，引发了并未拥有“身体美”女性的焦虑。即使在当时也有像《妇女新生活月刊》这样的杂志，提出女性不应该太过注重外表，抛弃“商品式”的打扮，但在当时男女平等并未实现的情

---

① 黎美华：《两重的职业观》，《玲珑》第 5 卷第 38 期，1935 年 10 月 9 日。

② 徐慧芬：《不适当的体格》，《玲珑》第 1 卷第 6 期，1931 年 4 月 22 日。

况下，处在被挑拣、被凝视地位的女性，依旧要受到世俗普遍的喜美厌丑的眼光的打量。

《玲珑》作为一本以盈利为目的的商业杂志，注定了它难以像《妇女新生活月刊》一样旗帜鲜明地反对过度消费。为了兼顾读者与盈利，《玲珑》杂志只能在一些问题上保持暧昧的态度。例如当时的一些女性已经认识到了要反对男性对女性身体的审视，但《玲珑》杂志在采用她们投稿的同时，又利用杂志上女性的图像为自己盈利；又例如《玲珑》杂志一边刊登反对女性过度追求"身体美"的文章，一边又赞美着身材妙曼、面容姣好的女性，推广着追求"身体美"的各种方法；一边呼吁女性节俭，一边又为"丹蔻膏""脱奴亚露"等美容消费品做广告。

这样的矛盾性，恰好与当时的历史时代形成二重映射：《玲珑》杂志想要凸显思想性又难以放弃盈利；女性想要追求独立又无法脱离桎梏。

（靳胜昔：上海社会科学院历史研究所硕士研究生）

文　献

美国驻华使馆参事裴克函件两封*

李莹、刘曦月、苗润雨　编译

1. 裴克致驻华公使詹森密函

（1933年4月1日）

使馆南京办公处

1933年4月1日

机密

北平

美国公使

尼尔森·特鲁斯勒·詹森

亲爱的公使先生：

南京的大多数领导人对待抗日政策的立场和意图极其模糊。关于国民政府与日本交涉的未来走向，目前有几种说法，这显然不仅是日本，也是国际联盟和美国政府最感兴趣的问题，这已经为中国过去对日本军事活动的抵抗打上了道义上的印记。

昨天下午，我与一位中国新闻记者交谈，他的看法是基于与我称为中国

---

* 本文系国家社科基金抗日战争专项工程项目"国外有关中国抗日战争史料整理与研究之二：美国使领馆报告中的中国抗战史料"（16KZD018）的阶段性成果之一。原档藏美国国家档案馆：RG 84，Records of Foreign Service Posts，Consular Posts，Nanking，China.题名系译者拟，特予说明。

政坛边缘人物的接触而得出的。我的线人回忆说，他一直向我表达他的坚定信念，即国民政府对日行动永远不会超过保全面子的范围，至少在日本人越过长城进入平津地区之前是这样。他请我们注意过去几天来在长城关口停止战斗的情况。（当时我们还没有收到路透社东京3月31日的电讯，内容是根据山海关的一条消息，中日双方在九门口进行了一场激烈的炮兵决斗，“紧随着中国在今天早上7点开始轰炸日军阵地”。）我的线人说，他不相信蒋介石将军会在与日本人作战时耗尽他作为总司令所依恃的军事力量。我的线人的观点是悲观的，他说，当蒋介石大谈中国必须积蓄力量，为了以后抗日成功的理论时，他实际上是在保存自己的力量用于“安内”。

关于中央执行委员会常务委员会3月30日决定在1933年7月1日召开“国民党临时全国代表大会”一事，线人说，这只有组成国民政府的几个人公开承认，他们完全不知道如何处理这种危机。他说，过去面对类似的僵局，政府总是召集全会或代表会议。他说，这个会议的目的在于，将做出不受欢迎、令人感到屈辱，甚至可疑的决定的责任，从领导人那里转移到表面的公众代表身上。当代表们聚集在一起时，他们会被贿赂而保持沉默，或者投票支持会议召集人希望“结束”的特定事项。他说，他曾听到中央党部的少数成员开玩笑说即将于1933年7月1日举行的全国代表大会，他们的选票不会要求超过5美元。线人说，7月1日召开大会的另一个目的，可能是迫使广东政权执行中央做出决定，包括抗日问题，以防止广东方面利用可能的机会与日本展开直接谈判，并以此作为分裂国家的借口。线人认为国民政府没有真正做好武力抗日的准备，无法进行任何有效的抵抗，不久就会开始与日本秘密谈判。他说，就连汪精卫也公开主张“抵抗和谈判同时进行”。

在报道这些评论时，我有必要补充一句，我的线人有一种愤世嫉俗的倾向，会揭穿官场的伪装。他和那些乐于向外国人揭露美国外交政策为假利他主义的美国人是同一类人。然而，你可能会同意，上述观点在许多中国人和外国在华侨民中广泛传播。

下午晚些时候，我在没有事先预约的情况下，拜访了外交部长罗文干博士。自3月24日他与我一起用餐之后，我还没有再见到他。当时他的眼睛

(沙眼)开始剧痛,最后不得不在家里待了四五天。

当我把我的名片递进罗博士家里的时候,他正在接待一位来访者,他请我等了几分钟,我和几位秘书聊了聊。

罗博士的访客,原来是最近上任的"院长"汪精卫。他在一刻钟后离开,然后罗博士请我进去。

如果罗的眼睛状况迫使他在此时及时休养两个星期,可以想象中国内外形势或许会发生多大的变化。基于这一点,也是出于我对罗的真诚友谊,我焦急地询问他是不是不准备接受专家治疗。罗承认,他的眼睛疼得不得了,并称自己有失明的危险。尽管如此,他还是坚持不能在这个时候离开南京。从他后来的谈话中,我猜不出他为什么不愿意离开,哪怕是去上海的医院接受治疗。

我询问 7 月 1 日国民党临时全国代表大会的情况,罗文干说,此举背后的理念,是要开启结束训政、建立宪政的过程,把国民党降格到它的正确地位,即与其他党一样的一个普通政党。

他说,这些改革进程很早以前就应该开始了,现在可能已经"太晚了"。他习惯性地用讽刺的口吻谈论只有热心的党员才应该在政府中担任要职的理论,他说尽管有这个理论,但一些不相信党义的人,也取得重要的职位,这显然是指他自己说的。

我非常真诚地告诉罗,我不是来就政治问题打扰他的,而是来问候他的健康状况。不过,我说,如果他不反对讨论这些事情,我想问一两个问题,罗让我随意进行。

我问到华北的情况怎么样。罗文干说,日本方面正在散布各种谣言,说与日本进行直接谈判势在必行。他说,日军散布这些谣言有两重目的:

(一) 证明中国人在战斗中被打败,现在愿意谦卑地提出诉愿,是"有罪的人";

(二) 向国际联盟和美国表明,支持这样的中国人是没有效果的。

为了引出进一步的评论,我说到,有报道称,蒋介石、汪精卫赞成"抗战与谈判并举"的政策。罗很快地说:"只要我在这里,他们能做什么呢?"

请注意，罗既没有否认也没有证实我所引述报道的真实性。我不想让罗违心地否认这份报告，或者承认它是真实的，因为后者与他过去和现在不断坚持的政府永不停止武力抗日政策的主张是完全相反的。而我的印象当然是蒋介石和汪精卫暗地里赞成与日本直接谈判。

罗文干接着表示，除非日本首先归还其占领的所有领土，并撤出所有军队，否则他认为与日本谈判在道义上或法律上是不可能的。他说，如果中国同意在这些条件得到满足之前与日本谈判，中国就会因背叛其历史而对后世子孙犯下错误，也会对那些为中国挺身而出并给予道义支持的友好国家犯下错误，即使他们提供的援助并没有奏效。

我直截了当地问罗，在当前的情况下，政府能做什么。他回答，中国只能忍耐，中国永远不会屈服，中国的正义迟早能得到伸张。他说他已经告诉日本使馆第一秘书须磨（Suma），虽然日本人可能会一个接一个地夺取中国的省份，但迟早有一天，也许三百年后，“中国会把他们赶出去”。

罗文干谈到了中国传统文化，这是他个人的兴趣所在。他说，他不能理解为什么日本奉行武力夺取领土的政策——一种暴力抢夺的政策。日本以失去友谊的代价，期望得到什么？孔子曾传授过“大同”的哲学，他将其翻译为“普世”。孔子教导说，世界各国人民都是兄弟，用战争征服是邪恶的。

回到现实问题上，我问蒋介石是否会再次北上，罗文干回答说：“哦，是的，我想是的。”

我问蒋介石和汪精卫是否能友好地一起协商。罗文干回答说汪精卫告诉他，他们是这样做的。罗文干说，蒋介石几天前回到南京之后，他只见过他一次，这是因为他由于眼睛问题一直待在家里。

晚上，我收到了路透社的公告，现在加以引用。报道说，日本军队和中国军队在华北重新开战。如果这份报告确实的话，即使只代表了当地指挥官的个人态度，也在一定程度上使未来双方放弃长城沿线敌对行动的可能性不复存在。

因此，虽然现在作出任何预测显然都为时过早，但我可以总结说，我自己的感觉是,蒋介石私下里确信有必要开始与日本人谈判,并愿意开始谈判,汪精卫逐渐相信这种观点的合理性;而罗文干决心阻止一切直接谈判的可能。顺便说一句,他的广东人脉将对他达成目标有所助益,而宋子文将在财政部长的权限范围内协助罗文干。

使馆参事

威利斯·R. 裴克

敬上

一式两份致公使

未送国务院副本

(李莹　译)

2. 裴克就与唐有壬谈话函件复克宁瀚函

(1934 年 5 月 22 日)

美国公使馆

南京办公室

1934 年 5 月 22 日

绝密

主题:政治背景对中国进步的影响

上海

美国总领事

埃德温·克宁瀚先生:

您 1934 年 5 月 21 日的来信已收悉,信中您说希望收到我寄予国务院的那份我与外交部常务次长就中国政治形势进行面谈的信件副本。

是的,这份文件是我于 1934 年 2 月 16 日寄给国务院的机密文件,题为："中日关系：采访外交部常务次长唐有壬先生"，此信副本抄送贵处，现随信附上，供参考。

使馆参事
威利斯·裴克
敬上

附件：

1. 如上所述。

附录：裴克与唐有壬会谈备忘录

（1934 年 2 月 14 日）

谈话备忘录

1934 年 2 月 14 日
机密

主题：中国的内政与外交

外交部常务次长唐有壬

裴克

唐先生表示他已经有一段时间没有机会让裴克对中国政局有一个鸟瞰式的了解了。他说，他一直在寻找机会，像往常一样坦率发言。然而，他要求裴克对谈话保密。谈话是用中文进行的。

唐先生说，自从福建事变以来，他最近大部分时间都在上海，就两个问题与日本军方及海军当局进行非正式谈判：（1）中国军队经过上海前往福建前线；（2）设法处理对日事务，以便使日本不会干预福建事变。日本军事当局倾向于坚持 1932 年上海事变后达成的条款，反对中国军队通过铁路经上海进入浙江，但唐先生说他可以说服他们。关于福建问题，唐和日本海军当局进行了讨论。中国方面在福建的行动非常谨慎，以避免对外国居民尤其是对福州的众多日本人和台湾人造成任何伤害。唐先生说，他从日本海军当局得到承诺，除非紧急状态，任何军队不会在福州登陆。唐似乎认为日本海军当局在此事上非常配合，没有任何侵略意图或动机。

唐表示，在1934年1月15日左右福建起义被镇压之前，坦率地说，国民政府的形势是不稳定的。有许多个人和派系动摇了对国民政府的忠诚，并愿意参与叛乱。但政府平叛的速度消除了这些危险。除了这一速度因素外，另一个有利于国民政府的情况是，它用于镇压福建起义的部队没超过14个师，这只是可以投入战场的总兵力的一小部分。

裴克先生请唐先生对最近报纸上关于广州政权和国民政府之间即将爆发敌对行动的报道发表评论。他指出，一些理论家认为，国民政府因为轻而易举地战胜了十九路军而自信大增，它考虑纠正广东政权的不服从态度。

唐回答说广东与国民政府之间没有立即发生敌对行动的可能性。广东政权已经认识到，在任何军事力量的考验中，它都无力对抗国民政府，即使它和广西领导人结成攻防联盟。在福建战役期间，广东的态度有些模棱两可，因为它面临着十九路军和广西进行联盟的危险，当然这种联盟危险已经过去了。

唐提醒大家注意蒋介石将军和汪精卫博士最近发表的两项宣言，旨在减轻各省对国民政府因其在福建成功而对其他地区使用武力的担忧。宣言指出，国民政府的政策是不借助武力来调整政治分歧，政府对福建动武，只是因为十九路军的活动使这种做法不可避免。

唐说第四届中央执行委员会第四次全体会议已从原定的召开日期推迟到1月20日，因为政府估计福建起义将在晚些时候被镇压。在镇压叛乱之前举行全体会议是非常危险的，因为有许多人等待机会给政府制造严重的尴尬。蒋介石将军和汪精卫博士决心在全体会议期间和之后避免任何不愉快事件，这一目标已经实现。政府的人事或政策没有发生彻底的变化。政府领导人相信，为了在国内事务和外交关系中取得进展，中国内部的和平是绝对必要的。

纵观中国的南部和中部，人们会发现政府并没有遇到特别的困难。然而在北方，国内、国外两方面都存在困难。无可否认，华北内部管理效率低下，面临日本入侵的威胁，与1931年9月18日前满洲的情况完全相同。对中国来说，消除外来威胁的唯一方法就是在滦东地区实行改革，即建立所谓中立区的低效统治。裴克询问，在不使用军队的情况下是否可以做到这一点，因为军队被禁止进入该地区；唐说可以，军队不是必需的。

提到华北，唐讲到了中日关系。他说，要了解日本对中国的态度，必须考虑两三个事实。其中一个事实是，战场上的下级军官往往采取主动，有时不忠实地执行上级下达的命令。此外，还有许多混乱的日本角色，"浪人"、走私者等。这些军事下属和冒险家有时会使日本比其预先的决定走得更远。

然而，更重要的事实是，日本在满洲的活动实际上是日本和平革命的表现。日本军方认为，日本正受到金融剥削和其他经济和政治因素的威胁。军方希望消除这些危险，但如果它试图在日本国内这样做，可能有必要罢免天皇。这不是军队想做的。军队在满洲的所作所为，是为了提高军队的威望并获得对民众的领导，而不是诉诸日本本国的实际革命。

没有必要假设日本对中国怀有敌意，因为正如人们所看到的，日本军队在中国领土上采取的步骤有其内部的目的。

不过，日本对中国的侵略行为固然有其内部目的，但却并没有给中国带来任何益处。唐说，日本朋友曾向他恳求中国对日友好感情。唐当时表示，只要日本继续占领中国领土，中国就不可能对日本抱有友好情绪。如果日本渴望中方的友谊，就应该消除使这种友谊不可能实现的因素。

唐说，他已向这些日本人指出，从日方立场看，中国按照日本意愿"承认满洲国"是毫无用处的。"满洲国"的建立将使日本在国际上置于危险境地，但中国承认"满洲国"并不能消除这种危险。日本真正的危险来自"新国家"的建立，这是由日本行动在美国、苏联、英国和其他国家引起的恐惧和疑虑造成的。如果中国承认"满洲国"，这种恐惧将无法消除。

唐请裴克注意一个事实，即中国从未承认日本侵略行径的合法性。鉴于日本的目标，他说国民政府决心永不采取任何类似行动，甚至不可能与日本进行讨论。

在具体谈到抗日与抵制日本时，唐表示尽管在理论上还未停止，但抗日实际上已经停止了。1933年5月生效的进口关税的增加主要针对日本。当裴克询问是否考虑再次提高进口关税时，唐并未给出明确答复。他只是说，进一步提高进口关税的好处值得怀疑，因为人们发现，中国的工业界没有对此类保护措施作出反应，走私活动增加，消费大众承受了更大的负担，即使预期的收入增长也往往未能实现。

此外，中日商业关系对中国来说并非无关紧要的问题，中国非常不愿意失去数额众多的各种出口产品在日本的市场。

唐表示中国很高兴由于中日目前的关系而摆脱对日本的经济依赖。只有其他国家能够并愿意吸收目前在日本销售的中国出口商品，这一目标才能实现。他指出，目前对日贸易平衡有利于中国。另一方面，在对美贸易上，贸易平衡非常有利于美国，他特别想知道是否可以采取措施改变这种局面，因为现在人们似乎普遍认识到，两国之间有利可图的商业关系是建立在一国对另一国的出口，与从该国进口之间近似平等的交换基础上的。

唐说，中国政府非常渴望加强中国与欧洲和美国的关系，目前这种关系在经济方面比在政治方面重要得多。他指出，他提到的加强经济关系将使中国摆脱目前对日本的依赖。他认为在对美新的商务条约谈判时，这些议题无疑会备受关注。

裴克同意这一假设，并询问中国政府是否认为与美国就一项新的商务条约进行谈判是一件非常紧迫的事情。他认为目前不承担这项任务，并将其推迟到更合适的时间较为合理。唐说，中国政府并不打算迫切就新条约尽早谈判，但政府认为，现行条约的某些方面，如治外法权等应加以修改。

随后，双方就中国向美国出口丝绸、茶叶、桐油、兽皮、鬃毛等问题进行了讨论，唐对日本似乎占领了中国丝绸和茶叶在美国的市场表示遗憾。裴克提到美国丝绸协会几年来试图改进中国丝绸生产方法，以使中国生丝更适合美国的需要。

唐说，改善和保持中国出口产品，例如丝绸等物品的质量问题，肯定可以由政府来处理，特别是政府可以寻求中国金融家帮助的话。

裴克建议唐与美国驻上海商务专员朱利安·阿诺德(Julean Arnold)就

这些问题进行交谈。

（刘曦月、苗润雨　译）

（李莹：曲阜师范大学马克思主义学院讲师；刘曦月：南京大学马克思主义学院博士研究生；苗润雨：绍兴市上虞区陈溪乡政府）

“国外新闻中的南京”译文三则

刘曦月　译　以清　审校

一、公使宣称：中国将战斗到底

——南京沦陷中鼓舞人心的事①

金斯伯里·史密斯

伦敦，12 月 9 日。

“攻占南京绝不意味着中国抗日战争的结束。”

今日，中国驻英公使郭泰祺在接受国际新闻社的专访时发表了这一交战声明，即中国将与日本的霸权主义作斗争。

鼓 舞 人 心

当日本军队猛烈进攻中国首都的大门时，这位大使说：

“相反，南京的沦陷将激励中国人民更加积极作战，以维护国家独立，驱逐侵略者。”

“中国政府抵抗日本侵略的政策没有改变。日本还没有打败中国。只要中国人不倒下，中国将继续战斗下去。”

誓 死 抵 抗

“日本的胜利还远没有到来。日本人也许会侵占我们的领土，但他们永远不会征服我们。只要我们的军队还有子弹、步枪和机枪，我们就会坚持战

---

① *The Washington times*. December 09, 1937, Page 4.

斗，哪怕弹尽粮绝也决不放弃。”

“我们知道如何抵抗日本。这场战争现在很大程度上要依靠友好国家，这些国家的利益不仅仅是受到损害，而是已因日本的入侵被消灭。”

重要战争

“不幸的是，西方列强没有意识到中国正在进行的这场战争的重要性。特别是美国和英国，她们将会因此而后悔未能帮助中国。”

“他们现在可以让中国人民为他们而战，但未来他们将不得不在更大规模的战争中为自己而战。”

“日本决心成为亚太地区的主人。中国愿意在这场斗争中首当其冲，但必须从国外获得必要的物资支持。”

二、南京陷落在即，中国人焚烧住宅

——守城士兵放火焚烧了所有脆弱的房屋①

上海，12月9日。

当战争在象征着“新中国”的外城墙周围激烈进行时，日本军事当局今日宣布，南京以南约50英里的芜湖于下午五点被一支向南行驶的日本纵队占领。

下午6点前不久，中国的一个飞行中队对上海进行了短暂突袭，包括旗舰“出云”(Idzumo)号在内的黄浦江日本军舰在攻击飞机后投掷防空炮弹，将其赶走。

预计提前沦陷

当中国人在阅读有关南京战役的最新官方快信时，日本当局宣布，他们预计首都将在24小时内沦陷。他们说，在最近一次进攻开始前，所有在南京地区的日军都已到达外城墙。

有关南京内部情况的生动描述已传入上海。在被围困的首都内，机枪

① *The Washington times*. December 09, 1937, Page 4.

的噼啪声、野战炮的轰鸣声和炸弹的爆炸声混杂在一起，日本飞机无情地攻击着中方的防御阵地。

建筑物被燃烧

中国军队源源不断地从战区进入南京城内的庇护所。

他们带着汽油和炸药，一整天都在摧毁南京的建筑物和房屋，之后再将其交给日本人，以奉行中国的“焦土”政策。

下关附近的整片滨水区也被大火吞噬。中国士兵甚至焚烧了最脆弱的住宅。

预 计 轰 炸

日本进攻的下一步似乎是要对南京进行海军轰击，使其瘫痪。

与此同时，一份来自前线的日本报告称，一支日本步兵先头部队在猛烈的炮火和航空炸弹的帮助下，从南面推进，在激烈的战斗中攻入了南京东南方的一个外门。

如果日军能成功攻破城墙，就会为日本坦克进入市区开辟一条道路，首都剩余的守卫者将面临死亡和毁灭。

日军最终破坏了江阴和靖江为阻止日本军舰靠近南京而设置的横跨长江的水栅，这为海军围剿埋下了伏笔。随着水栅的毁坏，几乎已没有什么能阻止全副武装的日本海军舰艇驶往南京市郊，并用烈性炸药轰炸南京。

日本陆军和海军当局发表声明，敦促中立国将其在南京附近的船只与中国军队或军事设施保持足够距离。声明称，否则日本将“拒绝承担一切责任”。

机 场 被 查 封

据宣布，今早，日军已占领包括中国大校机场在内的南京郊区周边所有战略要地。进攻部队没有耐心，急于夺取胜利进入市中心，他们现在正等待着猛烈的陆海军轰炸将防御墙炸出大洞。

据悉，当密集攻击开始时，几十架日本飞机将涌向南京上空，投掷数吨炸药。

在完成这些旨在摧毁中国所有剩余防御的部署之后，日本人计划对南京发动“全套”攻击，他们希望像风暴一样迅速占领城市，从而向世界展示他们对这个残破首都的力量。

中国人的绝望

汉口的中国政府领导人实际上已放弃了外国干预日本的希望。

据说，中央政府的整个民政部门已经“崩溃”，并被蒋介石委员长的军事组织所取代。

有预测称，亲共领导人未来很有可能更积极地参与中国政府事务。如果南京沦陷，特别是日军从南京向西迁移，中国人则可能将在湖南省开展活动。

在南部作战

与此同时，远在粤港地区南部，广东省沿海赤溪(Chikkai)附近，位于澳门西南方50英里处的上川岛葡萄牙海军基地正进行着激烈的战斗。

南京部分地区被日本攻占

这张地图上的箭头指示了日军多次进攻南京的方向，南京几乎成为被遗弃的中国首都，据报告，今日侵略者已攻占了南京的部分地区。虚线表示中国从长江北岸到西南岸环绕南京的防御工事。

三、中国的首都将在哪里

——重庆，北平，还是南京？[①]

合众社记者王公达(George K. T. Wang)

重庆，7月16日。

中华民国建立34年来，中国曾在不同时期以北平、南京和重庆为首都。

从1911年至1926—1928年蒋介石对抗军阀的“北伐”，中国的首都是北京。

1928年，蒋介石委员长统一中国，并在南京建立了国民党一党执政的国民政府。政府将北京改名为“北平”(北方和平)。从1928年至1937年中日战争爆发后三个月，南京一直是首都。

1937年底，经过国民政府的授权，重庆被定为中国的战时首都。重庆距海洋1 200多英里，海拔约300米，从此成为“抗战的心脏”。“重庆”的字面意思是“双庆”。在经历了八年战争的中国，含垢忍辱的民众希望在第二次世界大战结束时，同时庆祝战争的胜利和中华民族的复兴。

在整个1944年期间，当盟军在太平洋地区缓慢推进，以及欧洲开辟第二条战线前后，中国的知识分子在等待得以赢得战争的最终外援，并抽出时间讨论未来的国家首都将设在哪里。现实主义作家在自由中国的各种日报和杂志上发表文章，建议将未来的首都从南京迁回北京。另一些人建议中国北方陕西省的省会西安。还有人建议长江沿岸被誉为“中国芝加哥”的汉口。最后一个建议是满洲的长春，也就是伪“满洲国”现在的首都，这个建议得到的政治支持最少。

想要重新定都“北京”

那些主张未来定都北京的中国知识分子(如果重新定都，“北平”应该改

---

① *The Waterbury Democrat*. July 16, 1945, Page 5.

回"北京")的理由如下：

1. 自13世纪以来，北京一直是中华帝国的都城，在整个蒙古帝国、明帝国和清帝国时期，中国始终保持统一。北京是维持国民政府统治，确保国家统一的最佳地点。

2. 北京毗邻满洲、蒙古以及日本、俄罗斯等强国。"它"是近距离关注满洲和蒙古等争议地区，以及与日本和俄罗斯进行谈判的"地方"。

3. 北京是中国现有铁路的枢纽中心，这些铁路从北京向东北延伸到满洲，向南延伸到华东地区的南京和上海，以及到华中地区的汉口、华南地区的广州和北平西北方的绥远。"它是中国的中心。"

还有一些次要原因，比如北平有足够大的建筑物，可以容纳各个政府部门；夏天气候凉爽，比其他建议的首都更有利于人体健康，等等。

作为航空中心的西安

中国知识分子主张将西北地区的西安作为首都的主要理由是：

1. 在专制帝王统一全国时期，西安是中国古代文明的摇篮，是中国历史上最辉煌的朝代的都城，如周朝、汉朝和唐朝。

2. 未来世界属于航空时代。由于西安在地理上大致位于中华民国地图的中心，从西安出发的飞机可以在大约相同的时间到达中国的各个边境地区。

3. 苏联将是中华民国在战后最重要的邻国。与苏联的密切联系最好从西安通过空中和地面方式进行。飞机从西安出发到中亚阿拉木图(Alma Ata)(苏联领土)只需不到十小时。在未来，计划中从西安到苏联土耳其斯坦-西伯利亚(Turk-Sib)的铁路最终会建成，这将使西安成为航空时代和中俄合作更密切时代中国最理想的首都。

中国未来的首都应是满洲长春的建议曾经被许多观察家所嘲笑，这一观点虽曾引起相当大的关注，但极少有知识分子赞同。

将南京定为现代中国首都的想法是由已故的共和国缔造者、国民党创始人孙中山(Sun Yat-sen)先生提出的。孙先生提出这个想法是为了"摆脱"旧"北京"，在那里，几个世纪以来一直存在着官僚主义氛围。由于包括义和团起义在内的1901年条约，外国军队获得了永久驻扎北京的权利。因此孙先生想在南京“从头再来”。

蒋介石1926—1928年的整个“北伐”都是按照孙先生的“遗训”进行的。蒋介石将军和他的同僚们都是孙先生的狂热追随者，他们毫不犹豫地在南京建立了国民政府。

南京——孙中山

南京同时被定为孙中山陵墓的所在地。它与国民党、蒋介石和国民革命有着精神上的联系。1937年12月，南京被日军占领，其间发生了臭名昭著的大屠杀、强奸和抢劫事件，国民党政府被驱逐出城。总之，对国民党来说，南京是“我们已故领袖长眠”之处。

对国民党和蒋介石委员长来说，虽然有其他建议，但南京一定是未来的首都。蒋介石曾在重庆对外国记者说：“如果先生们现在吃苦受难，未来你们将在南京享受舒适生活，得到我们更好的款待。”他曾对其同僚说：“当我们回到南京时，一切都会好起来的。”他还曾对其军事追随者说：“我们必须打回南京，以告慰我们已故领导人的在天之灵。”

除了南京和国民党之间的精神联系外，国民党的主要理论家还有以下理由继续将南京作为未来的首都。

1. 南京坐落在雄伟的长江之上，是陆路、水路、航空和海上交通的枢纽。南京是对富饶的中国南方实行全面控制的合理地点。从海上乘船很容易抵达南京。

2. 南京是一个军事战略要地，周围有天然的山峦屏障。南京自古以来就有“龙盘虎踞”之称。在军事上，南京是海陆空三军司令部的所在地。

3. 早在1937年中日战争爆发之前，西安就被定为陪都，所以“我们并没有忽视西安地理位置的重要性。南京是首都，西安是陪都，这样设置国家的主要办公地点将是最理想的”。

如果国民党仍然完全控制着中国，或者在未来的国民议会中控制多数席位，我坚信南京仍将是中国未来的首都。如果情况并非如此，那么未来首都的选址无疑将取决于未来党派的理论家、地理学界、政治家，甚至军国主义者的奇思妙想，他们更希望在最符合其党派、政治、军事、金融或外交利益的地方建立政府。

（刘曦月，南京大学马克思主义学院研究生；以清，南京大学历史学院教授）

关于建所五年工作经验总结的报告

奚　原

【编者按】奚原(1917—2015)当时系上海社会科学院历史研究所主持工作的副所长。本文是他1962年1月23—24日的发言。

今天想谈谈建所五年以来的工作成绩和今后十年的远景规划,还有1962年的工作规划。几个月来,费了不少时间,以整风精神对五年来的工作进行检查和总结,对今后十年和本年的规划,大家也进行了反复的讨论,解决前五年和后十年的问题。总结前五年,是为了搞好今后的十年,吸取前五年的经验教训,今后十年才能安排得好,得到最大可能的成就。我所一开始建立,是缺乏经验的,总结了,吸取经验教训,对问题的解决比较有把握,对今后所的发展有重要意义。这次整风在党的领导下认真进行,情况良好。在整风中注意虚实结合,分两个阶段:(一)解决根本问题,在总结前五年经验的基础上谈认识,这是虚;(二)解决实际问题,在提高认识的基础上谈具体问题,这是实。我们不是空谈,要真正地解决具体问题,领导同群众相结合,发表不同意见,展开辩论。着重解决领导问题,除所务扩大会外,拿出许多时间,开了不少总支扩大会,着重检查领导,其目的也是为了加强领导。工作还有不够之处,如听取同志们的意见不够。在这次运动中,坚持了冷静、客观、实事求是的态度,以求问题的解决,不是主观的头脑发热,不是一阵风,现在已见成效,尚需继续努力。1942年,毛主席提出整风,反对主观主义、教条主义、经验主义。这种整风精神,今后在我所要大大发扬,首先要整学风和世界观。此次整风,我们基本上这样做,做得还好。

这次整风到了最后阶段,但依然还有若干问题。同志们要求开大会谈谈,这是需要的。前两次是以行同志谈的,已谈什么不十分了解。今天我来作中心发言，采取座谈会的方式，有什么问题，什么不同意见，什么补充，可以随时插进来发言。要谈的共有八个问题：（一）总结经验，对前五年工作的估价；（二）历史科学研究的根本目的和根本方法；（三）百家争鸣；（四）学风问题；（五）设组问题；（六）规划问题；（七）培养问题；（八）加强领导，加强团结。前四个问题，认识问题多些；后四个问题，实际问题多些，也有认识问题。所以在每个问题谈完以后，停一停，看着大家有什么意见，当场可以交换意见，统一认识，不同意见可以争论。会议时间预定一天，问题搞清楚了，会就结束。会议以解决问题为主。历史学会有人发言："开会是外国学来的，能否来个中国化？"什么方式好，会就用什么方式开，主要是把问题解决。由于我的北京任务没有完成，总支同志进行了集体研究。任何问题要靠大家谈，集思广益，一定要基本问题基本上得到明确一致的认识。不同意见提出，问题更加深入，更加接近实际。我近来一直肝痛，同志们发了言，我也可以得到休息的机会。

春节快到了，不宜再拖，在年内把基本问题解决，把两个规划初步定下来，报领导上审查。一年之计在于春，大计已定，大家可以满怀信心，方向明确，愉快地度过春节。陈总在北京讲话，要我们发奋图强，向科学堡垒进攻。春节后，我们的进攻随即开始。关于培养问题、资料工作、办公室工作等，还要开些专门会议。春节后要坚持六分之五的时间从事研究活动。希望同志们集中精力，认真负责，把会开好。

一、总结经验问题

本所成立于 1956 年 10 月，建所已逾五年，总结头五年的经验，具有特别重要的意义。五年前白手起家，筹办本所。徐崙、洪廷彦、李峰云等几个同志先来，程天赋在科学处。办所是个创举。当时没有经验，现在呢，有了五年工作经验，非常宝贵。五年前对办所如何办法，非常缺乏经验，现在有人说，历史所问题多。我看，问题多，很高兴。开始时大家还不知道问题在什么地方呢。五年经验宝贵，要好好总结。毛主席教导我们：不论做什么事，必须懂得那件事的规律，才能把那件事做好。要摸到事物的规律，须先付出时间的代价，问题在于多付还是少付。毛主席讲道，我们在民主革命时期，付出了数十年的代价，陈独秀犯了右倾机会主义的错误，后来又克服了三次“左”倾路线的错误，规律摸到，革命就急剧发展。问题在于是否自觉，自觉了可以少付代价。大家是搞历史的，谅来都懂得这一点。1959 年春天，毛主席在党内通讯中提出，十年左右摸清社会主义建设的客观规律。这次我们总结经验，也要摸清历史科学研究的客观规律，摸清了规律，就可以茁壮成长。事情做得好坏，不在乎一开始就十全十美，问题在于是不是能够在短期间迅速掌握规律。我们才办五年，是幼年的所。总结经验就是为了摸清规律，摸清了规律，我们就可以遵照规律工作，自觉地前进。我刚回上海，就听到同志们谈“人心思定”，要求相对稳定。这种要求是可以理解的，问题在于怎么定法，定些什么。相对稳定是对的，绝对稳定就不对了。相对稳定还承认不断革命。有一时期变得太多，革命阶段少了一些，正如去年农民讲三类队的干部，“干部活像黄梅天，一天十八变，社员变成十三点”。这说明辩证法学得不错。绝对稳定，是不变，不革命，那是不对头的，但相对稳定是需要的。战国时梁襄王问孟子，“天下恶乎定(怎么定法)?”孟子答道：“定于一。”我们要定于正确的东西，定于办所的客观规律，摸到一定的规律，照这标准办事，乱定一气是不行的。过去定的规则不少，定了就算了，放在一边。总结经验是为了解决实际。定，不能定得太急，思想不一致，主张不一致，形式上定了，实际上没有定。我们的定要定于正确的经验，定于客观的规律。要实践，要总结，总结了又要反复实践，进一步考验规律，发展规律。实践，认识，再实践，再认识，循环往复以至无穷，这就是毛主席的实践论。什么叫聪明人？除了天资的因素外，主要是看他是不是能够经常总结经验，摸索客观规律，犯了错误，不再重犯，不断总结经验，进步就快，这一种人就是聪明人。另一种人，则是对于无数人的经验教训，概不接受，那是不聪明的。我们要做第一种人。就全党来说，搞历史科学意见，并不说没有经验。北京各所，从延安时代就办起。郭沫若的《甲申三百年祭》，陈伯达的《窃国大盗袁世凯》《人民公敌蒋介石》，范文澜的《汉奸刽子手曾国藩》等专著,都起了极大的作用。我们党对历史科学研究的方针和指导是正确的。总结经验对科学研究有重大意义。文教科学研究事业的后果不是一下就看得到的,和军事、生产有所不同。军事上指挥错了,就要流血,吃败仗,如果指挥正确,马上得胜,正确与否,立竿见影。生产上的后果也较快地反映出来,如连年灾荒,立时影响生活。唯独文教科学研究的成果,必须经历较长的时间才能看到。五年一贯制好不好,要经过认真的实验阶段。一个弯路一走就会走几十年,要尽量不走弯路,或少走弯路。因此,要不断总结经验,摸清规律,要我们的科学研究事业一步步地走向繁荣昌盛。党的革命事业要求我们的科学研究繁荣昌盛。

对于过去五年工作的估价问题,以行同志上次谈了,同志们还有不同的意见,所以今天再来谈谈。我们的基本精神是总结经验,是为了向前看,不是向后看,是为了总结经验,更好地前进。我们不是消极地算旧账,庸俗地争得失,那样会失掉我们原来的目的意义。我们是为了把所办好,不是对哪一个人,哪一件事。怎样估价五年?首先应该肯定五年来的成绩和优点。五年来经历了中国科学院上海分院、复旦大学、上海社会科学院三个时期,有不少同志是三朝元老,了解三个时期的情况。整个说来,不管是哪个时期,成绩和优点不但有,而且是基本的,重大的。成绩和优点是党的领导、三面红旗的指引和同志们艰苦努力取得的。谁也否定不了,抹煞不了,看不到成绩和估计不足,是不符合事实的。成就重大,不是抽象笼统,而是有具体内容的,应该进行具体分析。这不单是为了打气,更重要的是为了在今后的工作中发扬这些好东西。"人心思定",先要把这些优点定下来。让我们来谈谈五年来的主要经验吧。

第一,组成了一支良好的科学研究队伍。这是一个大收获,它不同于行政部机构的队伍。一个行政机构可以在一个晚上组织起来。中国过去文化落后,知识分子较少,形成这样一支科学研究队伍,是不容易的。对这支队伍很乐观,有信心。我所成员现有八十多人,其中研究人员六十五人,还有许多人,辛辛苦苦为研究工作服务。我们有较多的党团员,占全所的三分之二。较老的干部不少,抗战前参加革命的同志就有十多人。又有一批研究骨干，对古史近现代史有一定的研究基础。（如按断代史讲，任何单位也是不全的。）各地研究所，除北京外，我所是最大的了。我们又有编译的骨干，主要国家的语言我们都有专家，不仅有外语条件参加研究，其任务不是一般翻译，而是要从外语书刊中自行选译资料加以翻译的工作。还有大批青年，有培养前途，虽然暂时缺乏专业知识，他们最有希望，最有发展前途，伟大的历史科学家就将出在他们里面。在他们中间，有些同志是学政法的，到这里来搞历史，感到有些困难。马克思不是学法律的吗？学得多不是更好吗？马克思是从法律开始的。有所失必有所得。吃饭消耗了粮食，就取得了卡洛里（热量）。还有许多为科学研究服务的好人员，保证科学研究，辛辛苦苦做了很多工作。资料室最近编了内部图书目录，有了方向，工作就会做好。我们白手起家（北京各所，有延安时期的基础），五年之内建成队伍，有政治、研究、编译工作的骨干，以及青年、行政工作人员，这是一个很大的收获。出现这支队伍本身就是胜利。

第二，五年来深入地进行政治思想革命、学术思想改造。端正政治和学术的方向，解决了很多问题。要充分估计，并且队伍这方面收获的重要性，对此估计不足是不对的。几次运动费了许多时间。收获无法估价。在五年中，关于党领导科学研究事业，科学研究为无产阶级服务，必须以马克思列宁主义指导，理论联系实际，等等问题。基本上得到解决，为我所的发展，为无产阶级历史科学研究奠定了可靠的政治思想基础和保证。反右前，对党领导科学、科学研究为无产阶级政治服务等问题，很多人摇头，表示怀疑。当时资产阶级一套影响根深蒂固，迷信资产阶级学者，对科学研究神秘化，情况很严重。就本所而论，几年来这些重大问题是解决得比较透的。五年中批判了资产阶级政治、学术思想，树立了无产阶级政治、学术的方向，解决了两条道路的问题。不解决这些问题，真是不堪设想。克服旧影响，树立马列主义、无产阶级的新方向，这方面可以放心，当然还要更彻底地解决。总之，根本方向上解决了。

第三，树立了优良的学风。分五点讲：（一）重视深入群众，联系实际。五年来，积极认真地参加运动，参加劳动锻炼，下乡下厂，编写厂史社史，在现实生活、现实斗争中锻炼我们自己。这是我所五年来一贯的做法。我初来所的一年,半年整风,半年下厂。有人说,历史所是学院式的。这一点我不能同意。所谓"学院式",大概是指资产阶级学院,我们是社会主义的科学研究机构,树立了深入群众、联系群众、注重调查研究的学风,怎么能说是学院式的呢?(二)重视集体力量,发挥集体作用,事实俱在。《小刀会起义史料》《鸦片战争资料》《五四运动在上海资料》、大事志等等,都是集体力量的产物。个人撰写的文章也都经集体讨论。所的集体主义精神,还在不断发扬。在整风过程中,曾经批判过只搞个人项目、不关心集体的思想作风,今后还须注重。(三)重视走群众路线。同有关单位协作,特别是同复旦大学协作,组织复旦同学们参加本所编写大事志。除复旦外,还同其他单位协作。有人说历史所关门研究,脱离实际。这种说法,我以为不符合事实。当然有人提出科学研究能不能搞群众运动?我以为,科学研究要走群众路线,但不能把群众运动的方法简单地用在科学研究上面。(四)集体参加学术活动。每年参加历史学会的年会工作,在社联领导下,同其他单位协作。在这方面,我所积极参加,数量上差不多,质量上还差些。年会上去的人多,发言的还少。(五)服从国家任务和组织分配,也是我所的优良风气。如参加《辞海》编纂工作,我所把历史辞目基本上承担下来。青年们为了完成任务,像战斗一样地干。在所内,同志们服从组织分配。这次名单确定后,大家心情愉快地接受。台湾史项目,一经组织决定,两小时宣告结束。由于资料不足,台湾史没有完成,不好的事也有好的东西在里面,那就是同志们服从组织分配的好风气。我们有许多优良的风气,许多生动的事例,应该加以肯定和发扬。

第四,研究工作上取得了一些成果,整理资料上成就较大,积累资料,并且摸索到了资料的线索。这次拟订规划能提出较大的项目,这同我们过去积累资料的工作是分不开的。在资料工作中表现了新的特色,这就是,以马列主义去选择和编辑资料。在专题研究方面,要求不能过高,但也有些成就。

第五,在培养队伍上有成绩。有些人逐步培养了研究工作的能力。如果说几年来没有收获，那是不符合事实的。已经可以看出我们在资料基础上概括出一些东西。对《非基督教运动》的文章，反响还不错。外地反映认为能够史论结合，文章比较新奇，材料扎实，并且提出了初步看法。掌握了大量资料，以马列主义方法分析研究，下一番工夫，总有成就。还要好好地下工夫，要有信心。

第六，在资料建设工作上还有许多成就。

（洪廷彦插话：周谷城讲，你们资料室收藏了许多书，我经常去借，他们服务态度很好。）

你们看，人家也在说好，对成绩要有足够的估计。成就基本上是巨大的，不能抹煞。如果连这点资料也没有，这碗饭可就吃不下去了。如果说，研究成果少，这有什么奇怪呢？资料还在整理，队伍还在培养。应当感到鼓舞，有信心。

当然也存在着缺点和教训，主要是缺乏经验，主观上有毛病。肯定了成绩，看不到教训，骄傲自满，那是很危险的。在肯定了九个指头以后，着重解决一个指头的问题，不是更好吗？着重检查缺点和毛病，只有好处，没有坏处。

主要缺点有两方面：

（一）掌握党的科学研究政策方针不够全面，不够坚定，存在着某些主观片面机械绝对的偏向，忽左忽右摇摆不定的偏向。例如，在政治和业务的关系上有脱节现象。往往顾此而失彼，强调政治时放松了业务，强调业务时又似乎放松了政治。在理论联系实际的问题上，有时强调联系实际，忽略了在实际上应用理论。有片面性。在某阶段强调了当前，忽略了长远的打算。关于定与变的问题，变是不断革命论，定是革命阶段论，我们在这方面有时变得多，忽视了革命阶段论。在一般项目与重点项目相结合上，有平均使用力量的偏向，要有重点，不要太并列。在质与量的关系上，过去在量上要求多，对质的重视少。昨天石西民同志报告指出在科学研究中不要平均主义，要抓重点，要抓质。重量不重质，把错误的东西印发出去，势将流毒全党，祸国殃民。只要量，不要质，这叫什么科学？沈以行同志在未到所以前对我讲，要在保证质的条件下讲究量。我说，讲得对。规划项目不必多，质量必须保证，几年内陆续拿出东西来。我们党的《一论》《再论》《列宁主义万岁》三篇文章，质量高，力量大。修正主义尽管写它一千篇一万篇文章，也不顶事。在培养与研究上，对培养重视不够。同志们说，边干边学，实际上是只干不学，领导上以边干边学来推托培养的责任。批评得很好。在博与专的关系上，或是上下古今变动幅度大，或是钻牛角尖，孤立在一个专题上面。从局部是得不出科学的结论来的。在集体与个人的关系上，强调集体时忽视个人钻研，对个人钻研的鼓励和领导不够。当然，也有一些人曾经一度轻集体重个人。这都是偏于一端，一句话，主观片面，有些形而上学，缺少辩证法。整风要在思想上解决问题。这类毛病，若不加以纠正，会给工作带来许多重大损害，主要责任要由领导来担负。由于领导水平不高，头脑发热，缺乏全面、冷静、客观的深入考虑，也没有实事求是，多同大家商量。政策要从实际出发，有时要有所侧重，目前强调质。我们要提高认识，认识正确了，才能正确贯彻。提高领导水平，克服主观片面，保证党的政策方针的正确贯彻，是问题的主要方面。

（二）在内外关系上存在着一些缺点。同志们的意见提得很对，要保持集中的领导核心，保证集体领导。我所的领导人长期分散，主观上坚持集体领导不够，领导人之间意见互不一致。有一组感到，一个领导一个意见，下面事情难办。我所领导人多，所长有半打之多，人多，集体领导更加重要。领导在联系群众，抓方针，抓思想上做得不够。往往对所的问题不及时发现，即使发现了，或者经同志们提出了，也不及时处理，及时解决。领导人之间，在学术问题上曾经发生意气之争，影响了团结，这有待于改进。青老年之间结合不够，老年帮助青年，相互虚心学习，关系不够密切。我所工作人员来自各方，经验各自不同，有意识地组织交流，取长补短，做得不够。在对外关系上，也有问题。周扬同志说，研究所在一地方应成为一界之中心。我回到上海，人家说，你们是一界之中心。我想我们应该努力在学术上拿出东西来，东西没拿出，自认为中心，人家是不承认的。还是老老实实地做工作，谦虚地向人家学习，把所内外关系搞好，加强团结，改善关系，做好工作。真正的团结在于思想一致。思想上为了探求真理，改正错误，那就团结了。不是小资产阶级的一团和气。

改正了上面的主要缺点，其他缺点就容易改正。不要害怕讲缺点，讲的目的是为了改正。骄傲自满是不对的。我们应该相信党，相信群众，相信我们能够改正缺点，取得经验教训，繁荣我们的科学事业。总结了经验教训，我们应该信心百倍，发奋图强，迎接新的任务。

二、历史科学研究的根本目的和根本方法

上海为什么要办历史研究所？应该干什么？工作怎样进行？在这次总结经验中，有必要把这些问题弄清楚。历史研究的根本目的，笼统地说是搞历史，太抽象了，如果说上海资料多，搞史料，则又太具体了。我看根本目的有两个，一是为无产阶级政治服务的问题，二是摸索历史发展规律的问题。为无产阶级政治服务，这是我们历史研究工作者的战斗目标，离开了这个目标，我们便没有创立研究所的必要了。杨部长（杨永直）讲过，社会科学院与自然科学不同，是党性很强的科学，是阶级斗争的科学。今天存在着尖锐复杂的阶级斗争，历史科学是一门社会科学，必须作为武器为阶级斗争服务。毛主席教导我们，人类知识只有生产斗争和阶级斗争两类，生产斗争的结晶是自然科学，阶级斗争的结晶是社会科学，而两类科学的概括就是哲学。历史科学是阶级斗争的科学，是一定社会的政治和经济的反映，为一定社会的政治和经济服务。有人说，历史科学是带有阶级性的科学，这种提法是不彻底的。历史科学离不开阶级斗争，没有阶级斗争，就没有历史科学。历史科学本身就是阶级斗争的结晶。所谓超阶级的历史科学是不存在的。只有那些反动学者，为反动统治服务，打着超阶级的旗帜来欺骗人。也有一些反动学者，公开表示为反动阶级的政治服务。钱穆就是这样。修正主义更加明显，一上台就修改历史。修正主义是帝国主义代理人，捏造历史，造得荒谬可笑，他们只能这样干，否则混不下去，一定的文化为一定的阶级服务，离不开一定的阶级立场观点。我们的使命是：在国内彻底完成社会主义革命和

建设,向共产主义迈进,在国际间反对帝国主义、修正主义,推进国际共产主义运动与民族解放斗争。这是我们的目的任务。我们要在心目中鲜明地树立这一目的任务。为无产阶级政治服务,不是一个空洞的口号,而是要把它体现在历史科学研究中间。问题在于怎样使它从口号变为历史科学研究的具体实际。我们要用历史唯物主义、辩证唯物主义来重新考察历史,以无产阶级思想意识代替资产阶级思想意识,以马克思列宁主义的立场观点和科学方法来总结历史经验和规律,用以指导今天或明天的政治和革命斗争。我们的一切学术活动要为无产阶级斗争利益的需要服务。以整理资料而论,不是一切资料都要去搞,不是通过资料为帝国主义提供情报,有一些资料不适宜于现在公布。帝国主义,尤其是美帝国主义,特别注重有关我国的情报。我们编了《辞海》试用本。美国组织了一摊子人,准备书一出,就把它翻译出来,看其中有没有油水。历史人物评价,也要为当前斗争利益服务。现在国际斗争剧烈。美国总统肯尼迪要增加军事预算,修正主义讲要持久和平。修正主义和帝国主义,各国反动派勾结,掀起反华浪潮。卢蒙巴、基赞加等有民族气概,但是觉悟不高,比不上辛亥革命时期的孙中山,更谈不上五四精神。我们要关心国内外的重大斗争。研究怎样使我们的历史科学武器更加切合于当前国内外斗争利益的需要。有的同志要研究美帝国主义,我很赞成。在党成立后第一次时局宣言中提出,帝国主义不限于日本,还有其他帝国主义,特别是美帝国主义。这个问题在国内到抗美援朝时期才解决,在国外许多地区,现在还没有解决。日本帝国主义,是强盗式的,一望而知,而美帝国主义,一手拿刀,一手拿橄榄枝,使用反革命两手,在亚非拉美起作用。如何总结中国反帝斗争的生动事实来唤醒尚在受帝国主义侵略和压迫的各国人民,这是我们的历史任务。总结历史有作用,把我们要写的帝国主义利用宗教侵略史写出来,揭露帝国主义的侵略本质,将会起巨大的作用。在历史科学范围内,英雄大有用武之地,希望大家用心考虑这一问题。

政治和学术的关系问题。要把这关系摆好。脱离政治搞学术是不对的,用空洞的政治口号来代替学术也是不对的。两者把学术和政治机械地对立起来，都会损害历史科学为无产阶级政治服务。我们的历史科学必须受马克思列宁主义的指导。政治和学术不能机械地分开，而要很好地结合起来。陈毅同志去年讲七分政治，三分学术，也把两者对立起来。学术要为政治服务，政治本身就反映在学术中间。历史作品，不可能没有政治思想。昨天看《赛金花传》，讲到八国联军进北京时，赛金花为八国联军办了两件事，粮食和女人，说什么"食色性也"，使北京人民免于饥饿。前几年天津有一个人访问末代皇帝溥仪，还访问了溥仪的老婆，说她艰苦。思想没改造，满脑袋陈旧东西，实际上是在歌颂封建帝王。司马光的《资治通鉴》为他的政治服务，前一时期报上说他史论统一，用历史事实来表现他的观点。欧美资产阶级学者的作品写得引人入胜，不知不觉间把他们的观点灌输给读者，他们是很懂得为他们本阶级政治服务的。政治和学术两者的密切结合，不能机械地分开。

当前与长远的问题。有两种片面的认识，一种人认为只能为当前政治服务，另一种人以为摆脱当前一切斗争实际，专搞长远打算，这种倾向也是很危险的。第一种人以为长远就不实际。要知道，为当前是实际，为长远是实际。有的成果，今天看不到作用，对将来却有大作用。马克思解剖商品，研究了二十多年，通过解剖商品，解决了整个历史发展规律的问题，为整个时代的实际斗争服务。所以有些项目需要长期努力，完成这些项目也是为政治服务。当前与长远是相对的。作为科学研究，应有长远的眼光，长远的打算，不能企图在一个晚上把许多重大问题统统解决。学术修养和政治锻炼两者对历史科学研究都是重要。脱离了现实斗争，我们就会落后于时代，我们的科学研究也就不能为实际斗争服务。深入实际，学术活动要得到保证。我们要以主要时间从事学术活动，以部分时间下乡下厂，调查研究。既然重视学术研究，关起门来读些书是必要的。搜集资料，翻译材料，不能说学院派。五比一的时间保证很重要。这些问题也应该认真解决，不要停留在口号阶段，要使口号变为我们的实际行动。

其次是探索客观历史规律的问题。如果没有规律，那么历史有什么马克思列宁主义科学的价值呢？历史科学的科学性与革命性两者一致，目的是为无产阶级政治服务。只有科学地探索规律，才能更好地为无产阶级政治服务，所以探索客观的历史规律是历史科学研究的根本目的。

对于科学研究的任务是普及还是提高的问题，有不同的看法。讨论的结果认为，首要任务在于提高，我同意这个看法。不仅是一般的提高，而是要创造性地探索客观规律，是攻尖端的提高。陈毅同志在元旦讲话中讲到向科学堡垒进攻。科学研究要像攻堡垒。没有这种思想准备，客观规律不是一下就能探索到的。仅仅复述前人的成果，不是科学研究的成果。对客观规律要有创造性的探索，只要有一点成就，就是新果实。对历史遗产作批判的继承，也是成果。搞科学研究，不能满足于停留在前人已达到的成就上。有的研究工作者，甚至连前人已作出的成就都不知道，怎么能说得上从事于创造性的探索呢？科学研究，必须要创见，要有攀登高峰的雄心和理想。研究工作者也应该适当地做一些普及工作，质量应比一般好。没有科学研究的基础，通俗变成庸俗。普及工作要做得更成熟。苏联每个院士每年要写一篇普及的文章。

什么是研究成果？讨论中对这个问题兴趣很大。首先要提出，不要钻牛角尖，五年写出一本书，一个问题，三种意见，以为是放之四海而皆准，这怎么行呢。科学研究的成果，应该是能够创造性地说明客观事物的规律。应该占有许多资料，用马列主义理论下一番工夫，提出许多新的论点。刘大年《论康熙》，提出了一些问题，解决了一些问题，他下工夫，有创见，他这篇文章是一种成绩。科学研究成果有没有标准？有标准，而标准也在发展，推动科学不断前进。威尔沙说，生病首先是细胞有病，这是个大发现，但是他仅仅看到局部，没有认识到神经系统的相互关系，因而是机械论。后来的人作了发展，有的全部肯定，有的一笔勾销。标准是活的，不断在发展，要辩证地去看。如果不下工夫，搞甲乙丙丁，现象罗列，或者搞一点理论而不搜集资料，哗众取宠，夸夸其谈，这样的滥调文章是永远达不到科学标准的。这种现象，应该加以反对。有一种说法，只要提出东西来，便是成果。这是放弃了原则性的标准。什么是成果？应该根据客观标准，实事求是地评价。有的同志说，要求提得这么高，不是神秘化了吗？这种顾虑是不必要的。不严肃认真地探索客观规律，对规律持不可知论，这才是神秘化。对于学术上有成就的人认为可望而不可即，造成迷信，这才是神秘化。哲学上讲，认识必然就是自由。在科学研究上，破除迷信，解放思想，发奋图强，艰苦奋斗，掌握规律，认识必然，就有自由。降低标准，只有使科学研究更加神秘化，而不解决问题。

研究工作和资料工作的关系问题，这是一个分工问题。有人说，研究工作是探索规律，整理资料和翻译资料不过是服务性行业，不能算研究。过去出的资料书不是成绩，因此，对资料工作没有信心。这里边当然有误解。不要从个人得失出发去考虑问题，而要从科学发展的根本利益来看。观点是统帅，资料是基础。没有资料，根本谈不到探索真理。我所一贯重视整理资料。毛主席讲，中国资产阶级没有为我们准备资料。一切整理资料的成绩，值得大大发扬，不但是成绩，而且是重大的成绩。我们在整理资料的过程中，一方面打下工作基础，另一方面培养我们的干部。我们坚持科学研究成果的客观标准，并不意味着贬低资料的价值与意义。在整理资料的过程中也在进行研究，但决不能说，资料整理好，研究任务就算完成了。整理资料的过程与研究的过程不能机械地分开。整理了资料，还没有完成科学研究的任务。资产阶级以史料学代替史学，我们无产阶级历史科学还要在资料的基础上进一步探索历史发展的规律。中国资产阶级没有为历史资料作系统准备，我们必须从事资料整理。资料和研究需要一定的分工。分工任何方面都有，就是到了共产主义社会仍然有分工。一个人不可能又是歌唱家又是举重家。我们这里，有的同志由于工作需要，由于志趣，可以终身从事资料工作。翻译工作者也是专家，翻译地位同样重要。陈毅同志元旦讲话中，也谈到出成果，出人才。在科学研究事业上出成果不容易，科学研究是艰苦劳动，做学问要踏踏实实，付出毕生精力，才能到达科学的高峰。至于终身从事于资料工作，其成就不亚于研究工作。《清实录》、国民党史料，等等，总是有用的。研究工作者，不搞资料，就无法进行研究。毛主席讲为人民服务，我们不论是搞研究、搞资料，或是搞翻译，都是为人民服务嘛，都是服务性行业。轻视资料工作、翻译工作，认为研究工作者高贵，资料工作、翻译工作低下,是不对的。

关于真实性的问题。工运史组同志提出,写工厂史是不是要符合历史真实。这个问题,涉及历史与文学、戏剧的关系问题。可以讨论。北京也在讨论这个问题。茅盾也发表了意见。我看他的意见是对的。华君武也画了一幅漫画《走下楼来看看吧,这意见是对的》。郭老的《蔡文姬》演出后,有的说,曹操演得太文了,有的说,从感情上接受不了。这是文艺作品。我们的历史科学,还是要占有大量资料,采取严格和严肃的态度,对待历史事实,不能随便创造。艺术作品,只要总的说来符合历史规律,至于情节,可以容许创造和概括。

总之,历史科学研究,有两个根本目的:一是为无产阶级政治服务,二是探索历史发展的客观规律。

历史科学研究的根本方法是什么?依我的理解,历史研究的根本方法是:掌握马克思主义理论武器,占有大量历史资料,经过系统的严肃的分析研究,得出科学的结论。科学研究的成果,还要经过百家争鸣与时间考验。马克思主义的科学方法是从大量现象出发,引到事物的本质,掌握本质,阐明现象。在实际工作过程中,我们往往自觉或不自觉地违反这种方法,或是忽视理论,或是忽视资料,有的人在文章里引证了许多马列主义词句,用以点缀,或者断章取义,因此,摘引了原著,却没有运用理论,解决问题。这是贴标签,不是真正地运用理论。真正地运用理论,就是要以理论为武器,但不能以理论代替研究。忽视资料就是不从大量资料中去研究问题。前几年高级党校提出了一个问题:毛主席对辩证法有哪些发展?陈伯达同志说:毛主席对辩证法的发展就是:有事要和大家商量,走群众路线,占有大量资料。三次“左”倾也运用过资料,但所用的不是全局的资料。错误的方法引导到错误的道路。这里面就有重视理论和运用理论的问题。忽视理论的结果,便是无法由表及里,去伪存真,触及事物的本质,也不可能出现真正的历史家。我们过去这方面重视不够。只听到过说自己觉得历史知识不够,很少听说理论知识不够。现在需要把理论武器提到极重要的地位。缺乏理论是重要问题。没有资料,没有调查研究,就没有发言权;不掌握理论,就会感到迷惑，找不到出路，或者得到错误的结论。例如，有的说，梁启超、章炳麟初则进步，后来落伍，仿佛历史人物都是如此，把它定为规律，那么，孙中山、鲁迅又应该如何说法呢？鲁迅从民主主义者进而为共产主义者。马克思列宁主义和中国革命实际相结合，走进步道路，毛主席就是一个范例。陈独秀初则进步，后来犯错误。对章炳麟，有的认为他进步，有的认为他落后，有的认为他神秘，也有的认为他在学术思想上有贡献，在政治上则是反动的。王国维在学术上是资产阶级的一套，在政治上是清朝的遗老。有人认为划成分、搞鉴定、贴标签的方法是不对的。究竟应该把历史人物放在什么地位呢？单纯地说不去讨论他们的阶级，也不解决问题。马克思主义知识宝库中的理论武器，固然不能代替研究，但是我们要善于运用理论武器，解决具体问题。在搞材料的过程中能不能发现问题，能不能运用理论，这是我们工作中的一个重要问题，必须加以解决。另一方面，忽视资料，只用空洞的口号，抽象的社会学来代替历史科学，也是不对的。忽视资料，实际上是抛弃历史科学的武器，结果也会走上简单化、庸俗化的道路。目的明确，方法对头，我们的工作就会收效很大。

我所成员的来源对上面两种偏向给予发展的可能性。分两大类：一是旧史学工作者，重视资料，忽视理论；二是从实际工作中来的，重视理论，忽视资料。这些偏向，要逐步加以克服，知道了问题所在，就要真正解决。苏联史学界也曾有同样的经验教训。1955 年在罗马召开的第十届世界历史学家大会上，希杜罗夫作了关于苏联史学的报告。他讲到苏联历史学界有两种危险倾向：一种是新康德主义派，重视资料，对资料不作概括，不作本质探讨。中国的朴学有相近之处，但是和新康德主义不同。新康德主义一派，先有主观意象，再找材料证实。中国的朴学，只搞一些局部的枝节的材料，得出一些结论。前前后后写的文章，有些是自相矛盾的。苏联史学界的另一种危险倾向是柏波罗夫斯基一派，以抽象的社会学来代替历史科学。历史乃是被推翻了政治。我所尚在初创时期，要正视这些偏向，加以防止，这是实际的重要问题。

在讨论中间，大家还提出了另一些问题。例如，关于理论联系实际问题，有些同志提出，历史调查是不是联系实际？我看是联系实际，而且是一种重要的联系实际方法。历史工作者必须亲身直接参加实际，既要深入实际调查，深入实际斗争，又要大量运用别人参加实际所得的东西。读书，要读理论，也要读大量的资料。不能把联系实际狭隘地理解为下乡下厂，这些亲身经验固然重要，但是进行历史调查，阅读有关资料，也是同样需要的。行万里路，读万卷书，都是联系实际的。

关于长期地、系统地、独立地、创造性地进行研究。掌握了上述历史科学研究方法，就需要这样地进行研究，这是积极的科学研究方针。长期不是拖拖拉拉，科学研究是紧张的。要从事系统的研究探讨，并不与多快好省对立。

关于经常与突击的问题。应该有经常工作，并且要坚持下去，光靠突击是不能解决问题的。但是在经常研究的基础上，一定的突击还是需要的。例如，这次年会上《非基督教运动》一文就是在经常工作的基础上突击出来的。突击可以催促任务的完成。我们容许必要的突击，但不能老是靠突击。没有基础而突击，那是不顶事的。至于我们的工作任务，究竟根据什么确定？按照基本研究规划，还是配合节日和周年纪念确定任务？若照后者，恐将任务多变，今后不采取过去的老办法。人家要我们做政治性的报告，我们可以承担起来。只有基本工作搞好了，才能更好地配合节日和周年纪念的需要。

关于集体研究与个人钻研的问题。一方面要强调个人独立钻研，另一方面也要重视集体力量的发挥。不论个人或集体项目，都要有独立钻研的基础，同时也要有集体研究。没有个人独立钻研的基础，集体项目的完成也得不到保证。无产阶级历史科学研究的特点就是：没有门户之见，依靠集体力量，但也不放松个人独立钻研。

关于地方史与全国史的关系问题。仅仅局限于地方史的研究，是不能得出科学结论来的，因此，研究地方史必须与全局联系起来。我们应该重视地方的特点，利用上海条件和地方资料，但是不要满足于一个地区，局限于一个地区，就会得出与全国形势不相符合的结论。不能孤立地研究上海。

例如,工人三次武装起义,必须从全局出发进行研究,才能得出正确的结论。占有和利用上海的资料,不要与全局脱节。

表扬与批评的标准问题。科学研究应该用什么方法?提倡什么?反对什么?防止什么?这些都是根本问题。研究工作在一定意义上说是批判的工作,掌握了理论就有了批判的武器,掌握了资料就有了批判的对象。

三、百家争鸣问题

这条方针,我们还贯彻得不够好,特别是学术民主发扬不够,领导提倡不够。少数领导人缺乏民主作风,不肯虚心倾听群众意见,以为自己的话,天经地义,不可更改,这样就缺乏讨论的基础。民主讨论的精神今后应当加以发扬。学术单位要有浓厚的学术空气,要费较多的时间进行学术讨论。对于工作问题的探讨,应该尽可能节约时间,学术讨论不离开政治和马克思主义,因而不会脱离现实。

划界线怎么划法?问题有各种性质,哪些问题属于百家争鸣的范围,哪些不属于争鸣的范围?几年来有争论,现在想提出来明确一下。

一、学术问题应该放手开展百家争鸣。一切意见都可以大胆提出,主观上抱探索真理的愿望,坚持真理,改正错误。当认为自己所坚持的是真理时,不轻易放弃;当发现错误时,就果断地改正;当尚未明确时,应继续不懈地认真探索。这是科学的态度,科学的骨气。鲁迅是硬骨头,有顽强不屈的精神,不要奴隶的精神状态。看别人拥护或反对来决定是非是不对的。不从个人得失来考虑自己所要发表的意见,不怕杀头,这是科学的顽强精神。不要违反毛主席所定的六条标准,不要反党反社会主义。也不要随便扣上帽子,把学术上的不同意见乱扣反党反社会主义的帽子。不轻易断定,有党的领导会弄清楚。集体项目,十多人编资料书、教科书、写文章,意见不一致,应展开百家争鸣,但最后要由主编决断,这是多谋善断,不是掌握大权,随便处置。有不同的原则性意见,可以向领导提出。一般应尊重主编的决断,这样书才编得出来,文章才写得成。

二、学术工作上的问题，要采取民主集中制的办法。学术上百家争鸣，不是少数服从多数，可能少数人掌握真理。真理的探索有一个过程，一开始常常为最先进的人所掌握。至于工作规划、进度的制订、成果评价、工作的安排、检查等等，这些都是学术工作。学术工作上的问题，经过充分的民主讨论，最后总要集中，决不能无休止地争吵下去，争它十年二十年。纵使集中得不完善，今后还可以在实践中不断完善。过早集中，不能集思广益；过分民主，也会遭受损害。在这方面，我们认真学习党的方针政策，根据实际情况，有效地加以贯彻，既不能把学术工作上的问题当作学术问题处理，也不能把学术问题当作学术工作上的问题处理。

三、在开展百家争鸣时，要勇于发表独立的见解。在学术问题的探讨上，每人只代表他自己的意见，领导与领导，党与非党，都是如此。反对官气，不要靠当官吃饭，而要靠真理吃饭，这是毛主席的教导。领导在学术上可以提意见，别人也可以提出反对的意见。郭老是科学院院长，官也不小，我，不算官，算领导吧。（程天赋插话：他不算官，又算官。另一人插话：任免的算官。）（全场活跃）有些人当了官，可是什么也不管，这也是不行的。郭老替曹操翻案，《人民日报》上许多文章表示不同意，这些文章未必不对，可以批评。对权威也可以批评。争鸣不能靠当官，拍桌子、骂街都没用处。真理总是真理。学术探讨上，主要靠真理。党员发表意见，只代表他个人，不能说代表党，领导人发表意见，也是代表他个人。所以，发表意见，不要有顾虑。不要因为领导上发表过意见，已作结论，别人不好发表意见了。大家平等地共同发表意见嘛。应该尊重领导，也应该打成一片。在称呼上可以朴素一些。前几天，我家来了个新保姆，她对我称呼所长。我问她什么所长，是厕所所长吗？（全场活跃，笑声）我要她称呼同志。“同志”不是比“所长”要亲切些吗？自由、平等、和谐，无所不谈。我们的尊严要和人民联系在一起。领导上传达方针政策，是代表上级，不代表个人。

党还要领导、掌握和贯彻百家争鸣。问题在于如何将百家争鸣向前推进，提高质量和水平。争鸣是方法，不是目的。百家争鸣是促进科学事业繁荣的方针，要在扎实的研究基础上进行。提倡沙发式的讨论，一杯清茶，无所不包地闲扯，鲁迅喜欢用这种方式。但是不搞资料，徒然清谈是不行的，必须下一番扎实研究的工夫。离开了扎实的研究，再争鸣也不行。作为一个马克思主义者，反对没有调查研究而胡扯，不懂装懂，胡吹一通，乃是百家争鸣的庸俗化。一个问题，三种主张，用一般公式套，抓不住主要矛盾。比如讨论什么是美，一个说瘦是美，另一个说肥胖是美，另一个说肥瘦各有其美。这种讨论，浮而不实，徒然浪费时间。一无所知而信口开河，只把风气弄坏了。没有调查，没有发言权，意思是要大家先去调查，取得发言权，而不是消极地制止发言。对别人的意见，应该采取严肃的态度，不了解别人的论点，胡乱发言，就会弄得人家哭笑不得。

今后应该采取措施。一是举行学术报告和讨论，出墙报，开展百家争鸣。二是练笔，写简要而有论点的文章，不要长篇大论。

四、学 风 问 题

学风对学术的发展，关系极大。学风，看不见，摸不到，但处处影响我们。我们要培养良好的学风，团结、紧张、严肃、活泼。有了它，就会生气勃勃，勇敢坚定，艰苦耐劳，对敌仇恨，工作雷厉风行，无往而不胜，充满朝气和信心，发挥主观能动作用。这种学风是以无产阶级改正世界的气魄为基础的，不是唯心的。美国的生活作风，是没落阶级的生活作风，疯狂、颓废、堕落，精神状态不振作，完全要不得。我们要培养出马列主义的毛泽东式的良好学风，不要学究式的迂腐学风，并要防止资产阶级的哗众取宠、唯利是图的作风来影响我们。树立良好的学风，要经过斗争的过程。好的学风成了传统，各方面的工作就得到保证。我们已有好的学风，要它形成牢不可破的传统。

要培养什么样的学风呢？我以为，要有科学的、艰苦的、严肃的、创造的学风。第一，科学的，就是要调查研究，实事求是，反对以片面代替全面。尊重客观事实、客观事实的规律，反对武断片面，夸夸其谈。尊重真理，坚持真理，不怕一切压力。有骨气，不是奴隶的精神状态。第二，艰苦的，就是指不怕困难，在困难面前有无比毅力，有战胜困难、夺取胜利的信心，有无坚不摧、无攻不克的气魄。我们说下苦工，不是要大家去受苦受难，而是树立克服困难、战胜困难的雄心，不是蛮干，而是按照科学方法去干。不下苦工，搞资料搞研究怎么能进行呢？在科学的入口处，就像地狱的入口处，从事科学研究，必须有下地狱的精神，任何懦弱都无济于事。要发扬艰苦奋斗的精神，不要在困难面临前退却，也不要存侥幸心理，丝毫讨巧不得。马尔萨斯人口论，由于不是他自己的创见，因而人家给他剽窃专家的称号。齐白石画虾，由形似而神似。郑板桥论画，就说，必须先工笔而后能写意。不经艰苦，就不能达到成熟的地步。我们研究历史，也必须先在资料、理论上面下苦工，然后进入科学研究的领域。第三，严肃的，就是对科学研究过程和成果严肃。要有根据地提出自己的论点，不要装腔作势，哗众取宠。严肃认真，不是逢场作戏。现在提不出论点不要紧，先是无所为，然后有所为。第四，创造的。就是要在民主、活泼的空气中提出创见，提出不依附于人的独立的见解。对客观事物，要有高度的敏感性，有批判的能力和战斗性。科学研究就是要批判，而批判的武器不能代替武器的批判。有了资料，有了批判的对象，批判就发展了。学术上的斗争就是批判，《资本论》就是政治经济学批判。

毛泽东思想是批判的战斗的学说，在与修正主义的斗争中，毛泽东思想要大发展。创造就是敢于批判，不怕错误、失败。害怕错误，就永远不能创造。

我们要为了探索真理而勇往直前，不要主观、侥幸，庸俗、迂腐，而要培养科学的、艰苦的、严肃的、创造的学风，以利科学研究事业的发展。

五、设 组 问 题

中宣部和中国科学院最先提出在上海设立经济研究所和历史研究所。经济所先搞资本主义经济史。我们历史研究所是根据上海条件设立的，其特点是以近现代史为主，也研究古史。上海地区有大量近现代史资料，需要加以整理。鉴于调配力量困难，当时决定充分利用上海的力量，以上海为基地，面向全国。上海地区的资料关系全国，因为上海过去是帝国主义侵略的大本营，又是全国经济、文化最大中心之一，工人运动突出的地带，上海的许多活动，与全国不可分割。本所的研究范围不限于本地区，办所的方针就是：从整理资料着手，逐步开展专题专史的研究。我们是新创办的研究所，干部有待于培养。所以，我们的设组就要考虑到许多方面。我们现有的成员，包括革命干部、有专业基础者和翻译力量。适应工作需要和斗争形势，决定设立古代史、近代史、现代史、思想史四大组。各组需要相对稳定。各组人数是根据任务需要确定的。

（一）古代史组。一部分搞先秦史（包括殷商、西东周），另一部分人搞两汉、魏晋南北朝史，还有经学史。准备建立辽金元史。不能所有断代史都搞。清史研究也准备建立，因为清史有大量资料，与近代史关系密切。农民运动史，虽已积了一些资料，但是孤立地研究，难于取得成就。上海古代史也要注意。

（二）近代史组。鸦片战争、太平天国一段有人搞，戊戌变法、辛亥革命一段也有人搞，最好八十年各段都有人研究。也可按照专题任务分工，一是上海近代人民革命斗争史，二是帝国主义侵华史，两者相连。

（三）现代史组。先谈现代史有四个突出方面：一、资本主义发展史；二、文化史；三、工人运动史；四、帝国主义侵华史。其中资本主义发展史已有经济所承担。我们的现代史组，组大骨干多，许多人过去不搞历史，业务知识差，如果一开始就搞专题，看问题容易狭窄，从长远发展来说，是不利的。还是在较宽广的范围内探索，基础大，塔才建得高，建得牢固。现代史组暂分为三个摊子，即工运史组、五卅组、大事志组。大事史料长编，先搞1919年至1927年的一段，从五四运动开始，其间经过党的成立，北伐等等，有广阔的处女地需要我们去开辟。大事志有远大的前途，正如康生同志所讲的，把东西搞出来，将会流芳千古。至于五卅运动资料，由于数量很大，预计两年整理完成。隔一时候，基础广博了，再考虑成立帝国主义侵华史组。

（四）思想史组。以研究现代思想史为主。思想史和古今中外相联系，例如胡适、梁启超都谈佛学，还谈西洋思想。因此，研究现代思想发展，就要熟悉古代哲学史和西洋哲学史。

将来我们准备建立世界史组。国际关系所不能代替世界史研究。苏联研究世界史，但是研究得很差。

还有学术秘书组，除例行事务处，专搞历史理论、史学流派、外人研究中国的状况，将来出章学诚，刘知幾，工作繁杂，大有前途。

人员安排，已经商量定当，并且有了名单，大家服从组织的精神值得赞扬。各组人员的安排，是根据哪些标准确定的呢？有三个方面：一、工作需要；二、原有基础；三、个人志趣愿望。这次安排好了，以后相对稳定，不轻易变动。各人在自己方面钻进去，也要跳出来。基本上在这一组，又可以在别一组选题，这是好现象。在别组插足，不是背叛本组。历史研究，古今中外很难分。要各有所长，但知识面不能太狭，太狭了就豁不开来。编译人员也要研究，不研究，怎么选，怎么编呢？编译人员所在的专业组也要固定，与工作任务适当结合。他们主要是搞编译，编译工作与研究工作是同样重要的。搞翻译，要通外文，也要学好中文，中文不学好，怎样会翻成畅达的中文呢？将来大家都要学外文。研究和编译要共同协作，不能单纯地使用。对于译好的资料，不要这也不顶用，那也不顶用。大家要拜编译人员为师，学好外文，才能打开外文资料的宝库。专职编译人员，还是需要的，各组密切协作，互相沟通，没有机械的界线。设组问题稳定下来，下定决心，死心塌地干那一组，没有安身立命之地是不行的。

六、规 划 问 题

设了组，各组都有工作打算。十年规划和年度规划都已初步拟定，正文有待于起草，把党的基本政策方针与本所的具体实践相结合，方向明确，从正面提出提倡什么，主张什么。规划包括研究方针、工作规划、培养队伍、组织措施四个部分。项目表是规划的一个组成部分，年度计划还要有季度安排。规划和项目订了要实现，将来才会出成果出人才。规划的主要原则是鼓足干劲，实事求是，积极而不保守。所订项目，都曾经过反复切实讨论，要实际办得到，并留有余地。要质量，不要项目多而无成。不要平均主义，而要重点突出，不是赶进度，而要真正搞出东西来。订定了规划，并不是不好再改了，有些情况难于预计，各组计划可以再进一步斟酌修改。

本所的方针任务是：近代史——资料与研究工作并重；古代史——注重专题研究和培养；现代史——重点在资料，同时着手进行专题研究。项目表中有六大资料——即上海近代人民革命斗争史、工人运动史、帝国主义侵华史、现代思想史、大事志、现代史资料丛刊（五四运动、五卅运动资料等）。在资料基础上进行专题研究，准备撰写《西周史》《上海小刀会起义史》《经学史》等。

至于十年规划究竟能做多少事，这要考虑许多因素：一、现有多大能力；二、培养任务大，占据时间；三、成员的增减（从外地调人异常困难，上海每年出生十七万，不让户口移入）；四、国家任务、协作任务（我们的北京任务，《中国史稿》现代史部分，要到 1965 年出版）。各方面因素都需要加以考虑。

集体与个人规划要统一起来。个人参加集体项目，又有个人项目，还有不在本所规划之内的规划。个人项目搞出来的成果也是人民的，“自留地”，从原则上讲，是容许的。（程天赋插话：不研究历史，可不可以？）可以的，研究莎士比亚也可以。不过，如果白天像猫，黑夜做老虎，这种情况还是要批判的。对自留地兴趣高，对集体任务兴趣不高，那是不行的，业余研究与业内研究难分，个人项目不要影响国家的任务。社会主义觉悟不高，为名利所驱使，容易粗制滥造。名利思想，一本书主义思想，是搞不出什么东西来的。

不要随便占用别人劳动的成果。别人写好了文章，请领导上看，你作为领导可以提出意见，文章还是原作者的，不能挂你的名。对科学研究者来说，这是不光彩的。要尊重别人劳动的成果，谁写的就是谁写的，谁写的文章，由谁署名，由谁负责，谁错就谴责谁。

稿费问题要正确对待。我们写文章是为真理，不是为经济利益，为名为利，势必粗制滥造。真正科学研究，写不出多少好文章。稿费问题应按党的政策办理。拿到稿费买一些书，也不是坏事。我们搞研究，主要是缺书问题。所以，工作上必要的书，本所可以多办。

在规划中个人条件要给予适当的考虑。雄心大志要有，但也要实事求是。年纪大的要把任务集中一些，可以在某一方面有所贡献，真正有效地搞出东西来。

出版安排。我们过去出了几本资料汇编。现在手头有些资料，品种多，每种篇幅不大。我们争取出集刊，但不要急躁冒进。预定今年年底出集刊，要有三五篇有分量的论文。我们的方针任务是以研究近现代史为主，开始拿出来的文章又都是讲古代的。至于报刊文章，搞什么的就写什么，政论性文章可以写，周年纪念文章要及早考虑。

七、培 养 问 题

本所的任务是出成果出人才，两者不可分，有人才才有成果。因此，培养问题不可忽视。客观条件对我们提出了要求，任务相当繁重。

发达国家的科学研究所专门搞研究，他们不搞资料，也不培养人才，有研究条件的人才好进研究所。中国照这办法做是不现实的，资料没有整理，人才也很缺乏。我们要通过整理资料，培养科学研究的队伍。若要人家培养好人才送来，那是不可能的。培养任务繁重，一定要解决。不出人才，便没有成果。

培养要求和方向是什么？我们的培养要求是：有高度马克思主义水平、有丰富的历史知识、有独立研究能力的无产阶级历史科学家。要树立一个标准，也包括编译专家在内，十年之内，研究工作的同志向这目标努力，争取符合要求。那就是，不仅要精通，而且要运用马克思主义，解决历史问题，要读与史学、哲学有关的经典著作，要广博而透彻地掌握历史知识，独立从事于掌握资料，进行科学分析研究。十年树木，百年树人，通过一系列措施，保证这一目标的实现。

历史研究业务的培养，有三个方面。

（一）马克思主义理论。十年中的前三年，要求读经典著作的选文，包括《马恩》两卷集、《列宁》四卷集、《斯大林选集》《联共党史》《毛泽东选集》（四卷），再加上毛主席建国后的著作。其中与哲学、史学有关的论著，共要读七千五百页。先普遍阅读，然后重点精读。读的中间结合工作，一面读一面活地运用，一面工作一面学理论。不必强求一律，可以先读《毛选》，也可以先读哲学，以后采取措施，组织关于经典著作的报告、体会式介绍式的报告，可以互相帮助，联系实际讲体会，尊重各人的习惯方法。三年以后怎么办？有重点地精读，最重要的是要读了能够用。

（二）历史知识。对研究人员和对一般干部要求不同，一般干部只要有一些概括的历史知识就行了，但对历史研究工作者，主要是抓史料知识。单靠范老的《通史》《近代史》不够，还要熟悉史料，先摸清史料线索、索引，然后大量阅读。有三种情况：一是老研究人员，问题不大，需要补充；二是大学历史专业出来的，主要解决史料知识；三是从别的工作岗位转来的，看通史、专史，同时搞本身的专业知识。总之，历史研究人员，主要是要掌握史料知识。特别是青年同志，要学些历史的感性知识，看正史，也可以看野史、通俗历史演义、《三国演义》《红楼梦》《文史资料》《金陵春梦》等等，古今中外，都可以读。

（三）文字工具。古文关，全所同志一律要过古文关。现代史组，以看懂鲁迅的文章为标准。另一道是外文关，不强求一律。年纪大的，或是精通外文，或是不懂外文。年老而不懂外文的，可以无须再补。青年、中年同志，要在十年内解决两门外文，首先要精通一门。外文的要求是阅读和翻译（笔译）能力。语言文字要有表达能力，言之不文，行之不远。要情文并茂，要严肃。不是不拿笔杆子，要多多练笔，写诗写文都可以，同时选读一些概括力高而又形象化的文学读物。《联共党史》《资治通鉴》《苏联内战史》、陈伯达同志所写的传记，都是范本。要长期磨炼，要有文采。

研究和培养的时间安排问题。要有比例，要考虑到出成果出人才。总的说来，我们在研究所主要是搞工作，只能以部分时间进行培养和学习。在理论和专业知识水平上条件较差的同志是三比二，三天工作两天学习；条件较好的同志是四比一，四天工作，一天学习。因人而异，不一律要求。必须抓紧时间学，不抓紧，看不到多少东西。要知道，我们不是在学知识，而是在抢知识。学外文，要经常复习巩固。总之，抓紧学，不能老算时间，若要机械地算，就会活不下去，问题在于争取。

培养与研究的关系，牵涉到打基础问题。几年前资产阶级学者提出要打基础，其目的在于脱离实际。经过批判，连打基础也批判掉了。培养是为了研究，我们从事于大量的资料整理工作，既整理了资料，又培养了人。打基础研究应怎样理解呢？打基础就是搞基本训练，搞基本建设。活到老，学到老，一面在学，一面在积累资料、目录、索引、卡片。贯彻边干边学方针，在干的中间组织大家学，学习要与专业相结合。外文不能马上边干边学。总之，基础要打，但是整个工作并不停下来。

博与专的关系，知识要博，研究要专，博与专是相对的。历史研究对其他科学来说是专，但在历史范围内，通史对专史来说又是博了，有以为摸得多一些是不专了。搞研究有两种方法：一种是一上来就抓一个专题，搜集资料，写出一篇论文；另一种方法是搞得广些，看政治史，看人民革命斗争史，前后上下左右都看，基础广了，问题像雨后春笋般地冒出来，再选择个专题加以研究。显然后一种方法较妥，特别是对于缺乏基础的人。前一种方法道路太窄，文章写好了，就两手空空了，追求速效，反而欲速不达。还是从长远考虑的好，先要无所为，而后有所为。处女地开得广些，收获可以大些，攻坚可以攻得高些，这也不会违反相对稳定。不是钻了一点，就钻到井里去求稳定，不放心，还在上面盖上盖子。那不行啊！（全场笑声）路子太窄了，钻了进去，爬不出来，把自己封起来了。应该看得远些。

师徒关系。师傅带徒弟的方法是对的，唱戏的，名师收高徒。青年同志希望投靠好的师傅，周予同表示愿意指导。要尊重老一辈，虚心向老辈学习。对老师不要苛求，主要是向他学习知识。老师有任务，而他精力有限，你就给他做助手，关系才能搞好。应当青出于蓝，不要迷信，要有独立的见解，但不要一家伙把老师全盘否定。不要急，好好学，老师三言两语，也不要失望。研究工作主要靠自己艰苦劳动，老师高明，自己不动脑筋是不行的。

研究工作要有自觉性,主要靠自己,走华罗庚道路,想躺在老师身上过日子是不行的。攻科学堡垒,有的没有老师,自己摸,也一定可以搞出成果。自力更生,力求外援,主要靠主观能动性,靠自己艰苦劳动。

八、加强领导、加强团结

首先加强党的领导。党领导科学的问题解决了,但对于究竟怎样领导科学研究,还缺乏经验。全体党员和全体同志,要注意这个问题,这是根本保证。

党的领导是具体的。党应该继续加强政治思想领导,贯彻党的方针政策,贯彻保证六分之五与六分之一的方针,贯彻毛主席对科学研究的理论和指示。

党群关系。党员必须团结群众,并且加紧学习业务。党是在发展的,陈垣老八十余岁参加了党。要把科学研究工作者团结在党的周围。

加强党的领导,抓政策,抓思想,但不包办代替。将来着重抓学术领导,是不是成立学术委员会?可以研究。

办公室一手抓业务,一手抓生活,搞好伙食。注意劳逸结合,保证健康,对困难者给予适当照顾。有了坚强的队伍,就要把业务工作搞好。搞好生活,保证健康,也是政治任务。搞好内外关系,加强团结。来自各方面人要取长补短,相互促进。对所外要谦虚谨慎,虚心学习,热忱支持别人。这些都是有利于科学研究事业的发展的。

访　谈

船津辰一郎的上海时代
——中日关系史上海史学者虞建新访谈录

江文君　执笔　虞建新　审校

江文君：虞先生好！今天是12月8日，又到了珍珠港事件纪念日，记得二年前，我们现代史研究室举办"太平洋战争爆发80周年纪念演讲会"，您曾以"船津难渡与帝国的没落"为题，有过一个关于船津辰一郎的发言。

虞建新："大雪袭来时，船津叩渡总争持，寂落问残枝。"当时参加会议的年轻人比较多，我是在您与马军研究员所作《上海：1941年12月8日》《太平洋战争的世界历史意义》演讲之后，有过一个简短讲话，主要是想提请有志于中日关系史及上海史研究的青年学人，对这位在华50余年，人称"老中国""支那通"的日本外交家船津辰一郎，给予足够的了解与关注。

江文君：特别的纪念日，适合于做有意义的特别事。今天我们相约在此，很高兴可以就"船津辰一郎的上海时代"话题，穿越时空，做一个史料与学术访谈。

虞建新：我第一次关注船津辰一郎，是1992年6月赴日访学，任职中央大学经济研究所客座研究员，利用外务省外交史料馆档案开展日商在华交易所研究时，发现日商岛德藏系天津、上海交易所设立存续期间，船津以两地日本总领事身份分别履行管理职责而活跃。此后作为日本上海史研究会同人，共同参与编撰《上海人物志》①，我写了上海市长吴铁城，菊池敏夫写了船津辰一郎，很好的学习交流机会，本可对船津这位在华50年风云人物作一深入研讨，只因归国后长时间离开学界而作罢。

---

① 日本上海史研究会编：《上海人物志》，日本东方书店，1997年。

菊池文稿，主要资料来源于 1958 年由在华日本纺织同人会编著、以非卖品形式出版的人物传记《船津辰一郎》[①]。该人物传记，先由原每日新闻社记者波多江种和在华纺同人会职员永渊周造，在精心整理船津日记基础上撰写初稿，然后由原上海日报社长波多博、原东亚同文会常务理事宇治田直义增补、校阅，并请外交界元老田中都吉、芳泽谦吉、吉田茂为首各界友人知己诸彦题字追忆。

迄今为止，就我所了解的情况，华语界尚无船津专题介绍甚或研究文字发表。所以今天以所掌握的些许日文资料，及所搜寻到的与船津相关有限中文档案资料和论著信息，张本继末，做一简单话题梳理，事后如整理成稿，或可以访谈录形式在《现代中国与世界》集刊上发表，抛砖引玉，寄望于有志研究者多加关注。

一、身高之限与中国之行

江文君：船津其人及怎样的机缘巧合，与上海建立了联系？

虞建新：船津辰一郎，号克已，明治六年(1873)8 月 9 日出生于佐贺县杵岛郡。在我的印象里，佐贺以有田烧、伊万里瓷器和嬉野温泉而闻名。船津祖母，嬉野为姓，2015 年春节九州旅行，我曾于烟雨迷蒙中游览瓷都伊万里，并在嬉野温泉旅馆住过一晚。

船津早年就读于当地须古小学校，高小毕业后进入汉学家安住百太郎鹤荫学舍，并准备师范学校考试，后因新颁“师范学校令”对师范考生身高有严格规定不可录取，不得已先回须古小学校担任代理教员，同时想找一份与外国有关的工作。身高有限，生涯无限，此后，船津在安住老师介绍下，通过长崎上诉院评定员竹野敏行，认识其婿——日本驻华公使馆交际官试补郑永昌，年仅 16 岁的船津，以随行书生身份，一同跟随新任公使大鸟圭介，从长崎乘船经由上海、天津，往北京赴任。船津人生，为之一变，影响何其

① 在华日本纺织同人会编：《船津辰一郎》，1958 年 11 月东邦研究会发行(非卖品)；日本外交史人物传记丛书第 20 卷，日本ゆまに书房，2002 年。

深远。

江文君：船津第一次中国之行情况如何？

虞建新：1889年10月中旬，船津一行由长崎乘坐日本邮船公司西京丸抵达上海，先是在北苏州路东和洋行旅馆住了5日，然后转乘英国怡和公司高升号经芝罘（烟台）到天津再转赴北京。巧合的是，这两艘船只，后来都因甲午战争而闻名，西京丸以日方伪装巡洋舰活跃于战场，高升号则由清政府租用，在往朝鲜牙山运输士兵军火辎重时，被东乡平八郎浪速舰击沉而引发甲午海战。

船津一行，与东和洋行开创者吉岛德三夫妇同船从长崎来到上海，并下榻于这家苏州河北日本高级旅馆的情形，近代上海日本人社会研究者陈祖恩，对此有这样描述：当年轻的船津辰一郎看到苏州河北岸一座高高的圆塔时，好奇地问那是什么，吉岛德三夫妇得意地说，那就是我们旅馆所在地的水塔，那座水塔是当年从远方能够看见的唯一目标。[①]

11月10日，大鸟公使一行抵达北京时，宗方小太郎等往东便门外迎接，贵所甘慧杰所译宗方日记有述："下午一时乘轿臻，随行者：郑永昌、熊崎宽良、仲正一、木村忠得、三轮某及另一人。"[②]此"另一人"，即为随行书生船津辰一郎。参照船津日记所撰《船津辰一郎》亦提及，当时有志士宗方小太郎、井手三郎、七里恭三郎、北御门松太郎等居于北京。[③] 此刻，船津虽尚显稚嫩，但这是日后闻名于世的两位在华中国通第一次相遇，以后还有更多交集。

二、甲午、日俄战争之际的历练[④]

江文君：虽说我们的主题侧重于"上海时代"，但船津来华并逐渐融入

---

① 陈祖恩：《寻访东洋人：近代上海的日本居留民（1868—1845）》，上海社会科学院出版社2007年版，第91页。

② ［日］宗方小太郎著，甘慧杰译：《宗方小太郎日记（未刊稿）》（上），上海人民出版社2016年版，第209页。

③ 前引《船津辰一郎》第13页。

④ 补充说明：2024年2月8日，海派文化沙龙白蓝会、《宗方小太郎日记》读书会举办"日俄战争爆发120周年"研究工作坊，虞建新以《船津辰一郎视野下的日俄战争》为题发表演讲。

外交系统的成长经历，也请有所介绍。

虞建新：船津专心学习汉语，由书生而兼职秘书，迩来四五年，一晃而过。1894 年 7 月随大鸟公使驻京城（汉城），第二年 5 月返回东京，适时参加外务省驻外留学生考试，有幸录取后再往京城（汉城）。不久发生甲午战争，应征担任广岛日军大本营陆军翻译官。

战后，船津在芝罘（烟台）、上海、芝加哥、纽约等（总）领事馆担任书记生。1900 年初到芝加哥，埋头于英语学习，一景一语，博闻强记，虽不是基督徒，坚持星期天去教堂听牧师说教，读写听说，突飞猛进，自此以英语撰写日记十多年。一年后转任纽约，进一步扩大交际范围，继续提升自身修养。这是船津一生中最为平静的岁月，也是船津国际化视野养成的重要岁月。

1904 年 2 月 8 日，日俄战争爆发，船津主动要求前往中国，参与到日俄交战中来，这一请求得到外务省政务局长山座圆次郎同意。船津旋于 1904 年 5 月末踏上归朝之路，经太平洋沿岸各地，于 6 月 10 日从温哥华乘坐汽船回国。6 月 27 日凌晨，远望富士雪峰，汽船渐渐进入横滨。入港时，船津听到日俄战况消息，常陆丸、佐渡丸遇难噩耗，得利寺大胜、旅顺冲海战捷报，忧喜参半。

往东京外务省报到后，确认新任地牛庄，8 月上旬出发，15 日抵达牛庄领事馆。在任期间，船津为保护营口粮食储藏、物资运输基地免遭俄军侵害，1905 年 1 月配合濑川领事组织日侨义勇队，并在辽阳救援部队援助下，抵御住俄军米斯琴科骑兵团沿辽河南下袭击，取得最终胜利。9 月 5 日，日俄《朴次茅斯和约》签订后，船津开始三次中国东北“满洲视察”旅行：第一次，从营口出发，往辽河上游大豆集散地通河口，三周自主视察旅行，详细调查其状况；第二次，陪同农商务省、大藏省视察员四个多月视察旅行，调查“满洲占领地”一般农产品情况；第三次，陪同西园寺首相战后约一个月视察旅行，随后取消满洲各地军政机构，并根据北京善后协约，在各开埠所在地设置领事馆。①

① 前引《船津辰一郎》第 90—94 页。

1906年11月，南京领事分馆升格为领事馆，船津以高等官七等副领事身份，作为南京第一任领事代理，首任驻外公馆长，此后又于香港、南京、北京、天津、上海、奉天各地日本使领馆系统，分别出任领事、书记官、总领事等职务。

三、上海总领事馆进与出

江文君： 接下来，请将话题转到船津任职上海总领事馆的时间段上来。

虞建新： 船津任职上海总领事馆，前后有两次，相距20多年，身份不一样，第一次作为馆员，第二次为总领事，在任时间不算长，却与宗方小太郎都有密切交往。

第一次于1897年5月，由芝罘领事馆调任上海总领事馆，只在上海待了两个月，被安排出差天津和芝罘领事馆，直到翌年2月返沪。那时，汉口领事馆由上海总领馆代管，上海总领事小田切万寿之助与湖广总督张之洞，正在就划定汉口日租界展开交涉。3月14日，船津受命抵达汉口，连日拜访时在汉口办理《汉报》的宗方小太郎了解当地各种情况。4月，船津、宗方同在上海，或拜访或聚餐，多有往来。7月，船津随小田切总领事再赴汉口办理《汉口日本专管租界条款》签约，宗方小太郎尾随而来，连日多有日记记载。①

在上海领事馆任职期间，受维新变法失败影响，上海出现日本留学热，船津利用公务之便，还与领事馆助理诸井六郎、《时事新报》记者佐原笃介等人，一起在新闸路罗振玉、藤田剑峰开设的日语私塾东文学舍任教。②

江文君： 船津担任上海总领事，身份不一样，对外交往要丰富得多吧？

虞建新： 1921年12月，船津以总领事身份第二次来上海。宗方日记记载：7日，“晚井手来访。十时同出，至车站迎船津辰一郎，由天津调任驻沪总领事职也”。10日，“正午至俱乐部出席山崎、船津总领事送迎会”。27

---

① 前引《宗方小太郎日记(未刊稿)》(中)第424页。

② ［日］菊池敏夫：《船津辰一郎——日中“共存共荣”梦想之桥》，前引《上海人物志》第92页。

日，晚“六时至俱乐部出席船津之请宴，来客二百人，九时散”。[①] 船津担任上海总领事期间，于领事官邸、日本人俱乐部多次请宴宗方等人，并或共同参与在六三园、三马路禅悦斋素菜馆、美丽川菜馆等处餐聚。

毫无疑问，上海总领事承担了对于现地日资企业的监督管理职责。1922 年五六月间，日商上海交易所以图乘“信交风潮”后公共租界、法租界加强交易所管理之际，收购上海棉纱交易所与上海股票交换所，终因未果而在 12 月 27 日召开的定期股东大会上，作出减资半额决议。在此期间，船津总领事及时将相关情况向外务大臣内田康哉请示汇报。[②]

船津于上海总领事任上，与上海官商实业界和南方革命党人建立联系，扩充人脉。1922 年 8 月华盛顿会议结束后，中日关系走上新的轨道，作为对排日运动采取柔和政策的一环，船津在静安寺路沧州饭店(现南京西路锦沧文华大酒店处)举行日华晚宴。中国方面有虞洽卿、徐新六、殷汝耕等，日本方面有银行、商社大班，中日实业界有志之士齐聚一堂。[③]

1922 年 8 月，孙中山先生因陈炯明叛乱离开广州回到上海，船津辰一郎在江湾六三园宴请以孙中山为首的众多国民党首脑。1922 年 9 月，据《谭延闿日记》记载，金神父路一孔家，胡汉民、汪精卫、居正、张继、杨庶堪、廖仲恺请客，“皆日本人，自船津领事以下，多不知名姓。”[④]

江文君：记得宗方小太郎是在船津担任上海总领事期间于上海去世的。

虞建新：1923 年元旦，宗方于上午九时往船津府邸贺岁。当时，船津父亲也难得在上海相伴。未料于 1 月 8 日下午 3 时许，一纸“母危笃”电报送达，喜极而悲，父子未敢停留，急忙预定 10 日从上海出发的俄罗斯轮船，但在出发前一日当晚 7 时半，已传来母亲逝世消息。船津于 12 日赶抵故乡须

---

① 前引《宗方小太郎日记(未刊稿)》(下)，第 1212—1213 页。

② 参见拙稿：《草創期上海の取引所業について一日商上海取引所を中心に一》，《近きに在りて》(近邻)第 25 号(泉谷阳子译)1994 年 5 月；《日商上海取引所及其与华商交易所业之关系》(上)(下)，《档案与史学》1995 年第 1、2 期。

③ 前引《船津辰一郎》第 155—156 页。

④ 《谭延闿日记》，1922 年 9 月 20 日。台湾“中研院”近代史研究所“近代春秋 TIS 系统”。

古村，13 日参加母亲葬仪。①

与此同时，宗方小太郎因肾病，元旦以后在上海苟且残喘，所剩时间无多。据日记，“咳甚，不能眠”。8 日“疲劳甚。午后与船津有约，未能赴”。9 日“船津领事明晨归国，致一书送别”。13 日“船津辰一郎母亲去世，寄吊词，赠奠仪”。② 所记日记于 1 月 15 日戛然而止，再无片言只语，旋于 2 月 3 日不治身亡。

宗方小太郎去世后，回到上海的船津辰一郎，惺惺相惜，在以上海总领事身份所致悼词中，回忆了第一次见到宗方时的心情，和双方交往中所受到的启发指导，称赞宗方“刚毅不挠，持身高洁”，是日本人“真国士的典范”，“支那通的翘楚”。③

同年 4 月，船津接调令出任奉天总领事，奉天作为日本奉行其“满洲”政策的据点，总领事乃接近于公使或长老级的特别职位，船津此任当属破例提拔。

四、辞官转民间乎

江文君： 船津破例提拔后，上升空间越来越狭窄，最终又是如何辞官的呢？

虞建新： 其实，早在 1916 年第二次南京领事任上，船津就借着回东京的机会，专门拜访外务省币原次长和松冈洋右书记官，表达了辞官转入民间的意愿。船津之所以底气不足，在于其鹤荫学舍私塾和驻外留学生学历身份，并且没经过专业外务考试，一般情况下，难以提拔为名正言顺的驻外大使、公使级外交官，所以欲转任满铁在北京新设事务所所长。但外务省认为船津乃可造之才而不予认可，又遭父亲才吉坚决反对而作罢。

---

① 前引《船津辰一郎》第 156 页。

② 前引《宗方小太郎日记(未刊稿)》(下)，第 1239 页。

③ [日] 神谷正男编：《宗方小太郎文書(続)》，日本原书房 1977 年，第 713 页。转引自冯正宝著《評伝宗方小太郎：大陸浪人の歴史的役割》，第 23—24 页，熊本出版文化会馆 1997 年 7 月 15 日发行。

1925年五卅运动期间，日本在华纺织企业各社基于中国各地发生劳动争议和排日运动，为了共同处理工人对策以及与中国当局的交涉，成立联合组织“在华日本纺织同业会”积极应对，经外务省推荐，拟邀请被认为是最合适的人选船津辰一郎出任在华纺同业会总务理事。外务省相关幕僚频繁出动，担纲说客，催促船津接受邀请，经再三推辞，船津于1926年8月终于决定接受邀请，此后常驻上海开展工作。

其实，从船津此后的行迹来看，以在华纺同业会总务理事的民间身份，给予了更多施展身手的空间，说他是外务省牵线木偶未免夸张，实际上却必须听命于外务省的随时调遣，行使的是外务省特使使命。屁股决定脑袋，作为体制内人物，船津难以免俗。

五、总务理事游刃有余

江文君：船津于总务理事任上，几度风采？

虞建新：船津就任总务理事以后，较长一段时间在华纺除小规模劳动争议外，几乎没有发生剧烈的冲突。此时，在华纺已在日本对华工业投资中占据领导地位，但经营总是受到中国政情和政策动向极大影响，为此，在华纺立场必须与日本对华政策保持密切关系，采取统一行动。另一方面，五卅运动后的上海，民族主义明显抬头，在华纺也开始寻求超越劳资框架的对策。1927年“四一二”反革命政变发生时，在华纺在船津的斡旋下却也安然无恙。

1928年5月“济南事变”时，上海抵制日货运动达到高潮，甚至停止了一切商业交易。普通民众的排日情绪日益高涨，学生和反日运动在各处展开。但是，在排日的漩涡中，船津于同年12月，成功促成民政党床次竹次郎访华团与蒋介石举行会谈。11—13日活动，除了传记《船津辰一郎》之外，《谭延闿日记》也都有所记录：

11日晚7时，“出至介石寓，今日请床次竹次郎一行……日本十余，吾所识船津、冈本、水野”。12日10时，“床次偕田川、船津来，邓十一为招待，船津作译人，邓大佩服，以为无一漏义也。然所说皆真而不实，拉拢交情而已”。13 日晚 7 时，“赴床次约，至鼓楼，军警断绝交通，说明始得过，所谓贼去关门者耶，亦示威运动也。至杨宅，胡、王、戴、薛、王、何、孙皆至，吾与胡、戴、王、冈本、船津、床次同席，鹏饮五六杯”。①

1929 年 8 月，船津辰一郎开始就棉纱税问题，与南京国民政府财政部长宋子文展开会谈，在美英的斡旋之下，《中日关税协定》于 1930 年 5 月签订。通过南京国民政府的棉纱税制，可以看出裁厘改统的最大作用不在于降低华商税负，而是华洋一体纳税，为国民政府提供了大量税收，保证了其在经济危机下的正常运作。

贵所青年学人于广，有中日棉纱竞争与棉纱税问题论文，曾刊发于《史林》杂志。1930 年，棉纱统一税问题浮出水面，国民政府提出 1931 年 1 月废除厘金，2 月起实行统一税方案。在南京国民政府官方文书中，裁厘改统被称为近代财政史上一大改革，是一次成功的税制革命。棉纱业成为第一批试行裁厘改统的行业，但改革之初，就面临着以在华纺船津辰一郎为代表的日商的强力干涉。在华纺统一税每年约 800 万元，对于财政困窘的国民政府来说，是极大的财源之一，对于在华纺来说，也是牵制国民政府的决定性因素。②

六、跻身租界议事机构董事会

江文君： 能够成为公共租界工部局董事会成员，确实是了不起的人物。

虞建新： 作家赵柏田在《枪炮与货币：民国金融家沉浮录》(中国往事系列)中描述道：1927 年 3 月 23 日，星期三。上午九时刚过，通往董事会会议室的大理石饰面的走廊上，已响起了稀稀拉拉的脚步声。这是本月里召开的第四次董事会(引者注：实为第三次)。除了总裁希尔顿·约翰逊、总办爱德华是在这幢花岗岩饰面的“石头房子”办公，其他九名董事，包括总董费

---

① 前引《谭延闿日记》，1928 年 12 月 11—13 日。

② 参见于广《中日棉纱竞争与南京国民政府时期的棉纱税》，《史林》2022 年第 6 期。

信惇在内，都从市区各个方向赶来。这其中，就包括日本人董事船津辰一郎。董事会开得如此密集，是工部局成立七十年以来少有的。①

1927 年 1 月 25 日，船津辰一郎接替樱木俊一担任日本人董事，第一次参加工部局董事会会议。三四月份，正是北伐而来的国民革命军抵达上海，共产党领导第三次工人武装起义，和国民党右派发动“清共”的时候，因而董事会共计召开了八次。4 月 14 日董事会会议上，经改选，船津成为董事会财政、捐税及上诉三人委员会成员。船津第一任期至 1930 年 4 月 9 日，后又于 1933 年 1 月 18 日接替福岛，再度担任董事。查董事会会议记录，船津在第二任董事期间，从 1933 年 3 月 29 日起至 1934 年 6 月 25 日，有关越界筑路地段日本人相关警务工作，即日侨居住区及日资工厂所在区的安全问题，是董事会经常讨论的问题事项。

1934 年 9 月 5 日董事会会议，船津辰一郎以业务繁忙必须经常离开上海为由，提出辞去董事会董事资格。代理总董麦克诺登准将主持会议，他表示，董事会非常遗憾地收到船津先生的辞呈。自从 1927 年以来，除 1930 年外，船津先生始终是董事会的一位董事或者与董事会有着密切的联系。凡是与船津先生一起被授予特权担任董事会董事的人，特别是一些年龄较大的董事，都赏识他那文雅有礼的风度、正确的判断力以及他的机智和谦恭。船津先生赢得了各位董事们的尊敬、钦佩和关心。船津在答词中特别感谢总董发表的对他的评语和发表评语时的态度，尽管他即将辞去在董事会中的职位，但他希望并相信他们的友好关系和交往将会继续下去。华人董事徐新六、江一平、贝祖诒、袁履登、虞洽卿参加了会议。②

七、精英俱乐部达人

江文君： 据说船津长期以租界为据点，于各精英俱乐部之间，迎来送往，游刃有余，人气充盈。

① 赵柏田：《枪炮与货币：民国金融家沉浮录》(中国往事系列)，长江文艺出版社 2019 年版。

② 上海市档案馆编：《工部局董事会会议录》第 26 册，上海古籍出版社 2001 年版，第 463 页。

虞建新：以当下时髦话来说，船津可称其为那个时代的“精英俱乐部达人”。

船津来沪出任在华纺同人会总务理事之后，以其影响力兼任上海日本人俱乐部理事长，这里成为他的活动据点，当船津不在上海的时候，由原上海居留民团长甘浓益三郎代理理事长职务。

日本上海史研究会代表高纲博文在其论著中描述称：位于虹口塘沽路的“日本人俱乐部是上海日本侨民进行文化交流的重要场所，其建筑风格是外观欧风，内设和室，寓意在上海这个国际都市中，日本与世界接轨，但在日本侨民的互相交流中，亲睦情感乃是日本民族的。这里不仅是日侨集会的场所，也是他们获取各种消息的新闻中心”。① 1932 年“一二八”事变爆发时，船津等日方在沪重要人物，设时局委员会本部并宿泊于日本人俱乐部，遥控指挥，所谓旨在保护侨民。那时，在华纺各企业集体歇业达三个月之久。

彼时，上海公共租界外滩和法租界迈尔西爱路（今茂名南路），有会员制英国总会和法国俱乐部闻名于中外高端社交圈。上海总会内部建有长 34 米多的酒吧间，其长度位列远东第一，二楼餐厅占据前半部，并有私人就餐和宴请小房间及牌室，三、四楼为会员和来客卧室。法国总会文艺复兴风格，外部采用法国乡村别墅式样，底层为仿粗石拱券门、窗，二层两侧为爱奥尼式柱廊，开间、层高足够之大，内设舞厅、游泳池、餐厅、酒吧、弹子房等，适合举办各类活动。风度翩翩的船津辰一郎是英国总会唯二日本人会员，另一位是风华正茂的联合通信上海支局长松本重治。经常居住于法租界之船津，当然也是法国俱乐部会员。

船津同时还是上海扶轮社社员。作为商业精英俱乐部性质的上海扶轮社，成立于 1919 年，以“大雅扶轮”之意，“职业界领袖人士之组合”，经常举办活动。“一二八”事变时该社为战争救济捐款，1937 年启动资金 5 万美元，成立“扶轮难民救济基金”。有论者称，日籍社员船津作为在华日本商界

① ［日］高纲博文、陈祖恩主编：《日本侨民在上海：1870—1945》，上海辞书出版社 2000 年版，第 52 页。

领袖,“其一言一动,颇足以左右侨沪日本官民之势力”。他与中国上层人士建立了良好的私人关系,认同扶轮社的国际主义理念,致力于维系中日和平,然而同样具有极强的民族主义倾向。①

日本占领上海期间,船津又任新设立于咸阳路(现陕西南路)30号的上海日华俱乐部总会座长。据档案记载,1944年7月10日,在船津主持下,上海日华俱乐部举行第五回会员总会,全场一致推荐与日方多有合作的金城银行上海分行经理吴蕴斋为俱乐部评议员。②

八、贸易协会藏玄机

江文君: 日华贸易总会与中日贸易协会的情况?

虞建新: 1935年10月,吴鼎昌纠集平津沪汉金融界、工商界首脑人物,组成所谓的“赴日经济考察团”,团员中有陈光甫、周作民、刘鸿生、祝士刚等。作为团长的吴鼎昌俨然就是金融界、工商界的领袖人物,与以横滨正金银行头取儿玉谦次为首的日本经济界重要人物数次会谈。此行促成了日华贸易总会与中日贸易协会的成立。

中日、日华贸易协会章程约定:本会在中国称中日贸易协会,在日本称日华贸易协会,以共同研究中日两国间之经济状况,促进两国贸易为宗旨,设总会于中国上海及日本东京,但有必要时,经各理事会之决议,得设分会于中日各重要商埠,中日、日华贸易协会会长,分别兼任日华、中日贸易协会副会长。③

旅沪船津辰一郎成为在上海中日贸易协会日方代表人物。1936年1月27日,中日贸易协会在上海香港路银行俱乐部举行成立大会,计到周作民等40余人,钱新之任主席,报告后即选举产生理事25人,船津、米田、吉

① 马建凯:《国际主义抑或人道主义:一二八事变中的上海扶轮社》,《日本侵华南京大屠杀研究》2021年第4期。

② 《船津辰一郎为聘请金城银行上海分行经理吴蕴斋为日华俱乐部评议员事致本人函》,1944年7月20日,上海市档案馆馆藏档案Q264-1-1191-1。

③ 《中日贸易协会会员录章程》,1937年,上海市档案馆馆藏档案Q173-15-22。

田、卜部四位在沪日人入选。[1] 2月1日，中日贸易协会第一次理事会议在上海江西路金城银行总行举行，会长周作民，副会长徐新六，船津辰一郎与钱新之、刘鸿生、李铭、俞佐廷被推举为常务理事。[2]

江文君：1937年日华贸易协会使团访华，又称儿玉经济使节团访华。

虞建新：儿玉经济使团的派出，并非林铣十郎内阁首倡。自1935年中国盐业银行总经理吴鼎昌所率经济考察团访日以来，日本政府即有意派一相同规格的经济使团访华作为答礼，但因两国关系的恶化而一直无法成行。

在日本经济界的推动下，日本政府决定以原日本横滨正金银行总裁，时任日华贸易协会会长的儿玉谦次为团长，准备访华工作；同时密令日本在华纺理事长船津辰一郎与国民政府秘密接洽，蒋介石不仅同意儿玉使团来华，并提出将亲自接见使团一行。儿玉使团3月12日从神户出发，14日抵达上海后，船津辰一郎及三菱银行上海分行长吉田政治、中华民国火柴产销联营社总经理植田贤次郎一并加入，使团成员合计16人。

儿玉使团抵达上海当夜即赶赴南京，15日，儿玉、船津、油谷三人先会见日本驻华大使川越茂后，下午往张群邸密谈。16日下午，蒋介石于励志社举行接待儿玉使团一行茶会，并作讲话。17日，儿玉使团一行返回上海，当晚中日贸易协会举行欢宴，上海政治、经济、新闻界要人数百人齐聚一堂，使团有成员惊叹“作为欢迎日本人的宴会恐怕从未有过如此盛大”。席间，周作民致欢迎词。

中日双方代表于18日上午于周作民邸举行第一次集体会谈，当日午后，中日贸易协会在上海市总商会举行第一次会员大会，19日上午在花园饭店举行第二次集体会谈，20日，双方就砂糖、金融、棉纺织业等“经济提携”的具体问题以分会形式展开讨论。[3] 22日，儿玉使团宣告访华行程结

① 《中日贸易协会正式成立：推周作民、儿玉为会长，四月日方拟来华考察》，《贸易》1936年第71期，第19页。

② 《中日贸易协会开首次理事会议》，《新闻报》1936年2月2日第11版；《中日贸易协会推周作民为会长，副会长为徐新六》，《立报》同日第2版。

③ 《中日贸易协会关于日方会长及会员来华招待及会谈情况的报告》，1937年3月，上海市档案馆馆藏档案Q264-1-1192-5。

束。23日下午，于上海周作民邸，儿玉谦次与张群等要人的密谈，日方仅儿玉、船津、油谷三人。24日，儿玉、船津、油谷三人又与周作民于船津邸详谈了在棉纺织业、棉花种植业合作方面的问题。

如论者王萌言：儿玉使团访华之实际成果及其意义，为战时日本经济人士对华外交起先导作用。全民族抗战爆发之初的船津工作与1940年的钱永铭工作，均是日本政府在重要时间节点开展的秘密对华交涉活动，循其工作思路，与派遣儿玉使团访华并无明显不同。①

九、和比战难之船津工作

江文君：船津以特殊的身份，直接参与了两次和平交涉，一次1937年"八一三"前夕的"船津工作"，还有一次就是1940年下半年的"钱永铭工作"。随着文献资料的解密公开，从扑朔迷离变得清晰起来。

虞建新："船津工作"也作"高船密谈"。七七事变后，蒋介石于7月16日发表谈话，表明中国"希望和平而不求苟安，准备应战而不求战"立场。在日本方面针对这一严重事件，日军内部有"扩大派"与"不扩大派"之争。"不扩大派"在政府决定出兵中国华北之后并没有停止活动，在七八月间，推动过两次以"和平交涉"为招牌的对华政治诱降活动。一次是敦促近卫首相派密使对南京政府进行试探；另一次就是向昭和天皇献策并推动政府开展的"船津工作"。

8月9日上午，高宗武在沪上与船津辰一郎见面，下午与日本驻华大使川越茂秘密会晤。但由于当天晚上上海发生了"大山事件"，两名日本军人闯入虹桥机场被保安队击毙，从而引发八一三淞沪之战。谈判无以为继，"船津工作"流产中，还在继续努力。

周作民日记8月12日记载："船津忽来访，黯然。"②又据8月13日下午

---

① 王萌：《抗战前中日国交调整的最后尝试与失败—1937年日本儿玉经济使节团访华研究》，《史林》2014年第4期。

② 彭晓亮编注：《周作民日记书信集》(文字版)，上海远东出版社2014年版，第20页。

四点半周作民致张群电稿："今与船津先生数度密商，结果为速救此间危局，及立即由两方当局按照淞沪协定条件商订新协定，至大山事件，仍由外交途径解决。此种办法对方似可商洽，如荷赞同，或另有办法，即乞密陈最高当局酌核，令地方当局准备洽理并急电示遵。"①

关于"钱永铭工作"，船津辰一郎有"南华交涉失败日记"②，较为详细地记录了1940年10月17日至12月7日的交涉过程。迄至11月底，蒋介石不为日方所诱，迫使日本政府如期于11月30日正式承认汪精卫政府，宣告了日本政府与重庆政府之间，以"钱永铭工作"为名的和平交涉彻底失败。也就在同一天，美国方面发表声明，只承认重庆国民政府为中国合法政府，并给予一亿美元贷款。这个日子非常重要，预示着民主美利坚与法西斯日本之间的冲突，同样也已不可避免。台湾政治大学邵铭煌教授，有专著《和比战难——八年抗战的暗流》③专门论述抗战期间和平工作，可与船津日记互为补充。

江文君：船津是否还参加过劝降和议谈判活动呢？

虞建新：确实，据郑会欣所言，船津直接参与了对唐绍仪的劝降。那是1938年5月，船津辰一郎抵达上海，随即与唐绍仪故旧江天铎等人秘密会晤，商洽成立新政府，拟由唐绍仪、吴佩孚任正副总统。船津表示："唐绍仪若愿出任组织统一政府，这是再好不过的。"三日后，江天铎与船津第二次会谈时，船津再次提出，只要新政府同意中日和平五原则，日本政府即与该政府开始和议谈判。但唐绍仪对此不予理会，船津的工作没有取得进展，7月3日奉调回国。④

十、满洲观宿命论

江文君：船津视野中的满洲，又是怎样的一种存在？

① 前引《周作民日记书信集》(文字版)，第236页。
② 前引《船津辰一郎》，第217—234页。
③ 邵铭煌：《和比战难——八年抗战的暗流》，台湾政大出版社2019年1月增订一版。
④ 郑会欣：《唐绍仪被刺的真相》，"读档阅史"微信公众号，2023年9月20日。

虞建新：第一，1929年京都太平洋国际会议，满洲议题，松冈洋右、小村俊三郎、船津辰一郎对余日章、张伯苓、陈立廷展开论战。船津和张伯苓之间论战：

张：日中之间的癌症是满洲。只要日本不从满洲撤出，就不能维持东洋和平。

船津：这是无视满洲存在关系的偏见。本来满洲在义和团之变时，不仅已归俄国所有，俄国侵略终于延伸到朝鲜，因此给日中两国带来很大威胁。在这场危机中，日本国赌上了国运，毅然将俄国势力从满洲驱逐出去。今天将其视为普通领土，是非常失当的。

第二，有研究上海扶轮社者评论说，船津认为中国国内军阀混战，一直不遵守“既有条约”，“不具备现代国家意识”。九一八事变后，中国民众声势浩大的抵制日货运动沉重打击了上海日商。船津认为抵货运动“无疑是最邪恶的”，“如果这种过分的反日宣传继续下去，没有人会惊讶在不远的一个晴朗早晨听到来自长江流域某个地方的另一个侵略故事”。

第三，八一三事变前夕，有李阿毛随笔《致船津先生书》倒也一针见血：

> 你虽然从前做过官，你现在是个商人，换一句话说：就是被贵国军阀蹂躏得敢怒而不敢言的可怜虫。最近，听说你奔走于上海闻人之间，打算使上海避免战祸，要把上海划为非武装区域，原因是上海日本人的财产不少，而中外的财产也很多。但是我想：此事很简单，似乎你也不必这么各处运动，上海要免战祸，尤其容易，日本人有这希望，更为便利，只消请贵国的陆战队，离开上海，上海就无论如何不会战争。因为战争的要素一经除去，还有什么人会战呢？足下非笨人，当然也明白这常识，足下不向军阀去要求，而向外国人运动，这也实在是足下因贵国军阀气焰太盛，不敢向他们开口，所以只好到外面来悲鸣了。[①]

外交是战争的延续，是通过和平手段来实现国家利益和国家安全的一种方式。每次冲突或战争升级，船津多表示无力回天的愤怒，却又于事无补。

---

① 李阿毛随笔：《致船津先生书》，《社会日报》1937年8月10日第3版。

十一、汪伪政府中的日籍顾问

江文君：在汪伪政府中，船津又担任了怎样的角色？

虞建新：1939年6月16日，经船津辰一郎等筹划，维新政府议政委员会通过设立华中棉产改进会，随即因事归国，“兹悉船津氏此次返日，拟对在华纺织同业会理事一职，提出辞职”。① 8月船津辞职返沪后，办理一应归国手续，随即日中双方相关人士在日本人俱乐部举办大型送别会，汪伪上海特别市政府市长傅筱庵、总领事三浦秋义一并参加。

船津离开中国的时候，以在华50周年为契机，以一首七律作告别辞，引来与之相交所谓各界人士、朋友、知己，如王克敏、王揖唐、陈箓等步韵奉和，庆贺船津使华50周年，陈箓一首七律，吟得船津在华50年之神韵：

支那通中莫与京，无穷事业数平生。

折冲樽俎兼南北，展布经纶息竞争。

痛养心关唇齿巩，提携情见弟兄平。

光阴半百犹弹指，坐听云霄慕鹤声。

1939年9月8日，船津乘坐上海丸离沪返回东京。1940年3月，因华中棉产改进会理事长的职务，不得不来华游历工作。同年9月，再次经由青岛前往上海，在与汪精卫等相见后，被要求就任上海特别市政府顾问，此后又任日本驻汪伪政府最高经济顾问，直至战败遣返回国。

江文君：华中棉产改进会具体又是怎么回事？

虞建新：设立于1939年6月的华中棉产改进会，“遵照中日经济提携之本旨”，“以图华中棉花栽培之指导奖励，增进棉花栽培者之福利，及棉花供求之圆滑”。本部设于上海，其他必要地方设分会或办事处。作为维新政府代行机构，服从于维新政府实业部和日本兴亚院连络部的监督，以维新政府行政院长为总裁，日本棉花栽培协会会长为副总裁，维新政府实业部部长

① 《船津辰一郎将回沪》，《晶报》1939年8月4日第4版。

任会长总理会务，副会长两人，另设理事长一人总理会务。①

船津辰一郎初任理事长，后改任副会长。1944 年 6 月，华中棉产改进会创立五周年纪念茶话会，于外滩兴亚大楼四楼工商联谊会举行，理事长李祖虞，副会长船津辰一郎，常务理事小林贡、陈燕山等一百余人出席，船津辰一郎、山崎昇二郎、菱田逸次作为有功人员获得嘉奖。②

十二、上海遣返中隐遁的身影

江文君：船津在华最后的结局？

虞建新：1945 年日本战败后，周作民日记 8 月 20 日记载："在沪日人推举高岛、河村、木村、船津、西川五人主持经济金融事务，盖大使馆已不能执行职务也。"③战后上海日侨社会自治及大遣返早期，尚能见到船津一闪而过的身影。

关于战后上海日侨社会和日侨大遣返，高纲博文和成梦溪都有相关专题论述。④ 根据当时掌握上海实权的国民革命军第三方面军总司令汤恩伯命令，统一组织日侨自治会，前公使土田丰任会长，船津辰一郎和冈本乙一为副会长，10 月 6 日正式开展活动，与中方上海日侨管理处联络交涉，为一般侨民提供便利。此后，日侨自治会又于 11 月 24 日实行民主改选，从此再也未见船津之踪影，对此，《船津辰一郎》一书同样语焉不详。

2017 年 9 月 18 日，"上海监狱"微信公众号发帖，"抗战胜利后在提篮桥监狱、江湾战犯监狱关押的部分日本战犯简介"引人注目，其中船津辰一郎被注明为："侵华日军上海连络部长，日本驻伪上海市政府顾问官，日本驻

① 《华中棉产改进会设立要纲》，1939 年 9 月 26 日，上海市档案馆馆藏档案 R18－1－416。

② 《日伪上海特别市政府关于华中棉产改进会举行创立五周年纪念茶话会的训令》，1944 年 6 月 17 日，上海市档案馆馆藏档案 R13－1－253。

③ 前引《周作民日记书信集》(文字版)，第 22 页。

④ 参见高纲博文著，陈祖恩译：《近代上海日侨社会史》，上海人民出版社 2014 年版；成梦溪：《战后上海日本侨民大遣返》，周武主编：《二战中的上海》，上海远东出版社 2015 年版。

汪伪政府最高经济顾问。”[①]可以认为，船津在担任日侨自治会副会长不久之后，又以日本战犯嫌疑人身份，一度被中国方面关押收监，释放后于1946年7月，从上海随最晚一艘遣返船只返航归国。

江文君： 顺便询问一下，船津从担任在华纺织同人会总务理事，长期旅居上海起，主要的联络地点和住所在哪里呢？

虞建新： 查阅档案资料可以发现，船津掌控的在华日本纺织同人会办公地点，设立于上海外滩横滨正金银行内。据前引1937年中日贸易协会会员录，常务理事船津辰一郎通讯处为“上海正金银行四楼”。另有1938年船津函件用纸显示，在华日本纺织同人会联络地址为“横滨正金银行五楼五十一号室”，船津专用电话号码为16669。[②]

至于船津住所，有传闻其曾居住于法租界公寓，却又语焉不详，按其特殊身份，不随意公开是想当然的。传记《船津辰一郎》篇末“船津辰一郎简略年谱”有载：战争结束前，船津居住于沪西愚园路608弄35号。战争结束后，作为日本侨民自治会成员，船津迁移至虹口北海宁路丰阳馆。[③] 查愚园路608弄35号靠近镇宁路一边，原称文元坊，初建于1938年，属花园里弄单体住房，如有自备车，当可从愚园路大弄、镇宁路小弄分别进出。此地与极司菲尔路(现万航渡路)76号汪伪特工总部相距不远。而北海宁路丰阳馆则是日本人旅馆，以前经常接待来沪访问的达官贵人。

十三、多摩落日与遗族意愿

江文君： 上次听您说起，船津辰一郎之孙，如今活跃在中日友好交流的舞台上。

虞建新： 船津在上海被收监关押，忧郁成疾，释放回国不满八个月，十

① 《抗战胜利后在提篮桥监狱、江湾战犯监狱关押的部分日本战犯简介》，“上海监狱”微信公众号，2017年9月18日。

② 《船津辰一郎关于送安希凯履历并请任用的函》，1938年4月7日，上海市档案馆馆藏档案R1-2-46-110。

③ 前引《船津辰一郎》，第293页。

二指肠溃疡发作，旋于1947年4月4日病逝，随后下葬于东京多摩墓园。当时，船津遗族计有妻子花枝女史和四男一女，分别是：长男太郎、长女良子、次男次男、三男三郎、四男彻夫。

船津辰一郎之孙船津康次，现为大宇宙(trans cosmos)集团代表取缔役会长兼CEO，同时担任日本中华总会常务副会长。2022年4月，中日邦交正常化50周年之际，船津康次接受《日本华侨报》记者采访时表示：祖父船津辰一郎是一位外交官，从明治时代到大正年间，再到昭和初期，身为外交官的祖父大部分时间都是在中国度过的。即使卸任后，他依然留在中国生活，以普通人的身份，将推动日中友好当作毕生事业来坚守。

船津康次说，1972年的我还只是一名学生，当时并没有认识到日中邦交正常化这一事件的深远意义。但随着年岁增长，我渐渐理解了祖父为日中友好事业贡献的一生，再回想50年前近代的日中关系终于可以重启"友好"，不由得深感震撼，同时又深感欣慰。①

十四、关于船津人设与史料收集

江文君：请问虞先生，您认为应该给予船津辰一郎一个怎样的人设定位。

虞建新：毫无疑问，船津辰一郎无论是与前辈宗方小太郎，还是与后辈松本重治相比较，都是一位在华在沪时间更长，最具官方背景的"中国通"。以1926年担任在华纺同人会常务理事为界，此前，明明白白，外务省体制内人物，此后，羞羞答答，以从事民间外交为托词，其实，改换的是外务省驻华驻沪特使身份。即使在1926年之后，仍应该按其使命在身的外交官人设进行评价。

船津一生外交生涯的历练，造就了他善于交友的品行，有一评价虽然不无恭维，却也符合实际："即使在日中政局波谲云诡、危险重重的年代，只要走入船津的府邸，就只见友谊，不见敌意，来宾们谈笑风生，真是不可思议。"

---

① 蒋丰：《世界经济必将迎来一个属于亚洲的时代——访日本中华总商会船津康次》，《日本华侨报》，2022年4月15日。

松本重治以六年上海生涯写成回忆录《上海时代》[①],"船津辰一郎的上海时代"当更加精彩。

江文君：现如今大学日语已较普及,青年学者在史料的探寻与使用上会更方便一些。

虞建新：确实如此。关于船津人物日文相关史料,我认为,第一肯定是人物传记《船津辰一郎》,史料价值毫无疑问,不过作为在华纺同人会纪念文字,其在相关内容话题与资料披露上的倾向性选择,则是不言而喻的,当然,如能探知完整体船津日记下落,那就堪称完美了。二是外务省外交史料馆史料,据说该馆史料文件数字化,已可通过线上账号查询下载,此外,贵所资料室据闻有一批外务省资料缩微胶卷,期待其中也含有船津人物相关信息。三是日文版各类当事人回忆、日记、文件汇编及研究论著。近年来,兼通英语、日语多种语言,前往日本大学学术机构留学或研究访学青年学子,是否比我们那个年代多了许多呀,有志者事竟成,衷心希望青年学子跟上来,青出于蓝胜于蓝。

附：在华日本纺织同业会编《船津辰一郎》（人物传记）目录

① 松本重治著,曹振威、沈中琦等译:《上海时代》,上海书店出版社2005年版。

(江文君：上海社科院历史研究所　虞建新：海派文化沙龙白蓝会)

口　述

我的经历

王艮仲　自述　苗青　整理

【整理者按】王艮仲(1903—2013),是中国共产党的亲密朋友,为多党合作事业和我国职业教育事业发展作出了积极贡献。

王艮仲于2013年6月1日在北京逝世后,家属遵从其遗愿,在他的家乡上海完成骨灰撒海,并在上海滨海古园海葬纪念碑上刻名。2023年7月,王艮仲之女王正维来沪期间,向滨海古园人生文化博物馆捐赠了一批王艮仲书信、手稿和生活实物,其中有一份撰稿于1969年6月的王艮仲自述手稿《我的经历》(76页),从他出生记到1966年(从内容看,还有1966—1969年一段未完成),回顾了63年的人生经历,记录了他的家庭教育、社会交往、道路选择、思想改造等情况,提到有名有姓人物达127人,既是一段较为翔实的个人生命回忆,也是一份时代变迁的亲历见证。故将之誊录成文,供读者同好参考。

我于1903年7月出生在江苏省南汇县(现属上海市)大团镇一个商人兼地主的家里。

我今年六十六岁,从七岁上学到现在,已经经历了将近六十年。在这六十年中有近二十年的时间在家塾和学校里受封建主义、资本主义教育,有近二十年的时间在旧社会里走了曲折的道路;有二十年的时间在党的领导下学习、改造和工作。

(1) 从1910年春到1929年夏——在家塾和学校里受封建主义、资本主义教育

在这个时期内，又可分为三个阶段：从1910年春到1917年冬是第一阶段，在家塾；从1918年春到1925年夏是第二阶段，是在南汇县立第一小学，上海浦东中学，苏州东吴大学；从1925年秋到1929年夏是第三阶段，在南京东南大学。

(A) 从1910年春到1917年冬，我在家塾里受到地主资产阶级的启蒙教育，历时八年。

在此期内，国内发生辛亥革命(1911)，国际上发生第一次世界大战(1914—1918)和苏联十月革命(1917)，全世界发生着巨大的变化。

我的父亲受到十九世纪末康有为、梁启超维新运动的影响，深信“要救国，只有维新；要维新，只有学外国”，要我准备进学校，努力学习西方。所以，我在家塾读书时就读当时的学校教科书，古文方面只选读《史记》和《古文观止》之类，没有读《四书》《五经》。由于我的父亲停滞在向西方学习的观点，听不到苏联十月革命的炮响，他所给我的启蒙教育指引着我走西方资产阶级的道路。对于辛亥革命，我在家塾里和父亲口里听到的只是“驱除鞑虏，建立民国”的口号，没有听到过“辛亥革命是革帝国主义的命”的道理。我在家塾里爱读《史记》所载《游侠列传》和战国四公子的列传，并爱读小说《水浒传》，对于那些“疏财仗义”“任侠好义”的人物，心向往之。其实，所谓“疏财仗义”，所谓“任侠好义”，都是剥削阶级用以掩盖阶级矛盾的花言巧语。我从小受到这种花言巧语的迷惑，并且后来也用以迷惑别人。

所谓家塾，就是由我家延聘教师在我家设塾，为我和我姊、我妹课读。所聘教师，前后有吴绩熙、林伯勋、金雨若。教师有带自己的儿子或别的儿童附学的。吴绩熙执教三年，曾带两个儿子。次子吴仲超后来参加革命，加入共产党。1938年夏，我在武汉时曾和他见过一次，交谈当时抗日战争的形势和抗日民族统一战线，后来很久没有联系，直到解放以后才在上海见过几次。几年前人大、政协开大会时曾碰见过一次，其时他任故宫博物院院长。其他童年同学，后来都无接触。吴、林、金三位教师，都已病故。

(B)从1918年春到1925年夏,我先后在南汇县立第一高等小学、上海浦东中学和苏州东吴大学求学,历时七年半。

在此期内,国内发生巨大变化。1919年五四运动展开了我国新民主主义革命的序幕,1921年伟大的中国共产党成立,1923年到1924年孙中山在中国共产党的帮助下改组了国民党,确立了联俄、联共、扶助农工三大政策,1925年五卅运动掀起了全国反对帝国主义高潮。国际上,出现了第一个社会主义国家苏联。世界历史进入了新的时代。

我于1918年春天到距家十八华里南汇县城里县立第一高等小学求学。这个学校的政治方向,也是“向西方学习”“向日本人学习”的一套。有的教师曾留学过日本,提倡资产阶级的“民主”和“自由”。个别教师还带着封建主义的作风,有时竟对学生施加打骂。1919年春,部分学生对那个压迫同学的教师展开斗争,我站在斗争前列,为学校当局所不容,被迫转学。当时这个学校的教师,后来都已死亡。同学中当时接触较多,后来曾有联系,而现在尚在的,有赵耿梅、顾秉之、顾保之,他们后来曾在我负责的单位和所办的企业内做事,现在都在上海。

1919年3月,我转入上海浦东中学,为旁听生。不久,五四运动在全国大中学校蓬勃展开,我第一次参加到火热的群众革命斗争,受到了生动的反帝反封建的教育。当时我爱读《新青年》杂志,衷心拥护新文化运动。1923年春,我和部分同学反对学校当局限制学生民主活动,展开了一场斗争。学校当局对在斗争中态度比较激烈的学生数十人,包括我在内,在暑假期内分别去函责令退学。

浦东中学是由杨斯盛捐资创办的。杨以经营建筑业发家致富,晚年受黄炎培的影响,把他所有财产兴办学校。黄曾撰《杨斯盛毁家兴学记》一文称颂其事。当时黄和袁观澜、沈信卿等主持“江苏省教育会”,并兼任浦东中学校董。校董会聘朱叔源任校长。朱曾留学日本,有民主倾向,对学生民主运动尚能予以支持。后来不知为什么朱叔源去职,由顾可臣接替为校长。顾对学生采取压制的态度,以致激起反抗。

我在浦东中学时的教师和同学中当时接触较多而后来曾有联系的,有杨昌炽、陈伟光、赵心梅、赵耿梅、顾秉之、顾保之等。杨昌炽、赵心梅后来也曾在我所负责的单位和所办的企业内做事。杨当时是教师，已病死。赵现在上海。陈伟光现在厦门大学任教。

1923年秋，我转学苏州东吴大学附属第一中学。次年，附中毕业，升入大学。东吴大学是美帝国主义为了对我国人民进行精神侵略而设立的。1925年五卅事件发生，上海和全国各地学生兴起反帝国主义运动。我和部分同学费青、邓家栋等，通过几年中在东吴亲身体验，对帝国主义利用教会和学校进行文化侵略，平日本极仇恨，这时更爆发出不可阻挡的怒火。在斗争中我被推为东吴大学学生会主席。当时中国共产党大力领导支持学生运动，恽代英来到苏州，我们曾与他联系，并邀其到校演讲。学校当局对我十分怀恨，在运动结束以后责令我转学。

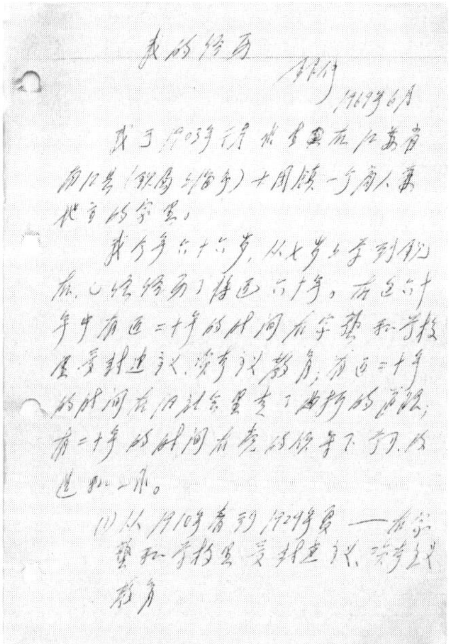
我的经历

1969年6月

我于1903年[illegible]

我今年六十六岁，从七岁上学到现在已经经历了将近六十年。在这六十年中有近二十年的时间在学塾和学校里受封建主义、资本主义教育；有近二十年的时间在旧社会里走了曲折的道路；有二十年的时间在党的领导下学习、改造和工作。

(1)从1910年春到1924年夏——在学塾和学校里受封建主义、资本主义教育

《我的经历》手稿首页

我在东吴大学的教师和同学中当时接触较多而后来曾有联系的，有姜尚愚、费青、邓家栋、萨文雄、顾秉之、徐鸣皋等。姜当时是教师，在抗日战争期内曾协助我做事，二十多年来和我没有联系，几年以前曾听说他尚健在，住在南京；费在解放以前曾和我合作，创办《中建》杂志（北平版），积极参加民主运动，解放以后《中建》改为《新建设》，曾由他继续负责编辑，1957年病死；邓自出校以后没有和我发生过工作关系，现任北京医院副院长；萨曾在国民党交通部做事，1949年由我介绍到"浦东地方建设公司"当总经理，后来一直没有和我联系；徐在抗日战争期内曾协助我做事，二十多年来和我没有联系。据说孙起孟也曾在苏州东吴大学读书，但当时我不知道有其人，和他没有接触。

(C) 1925 年秋到 1929 年夏,我在南京东南大学求学,历时四年。

在我进入东南大学的时候,正值第一次国内革命战争前夕,孙中山在中国共产党的帮助下,扫荡了广东的反动势力,准备挥师北伐。全国有志青年纷纷奔向广州,参加革命。我在五四运动中,受到了新文化革命的影响;在五卅运动中,参加了火热的群众斗争,并曾和共产党派来苏州的恽代英接触,进一步受到了革命的影响。但另一方面又曾在浦东中学和东吴大学两次受到了被责令退学的挫折。当时在我面前摆着两条道路:是进一步投入革命斗争呢,还是逃避斗争?适值当时东南大学是由反动派所操纵,提倡死读书,读死书,麻痹学生的革命斗志,我也就常年锁在图书馆里,死啃书本,不再积极参加政治斗争。在其后的四年时间内,中经 1926 年到 1927 年北伐战争,1927 年"四一二"蒋介石反革命政变,1927 年 8 月 1 日南昌起义,9 月秋收起义,10 月毛主席把红旗插上了井冈山,一系列惊天动地的大事,而我都躲在书堆里,对这些巨大事变充耳不闻。我在政治上是一次大倒退。

东南大学曾为军阀齐燮元、孙传芳所控制,1927 年蒋介石篡夺政权以后又为国民党反动派控制。在国民党控制期内曾几易校名,最后定名为中央大学。当我在校期内,先后有蒋维乔、张乃燕任校长。

1929 年夏,我毕业于中央大学。我在东南大学和中央大学时同学中接触较多的有施兆贵、陈育凤、黄正铭、顾秉之等。施于 1930 年由我资助去美国求学,初学教育,后学飞机制造和驾驶;1937 年回国,在国民党"航空委员会"所属单位做事;1949 年曾在昆明飞机修理厂;昆明解放以后,下属(落)不明,想必已为国民党协(挟)裹以去,至今没有讯息。陈于 1930 年由我资助去法国学习法学,得到法学博士学位;后又去德国留学;现在德意志民主共和国当教授。陈于十多年前携同他的德籍夫人回国观光,曾来北京看我。大约在 1965 年下半年,他来信说:他的德籍夫人病故,托我在国内为他找一对象。我回信告诉他:国内妇女政治觉悟提高,男女结合首先要有共同的思想基础,希望他早日回国。后来他就没有再来信。黄于 1930 年自费去英国留学,我曾略予资助,回国以后和我接触不多,解放以前去台湾。此外,东南大学的同学中,在校时虽接触不多,而后来曾在我所办企业内做事的,有陆养浩，现在职教社上海分社工作。金学成也曾在东南大学读书，但在校时和我没有接触。

(2) 从 1929 年夏到 1949 年春——在旧社会里走了曲折的道路

在这个时期内，又可分为三个阶段：从 1929 年夏到 1937 年秋，是第一阶段，留在家乡；从 1937 年秋到 1944 年春，是第二阶段，参加了抗日救国斗争，陷入了国民党反动营垒；从 1944 年春到 1949 年春，是第三阶段，我从国民党反动营垒里分裂出来，走了一段改良主义的道路，逐步转向党领导的革命一边。

(A) 从 1929 年夏到 1937 年秋，我留在家乡，历时八年。

在此期间，国内国际阶级斗争非常尖锐。国内国民党蒋介石匪帮背叛革命，把全国人民推入了内战：中国共产党和全国人民在伟大领袖毛主席的领导下高举起革命的大旗，举行了武装的抵抗，保存了和发展了中国人民的革命力量。国际方面，德意日法西斯反动势力十分猖獗。日本帝国主义妄图用武力征服中国，激起了中国人民伟大的抗日救国斗争。

正当全国人民进行生死搏斗的艰巨时刻，而我却在家乡树植地方势力，并进而和国民党反动派相结合。

在留居家乡期内，我用所谓“疏财仗义”的手段，博取“声誉”，树植地方势力。我一方面，“济困扶危”，收买人心；另一方面，广结交游，聚集势力。我在社会上“声誉”日高。地方前辈黄炎培、陈陶遗、冷遹、江恒源辈交口称许。国民党当局也逐渐对我重视。1936 年国民党政府举行“国民大会”选举，南汇县一致举我为“代表”，使我更露头角。我在省里先后见到了国民党“江苏省党部主任委员”周绍成，“江苏省政府民政厅长”余井塘，“江苏省政府主席”陈果夫。不久，他们送给我一张国民党特许入党的“党证”，把我拉入为国民党党员。这样，我就开始和国民党反动派相结合，虽然当时还没有担任国民党党政职务，也没有参加国民党的组织活动。

在此期内，我曾去过美国一次。

如前所述，我曾于 1930 年资助同学施兆贵、陈育凤分赴美国和法国留学。1937 年春，我和施兆贵通信，当时他学习飞机制造和驾驶已经毕业，我促他早日回来，为祖国服务。他当时待在美国加利福尼亚州洛杉矶。他来信说那边气候和风景都好，邀我去游览一回，借获叙晤。我于 1937 年 5 月向美国邮船公司购买了去美国来回程船票，搭乘“胡佛总统号”邮船前往美国。在动身之前，黄炎培告诉我：王正廷也搭乘这艘邮船去美国就任国民党驻美大使，他愿为我介绍和王相识，使我可以获得照顾。我想，我去美国游览，来回程船票限定回程日期不能超过一个月，在此短短的时间内何必要人照顾，所以没有要黄介绍和王相见。我平日挥金如土，但自从五卅运动以后，我立志尽可能不买外国货，尽可能不多花钱给外国人，所以我去美国只花了三百八十美元买了一张二等舱位的来回程船票，随身携带的外币只兑换了二百美元。有人告诉我：去美国要坐头等舱位，随身多带一些美元，否则到美国入口时要受留难。我对此也不加考虑。哪知游船到达美国旧金山，旅客准备上岸的时候，美国政府移民局人员果然来到船上检查旅客，凡是头等舱旅客一律不受检查，二等舱以下旅客逐一检查，分别处理。检察人员问出我所带旅费仅二百美元，对我的态度更加凶暴，把我扣留在船上达数小时之久，不许上岸。直到下午四时以后，有一个比较高级的人员带着一个记录员，来向我作详细的审讯。他问到我来到美国的目的，问到我的学历，问到我的职业。最后他向那个记录员口授了他的结论。他说我是个富商，说我曾在美国所办东吴大学读书，说我英语相当流利。他作出决定，放我上岸。后来我在施兆贵处和几个华侨谈话，他们说我还算是幸事，搞得不好，可能被送到一个小岛上去拘禁。他们叮嘱我，下次去美国务必坐头等舱并随身多带一些美元。我说，我立誓：在祖国有一天比较美国更强大以前，我绝不再来美国！我在美国也就无心出去游览。身在洛杉矶，连著名的好莱坞也没有去过一下。我在美国留十天，于五月底偕同施兆贵回国。

(B) 从 1937 年秋到 1944 年春，我参加了抗日救国斗争，历时六年半。

在此期内，在 1938 年十月武汉失陷以前，在中国共产党的推动和领导下，曾经形成了全国军民抗日战争的高潮，一时出现了生气蓬勃的新气象。但在武汉失守以后，国民党政府假抗日真反共的面目逐渐暴露无遗，从

1939年起直至1943年秋季为止的五年内，国民党政府发动了三次大规模的“反共高潮”，分裂国内的团结，造成严重的内战危险。中国共产党坚持抗日，团结，进步，有力地粉碎了蒋介石的阴谋，克服了当时的危机。在伟大领袖毛主席的英明领导下，抗日战争的形势越来越好。在国际上，1942年10月苏联红军在斯大林格勒战役的巨大胜利成为第二次世界大战的转折点，法西斯希特勒走向死亡的阶段。

我在这段时间内，却从参加抗日救国斗争，陷入了国民党反动营垒。

1937年秋，“八一三”上海抗日战争一声炮响，掀起我强烈的民族感情，我下定决心参加抗日救国斗争。我在家乡南汇县大团镇联合当地商店店员、小学教师、社会青年和其他有志抗日救国的人才，组织了一个“抗日自卫团”，拿起武器，准备参加抗日战争。但不久国民党军队和政府机构完全撤退，我于11月中旬渡东海往后方。

1938年春，我在汉口第二次会见了陈果夫。同时，黄炎培、冷遹、江恒源介绍我和顾祝同相见。他们在顾面前极力赞扬我在松(淞)沪一带的社会地位。其时，顾适受任国民党“第三战区司令长官”，正要往屯溪区就职，就要我一同去屯溪。当时，我自命不凡，但在途中发觉顾对我并不像我自己估计的那样重视，所以，中途拂袖而退，回到了汉口。那年夏天，陈立夫在汉口约我会见，我和他素不相识，他说陈果夫有信叫他和我谈谈。不久，冷遹从屯溪会晤顾祝同以后回来，带下一件公文，顾祝同派我去上海一带调查。冷告诉我：顾拟在我调查回来以后派我充任“松(淞)沪区行政督察专员”。1938年6月间，我秘密去上海。途经香港时，由黄炎培介绍认识了杜月笙，并接触了吴开先、钱新之、徐采丞等上海市方面的人物。后来又由杜月笙的介绍认识了戴笠。

我在上海经过一个多月的调查与联系，拟具了一个松(淞)沪地区抗日救国工作的计划，带往屯溪。其时(8月?)国民党“中央组织部”已经发表我为“江苏省党部委员”，顾祝同就不派我任专员。但当时顾对我仍然表示好感，嘱我到上海以后经常和他联系。国民党“江苏省党部”推我兼任“上海通讯处主任”，联系、指导松(淞)沪区国民党各县“书记长”。但当时各县“书记长”都躲在上海租界，很难推动。我从各方面寻找有志抗日救国的朋友，想真正做一番抗日救国工作。我公开表示，我是为了抗日救国而担任国民党的职务的，我要团结一切有志抗日救国的朋友，我要实行抗日民族统一战线，我要真正和共产党以及一切进步势力合作。我和林钧、金学成等一些朋友组织了一个“松（淞）沪青年抗日工作团”，并举办了一个小刊物，宣扬抗日民族统一战线，号召松（淞）沪青年起来抗日救国。这个团体有松（淞）沪青年数十人参加，组成为一支抗日游击队，由林钧等率领到浦东对日寇作战。这支抗日游击队，后来转移到浙东、浙西一带，1944年夏在浙西被国民党反动派“浙西行署主任”贺扬灵消灭，林钧被杀害。解放以后，林钧被追认为烈士。关于“松（淞）沪青年抗日工作团”的组织和活动，我始终没有向国民党“江苏省党部”和“中央组织部”方面请示拍板。后来我只是向“战地党政委员会”简单地作了一次报告，作为已经向上级机关备案。当时我已经看出国民党“党部”方面的顽固态度，所以我在上海同国民党以外的进步人士和共产党员的一些活动，对国民党“党部”方面是“斩而不奏”的。

当年（1938）冬天，我调到重庆参加国民党“中央训练团”受训。在一个月的“受训”期内，我第一次看见了蒋介石和其他一些国民党中央人物，我看到了蒋介石这伙人狂妄自大、顽固无能，我开始感到失望。

1939年2月，黄炎培介绍我见了李济深。其时，国民党设置了一个“战地党政委员会”，以李济深为“主任委员”，邵力子为“秘书长”。李给我兼任“战地党政委员会指导员”，派驻上海。“战地党政委员会”当时派出的“指导员”曾到过上海的，还有季方、梅龚彬、黄逸峰等。“战地党政委员会”的任务，按照规定，是协调国民党内部战地党政军的关系。但实际上这个机构是不受蒋嫡系方面尊重的。当时国民党军政方面派驻在上海的负责人，有“第三战区司令长官司令部”上海办事处主任平祖仁和“忠义救国军上海办事处主任”徐光英。平知道我和顾祝同有渊源，对我相当尊重。徐在武汉时曾访黄炎培，表示赞成团结抗日，并说他并非戴笠嫡系，当时我也在座，所以对我也表示好感。我和他们商议协调苏常松（淞）沪地区国民党内部军政关系问题，曾拟议由我代表“战地党政委员会”和他们两个方面联合组织一个“苏常松(淞)沪党政军联合办事处”,并以我当“主任”。但其实他们只是对我一时敷衍,并不真想团结抗日,这个拟议也就成为泡影。

1940年冬,“战地党政委员会”电召我去重庆汇报工作。其时,“战地党政委员会主任委员”已由程潜接替。

1941年下半年,太平洋风云紧急,日寇有侵入上海租界之势。国民党“江苏省政府财政厅长”兼“江苏省农民银行总经理”李寿雍委托我照料设在上海法租界的“江苏省农民银行上海分行”,请我以“徐少甫”化名兼任“上海分行经理”。我在太平洋战争爆发之前做好一切准备,在日寇入据租界之日立即闭门停业,全部财产得获保全,债权人利益不受损失,工作人员都得安置。

自从1941年12月8日,日寇侵入租界以后,国民党在上海租界内的党政军机构遭受破坏殆尽。我坚持至1942年4月,在日伪疯狂搜索中潜至浦南,偷渡东海,退往后方。

从1938年秋到1942年春我驻在上海将近四年的时间内,我虽身兼数职,但上级给我的经费每月只三百元,我自己不支工资,所有帮助我工作的人也都是尽义务的。当时曾在我所设机构内帮助我工作的,有杨昌炽、赵心梅、赵耿梅、顾秉之、顾保之等。

我去后方,先到上饶。当时国民党“第三战区司令长官司令部”和有关单位,驻在上饶。我向顾祝同汇报了上海情况,并向李寿雍办理“江苏省农民银行上海分行”结束手续。顾祝同对我继续拉拢,给我以“第三战区司令长官司令部参议”的名义。其时,日寇有进犯之势,“第三战区司令长官司令部”向福建转移。李寿雍请我担任“江苏省农民银行总行襄理”,协助“总行”随军转移。

那年11月,我到了重庆。适逢国民党举行“十中全会”,我由国民党“中央组织部”介绍列席旁听。

1943年春,我被任为国民党“江苏省政府委员”,派驻“江南行署”。同时,李寿雍被任为“江南行署主任”。

我几次到重庆时都曾得到戴笠招待。这次戴笠又请我吃饭,并邀朱学范、陆京士作陪。席间戴笠对顾祝同大施攻击，甚至谩骂。当时“江苏省政府”是在顾祝同掌权范围之内，我被发展为“江苏省政府委员”，戴笠把我看作已经成为顾祝同系统人物，戴笠和顾祝同之间当时矛盾很大，所以对我示威并加侮辱。

“江南行署”设“秘书处”和“政务处”，周绍成任“秘书处长”，我兼任“政务处长”。“政务处”的任务是协助“行署主任”联系、指导各县政务。但当时江苏省江南各县“县长”都躲在上海租界，无法推动，因此“政务处”工作十分空虚。

这几年来，我从参加抗日救国斗争的愿望出发，接受了国民党方面的党政职务，但实际上陷在国民党反动营垒里，进退失据。

(C) 从 1944 年春到 1949 年春，历时五年，我走了一段改良主义的道路，逐步转向党领导的革命一边。

在此期内，国内方面，中国人民在伟大领袖毛主席的领导之下，用革命战争打败了日本帝国主义的侵略战争，打败了美帝国主义指挥蒋介石残酷地屠杀几百万中国人民的反革命战争。国内阶级力量对比发生着新的变化，大群的人民脱离了国民党的影响和控制而站到共产党一边。国际方面，在反法西斯的第二次世界大战胜利地结束以后，国际形势到了一个新的转折点，社会主义的力量对于帝国主义的力量占了压倒的优势，世界进入了帝国主义走向全面崩溃，社会主义走向全世界胜利的时代。

我自从来到后方以后，一方面看到抗日战争的形势越来越好，使我感到兴奋；另一方面看到国民党政府假抗日、真反共，反动、腐败、无能，使我又感到苦闷。当时抗战必胜已成定局，但是“中国向何处去”，却成为问题。1940 年 1 月，毛主席发表了著名的伟大著作《新民主主义论》，明确地指出了新中国的方向。当时在我面前摆着两条道路：一条是，脱离国民党，站到共产党一边，参加革命，走向光明；一条是，继续依附于国民党，走向黑暗。我却另找第三条道路，幻想从社会改革着手，团结国民党内进步力量，联合共产党和一切民主势力，依照孙中山的三大政策，实行“革命的三民主义”。在孙中山死后二十多年中，中国共产党在毛主席的领导下，关于新民主主义革命的理论、纲领及其实践已经有了极大的发展，而我那时却死抱着孙中山在二十年代的观点，妄图走改良主义的道路。

我设想了一套在战后从事社会改革，在建设新中国的事业中贡献一分力量的“计划”。为了积聚资金，为实现“计划”准备条件，我决计弃官经商。当时国民党军政官员中很多人在利用权力大做生意，发国难财，权力越大，发财越多。适国民党“第三战区”军需方面需用大量纱布，我向顾祝同献计，由我向上海购运纱布进来，交售给“第三战区军需局”。在顾祝同的支持下，我于1944年春辞去党政职务，到浙江淳安开设了一个“通益商行”，向沦陷区上海购运纱布来到战区，交售给“军需局”。实际上，一方是以“军需局”出面的顾祝同，一方是用“通益商行”名义的我，在合作着做生意。顾祝同给我以“第三战区司令长官司令部高级参议”的名义，使我在“第三战区”畅行无阻。上海购运方面，得到徐采丞的协助，也很顺利。徐采丞是在1938年由黄炎培介绍和我相识的，当时他留在上海。

我在淳安，一方面经营商业，积聚资金，一方面招纳人才，协助我筹备创设一个社团——“中国建设服务社”，并计划举办文化事业和经济事业。当时我所招纳的人，有杨昌炽、姜尚思、高祖文、钟□一、顾秉之、陈仲期、陆麟勋、赵耿梅、徐宗毅、金大均、袁瑾、董振辉等人以及“江苏学院”毕业生朱树锦等十人。高当时从上海去后方，有人介绍和我相见，为我留下；钟是我的同乡，曾留学德国；陆当我在上海指导国民党松（淞）沪区党务时，曾任国民党嘉定县“书记长”；金、袁、董当时都是青年，由我从国民党上饶监狱里营救出来的，金是共产党员；向“江苏学院”招取的毕业生，有朱树锦、王崑生、廖树涵等十人，王、廖等九人与我久无联系。

1945年春夏之间，国民党在重庆召开“第六次代表大会”，我被邀往出席。在选举“中央委员”中，国民党内部各派竞争极为剧烈。朱家骅利用“中央组织部长”地位，分批招待“代表”，企图加以控制。朱一向对我拉拢，1942年冬我到重庆时曾介绍我列席国民党“十中全会”旁听。但我对国民党各派系仍采取超然的态度，放弃了投票，从此，朱家骅对我不欢。

1945年秋，抗日战争胜利以后回到上海，我把所拟“计划”付诸实行。

我创设了“中国建设服务社”，一方面在浦东从事“社会改革”，一方面在上海参加民主运动。

“中国建设服务社”当时是作为一个社会团体宣告成立的，其目的在创办之初，是从当时我的改良主义幻想出发，企图联合有志“社会改革”之士为建设新中国服务。这个团体，如果从1944年3月开始筹备算起，到1949年8月宣告结束为止，经历了五年五个月，但实际上始终没有向社会公开地发展，它的组成分子基本上始终限于它的各业务部门的人员。所以，这个团体实际上只是我举办各项事业的一个班子。这个团体，始终没有同国民党发生组织关系。它的政治态度，实际上是随着我个人的政治态度为转移的。

“中国建设服务社”在创办初期把主要力量放在“社会改革”方面。当时以我的家乡浦东南汇县为基地。1946年春，在南汇县东海之滨创设了一个集体经营的、用机械耕种的农场——“中国建设农场”。当时幻想从集体化、机械化着手，从改变生产方式逐步改变生产关系，实行“耕者有其田”，消灭土地剥削制度。农场耕地一千余亩，原由一百多户农民向地主租佃分散经营，由“中国建设服务社”帮助农民组织起来，用新式机械农具大面积地集体耕种。“中国建设服务社”无偿地供给农场新式机械农具、农药、化肥和改良种子，并向农民保证：在集体化、大面积地耕种并使用新式机械农具和改良种子以后，如果农户增加收入，完全归于农民；如果农户减少收入，完全由“中国建设服务社”赔偿。“中国建设服务社”派到农场的农业专家和工作人员的供给和农场其他一切费用，完全由“中国建设服务社”担负，不向农产收入内扣取。“中国建设服务社”帮助农民创设“中建农场”的目的，在于把当时想从改变生产方式着手逐步改变生产关系，实行“耕者有其田”，消灭土地剥削制度的“理想”，付诸实践。为了配合农场进行社会改革，在浦东协助地方政府开辟了一条公路，发展上海和南汇之间的城乡交通，并在南汇县周浦镇设置了一个“工作站”，推行文化教育活动。为了联合有志“社会改革”的地方人士和进步青年共同奋斗，组织了一个地方性的团体——“浦东地方建设协会”，作为“中国建设服务社”的外围组织。这些做法，今天看来，实质上是在走改良主义的道路，不仅是幼稚可笑的，并且是反动的。但在当时却引

1945 年，王艮仲在“中国建设农场”购置了拖拉机和收割机。图为农场职工在学开拖拉机

起了社会上的注意。上海各报多次刊载消息和报道。各方人士曾有很多人到农场参观。

1946 年春，蒋介石在美帝国主义的指挥下，撕毁了停战协定和政协决议，不久并发动了全面内战。但是，在伟大领袖毛主席的正确领导下，从战争第二年的第一季，即 1947 年 7 月至 9 月间，人民解放军即已转入全国规模的进攻。广大人民群众感觉到自己的出头翻身有了希望，那些曾经怀着第三条道路幻想的人们看到了蒋介石统治的灭亡已经不可避免，也将希望寄托在中国共产党和人民解放军身上。

随着革命形势的发展，我逐渐从在浦东从事“社会改革”的改良主义迷梦里觉醒过来，把主要力量投入民主运动。“中国建设服务社”的主要力量逐渐转移到在上海和北京，通过举办刊物，联系教育文化界人士，投入民主运动。但是，从 1946 年下半年到 1947 年下半年一段时间内，我在思想上和行动上还是极为矛盾的，一方面我对蒋家王朝的幻想已经最后、完全地消灭，另一方面我在浦东摆开的那套改良主义摊子正在博得各方面的重视，一时又收拾不起来，并且还在上海参加的民主运动也需要有所掩护。因此，我仍于 1946 年 11 月出席了国民党的“国民大会”，并于 1947 年应(膺)选为“立法委员”。

当时我在上海参加民主运动，主要有两个方面。一方面，通过《中国建设》杂志，联系了当时上海教育文化界一些进步人士和中间分子。另一方面，我同黄炎培、杨卫玉、冷遹、盛丕华、陈巳生、盛康年、孙晓村等组织了各种聚餐会，推动工商界走向民主运动。当时我们这些人中间，政治上觉悟的程度是很不相同的，从中间路线转到一边倒也是有先有后的，但是我们有一个共同基础——反对蒋介石。

1948 年是我从中间路线转向一边倒达到了转折点的一年。

1948 年夏，我到北京，和北大、清华、燕京三个大学的民主教授合作，创办了《中建》杂志(北平版)。当时我已经读到毛主席的伟大著作《目前形势和我们的任务》。我和他们多次会谈，谈到了上海、北京两地民主运动的情况，谈到各人所听到的解放区消息(特别是毛主席的言论)，谈到解放战争的形势。我们在交换意见中，大家表示，要坚决地一边倒向中国共产党领导的革命一边。

我回到上海，与黄炎培、盛丕华等会谈，大家所见相同。当时民建会已经表示拥护毛主席五　号召。我特于那年 8 月到香港找共产党的负责人，表示真诚地接受党的领导。当时由潘汉年、连贯二人接见，他们指示我继续保持和国民党反动派的联系，借以掩护工作。从此我尽管仍然挂着国民党“立法委员”的牌子，继续与国民党反动派头头顾祝同、陈果夫保持联系，借以取得掩护，我在实际上确是已经一心一意地站在党所领导的革命一边。

1949 年春，黄炎培在北京受到毛主席接见，当毛主席询问到黄心目中的人物时，黄举出冷遹、江恒源、杨卫玉、王艮仲、卢作孚五人，随即发电邀五人。当时上海形势已十分严重(峻)，我所办的《中国建设》杂志当时在上海曾被称为最后的“民主堡垒”，也被封闭。我于 4 月 18 日秘密坐飞机逃往香港。就在那天早上，上海各报刊载消息说：中共邀请冷遹、江恒源、杨卫玉、王艮仲去北平。当晚，国民党特务到我的寓所搜捕。我逃到香港以后，顾祝同派人持顾的亲笔信来香港，拉我回广州，我推说要在香港休息一个时期，加以拒却。我在党的负责人帮助下，于5月间取道天津，来到北京。

我在上海最后这段时间内，我所接触、联系的人，极为广泛，极为复杂。

从“中国建设服务社”所属主要单位来说，“中建农场”方面，曾托秉志介绍农业专家胡竞良、钱光宙先后担任农场主任(秉志曾任东南大学农学院院长[①]，我在校时仰慕其人，但未获见面。在抗日战争期内，在上海经姚惠泉介绍，开始相识。秉志已于前几年在北京病死)。我曾分约若干知名人士为农场“顾问”。据我回忆，曾被邀列为“顾问”的，有农业专家(如秉志)，有进步人士(如郭沫若)，有民主人士(如黄炎培、冷遹、杨卫玉)，也有国民党反动派人物(如陈果夫)。这些“顾问”，既不集合开会，也不真正顾问农场事务。其中除秉志曾受请托代为物色农业专家以外，其他的所谓“顾问”，只是到过农场参观，在当时起着在政治上给予农场以支持的作用而已。农场曾设“工作委员会”，由我分邀一些朋友为“委员”。据我回忆，曾被邀列为“工作委员”的，有胡竞良、钱光宙、杨惟义、王志莘、于伶、陈惠夫等。这些“委员”，除胡竞良、钱光宙外，只参加过由“中国建设服务社”组织的关于建设新农村问题的座谈会，并不参加农场工作，实际上也只是挂名而已。杨惟义是农业专家，由秉志介绍给我相识；王志莘当时是上海新华银行总经理；于伶当时在上海办有“上海剧艺社”，为了应付国民党反动派，曾请我担任该社“理事长”的名义；陈惠夫是陈英士的儿子，陈果夫的堂弟，当时我利用他在陈果夫那边做工作。当时各方面人士曾到过农场参观的，为数很多，其中由我亲自接待的也不少，举例言之，有郭沫若、马寅初、黄炎培、冷遹、杨卫玉、秉志、吴晗、于伶、阳翰笙、熊佛西、陈果夫、陈惠夫、顾竹君、彭述之等。吴晗当时在北京有被国民党反动派加害的危险，由我于1948年秋携同到上海，后来转赴解放区；阳翰笙、熊佛西当时是上海文艺界人士，曾在“中国建设服务社”组织的座谈会上和我见过面，但和我个人没有来往；顾竹君是顾祝同的堂

---

① 有误。秉志创立东南大学生物系，任主任，未担任过农学院院长。

弟，他自己也是国民党反动军人；彭述之是托洛茨基分子，和我素不相识，1947年夏通过我的女婿李民安，要求来农场参观，由我接待了一次，后来不再和我接触。

1945年，王艮仲在办公室工作

《中国建设》杂志方面，当时由高祖文任主编。参加编辑工作的有姚静、郑森禹、金大均、瞿康祖、朱树锦等。姚静即是姚溱；郑森禹现在和大工作；瞿康祖也是共产党员，不知现在何处。当时通过《中国建设》杂志所联系的上海教育文化界人士相当广泛，在这方面的活动中出力较多的有张志让、李正文、宦乡、秦柳方等。张志让在解放以后任最高人民法院副院长，曾继续和我合作，举办《新建设》杂志。宦乡是共产党员，当时任《前线日报》总编辑，现在外交部工作。《前线日报》是顾祝同所办的，当时我任该报社董事。秦柳方是共产党员，听说现在北京工作，但久已和我没有联系。李正文是共产党员，当时在复旦大学当教授，积极参加《中国建设》杂志的活动，并经常和编辑部联系。1948年10月姚溱被国民党"军统"特务逮捕，《中国建设》编辑部被查抄，李正文和宦乡曾到我家里，推动我向"军统"特务作斗争，尽力营救姚溱。我找"军统"特务负责人刘方雄交涉，刘不仅不放姚溱，并且要我交出高祖文。我派人把高祖文送去香港，转往解放区。李正文同去香港。

不久，李正文从香港来上海，传达毛主席意旨，邀黄炎培去解放区。1949年春，李正文又从香港来上海，托我把黄派往浦东策应解放军事的人员名叫张云程的设法掩护和协助。我交“浦东地方建设公司”顾秉之、徐明辉办理其事，后来他们完成了任务。解放以后，李正文曾在高教部工作，和我久无联系。

《中建》杂志（北平版）方面，当时设编辑委员会，编辑委员有：费青、闻家泗、袁翰青、吴晗、郑昕、樊宏、费孝通、潘光旦、许德珩、雷洁琼、严景耀、张奚若等。这些朋友当时分别在北大、燕京、清华三个大学当教授，都是由费青介绍和我相识的。

当时“中国建设服务社”内部经常举行读书会、座谈会，参加的人基本上是社的各事业单位的人员，有时邀人讲话，被邀来讲话的有各方面人物，例如郭沫若、乔冠华、陈立夫也曾被邀来讲话。

(3) 从1949年夏到1969年夏——在党的领导下，学习、改造、工作

从1949年夏到1969年夏，我在党的领导下，学习、改造和工作，历时二十年。

在此期内，国内方面，中国革命推进到一个新的阶段，即由新民主主义革命阶段推进到社会主义革命阶段。国际方面，全世界革命人民反对帝修反的斗争的形势越来越好，社会主义的中国已经成为世界革命人民的坚强堡垒。在这个时期内，又可分为两个阶段：从1949年夏到1966年夏是第一阶段；从1966年秋到1969年夏是第二阶段。

(A) 从1949年夏到1966年夏，历时十七年。

我在这个时期内，一方面，在毛主席的阳光普照下，在革命形势的逼迫下，感到要重新学习，要真诚地接受社会主义改造；但另一方面，由于资产阶级立场和世界观根深蒂固，由于没有能够把毛泽东思想学到手，所以在学习、改造中没有得到应有的效果，在工作实践中往往没有能够按照毛主席的革命路线办事，辜负了党对我的教育和信任。

我于1949年5月来到北京。在北京一个多月，看到北京解放以后的新

气象，经过与党的领导人和进步人士分别交谈，我在政治思想上得到很大的启发，受到很大的教育。我开始认识到，我必须重新学习、改造，重新做人，必须丢掉一切旧东西，从头做起。

6月中旬，我回到上海。7月1日读到毛主席的伟大著作《论人民民主专政》。毛主席所论述先进的中国人寻找革命真理的过程，使我若有所悟。毛主席说："一切别的东西都试过了，都失败了。曾经留恋过别的东西的人们，有些人倒下去了，有些人觉悟过来了，有些人正在换脑筋。事变是发展得这样快，以致很多人感到突然，感到要重新学习。人们的这种心情是可以理解的，我们欢迎这种善良的要求重新学习的态度。"我决计立即丢掉一切旧东西，重新学习，从头做起。

我花了一年的时间，把我在上海和浦东所办文化事业和经济事业分别结束或交出，完全丢掉。我写信给周总理，报告了我的情况，希望得到重新学习和工作的机会。1950年秋，周总理在政务院会议上把我提出，任命我为政务院参事。那年8月，我来到政务院，在工作中重新学习和改造。

1950年7月，在我离开上海之前，华东军政委员会为准备华东土地改革，举行扩大会议。我在大会上发言，号召地主阶级的开明人士，背叛地主阶级，拥护土地改革。9月，我把我家所有土地执业证完全缴送主管机关。那年冬，我的家乡开始土地改革，大约由于我在政治上已经表明态度，在经济上多年以来我的主要生活来源已经不是土地剥削，而是工商业收入。地方上除了把我的土地依法没收分配外，没有把我当作一个地主向我清算。在土地改革完成以后，根据当时政务院《关于划分农村阶级成份的决定》中"其他成份兼地主者，在土地改革完成以后，即照其他成份待遇"的规定，地方上不把我当作一个地主对待。

1951年1月，黄炎培以政务院副总理名义去华东视察土地改革，政务院派我随同前往。在上海晤见松江区专员顾复生，得知我的家乡有人对我过去所办的一些事业以及和我有关的人所做的事有疑问和意见，我于回到北京以后写了一个书面材料寄去，根据实际情况作了解释，在土地改革和镇压反革命中，我的旧同事顾秉之、徐明辉为当地政府逮捕。我因顾徐二人解放以前在协助党的地下工作方面曾有积极表现，特向政务院反映，希望向华东方面联系。领导上命我去华东协助当地政府处理。后来徐明辉即获释放；顾秉之羁押较久，也不予处罪。

1951年10月，政协全国委员会组织"土地改革工作团"，我获批准参加了工作团，去广东省新会县工作。我在新会，在当地党的领导下学习、工作历七个月，与当地农民实行"三同"，在火热的阶级斗争中受到很大的教育，使我从思想上进一步同地主阶级决裂。1952年4月，在工作团做总结时，我写了一篇关于参加土地改革的体会，团的领导把它登载在团的刊物《收获》上。我当时对于接受改造的态度是真诚的。

1952年全国展开"三反""五反"运动。我因为过去所办的企业已经全都结束或交出，并且在当初经办时并无"五毒"行为或手续不清的地方，所以没有受到追查清算。我在解放以后，从来没有收过股息，从来没有受过"四马分肥"，从来没有领过定息，所以一直没有被当作资本家对待。

1955年冬，毛主席接见了民建、工商联两会部分人员。毛主席和我握手，并亲切地对我说："你还是一个文化人哩！"使我感到无上光荣，无上幸福。毛主席指示我们："要认识社会发展规律，掌握自己命运。"毛主席的教导是有深远意义的。但我当时对毛主席的教导是没有能够真正理解的。

1956年，我参加了民建机关内反对章乃器右派小集团的斗争。1956年冬到1957年1月，民建中常会和二中全会展开反对右派头子章乃器的斗争，当时我的态度也是积极的、坚定的。在1957年5月全国展开反对右派分子的斗争中，我在国务院、民建会和职教社三个方面同右派分子搏斗，我的劲头很大。但当时我反对右派分子主要是从反对坏人坏事出发的，不是从阶级斗争的观点出发的，因此，我在这场伟大的斗争中没有很好地受到阶级斗争的教育。当时我对于资产阶级作为一个阶级，不仅仅是少数右派分子，它同无产阶级之间的斗争永远是复辟反复辟的斗争，是没有认识的。

1958年，我参加了整风运动，对自己的政治思想问题作了一番检查。1960年5月，我到工厂参加劳动，与工人群众实行"三同"，历时半年。1961年秋，我到社会主义学院学习，历时一年。1964年春，我参加了两会组织的

“读书会”。1965 年冬和 1966 年春，我两次参加了全国政协组织的参观、学习“四清”运动的活动。十多年来，我对于一切有可能参加的有关社会主义教育的组织活动，我总是主动地、积极地争取参加的；但是，另一方面，由于自己的资产阶级立场和世界观根深蒂固，由于没有能够把毛泽东思想学到手，对于反革命修正主义路线不仅不加抵制，而且积极拥护，因此，在接受社会主义改造的过程中走了一段歧路。

从工作实践方面说，十多年来我也走了一段歧路。

（写于 1969 年 6 月）

我的七彩人生

夏全军　口述　苗青　整理

我叫夏全军，祖籍浙江奉化，1956 年 3 月 13 日出生在上海虹口区第二医院（后更名为虹口区妇幼保健院、衡山虹妇幼医院）。我出生这天，正好是农历二月初二，民间俗称“二月二，龙抬头”，是一个很好的兆头。在我已经走过的 66 个春秋里，既感受到了父母双亲的舐犊深情，也得到过良师益友的无私帮助；品尝过仕途跋涉的艰难坎坷，也沐浴过改革开放的旭日阳光！我感到自己的一生经历是丰富的，是多彩的，有必要记录下来，给自己留存一份生命档案。

一、少 年 篇

父亲教我做好人

我的父母都是浙江奉化人，也是本本分分的劳动人民。他们一共生育了四个孩子，我排行第二，前面有一个哥哥，后面有一个妹妹、一个弟弟。

我爷爷很早到上海讨生活，后来做外贸生意，成为一名掮客，按现在的说法是叫作买办，或代理商。他有两个太太，大太太生下两个女儿，都嫁给了有钱人。小太太生了三个孩子，一女二子，我的父亲就是这个太太生的最小的孩子。

父亲一出生就被祖母送到奉化寄养，吃了不少苦，成年后才回到上海，因此书读得少，学历低（喜欢下象棋）。他老实本分，常对我们兄弟姐妹说：字如其人，要我们每天写一张钢笔字。我哥哥有点小聪明，他把每个字写得很大，这样就可以少写一些。我比哥哥用功一些，每次都是老老实实地写，交给父亲检查，通过这样的练习，我把钢笔字练好了。

父亲工作单位是上海新沪钢铁厂。1959 年的一天，他在踏进厂的路上被两辆汽车撞了，直接昏迷过去，被送到第一人民医院救治。在医生帮他检查身体时，他决定要忍住疼痛，不叫出声来，以节省力气。主治医生看了他的伤势后，对旁边的医生说：这个人不行了，准备送太平间吧。父亲听到医生判他死刑了，急中生智地用尽力气发声，指给医生看自己内出血的地方。医生见状，马上安排开刀动手术，拿掉了两根肋骨，肠子被剪掉了一米多，保住了性命。当时，《解放日报》报道过这件事情，说我父亲是一个铁人，一时间成为上海滩上的新闻人物。术后伤养好，又生了我弟弟。由此可见，父亲是一个意志坚定的人，也是一个生命力非常顽强的人。

小时候全家福

父亲除了教我们文化知识，还教我们做人道理。他经常对我们说的一句话是：一个好孩子的标志，就是要老老实实做人，勤勤恳恳做事，走到马路上看见有倒在地上的东西，要记得扶起来，让大家好走路。这句话对我影响很大，在我后来的人生道路上，起到过非常关键的作用。

父亲是一个很严厉的人，由于受祖母的影响，父亲一度成为一名虔诚的基督徒。我们小时候住在东余杭路 917 号三层阁，现已动迁。父亲还带我们到东余杭路、丹徒路口的基督教堂做过礼拜，餐前都要做好祷告，才允许吃饭。“文化大革命”爆发后，才取消了这一习惯。后来在党的引导下，父亲加入了中国共产党，我们吃饭之前又恢复了做“祷告”的仪式，不过已改为敬祝毛主席万寿无疆了。父亲做事认真，脚踏实地，有坚定的意志品德，这种精神意志感召着我的一生。

母亲给我四条命

和父亲比起来，我的母亲读的书要多一些，高小文化水平，字写得很漂亮。在奉化农村搞土改结束后，和父亲结婚，再一起来上海工作，在上海生下了我。母亲在我小时候一直呵护着我，兄妹之间我是最让母亲操心的那一个。

我出生两个月时，有一天不知怎么昏厥了过去，母亲赶紧抱着我，跑了十几分钟赶去医院检查，经医生抢救才慢慢缓过来，救了我一条命。

我 8 岁时，住在石库门房子的三层阁上，放学后我顺着一根绳子慢慢爬上楼，爬到一半没力气了，母亲见状，感到不妙，一定要带我去医院检查，结果是急性肾炎。当天医院没有多余床位，医生让我们先回家休息，待有床位了，再通知我们。我就这样待在家里三个月，这三个月里，母亲不让我下床，大小便都在床上，坚持吃淡的食物，烧鸡蛋、鱼、肉给我吃，不断补充营养，把肾脏保护好了。等医院通知有床位了，再到医院检查指标，查出来的结果连医生都惊呆了，毛病没有了，连声称赞我母亲“了不起！了不起！”。

我 12 岁时，有一次半夜 3 点钟感到肚子疼，母亲问我大便有没有，我说没有。第二天母亲上班前问我还疼不疼，我说不疼了，她就让我在家休息，没去上学。她上班时还是惦记着这件事，上班到一半请假回家，叫我去看医生。可我说，已经不疼了，不用去看医生了。但我母亲坚持要去，结果我拧不过母亲，只能随母亲去医院了。

当时那位医生正在被批斗，批斗场上停下来帮我检查，通过指压法，我疼得跳起来，医生判断我是阑尾穿孔，要我母亲马上签字、开刀。他说，如果再晚来一点，阑尾会被穿孔，性命都保不住了。

由于年幼时期经历了三场大病，还动了手术，我的身体就比较虚弱，从此以后，我不大敢参加体育锻炼。以上就是母亲救回我三条命的故事。从中可见，她非常用心地关爱着自己的孩子，尽管当时没啥医疗常识，纯粹是对孩子的惦记、关心，坚定地带我到医院查个究竟，才救了我的命。所以，每次提到母亲，我总是心存感激感恩。

在我的记忆中，母亲是一个既善良又有能力的知性女性，在家庭外，作为里委调解干部，在处理邻里矛盾过程中，又相交了许多好朋友，与我们兄妹的同学之间都能打成一片。在家庭内，面对父亲这么大的工伤，还拖着分别为 5 岁、3 岁、1 岁的三个孩子，我真想象不出母亲是怎样渡过那个难关的。在我印象中，母亲面对困难，从没唉声叹气过，都能积极面对，乐观向上。这种既平和又坚毅的性格，深深地铭刻在我们兄妹的心灵深处。

青春岁月留校园

我在丹徒路第二小学开始念书，那是 1963 年 8 月，现在这所学校已经拆除了。一年级到三年级的学生生活还是正常的。1966 年，我读四年级时遇上“文化大革命”，上课时断时续。我哥哥去黑龙江大兴安岭林场工作了，留在上海的三个孩子中，我就是最大的了。

“文化大革命”对我们这样的普通家庭也有一定影响。我这个人从小关心时事政治，平时在弄堂口、马路上看见大人们聚在一起聊天、谈时事，也会好奇地凑上去“偷听”。闻名上海的上海柴油机厂当时分成两大造反派，一个是“革命造反联合司令部”（简称“联司”），另一个是“东方红战斗总部”（简称“东方红”），在福州路市公安局门口汇集。虽然我当时年纪很小，也曾去看过一次，现在还清楚地记得红旗招展，人山人海，好不热闹。

厂里的人要分派系，社会上也分成两派，有“支联站”，有工总司，这也影响到我们学校老师、同学的站队，我们班级里也是这个情况，由于我信奉中庸之道，在班级里人缘比较好，和两个派系的人都很要好，同学们也没什么反对。

1969 年 8 月，我小学毕业后，比较幸运，按居住地分配进虹口区的继光中学读初中。继光中学原是英国人开办的，叫麦伦中学，师资力量较强。在我的记忆中，始终忘不掉的是班主任黄玲美老师，她是1949年之前南开大学毕业的高才生，一直很关心我。也许是因为我的作文写得比较好，每次语文课上写作文，其他同学怕写，就在下面说话聊天，我总是很认真地完成，黄老师一直把我的作文当作范文，表扬我。

有一次，我放学后忘记做作文作业了，第二天早上5点钟醒来，忽然想起作业没做完，就在被窝里匆匆地把作文写完，连草稿都没有打就直接写，本来我是想交交差的，没想到这篇作文得到了黄老师的表扬，还推荐到全校，作了全校通报。这件事更增强了我的自信，在以后的工作中也把这个特长发挥出来了。八十年代初，共青团中央组织部编写了一本报告文学文集《飘扬吧火红的团旗》(黑龙江人民出版社1984年版)。从全国13个省市各选一篇入选，代表上海入选的文章就是我写的《他在全身心地"创作"》。审稿的时候，共青团中央书记处书记宋德福、共青团中央组织部组织处副处长姜大明在北京召开会议，团市委副书记许德明和我去参加。会上不点名地批评上海不重视这次选稿工作，原因是什么呢？其他省市选送文章的作者都是各地的笔杆子，比如《青年报》总编什么的，而我当时只是机电一局团委办公室主任，但上海团市委的领导支持我，最终还是选了我写的文章编入书中。

读初中时，任课老师中有一位姓蒋的男老师，思想有点左。他批评我不应该做一个老好人，还对其他同学说，"夏全军是量变到质变，总有一天要变"。这样说得次数多了，我有了一个绰号——"量变到质变"。毕业很多年后，我们同学去看望蒋老师，对他说，"你说人家夏全军'量变到质变'，人家没有变嘛！"

我从小就比较诚实，不说假话，不做虚伪的事情。1973年在继光中学光荣地成为一名共青团员。学校来动员我表态到农村去，到最艰苦的地方去，我就不想表这个虚态。那时候，很多人积极得很，纷纷向学校表态，要到农村去，到最艰苦的地方去，结果还是留在了上海。我就没有表态。因为当时有政策，多子女的家庭里，最大的孩子已经去插队的，其他孩子就不用去了。我想，既然有这个规定，我不就可以留在上海，照顾父母了吗？再报名去插队不是口是心非，做作虚伪了嘛?！但是我们老师逼着我，必须在家长会上表态，我为了顾全大局，只得表态说：愿意服从组织分配，叫我到农村去我就去。这是违心的话，事实上，最后我也没有去农村插队，而是被分配到了上海工矿企业。

从小学到中学，我读书一直很好。我父亲就告诫我千万不要骄傲，总是提醒我"骄傲使人退步，虚心使人进步"。一个原因是我大哥读到小学两年级以后，学习大退步了。于是我在心里暗暗地下了决心，要保持"好好学习，天天向上"的劲头，争取用优异的成绩来激励自己做一个出色的人。

1973年11月，我初中毕业了，被分配到了上海柴油机厂工作，开始了我的工人生涯。

年轻时向往成为一名海军战士

二、奋 斗 篇

初进工厂生迷茫

我17岁走进上海柴油机厂工作。上海柴油机厂位于黄浦江畔，与王洪文造反起家的上海国棉十七厂南北相对，是一个具有几十年历史的、全国一流的现代化工厂，有职工一万人之多。

我没有想到，自己工作进厂的第一天，就被带到大礼堂开会，三四百人一起看王洪文带头砸“联司”的电影片子。当时“联司”已经被打倒了，他们的带头人被关进了监狱。上柴厂掌权的是清一色“东方红”干部。

刚进厂时，我们300多人分成十个人一组，我是组长，整理防空洞。由于表现得好，再分配时，我被分配到后勤食堂当厨师，我当时一直想当技术工人的，认为那样才光荣，做厨师没什么出息。所以，我回到家和母亲说了自己是做厨师工作，母亲说了句：“大门走对了，小门走错了。”

后来工作了才知道，那个年代阶级斗争观念很强，要将成分好、优秀的学生分在食堂工作，这样对全厂职工负责。因为只有出身成分好的人才能到食堂工作，而且能够锻炼人掌握一门实用的手艺。我在食堂被分到点心组，工作时间是晚上12点到早上7点，还有早上5点到下午2点，两班倒。薪酬是17.84元一个月，一年满师后，增加到36元。

我人生中第一个师傅，是山东人，叫黄成银，现已90多岁了，逢年过节我还经常去拜访他老人家。由于作息时间原因，我们都睡在厂里，一周回家一次。

转眼一年就过去了。学徒工转正的时候，后勤党支部要开会评比的，当着当事人面进行批评或表扬。我那届的食堂里有七八个学徒工，开了几次座谈会，轮到评我的时候会场内表扬声、爆笑声一阵接着一阵，老师傅都说我工作态度积极，工作表现好。我想，这和我父亲教给我的做人道理有关系，父母没有教我趋炎附势往上爬，就是叫我老老实实做人，勤勤恳恳做事。平时工作中，我都是主动打扫卫生，整理工作环境的，这给食堂老师傅们留下了很好印象，关键时候都帮我说话。

小小年纪担重任

不久，食堂的团支部进行改选，准备增补两名团支部委员。我幸运地当上了团支部委员，并且还被选定临时召集人(团支部书记)。另一个女委员是中学红团团长，我本来想召集人肯定是选她当的，没想到结果是让我当了。党支部书记让我表态，我一点没有思想准备，足足憋了好几分钟，紧张

和上海柴油机厂膳食科同事合影(前排左二)

得说不出一句话来。

还有一件事没想到。1975 年 3 月的一天早上 8 点钟,我下班洗澡后躺在宿舍床上读《红楼梦》。这时从外面走进来一位同志,后来才知道他是后勤最高领导、党总支书记,因为我们的宿舍和后勤行政办公楼贴隔壁。他走进来看到我,问我:你在看什么书啊?我就和他聊了几句。

同年 6 月份,团总支改选,要增选两个委员。一个叫江洪,他爸爸是有名的老干部、某厂的党委书记,很有背景;一个就是我。后来党总支副书记找我,决定任命我为团总支书记。他告诉我说,讨论团总支书记人选时,是党总支书记发言,建议由我担任。原来他就是到我宿舍看见我读《红楼梦》的那位同志。

1975 年 9 月,厂团委增补团委委员时,我又幸运地被增补上。紧接着,我提交了入党申请书,党组织本来在 1976 年就准备报批我入党。没想到,就在这个时候开始了粉碎“四人帮”的运动,上海柴油机厂是重灾区,党组织决定三年内停止发展党员，我的入党步伐被迫暂停。

人生幸有贵人帮

1967年发生的上海“工总司”围攻上柴厂“联司”的“八·四事件”过后，上柴厂全部是“东方红”当道。粉碎“四人帮”后，“联司”获得平反，在上海文化广场召开了全市范围的平反大会。“联司”司令杨仲池在监狱里洗了八年冷水浴，这次也获得平反，原来的“联司”队员们都去迎接他出狱。

我1973年进厂时，“联司”已经被打倒了，厂里的各级领导都是“东方红”的人，提拔我的也都是“东方红”。现在“联司”翻身了，一些原来被打压的干部，也得到了提拔重用。市里派工作队进厂查谁是打、砸、抢的干将，难免有些害怕，现要面对“两派”的不同干部。所幸，我遇到了生命中的一位贵人。

这位贵人名叫朱湘才，可以说是我政治生命中第一位导师。他是一位部队转业干部，担任过王少艾(陈毅元帅的妹夫、原苏州军分区司令)的勤务员。市里组成的审查小组来查朱湘才的“文革”表现材料时，没有查到什么有用信息，很是恼火，就说他不老实。当时我也是审查小组的成员，由于我内心反对派系争斗，又尊敬老同志，所以我帮了朱湘才一个忙，帮他写了一份检查交差，在审查小组领导面前过了关。不久，市里审查小组的成员自己也接受审查，是陈丕显专案小组成员。这件事，被朱湘才记在心里了。所以有了几年后，他给我帮忙。

1979年4月，上海柴油机厂在粉碎“四人帮”后，第一批发展了11名党员。朱湘才是我们科室的党支部书记，陈瑞娣、沈逸民两位同志介绍我入党，使我成了十一分之一，开始了预备期。这个时候，我的工作忙的时候在食堂干活，空的时候到办公室做党务。1980年4月按期转正，我成了一名光荣的共产党员。

在此期间，上海柴油机厂团委搞了一个团的工作竞赛活动，准备了8面流动红旗，一个季度评选一次优秀团支部，并给予奖励。当时，全厂有50多个团支部。我当团支部书记时拿到过3面流动红旗，一直是先进团支部的代表。

不久，厂团委点名让我去厂团委工作。当时我们厂的政治部主任是蒋以任，他来我所在的部门准备调我去团委工作，朱湘才为我考虑，建议我不要去，我们后勤也要培养中青年干部，除非是提拔为厂团委副书记，否则继续留在后勤党支部。他还安排我去和平饭店、扬州饭店实习。由于他只同意借调我到厂团委工作，所以我的关系还是在膳食科党支部。

借调到厂团委工作期间，正巧遇到厂里青年中出了两件大事。一件是一位女青年与有夫之妇谈情说爱，未成后，口服硝酸自尽。另一件是一位男青年因赌博，在车间里浇上汽油点火自尽未果。这两件事情发生后，我分别写了两篇调查报告，在全厂青年中分别开展了一次“如何选择正确的恋爱观及青年应该树立怎样正确的人生观”的大讨论，起到了很好的效果。得到了厂党委和局团委高度的认可。一年后，厂党委组织部正式任命我为厂团委副书记，并将组织关系转到了厂团委。

1981年召开了上海柴油机厂第六届团代会，选出了新的一届厂团委的工作班子，团委书记宋志昇，我为团委副书记，工作班子有韩华海、朱娅莉、

1980年1月，共青团上海柴油机厂第六届委员会合影（后排左一）

毛建生，我调局团委工作，后由吴伟年接替我为厂团委副书记。此事已经过去了四十多年，我们这6个人分别建立了家庭，关系一直很好，相聚从未间断过。

奋斗途中获荣誉

从1973年11月进厂，到1981年11月调任厂团委副书记，整整八年的打拼，我几乎与外界隔绝，住在厂里，每周回家一次探望父母，在食堂全职工作整整一年。后担任了团支书、团总支书记后就半脱产。忙的时候在食堂挑最重最脏的活干，下班后到办公室做青年工作，受到了群众和领导的一致好评，各种荣誉纷至沓来。厂里历年的先进工作者、厂团委优秀团干部，最值得骄傲的是从上海市汽拖公司党委获颁的优秀党员，分别在1978、1981年两年度被机电一局团委授予新长征突击手的荣誉称号。

特别是1978年的那一次，机电一局十万团员青年，只有32人获此荣誉，当时挑选的都是技术尖子，走在时间前面的人，而我的岗位是后勤食堂，又是做后勤青年转化工作的团干部。评审时还引发了一些争议，最终还是把这份荣誉颁给了我，我也是非常珍惜。获得新长征突击手称号以后，当选人要派代表写一份倡议书并在大会上发言，由于我能讲会写，就包办了下来。在全局召开的大会上，我代表获奖人发言，在全局团员青年范围里露了脸。

三、家 庭 篇

一见倾心遇佳人

我和我的太太叶慧敏是在工作中认识的，最后牵手结婚，其中经历了一番曲折的过程。

1975年，我担任上柴厂后勤团支部书记。小叶是1976年到后勤食堂工作的，她1958年出生，比我小两岁，原籍浙江湖州，也是一名共青团员，积极要求上进。那个时候，所有新人进厂后都要接受培训，我就这样成了她团工作的领导人。

当时厂里有规定，不满师不能谈恋爱，团干部要做晚恋模范。在她满师的时候，我已经对她产生了好感。怎么向她表白呢？我决定通过写情书这一传统的方式。我动用了一点自己的职务特权，查到了她的家庭住址，给她寄去了第一封情书。寄出去以后，心里忐忑不安，不知道她会有什么反应。

第二天上班后，我们两人见面还是照常打招呼，像没事人一样。虽然我的内心充满期待，但是外表上没有表现出来，只有耐心地等待。第二个星期，我收到小叶的回信了，她在信中也表达了对我的好感，于是我们开始了鸿雁交往，通过一封封书信交流情感，分享快乐。

那个年代，国家倡导晚婚晚育，男的 27 岁，女的 25 岁，领导干部要带头执行。我和小叶都还年轻，我作为团干部必须服从这一规定。因此，我们两人通信了一年多，就像搞地下工作一样。现在说出来恐怕没有人肯相信，我们谈朋友谈了三年，连手都没碰过。

好事多磨结良缘

俗话说好事多磨，我和小叶的恋爱之路也遇到了几个变故。

第一个变故发生在小叶的工作变动上。她叔叔的一个同学，是我们厂技术科科长，想把她从食堂调到技术科工作。朱湘才知道后，不同意放人，并对我说，你还年轻，不懂的。我和老朱说，你放人吧，如果小叶离开食堂去别处工作，以后不和我谈朋友了，我也不怪你。见我这么说，老朱就同意放人了，于是小叶调离食堂，到中试室做了一名化验工。

第二个变故来自小叶的父亲。她父亲是华东电管局的一名技术干部，在他心目中，一直认为政工干部不可靠，不希望女儿和一个政工干部谈恋爱，还让她和我中断交往。小叶拗不过父命，就和我断了关系。

于是，我和小叶一年多没有再联系了。其他厂团委书记关心我，为我抱不平，叫我到他厂里车间去走一圈，看中的告诉他。还有一些人“乘虚而入”，想要给我介绍女朋友，都被我婉言谢绝了。因为我心里始终忘不掉小叶这个好姑娘。

一次，厂里一位老同志给我介绍女朋友，我推脱不了，约定了一天要到他家里碰头。没想到见面的那天早上我收到了小叶的来信,她约我在和平公园见面。这可把我高兴坏了,但是要怎么和老同志说呢?当天上午,我先到老同志家,把情况向他作了说明,他非常理解我的心情,让我先和他介绍给我的女同志见面。坐了一会以后,我打招呼先行告辞,跑去和平公园和小叶见面。有了这次见面,我确定她已经说服了他父亲回心转意。那是1981年,我和小叶恢复了恋爱关系,我的幸福要来了。

1982年4月27日,我和叶慧敏在上海市杨浦区民政局领到了神圣的结婚证书。1983年5月,在和平饭店办了五桌喜宴,每桌花费60元。婚宴后,我俩就从上海出发,前往庐山、黄山、南京、无锡度蜜月去了。1985年6月29日,喜添儿子,取名夏劼楠。

夏全军(后排右二)和妻子叶慧敏(后排右一)同父母、兄妹合影

婚后,我们是和岳父母住一起的。岳父看到我在机电一局团委工作,每天上班,晚上自学,有时候为了复习迎考,经常弄到深夜一两点钟才休息。后来,岳父大人终于说出了一句真心话:“小夏,也真不容易啊!”

四、仕途篇

跟紧组织做表率

自从担任了厂团委副书记后，我的眼界扩大了，从后勤到全厂，从全厂进而扩大至整个机电一局，局团委经常会召开各公司及直属大厂团委书记会议。有一次，参加各公司及大厂团委书记例会，当讨论还要不要学雷锋时，有的人认为，现在搞改革开放，一切以市场为标准，年轻人都向“钱”看，学雷锋过时了。我的观点与之不同，在改革开放的年代里，更要坚持学雷锋。于是和否定的一方据理力争，成了关键的少数，从而和局团委始终保持一致。

1982 年 4 月份植树节，机电一局团委发动全局 10 万团员青年赴共青苗圃植树造林，将黄浦江边的滩涂地改造成了沪上首家国家级森林公园。共青苗圃恰在上海柴油机厂旁边，机电一局团委任命我为现场总指挥。我进驻苗圃，天天迎着朝阳，接待来自彭浦地区、军工路附近及闵行地区重工业基地的团员青年。他们搭乘着有帐篷的卡车，风尘仆仆，赶到共青苗圃。我和苗圃的团支部书记沈建平安排他们的工作。工具不够，我回厂里的后勤科室借。有些公司团委干部未带干粮，我到厂里食堂和师傅们商量，做些馒头和烧饼送过去。这是我的优势，我是从后勤出来的，一路畅通。

下午，在晚霞中目送着各个公司、直属厂团委的卡车回原单位。前后足足一个月，顺利地完成了局团委交给我的任务。

此时此刻，我对自己的工作能力愈发有了自信，我心里暗暗地有了一个想法：这里（上海柴油机厂团委）不是我待的地方，有机会要去更大的平台展示自己的才华。

想法决定做法，正是因为有了政治上向上走的意愿，此后我抓住每一次机会，在局里开会，我抢着发言；接到局团委的工作任务，我高效完成。就这样，一步步筑牢自己的政治基础。

刻苦自学不掉队

1982年6月26日，我和薛潮（上海锅炉厂团委副书记）一起被借调到上海市机电一局团委，筹备机电一局第二届团代会，薛潮准备工作报告，我和张平、孙建平带领一批年龄小的团干部下基层跑公司，走进直属大厂收集材料，准备大会发言稿。

1982年10月，团代会胜利闭幕后，我留在了局团委，成为局团委常委、办公室主任。1984年12月后又担任了局团委的组织部长。当时机电一局第二届团代会工作班子是：局团委书记茅明贵（后历任长宁区委书记、徐汇区委书记），局团委副书记有李梅（后任市纪委副书记）、范希平（后任市政府副秘书长）、李毓毅（历任市体育局局长、市总工会副主席、全国足协主席）、薛潮（后任市人大常委会副主任），组织部部长方国宪，宣传部部长张平，办公室还有一名干将孙建平（后历任松江区区长、虹口区委书记、静安区委书记）。

当时，我们这帮年轻人，虽然人在高层机关，但对自己的前途还是比较担忧的，因为在那个年代，干部已经有学历的要求了。因此，机电一局干部处和局团委一起，与上海教育学院联系，开了一个复习班，参加全国自学考试。1983年8月，我参加了中文系自学考试，工作学习两不误。这件事说起来简单做起来难。因为一年内只有考两次，每次考试的科目内容还不一样，如果想要顺利拿到毕业证书，必须保证每门科目一考通过。特别是古代汉语、古代文学史，读起来就像是读天书，还好我们这批人文字功底都还不错，我只用了一年半的时间就把九门单科考试全部过关结业，拿到了大专文凭。现在回想起来，那段日子我爱人刚生了儿子，我白天工作，晚上复习，三口之家挤在十平米房间，真的很辛苦，但是很值得。

敏锐眼光显特长

自1982年6月到机电一局团委，到1985年的三年间，我的主要工作就是编写简报，培训和培养基层团干部。这三年中写了不少报道文章，有多篇文章在团市委受到表扬，在修改稿子和大会交流中，与团市委领导直接交流和沟通过的有团市委副书记岑富荣、范希平、李敏、许德明，得到了他们的认可和赞扬。其中有两篇文章记忆犹新。

一篇文章是《对新长征突击手活动开展的调查报告》。当时为了写这篇文章，我带领一批小年龄团干部到基层团组织开展广泛的调查，并通过问卷形式，掌握了大量资料后，精心谋篇布局写成这篇文章。在文章里，我既肯定了新长征突击手活动的作用和必要性，也分析出了新长征突击手活动的局限性和名称使用的问题，当时提出是“跟着华国锋进行新的长征”。文章被送达到团中央后，被采纳及表扬。然而，令人意想不到的是，上海电台在内参中提到这篇文章时，单单突出了问题，对肯定的内容一字不讲，引起了团中央高层的重视，认为此篇文章否定了新长征突击手活动。我们专程去上海电台申诉，经过调查，上海电台承认了工作不当，向机电一局团委道了歉。此事着实让我吓出一身冷汗。

另一篇是报告文学《他在全身心地“创作”》，被收录在共青团中央组织编写的《飘扬吧火红的团旗》一书里。当时我爱人正怀孕，又赶上自学考试临考期间，我推了几次推不掉。团市委副书记许德明坚持让我参加编写，无奈只好接受。我到上海南洋电机厂团委，召开了十几次座谈会，并同刘登成同志共同生活，吃住在一起三天，挖掘素材，最终写成了一篇像样的报告文学。

后来，团市委要调我去工作，被我婉拒了。我的内心深处一直有一个“宁为鸡头，不做凤尾”的想法，认为自己更适合待在基层工作，坚决不去团市委。即使李梅书记劝我：不要贪小失大，我也没有改变初衷。

转行跨入工会

1985 年 8 月，我离开了局团委，局干部处安排我去北京参加全国总工会举办的第二期工会领导干部培训班，培训地点在中国工运学院，从 8 月到 12 月份，在那里待了小半年，顺利结业。

那时，我儿子出生刚满月不久。参加培训班期间，第一机电工业局在 10 月份召开了第一次工会代表大会，我作为缺席代表参加了，并当选为工会常委、机电工会组织部长。所以，从北京回来后，我就在机电工会上班了。

工会工作时我遇到了人生中又一个贵人——工会主席秦关生。老秦是一个老革命，人生经历非常坎坷。1952年，他到团中央学习，被打成托派，历史反革命；1957年，被打为“右派”；1966年，被打为“现行反革命”。一共戴了三顶帽子，直到1983年后才被平反，落实政策；1985年，当机电工会主席，享受副局级待遇。

我担任局工会组织部长后，不到两个月，就写出了两篇很有质量的稿子，它们的命运都和老秦有关系。当时上海总工会开展创建职工之家的活动，我写了一篇文章，大意要把职工之家建成温暖之家、政治之家、职工信赖之家。文章送到工会办公室，被工会副主席看中了，竟然署了他的名字发表了，这让我非常生气，但又不好发作，内心很是憋屈。这时，老秦跑来安慰我说：你的这篇文章我看过，在我心里真正的作者是你！他的这番话，让我得到一点释怀。

第二篇写的是一篇调查报告《工会干部的烦恼》。为了写好这篇文章，我带领组织部的同志一起下基层工会做访谈、搞调查，材料真实，素材丰富。老秦读了以后很满意，他建议我在发表前，再以机电局工会组织部名义下发到基层单位，征求一下意见。正当我准备按老秦建议去做的时候，工会办公室主任却提前把我的文章发给了市总工会及全国总工会。

不久，老秦到天津参加全国总工会会议，有人握着他的手对他说：你们上海机电工会这次扬名了！这话让老秦丈二和尚摸不着头脑，一打听才知道，我的文章得到总工会主席倪志福、副主席罗干同志的批示。老秦带着这么大的一个喜讯回到上海，不动声色地召开了一次工会办公会议。在会上，他首先很严肃地问：夏全军的文章是谁发出去的？大家都不清楚发生了什么事情，是好事还是坏事。我自己当时也不知道是谁把我的文章发出去的。办公室主任自己承认了。我当时又吓出了一身冷汗，我想在局团委发生的事情难道又要在工会重演吗？

老秦接着说：小夏做了一件大好事！他的文章得到全国总工会领导们的认可和好评，我们要向他表示祝贺！工会的同志们都来和我握手，向我道喜。这时，我还怯生生地问老秦：文章还要进一步修改吗？他笑着对我说：你已经完成了历史使命。

1989 年 2 月，机电工会召开第二届工代会，要选新的领导班子。这次选举的总基调是干部年龄层次要均衡，50、40、30 岁都要有。大家都朝我看，因为局 80 多个下属单位里 30 多岁的工会干部就我一个。在推选工会副主席的时候，经过无记名投票，我得到了 21 票，其他人都是个位数票，毫无争议地当选局工会副主席的候选人。当时我只有 34 岁，若当选的话，是全市最年轻的工会副主席。

但后来发生的一场意外，使我未能如愿。工代会后，基层工会主席大家议论纷纷，新的工会副主席，怎么 30 多岁变 40 多岁了，短头发变长头发了?!

五、留 学 篇

1989 年发生了一件事，把我推向了国外，给我的人生带来了一次重大的转折。我也做出了出国自费留学的决定。

那个时候，很多人出国是因为仕途不顺，而仕途发展顺利的我要出国，让很多人觉得不可思议。曾任上海市妇联主任的孟燕堃，当时是机电局办公室主任，有一天她在单位里碰见我，对我说：小夏你放弃了一条铺满鲜花的道路，选择了一条充满荆棘的小路，如果一旦成功了，你会是另外一种心境。这句话给我带来了很大动力，激励了我在澳大利亚的日日夜夜。

临行送别吐真言

老秦知道我要出国的消息后，再一次站在我这一边，他认为我出去以后会有广阔的前途，支持我的决定。于是，我按照办理出国留学手续程序，先把保证金和学费寄到澳大利亚，在等待签证的日子里，老秦依然保留了我在工会里的工作岗位，而其他单位的很多人早早被单位解除了劳动关系，由此可见，这位贵人多么地信任我。

1989 年 11 月，我收到了澳方的签证。第一时间就打电话给老秦，此前从来没有来过我家的老秦，当天晚上就到我家里来送行。

机电局的一些领导、同事也设宴为我饯行。他们和我开玩笑说，到了国外过上好日子以后，不要忘记老同事哦！我哈哈一笑，也说了一句话：万一我出国后混得不怎么样，再回来的时候，希望这里还有一两个人会记得我。我回国后，就万事俱备了。这次去澳大利亚就是“赌一记”，三年内能落脚，就留下；三年内搞不定，我就回国。确实，那时出国对我来说就是踏上一段前途未卜的旅程，两眼一抹黑地向前闯。

1989 年 12 月 22 日，我登上了出国的航班，从上海飞到香港转机前往澳大利亚。

“洋插队”的苦与乐

我到澳大利亚留学，先要给悉尼的一所大学汇去 5 200 澳元，其中 2 600 元是学费，2 600 元是生活费。到澳大利亚后，学校会把生活费提出给我使用，学费则被直接扣除。很多人到了澳大利亚，就停止缴学费，全部拿来作为生活费，先找工作。如果找不着工作，2 600 元生活费用光，就只好回国。

当我决定要出国后，得到一位朋友的帮助，他给了我 5 000 马克，让我把学费和生活费全都解决了。由于我曾在上柴厂的食堂工作过，并且在和平饭店、扬州饭店实习过，掌握了一门烹饪手艺，有厨师证。我在悉尼的一家餐馆找到了稳定的工作，周薪能拿到 400 澳元，折合人民币 2 400 元，一周的收入超过了我在国内的全年收入，真是天壤之别。就这样，我在澳大利亚站稳了脚跟。

在澳大利亚的三年，让我尝到了“洋插队”的酸甜苦辣。和劳作之苦相比，更加让人难捱的是心灵之苦。在国内，我多少享受一点当干部的光荣和特权。出国以后，没人认识你，就是身体不舒服发高烧了，还得要去餐馆厨房上班烧菜，忍受老板的欺负，伙计的排挤，打落牙齿也只能往肚子里吞。事到临头方知难，我整天在厨房打工，连语言关都没有过，怎么立足啊?!

1991 年，朱镕基作为上海市市长出国访问，得到很多国外政界的隆重接待，他也访问过澳大利亚，我从媒体上看到铺天盖地的报道，让我预感到国际上对中国的封锁终会慢慢解除，这是不是会影响我自己未来的发展呢？当年我出国时，党组织关系仍然保留在国内，我每半年都要向机电一局机关党委写思想汇报，寄回上海。

牵挂家人想回国

有些朋友从国内传消息给我，上海这边改革开放的形势越来越好了，劝我回国。这是促使我决定回国的一个因素。还有一个因素，是我对家里妻儿的牵挂。

和我一起出国的很多上海人中，有不少是机关干部、企业领导，这些人到了国外以后走得很近，形成了一个圈子，有的人还走到了一起，把留守男士、留守女士永远丢在了上海。我妻子得知了这种情况后，在电话里聊起来，问我有没有这种事？我对她说，我没有，因为我没有这种可能。别人在做人，我是在做鬼啊。为什么这么说呢？因为我在澳大利亚的中餐馆打工做厨师，都是晚上上班的，不就是做鬼嘛！双休日也不能休息，整日忙得要死，哪里有时间去认识别的女人。可是，我知道她是不放心，我自己也很想回国。

我出国的时候，儿子夏劼楠只有 4 岁，在总工会幼儿园上学，三年过去，他已经读小学了。我想，如果再不回国，儿子都不认识我了。

于是，一个回国的念头在脑海中萌生，出国是一种艰难的选择，回国同样是一种艰难的选择。经过反复的激烈的思想斗争，为了保全家庭，我决定还是回国去。

六、经 商 篇

加盟迅达做销售

1992 年 10 月，我离开澳大利亚，回到了上海。

回上海后，第一件事就向机电一局机关党委报到，并交纳了三年来的党费，恢复了党员关系，因私留学回国的人中间，恢复党员关系的并不多。

我有一个朋友蒋苏平，在市委组织部待过，做过市国资办秘书长。当时，他负责浦东新区处级干部的招聘，叫我报名参加。听上去是一个挺不错的工作，可是我从内心来讲，我出去之前本身就是公务员，好马不吃回头草，我已经漂洋过海，何不顺势而为之，直接下海去经商。我放弃了这次机会。

后来我向原机电局的一位好朋友征求意见，这位朋友给了我三条建议：上策自己做生意，中策进一家单位去创业，下策是他帮我介绍单位。我选择了中策。就这样，我就回到机电局，加入局下属的迅达电梯有限公司，并把党员的组织关系也转入了迅达公司。

在迅达公司我遇到了生命中的第四个恩人李广祥。他是迅达公司的党委书记，他主动打电话给我，欢迎我到迅达公司工作。事后，李书记和我讲，1989 年我办理出国的那段时间，老秦和他关照过，如果夏全军出国批不下来，就到迅达公司来过渡。没想到，兜兜转转一圈以后，我还真的来这里工作了。

闯荡北海做生意

我在迅达电梯三产做销售，担任中层干部，同时自己在外面注册成立了一个销售电梯的公司，开始认真做生意。1993 年，李广祥把迅达业务做到广西北海，邀请我一起去，在那里成立了一家海海机电设备工程公司，主要配合迅达公司在北海的分公司销售电梯，另外还帮助开利公司在北海推广开利空调。我花了 8 万元举办了一场招商会，请来了北海市副市长、合众开利公司老总，场面很大。

在经商的道路上，我交了很多学费。虽然我的人脉比较广，但是对于做生意的具体操作情况不熟悉，很多人不看好我的前景，认为一个政工干部是做不来生意的。

一天，有个人来公司，叫我帮他一个忙，陪他去谈一笔生意。他是江苏人，名字我忘记了，貌不惊人，公司其他员工不理他，我还是热情接待了他。事后证明，我的这份热情没有白费。那时候，海海公司的附近就是北海市供电局，他要我陪他去供电局谈生意，我就陪他去了。没想到，见面的是供电局负责工程的副局长，问我是干什么的，我就说是销售开利空调的，那人说我们这里用的就是合众开利空调，还问我办事处在哪里，我说就在附近。就这样，我们两人谈得很投机，最后谈成了一单价值 300 多万元的生意，这是我的公司成立以来做成的第一单，可谓一炮打响，让很多觉得我是政工干部做不来生意的人闭了嘴。

第一单开了个好头，起到了广告效应。北海当地人觉得被供电局选中的供应商可以信赖。我向所有买家承诺，我们公司提供的是上海技术、上海工人、上海服务，逐渐地打开了市场。我做到过700多万的大单，是当时北海市中心最大的启东商城，由此我在北海挖到了第一桶金。

商海浮沉品得失

北海市不大，市区只有二十几万人，是副总理谷牧亲点的沿海14个开发城市之一，沿着海岸开发，请了新加坡商人杨恒利来投资。然而好景不长，1993年就出现了房地产泡沫，由于没有后续资金，当地房价从每平方米1万元跌到1 000多元，形成了大量烂尾楼工程，北海的发展一下子冷了下来。

看到北海的形势一天天变差，我马上决定撤退，回上海去。当时我在北海花了50多万买过一套房子。等我要离开的时候，40多万也卖不掉，我就放着。后来房价涨了，80万、90万，到了2012年，150万把房子卖掉，这可以说是无心插柳柳成荫，北海之行带给我的也不全都是失望。

回到上海后，我继续做电梯销售，一度曾做到了迅达电梯销售前五名的业绩。通过北海三年的经商历练，我愈加清楚了自己的擅长和短板。我知道自己面子薄，没办法厚着脸皮去追客户，单纯依赖个人关系而不懂把握市场规律，不会反复求人、盯人、讨好人，也不会坑蒙拐骗。依靠人托人，就容易上当被骗，在山东被骗掉5万元，在重庆也被骗掉5万元。在不断地挫败下，我开始对承接工程生意失去了信心。

另辟天地走新路

2001年，有一个朋友拉我去听了一堂安利营销课。安利是一家世界知名的大型日用消费品生产及销售商，1992年正式进入中国内地市场，1998年，安利(中国)经国家批准采用"店铺销售加雇佣推销员"的方式转型经营。我从2002年开始做安利的兼职营销员。

朋友说我能屈能伸，其实我是被安利公司培训人员的一句话打动了，他说：经商就是在马路上也能做，不需要靠人脉，在安利做销售，没有外面公司那么复杂。这句话被我听进去了。慢慢地我把其他生意逐个退掉，集中精力销售安利产品，做出了一点成绩。最高做到了高级营销经理，我和爱人双双获得豪华邮轮赴台湾的旅游奖励。2006年，安利（中国）全公司投票评比，我获颁了一个阳光奖，这个奖是专门表彰热心做公益的安利人，全国只有10名获奖人，上海2名。

2001年到2008年，我整整七年时间从事着安利直销行业，从中得到的两大收获长期影响着我的人生。一是投资观念的转变，种树的时候是辛苦的，但一旦树成材了，你将终身享用。同理，我就思考着一个问题，当你老了，做不动了，还能有收入，那就得投资不动产，以收取租金增加养老收入。二是健康观念的转变，在从事安利销售的过程中，我接受了安利营养师的培训，不断讲解健康观念，人体本身的营养学的需求等等。我改掉了许多经商时留下的不良生活习惯。从事安利工作只有短短的七年，但得到了两大收获，终身受益。

我上班时从事的是食堂工作，到澳大利亚又在酒店厨房打工，在我心里有一种情结，总想尝试开一家餐厅。1999年，经一个朋友介绍，我在江苏昆山买过一套400多平米的九开间门面房，位置在一条小河的边上，原来是村民委员会的办公室，离昆山市政府两三公里路。一开始是5 000元一年租给我，我投入四五十万装修开饭店。饭店开张的那天，我邀请附近的孤老来做客，打打名气。当时的昆山经济形势没有现在好，一些单位的人来吃饭不付钱，只签单，是当时昆山的常态，弄得我很头疼。没办法，我就再花10万元买下这间饭店，交税，办下了房产证。买下房子以后，租给别人开了一家南极浴室旅馆，我是法人，和旅馆老板签了承包协议，每年收5万元租金，至今已有20多年了。这个不动产，只能留给儿子去处置了。

2011年10月，我有一个在澳大利亚认识的朋友，在锦江乐园旁边开了一家江南美景大酒店，可同时容纳1 000人就餐，三楼有30多个豪华包厢。他叫我去帮他管理酒店，给我的头衔是营销总监，开出的年薪20万到30万。但我只在厨房做过，大型餐厅从未涉足。我再三推辞，他还是坚持要我去帮他。由于离家较远，他还配给了我一辆轿车。赶鸭子上架，硬是接手下来。

我对内抓员工凝聚力工程，对外抓营销队伍建设，也利用当年机电一局工作时服务便利，联络了闵行地区大型企业领导，一度将江南美景大酒店搞得红红火火，每到周末，高端豪华包厢全部订完。

到 2013 年底，中共中央“八项规定”出台，严厉打击了吃喝风。开始我们认为，一阵风总会吹过去的，但没想到，一直没停，彻底扭转了党内、企事业机关的腐败吃喝风。于是，我在 2014 年主动请辞，回家带孙女。

通过二十多年的经商活动，我遇到了各种各样的人，增长了见识，历练了心智，也认清了自己的本心，那些违背自己本性意志的事情，我是不会再去做了。

七、党 建 篇

加入“两新”党组织

1997 年至今，我一直在杨浦区四平路街道义务做党建工作。特别是 2004 年开展先进性教育期间，我将四海党总支的工作经验传遍整个杨浦区。

1995 年左右，李广祥要调动工作，我也从迅达公司辞职，不拿工资开始单干。辞职以后，我的党组织关系放在口袋里整整两年。1997 年转到居住地四平路街道四海党支部。当时，随着经济社会结构的深刻变化，中国出现了新经济组织和新社会组织，被简称为“两新”组织，全上海几乎每个街道都有“两新”党组织。我们四平路街道在 1993 年就成立了四海党支部，最多的时候有 100 多名党员，其成员由三部分人组成，1/3 是经商的工商业者，1/3 是民营企业里的高管白领，1/3 是年纪轻的下岗人员。像这样的党组织，全市每个街道都有一个。

此后，每月 10 日，是我们的组织生活日。一次组织生活内容，畅谈入党后的人生经历，在会上我动情地说：为了入党，我苦苦等待了三年，每半年向党组织递交一次思想汇报。改革开放后，我漂洋过海三年，回国后忙于经商，已有好长时间未过党的组织生活了，有一种回家的感觉。

2001年,党支部改选,我被大家推选为党支部副书记,业余义务开展党建工作。我们发动党员捐款,百来名党员共捐款8万余元,帮助党支部内的困难党员,主动与居民区党支部结对子,慰问老党员,并主动为云南迪庆边陲大山里的孩子捐款5万元,上海《解放日报》专门发表了文章《远山的呼唤》,报道了这件事。

用心党建出成绩

2004年,全国党内开展党员先进性教育,杨浦区区委书记陈安杰来到了四海党支部听取我们的工作汇报,街道隆重接待。座谈的时候,我提出了在开展党员先进性教育中的三点建议,陈书记采纳了我的两点建议。

后来,《解放日报》社记者来我们党组织做过一次采访,主要就是我接待的。那篇题为《四海为家》的报道登了整整两个版面,比较全面地介绍了我们四海党支部的党建工作。事后,记者告诉我,作为党报整版报道一个基础党支部的事迹,这是《解放日报》头一次,给全市"两新"党组织提供了很好的学习典型。四海党组织曾代表杨浦区参加上海市优秀党组织的评选,获得成功,还差点评上全国优秀党组织。在市两新互动网评选中,四海党支部网站被评为优秀网站。

在这过程中,我本人也多次被杨浦区委评为两新党组织的优秀党务工作者,2009年杨浦区委开展的"弘扬'四敢'精神,争做'四型'干部"的活动中,整个杨浦区评选出五名好干部,六名好党员,我榜上有名。在杨浦区大剧场召开了隆重的表彰大会,并将先进事迹汇编成册,陈安杰书记写了序言。

我现在还是这个四海党总支的副书记,每个月的10日,和党员同志们一起过组织生活。当年创建党组织时的党员,还留下了50个人左右。目前没有发展了,处于维持状态中。我的日常生活,也主要转移到照顾家庭中去,回家带带孙女。

如果让我总结已经过去六十多年的人生旅程,我感到自己还是成功的。我能够做一事成一事,最主要的原因是我能孝顺父母,崇敬老祖宗。第二大因素是善待亲友。正是因为有了这份孝心和善意，给我带来了福气，帮我铺好了人生的基石，使我能够化解掉很多矛盾，走向圆满。

我朋友多、圈子多，上柴厂食堂，厂团委，机电局团委，局工会……手机微信里面有三四十个群，其中有两个群是我最重视珍惜的。一个群名叫“相聚到永远”，是当时厂团委共事过的六家人家，这是个最圆满的群，夫妻都是原配的，都没有“资产重组”过，都是上有老，下有小，第三代中有 4 对家庭有二胎。

另一个群名叫“寿比南山”，都是长寿的老大哥，有原总工会主席江荣 93 岁，有交通局总裁苏忠伟 80 岁，有总工会副主席，有上海工运学院院长，有上海电机学院副院长，还有机电工会主席及原机电局的老领导、老同事，我的贵人李广祥等。我在里面只能算是小弟弟。

尽管我的家族遗传基因不是很好，父母都不长寿，但我希望自己能够长寿，我也有信心长寿，因为我的性格开朗，总是敞开心扉交朋友，愿意付出。我的妻子曾经对我说，如果有下辈子，她不要做我的老婆了，要做我的朋友。我想这样的性格对健康来说肯定是加分的。

对于下一代，我觉得最重要的是教育他们诚实守信、敬天礼人。人要适应社会，不要想让社会来适应你。遇到困难不要抱怨，因为抱怨带不来改变。只有积极面对，主动求变，才有可能走好自己的人生路。

2022 年 3 月初稿

2022 年 6 月 4 日二稿

2022 年 6 月 20 日三稿

从千年古村走出的聋哑女工七十自述

朱京华

我的故乡在浙江缙云壶镇金竹村，这是一个有着千年历史的江南古村落。但我 1947 年出生在南京，南京当时是首都，爸爸在总统府任职，故给我取名京华。

我并不是天生聋哑。听妈妈说，10 个月大我就会叫“爸、妈”。后来大概因为得中耳炎，听力受损，逐渐就不会说话了。

1949 年，爸妈带着我回到金竹，加上之前已经被爷爷接回老家的姐姐、哥哥们，一家人团聚在一起，真开心啊！

一、我 的 童 年

记忆中，大约六七岁光景，爸爸努力想教会我说话。

他指着满院子乱跑的小鸡小鸭、小狗小猫，教我学发音“鸡、奥(鸭的方言)、喵”，还教我说“爷爷”“阿婆(即奶奶)”“恭州(二哥的名字)”。可惜因为长期不说话，现在已经忘得差不多了。

每当吃饭的时候，妈妈就让我跑去叫阿婆和姐姐哥哥。阿婆住在隔壁院子里，有时妈妈会让我端一碗好吃的，给阿婆送去。能给大人帮忙做事，我总是很开心。

阿婆信佛，也很迷信。除夕、端午节、中秋节，都是祭拜祖先的重要日子。阿婆的手很巧，会做很多好看又好吃的馒头糕点供奉祖先。我经常跟着阿婆，到关帝庙里祈求神灵保佑，看面目狰狞的罗汉站在庙门两边。虽然我什么都不懂，但跟着阿婆很开心，也很安心。

十岁以后，我跟妈妈学会了绣花，家里枕头套上的花样很多都是我绣的。我还跟着妈妈学织腰带，半厘米到两寸宽的绑带、裤腰带，都要靠自己手工编织。绑带很漂亮，蓝色的底，白色的花，用处很大。细绑带可以把婴儿连同棉衣、小被子一起捆扎好，免得晚上蹬被子感冒。小溪边、井沿，经常能看到用宽绑带把小婴儿绑在背上的妈妈们，在流水潺潺和捣衣声中，边干活边聊天。现在，家里还保存有我和妈妈编织的腰带，上面织的是“寿喜、百年好合、五世其昌、福星高照、青风明月、五子丁科、东南西北、风调雨顺”等等。

我六七岁时，大姐去沈阳谋生。后来爸爸被押到内蒙古劳改，大哥也去青海找工作。妈妈为养活一家子，到壶镇织布厂上班，每月工钱 2 元。他们都走了，留下我和因病休学的二哥，自己在家烧火做饭。

爸爸不在家，他去哪里了？妈妈为何经常躲着我们偷偷抹眼泪？我懵懵懂懂不明白，问他们也没法告诉我。1957 年上半年的一天，爸爸突然回来了！可是他为何剃了光头？这些问题，要等我上了学才慢慢明白。

二哥五年级时转学到壶镇小学，我们住到了壶镇大舅家。记得那年发洪水，正值稻收季节，妈妈和二哥急急忙忙赶回金竹收稻子，邻居也过来帮忙，但歉收已成事实。二哥的脚被水里石头扎伤了，晚上妈妈在煤油灯下帮他包扎，我看到她又在偷偷抹眼泪。

二、求 学 生 涯

在大舅家，我喜欢拿表兄弟的小人书看。不认识字，就光看图画。妈妈知道后，四处打听哪里有学校能接收我上学。一邻居告诉妈妈永康有一家聋哑学校。于是，1959 年下半年，我上学读书了。这成了我人生最大的转折点。

我的户口在缙云农村，妈妈从金竹出发，要步行一天才能把我的口粮——一大袋玉米粉背到学校。我每顿饭舀一勺玉米粉加一点水放到饭盒里，和同学们一起蒸饭吃。蒸出来的玉米粉干巴巴、硬邦邦，没有蔬菜，就着仅有的一点点梅干菜，很难下咽。

相比之下，有的同学家境好得多，当时稼栋（我后来的爱人）甚至有零钱和同学出去看电影。为了让我上学，爸爸妈妈已经倾其所有，妈妈把二哥身上的破棉袄补一补，当作我的冬衣；妈妈和大哥第一次送我到永康上学，从壶镇买山楂 40 斤，徒步挑到永康变卖，顺便赚点苦力钱，以补贴学费。途中因酷暑高温，大哥严重中暑昏迷，差点要了命。1959 年底，大哥到西宁找到工作，定期每月寄回 10 元钱。可惜只有两年，大哥就被遣返回家。为我上学，姐姐从沈阳给我寄来学费，她有年春节回家，还陪我从金竹走到学校；二哥外出打工期间也给我寄过 5 元钱和一双腈纶毛袜，而他自己经常连咸菜都吃不上，撒一点盐下饭吃。我感受到了全家的温暖。为了帮家里减轻负担，在寒风凛冽的冬天，我在紫薇塘边给同学洗衣服，两手长满冻疮，肿得像个大包子，但一年只能赚两三元洗衣费。

妈妈给我送玉米粉实在是太辛苦了，她找到程雪斋校长和田珍珍老师，请求把我的户口转到学校。学校答应帮忙向教育局申请，同时让妈妈在学校留宿一晚再走，田老师还给妈妈端来一碗面条当晚饭。妈妈千谢万谢，知道我遇到了生命中的贵人。

程校长一家三代办学。1948 年，她父亲程铿和陈仲良先生创办此校，后被政府接管，是浙江省办学历史最悠久的四所特殊学校之一。她女儿田珍珍继承母业，担任学校老师，教我们认字。上课期间，经常有外地教育工作者前来参观。

在学校的日子尽管清苦，但非常快乐。

学校共有学生六七十人，但老师只有四人，程校长、田老师、数学老师和体育老师。宿舍里没有床，大冬天，同学们一个挨一个睡在二楼木地板上，底下铺着稻草，身上盖一床薄薄的棉被，但我很少感冒生病。

学校环境非常优美，校舍修建得古色古香，到处雕梁画栋，墙上挂着程铿校长的字画，他画的花鸟鱼虫惟妙惟肖，是我们临摹的范本。校园里绿草成茵，水池里养着小金鱼，我经常凭栏观看。

学校里教得很简单，一般是上午学文化，老师教一两个小时，其余时间自学；下午到永康福利厂勤工俭学，做鞋垫、剪鞋样等。用的教具类似于现在的幼儿识字卡片，通过文字加图片的方式教认字。

学会“爷爷”两个字后，我回家问爸爸，我有没有爷爷？爸爸说我小时候见过爷爷。爷爷当时在叔叔家生病卧床，我经常到叔叔家，和堂姐一起玩，竟然不知道二楼床上躺的就是爷爷。

我脑子灵光，学得很快，门门功课都得“优”。读书对我来说不是什么事儿，同学们一小时的数学作业，我往往十来分钟就做完了。

下课后，我和同学们在校园里蹦啊跳啊，做游戏和闲逛。我们经常需要参加义务劳动，打扫卫生，清理杂草等，高年级同学还要到菜园里种植蔬菜。到十一国庆节，老师还组织我们表演节目，我一共参加过三次舞蹈编排，1959 年国庆节，全校师生欢度国庆后还一起合了影。

上学后，我和爸爸能够写字沟通了。爸爸解除劳动改造回家后，我喜欢待在他旁边，看他读报写字。爸爸开始教我认字。每次我从学校写信回家，他都将错别字一一找出来，修改好，等我回家后指给我看。以后的日子里，我的语文成绩就这样一点点得到提高。

程校长和田老师都非常喜欢我和稼栋，对我们特别照顾。我们也经常帮老师做一些力所能及的事情，比如管理学生膳食，给同学们分发每天蒸饭的大米。我还帮老师管理学生，给低年级同学教学上课。

我真的很庆幸能够上学识字，否则只能生活在愚昧和痛苦中。记得第一个学期结束后，老师不放心让我独自回家。同学们都走了，只留下我和另外两个同学，田老师给我们做吃的，直到家人把我接走。1960 年放暑假时，田老师问我能否自己坐车回家，我说可以，我认识从壶镇到金竹的路，能自己走路回家。于是，田老师送我到永康汽车站，把我托付给站内的工作人员，告诉他们我的目的地。可是，汽车站的人竟然搞错了，把我送上去丽水的车辆。到站后，我一看不对，哇哇大哭。于是，驾驶员只好帮我在站里找地方住一晚，第二天才把我送上去壶镇的汽车。到家后，爸妈很是开心，我自己能回家。那年暑假，妈妈在公社大队收割水稻、晾晒稻谷，我去帮忙采摘棉花，拿了生产队第一名。

1964 年，也许国家政策有了变化，学校课程时断时续，我在家待了几个月。1965 年 2 月，寒假结束后返校，新的老师已经到校。田老师见到我，让我不要和其他同学一起报到上课，要给我办理退学手续，提前分配工作。两三天后，田老师帮我开好介绍信，让我不必告诉其他同学，直接离开学校。她怕我丢失介绍信、户口证明等材料，看着我把它们放进裤子贴身口袋，用针线细细缝好，把我送上开往缙云的汽车才转身离开。

从此，我的人生发生重大转折，从一个面朝黄土背朝天的农村女孩，变成一个拥有铁饭碗的工人，过上比我两个哥哥更稳定的生活。而其他同学，大多毕业后回原籍当了农民。

多年以后，同学们曾经质疑我，说我们学制 8 年，按理说我尚未毕业，怎么就能分配工作？问我是否有给老师送礼行贿。我说，那个年代我们自己都吃不饱，哪里可能给老师送东西？何况当年发生这些事，爸妈都不知道。等工作一段时间后回家，爸爸还问我，你不在学校上课，回家干什么？他原本希望我能再读几年书的。

三、恶　　梦

1965 年 3 月 1 日，我拿着田老师开的介绍信，找到缙云县民政局，他们让我到隔壁的福利厂报到参加工作。那一年，我刚满 18 岁。

因为县民政局和福利厂在一处办公，我和民政局的同志经常有接触，他们对我十分关心。为治疗我的聋哑，1966 年民政局还将我送到青田县某针灸研究所，开展为期一个多月的耳针治疗，可惜未见任何效果。

“文化大革命”期间，我看到民政局平时对我们很关心的一个干部被隔离审查，不知道犯了什么错误，关在单位附近的房间里，门外有人把守。我很想和他写字说话、安慰他，但又不敢，只能在路上碰到时给他一个微笑，很快就低头走过。

这期间，爸爸以莫须有的罪名被县“8.11”社会治安指挥部关押。有几次，我走过大街，看到爸爸在街上拉车，赶紧去旁边的烧饼店买上几个烧饼给爸爸捎上。

“文化大革命”中最可惜的是爸爸的照片、邮票和字画。因为数次抄家，爸爸丢失了他三大本珍贵邮票，以及大量的名人字画。因为恐惧和害怕，“文化大革命”来临时，爸爸妈妈烧掉了大量年轻时的照片。每每想起这个，我都觉得分外惋惜。

“文化大革命”中，和我有类似经历的还有我的同学阿华。她与我同年，比我早几年到永康聋哑学校读书，后来成为我福利厂的同事和朝夕相处的朋友。她爸爸也是国民党官员，解放前赴台丢下她、哥哥和妈妈。“文化大革命”前夕，因爸爸的问题受牵连，她哥哥跳楼而死，妈妈绝食离世，当时阿华还在聋校，就这样成为没娘的孩子。

我妈妈认识阿华的妈妈，彼此还曾有往来。妈妈心疼她，对我说，要对阿华好，她太可怜了。每次，妈妈给我做衣服、带东西，总给阿华也带一份，把她当成半个女儿。

但是阿华太顽皮了，总是生出一些事端。“文化大革命”时曾撬开我床底下的箱子，把我爸爸妈妈年轻时的照片翻出来，向大家举报我。因妈妈穿的是旗袍，这是资产阶级作风的表现。当着这么多同事的面，我又急又气，拿起照片，一把火赌气烧掉了。

但即使这样，阿华依然是我的朋友。多年以后，我移居上海，我们也一直保持联系，直到 2019 年她因中风而去世。

“文化大革命”中，最令我痛心的莫过于田老师的离世。

1966 年，她来缙云探望居住在戏院附近的外公程铿，专程过来看我。我工作之余，常去程爷爷那里玩。读书时，程爷爷夫妇周末常来学校看望我们，我们对他并不陌生。见到我走路蹦蹦跳跳的样子，他还指点我注意走路礼仪，并现场亲自示范，让我走路既不趾高气扬，也不卑躬屈膝。他待人和气，喜欢孩子，同学们都很喜欢他。

“文化大革命”期间，先是田老师被批斗，她原本就体弱多病，听说后来竟跳楼自杀了。我知道后，做了纸花圈，专门去她的坟上进行拜祭。程铿爷爷后来也被批斗，但他声望很高，得到了周围百姓的保护，后回到永康方岩的乡下养老，因年事已高，几年后去世了。程雪斋校长最终坚持了下来，八九十年代，我还多次去看望她，直到她搬家去了东阳失去联系。

四、患难之交的石城朋友

不同于永康县城，缙云县城多山多石头，缙云福利厂和大多数房屋一样，依山而建。

我刚去时，厂里人不多，总共就十来人。其中不少残疾人，肢残的，聋哑的，视力障碍的，大家都叫我们哑巴和瞎子。一开始，厂里条件很差，民政局借用一处庙宇，大殿做了生产车间，偏殿成为宿舍。我跑去一看，这条件和永康聋哑学校差得太远了，没有办公桌，没有椅子，也没床铺。一群人不是缺胳膊少腿就是瞎子哑巴，衣衫褴褛像要饭的，还睡在泥地上。我一看这情况，和厂长说我不工作了，还是回学校继续读书吧！但厂长用手语告诉我，我们有钱，我们很快就会搞到桌椅、买来床铺，你不要走，留下吧！

于是我留下了。当天，大家帮忙砍些细枝条铺在地上凑合着睡觉，过几天厂长果然调配了旧桌椅，买来新床铺，给我一间房间，让我安顿下来。除了个别一两个同志，一般人都没有我这样的待遇，大家都有些羡慕妒忌。

阿华早在1964年就已毕业，分配到缙云福利厂，但她嫌弃这里条件差，借住在亲戚家，不来厂里报到。得知我到福利厂后，她也到厂里来上班，和我一起踩弹棉花机，每月18元，每人分到工资9元。但她怕苦，总是脱岗在外游荡。厂会计看在眼里，索性安排我一人上岗，下一个月工资调整到22元。但这样的收入不是每月都有，没活干的时候，厂里甚至安排我们到农机厂干活。我每月省吃俭用，先还清第一个月从厂里预支的10元生活费，年底过春节时把30元钱交给爸妈。爸妈喜出望外，一开始不肯收，收下后给我添置了一床崭新的棉被。

从1965年入厂到1981年10月离开，我在缙云福利厂工作近17年。

其间做过很多工作，打麻绳，弹棉花、做棉絮，做纸花，做花圈，生产塑料凉鞋等。因我做事认真仔细，又快又好，深得大家信任。1966年，因厂里财务人员贪污公款，领导觉得我算术好，让我兼任出纳，工作十多年，从没出过一分钱差错。1968年，我被选为浙江省残疾人代表，还到杭州参加残疾人代表大会。

1974年左右，福利厂重新选址，搬到物资局旁边的半山腰，就地取材用花岗岩石块建造新厂房。一楼和三楼为生产车间，职工宿舍在二楼。从此，我和同事们同吃同住，在集体生活中建立深情厚谊。

聋哑人海燕是我最好的朋友，对我总是有求必应，后来她嫁人调离了缙云。大美女柳红，小时候得了小儿麻痹症，走路一瘸一拐，我经常与她交流编织技法，我们还一起去仙都旅游。退伍军人有好几个，他们都是真刀真枪打过仗的，有的在战争中失去一条腿，安装了假肢；有的脑袋受伤后智力受损……他们的遭遇让人同情。男同事尚君因车祸一条腿截肢，平时拄一支拐杖走路。有时我们集体下山看电影，他在山路石阶上飞奔而下，没人追得上他。他说话幽默，经常逗得我们开怀大笑。他追求过我，但我不想和一个听说能力健全的人谈恋爱。同事们对我都很好，大家一起在走廊上做饭，一起在门口的天桥上吃饭、聊天。饭后，同事们三三两两在通往三楼露台的小路上乘凉。夜风吹拂，旁边是我们养的花，万寿菊、鸡冠花、月季、牵牛花等在夏夜里怒放、争奇斗艳。

五、我的冤家爱人

和稼栋在永康聋哑学校就认识。他比我大四岁，三岁时因脑膜炎发烧而致聋，五岁才重新学会走路。老家是东阳人，爸爸、妈妈曾在国民政府任职，解放前回家务农，爸爸不久即去世。因哥哥、姐姐读书工作早，家里经济条件相对较好。

稼栋和我结婚前，与我一个同学谈过朋友，她也是我的朋友。因稼栋出生于地主家庭，两人分分合合，最终没能走到一起。1971年，我和稼栋经历四年多异地恋，决定结婚。爸妈对我的婚姻大事采取信任态度，一切听从我的决定。那时候，爸爸还被关押。我自己花钱买了玉米爆米花分发给福利厂同事，算是结了婚。

第二年，大女儿出生。那时，福利厂新厂房尚未建设，我租住在妈妈的朋友程爱云家，在她帮助下半夜送医生产。我和妈妈永远记得她的大恩，几乎每年都去看她，她现在已有103岁。产假期间没有工资，稼栋在永康工作，我一个人又当爹又当妈，58天后回厂上班。妈妈在金竹忙农事，没法过来帮我带孩子，只能托人在金竹附近山村里找了奶妈，将女儿送走抚养。每到周末，我和稼栋带上奶粉、糕点到山上看望孩子，直到一岁左右才将她接回金竹，跟着妈妈生活。

1975年，二女儿出生。这次我在县城找到一个保姆，产假结束后她每天帮我带孩子。早上7点我上班前，保姆把孩子接走，5点下班后，我去她家把孩子接回。同事尚君、海燕看我忙不过来，经常帮着照顾，让我抓紧时间做点家务。

那时，中午有短暂时间回宿舍做饭，饭后午休一会，但我往往忙家务而无法休息。一个夏天的午后，因为太累，上班时竟然坐着睡着了。突然之间，一只衣服袖子被卷进转动的机器里，我死命拉扯，袖子整个被扯下来，手臂总算保住了。好险！

二女儿很乖很懂事，很小就能自己吃饭，帮我做家务，但她跟着我没少受罪。四五个月大时，我喂着奶睡着了，她从臂弯里摔下来，幸好没出问题。有天晚上睡觉，她翻身掉进床边的脚盆里，哭得震天响，把整个楼面的同事都吵醒了。尚君他们找到一支竹竿，从门上的透气窗伸进去把我捅醒，解救了她。

1977年，我第三次怀孕。是否要生下来？我有些犹豫。妈妈对我说，如果你现在生产，我还有体力帮忙。就这样，小儿子出生了。妈妈过来帮忙照顾二女儿和儿子，直到儿子10个月后断奶，将他们一起带回金竹抚养。

大女儿当时已送永康幼儿园上小班，让稼栋照顾。稼栋不会看孩子，带着小孩探亲访友，给她乱吃药，三班倒时把她一人丢在家里，后来干脆带到锯板车间睡觉。1978年春节，大姐全家从沈阳回家探亲，稼栋让女儿独自坐车回缙云，还让她拎着一条半人高的大青鱼，大姐去车站竟然没接到，她自己一人找回了家。于是，我和大姐讨论后，决定第二年将大女儿接回缙云上学。

稼栋是个好人，但不是个好丈夫。他喜欢热闹，好管闲事，路见不平拔刀相助。他心灵手巧，能做泥水匠、打家具、做沙发。脑子灵活，组织聋哑朋友临摹，画一些山水鱼虫、生肖动物做成挂历，销路还真不错，甚至让我二哥帮忙卖到江西，赚了不少钱。可惜花钱如流水，没给我们积攒下多少。

我们分居两地，他过着逍遥的生活，让我一个人承担养育孩子的辛苦。

六、迁 居 永 康

1981年10月，经过十年长期分居，缙云福利厂终于同意放人，让我调到永康福利厂。

缙云福利厂想留下我是真心实意的。我在厂里一直是劳动模范。1976年，厂领导派我到金华学习做花圈，我用一天时间，学会染色、上浆、扎花等各项工艺。回到厂里，由我负责做花圈，销路和利润很不错。1976年9月毛主席去世后，举国哀悼，花圈供不应求，厂里赚了不少钱。

一开始，永康福利厂的主要业务是搓麻绳、弹棉花做棉花卷、河滩挖沙。改革开放后，永康福利厂穷则思变，从改变主营业务、广纳各类人才开始，经历福利厂（民政局下属事业单位）—通用电器厂（改制为企业）—恒丰电器有限公司（改制为公司制企业，厂长等个人入股）的改革变迁，最终成为永康龙头企业。

结婚后，我曾希望稼栋调到缙云福利厂，但稼栋不愿意离开他所在的永康建筑公司。于是我多次找到永康福利厂的李书记，申请将我调到永康。李书记在厂里进行调查，群众反映稼栋的初恋女友也在厂里工作，担心我来了后会发生矛盾。此事就此搁置下来。又过了几年，永康福利厂应国兴厂长在和我交谈中了解到，缙云福利厂搬新址后有台闲置的发动机，厂里交给我处置保管。应厂长当时已经在考虑业务转型，而发动机还是计划调配品，很难搞到。他让我帮忙，我说可以想想办法，但请求把我调往永康福利厂，应厂长答应了。于是，经过我的牵线搭桥，永康福利厂最终从缙云福利厂购买了这台发动机，这也是厂里第一台发动机。几个月后，应厂长果然履行承诺，将我调往永康福利厂。

我到厂里，一开始做压轧工，后来又做过电枢检验、发料、质量检验等工作。记得有一次，厂里派各车间主任和相关技术人员去金华学习电动线圈生产技术，就我一人是聋哑人，培训后由我再教聋哑同事。

就这样，工厂不断开拓新的业务，通过生产电动工具，企业得到蓬勃发展。各地订单雪片般飞来，工人们加班加点连轴转。无论在哪个岗位，我都是拼命三郎，1986 年我因劳累过度，血压太低，几次在厂里晕过去，不得已休息了三个月。因我出色的工作业绩，除这一年外，我连续 14 年被评为单位先进生产者。1989 年度、1991 年度分别被评为金华市残疾人先进个人、永康县优秀职工，1997 年被永康市民政局奖励去马来西亚疗休养 15 天。在永康也连续两届当选为浙江省残疾人代表，1989 年金华市残疾人联合会开会时，我是主席团成员。我读书不多，上报各项事迹材料时，都是自己先写初稿，车间主任杨秋儿帮忙修改，大女儿上初中以后，相关材料就由她代劳。

公司里大多数是健全人，残疾人比例不高。同事们大都喜欢我，对我帮助很大。但聋哑同事有时妒忌我，在背后说我坏话。也可能我工作太认真，做质量检验得罪过他们。对此，我很难过。很多聋哑人还有小偷小摸的坏毛病，这也是我难以和他们融到一起的原因。

搬到永康后，我们居住在虹霓巷，邻居对我们一家特别好。大门口左边那家男主人是大货车司机，中间房屋的夫妇有四个女儿，他们住楼上楼下，经常吵吵嚷嚷，很是热闹。右边的两家是两兄弟，哥哥是稼栋所在建筑公司的工人，家里有两个男孩，大的有点弱智，但家人都很爱他；弟弟在设计院工作，非常幽默，他的两个女孩都非常漂亮。当时大家住房条件都很差，往往四五个人挤在一个大房间，下班后在狭小的走廊劈柴或生煤球炉做饭，同时有人在天井的地上洗刷衣服，孩子们在旁边看书做作业、游戏、吵嘴，充满了浓浓的烟火气。1982 年，我和稼栋省吃俭用买了一台黑白电视机，邻居们每天到我家看电视剧《霍元甲》，真是热闹之极。

不几年，永康建筑公司新宿舍楼建成，我们有幸分到两室一厅，和建筑公司的领导、同事做邻居。在那个残疾人容易受欺凌和歧视的年代，他们从未露出一丝嫌弃的神情，总是及时答疑解惑，尽力给予帮助和照顾。直到 1999 年，建筑公司宿舍区整体拆迁，我们搬到上海定居，才与他们依依惜别。

在永康的十八年，我们一家人得到了政府、单位同事、邻居们的悉心关怀和热心帮助。1986 年后，建筑公司开始走下坡路，经常停工发不出工资，稼栋有三年左右待岗在家，我用一人的工资养活全家。大女儿考上大学后，邻居和朋友纷纷上门祝贺，送来的红包解我燃眉之急，恒丰公司总经理应国兴还用小轿车捎她去金华火车站。小儿子读建筑学，急需学费，恒丰公司又一次性给予 600 元补助。由于我和稼栋在单位的出色表现，三个孩子在校的优异成绩，我们家多次被评为永康市“十佳家庭”，事迹登载《永康日报》，政府多次给我们助学帮困。

在永康的日子里，爸妈有时偶尔过来小住，但那时他们年事已高，一般住上几天就匆匆回家。每当寒暑假，孩子们一放学，就让他们回金竹陪伴爸妈，外公外婆家成了孩子们向往的自由天地。

1997 年，爸爸 83 岁。7 月，我陪着爸妈到上海游玩。当年国民党撤退时，他就是带着我从南京到上海，再从上海到杭州，最终在杭州决定回家。我们陪着爸妈，从南京西路走到外滩，远眺东方明珠，再打出租车通过南浦大桥去浦东大女儿单位。第二天还去了华东师范大学。爸爸回乡后蜗居乡间，根本想不到能在有生之年重游上海，叹息不能回南京重游总统府，那个他年轻时工作过的地方。

七、移居上海

2000年，孩子们都大学毕业了，商量后决定让我们迁居上海养老。由于三个孩子已落户上海，当时我们可以将户口迁到上海。随后，将永康动迁后筹资建设的住房卖掉，在上海买房，我们成了新上海人。

离开永康定居上海，对我和稼栋来说是个艰难的决定，因为那里有我们太多的同事和朋友。但很快，我们就融入了这座新的城市，上海成了我们的第二故乡。

我们居住在浦东的老小区，原住民是当地农民，阿姨妈妈们经常搬个小凳子到楼下吃饭、聊天，看到我们走过，经常和我们点头打招呼。居委会主任对我们很友善，春节、敬老节等活动从不落下我们，经常给我们发放毛巾、香皂、粮油等慰问品。我还加入广场舞大妈的队伍，和姐妹们一起练扇子舞、打太极拳，一起参加老年人表演队。上海残疾人联合会也接纳了我们，每到周末，我和稼栋穿戴整齐前往襄阳公园喝茶，听聋哑学校的老师、志愿者们讲解天下大事。

慢慢地，我和稼栋有了上海的朋友圈。规律的生活，良好的作息，友善的人际关系，让我和稼栋的身体逐渐得到改善。

在帮助孩子们照看第三代的间隙，我们和朋友们通过参加聋哑老年旅游团，几乎游遍中国各省区著名景点（西藏、新疆除外），同时走出国门，游历泰国、新加坡、日本、美国、俄罗斯、德国、英国、法国、西班牙、意大利、丹麦、瑞士等20多个国家，走了爸爸妈妈无法想象的路。2015年左右，孩子们教会我们使用微信，和多年前的老同事、老朋友重新建立联系，实现了爸爸妈妈生前梦寐以求的视频通话。

七十年沧海桑田。作为一个农村长大的女孩，受限于当时的医疗条件，不幸成为聋哑人。随后经历爸爸蒙冤入狱、三年自然灾害、“文化大革命”浩劫，但相比其他人，我还是相当幸运的。缙云和永康乡风淳朴、人心向善，一路走来遇到各种好人，给我一路帮助。同时，遇到稼栋，一辈子吵吵闹闹，一辈子相亲相爱。浦东改革开放后，移居上海，享受上海市政府给予的关怀和照顾，享受互联互通带来的现代和便捷，体会百年上海的世纪变迁，感受小康社会的国泰民安和岁月静好。

近期，积极响应政府号召，蜗居在家防控新型冠状病毒疫情，保护自身健康就是为社会作贡献。借此机会，回顾自己七十多年的一生——平凡的一生，也是幸福的一生。

京华手语口述、黎燕整理于上海浦东

2020年1月26—31日

书　评

张宁教授《异国事物的转译》简评

马　军

过去的20多年，无论是在上海，还是在台北；无论是在我的办公室，还是在她的办公室，我和年龄相仿的台湾"中研院近代史研究所"的张宁教授作过无数次的谈话，在"上海史研究"的共同议题上，彼此间就学术兴趣和钻研轨迹可谓有着较为深入的沟通。最近重读了她的大著《异国事物的转译：近代上海的跑马、跑狗与回力球赛》（社会科学文献出版社，2020年）颇有感触，抽空就此把若干体认写了下来。

其一，国际性与区域性的巧妙结合。张宁教授早年曾远赴英伦留学，一方面受过系统的英式史学训练，熟谙英国语言文字，另一方面对西方的文化风尚、思维方式、生活习惯亦了解颇多。其获得剑桥大学博士、学成归国以后，又长期置身于台湾的学术重镇，故而对本地及中国大陆的研究氛围及旨趣更是耳濡目染，再加在东西学界中人脉广泛，这就为她用国际眼光来考察历史变迁的诸面相和内在性奠定了重要的知识和工具背景。与此同时，张宁常以某一物件、某一机构、某种商业为切入点，举凡跑狗、跑马、回力球，或蛋品、阿司匹林、艾罗补脑汁，又或医书、总会等，且多以上海为深入探究的主要基地，并以此作为联系中外因素的枢纽。须知近代上海是远东最大的都市，蕴含着中外关系、近代中国发展过程中的几乎所有要素，因而有"钥匙"之誉，以至上海史研究长期以来一直是中国区域史研究里的一门"显学"。张宁教授以其国际视野之广而攻上海区域一地，以全球为大舞台，以上海为小舞台，可谓是抓住要害，点、线、面结合，开弓拉弦，有的放矢。

其二，资料性和理论性的双强配对。多年以来，张宁曾十余次前来上海搜寻原始资料，无论是上海图书馆、上海社会科学院或者是其他学术机构，她都排摸、收集了大量的相关素材。对近代上海最主要的三份报纸——《申报》《字林西报》《北华捷报》，以及上海市档案馆馆藏档案，更是做了几乎竭泽而渔式的搜检。其余诸如与媒介物有关的杂志、纸张、图片、照片等，以及上海当地的地方志、中外文专书等亦广采博引，这在其著作中体现得极为充分，从英伦到远东，从上海到香港，从运动到赌博，从绅士到黑帮，从租界到华界，从上海总会到逸园跑狗场，从骑手到淑女……可谓应有尽有。而且，她并不仅仅满足于展示资料的翔实，止步于罗列上海社会中西间、黑白间的多种面相，更重在运用适宜的理论来加以驾驭和诠释，并努力挖掘其内在的规律、差异、变化和联系。她对于西方社会人类学、比较文学和殖民理论的基本逻辑很是熟悉，其高人一筹也最令人感佩的是，该书（乃至许多单篇论文）始终贯穿着“异国事务的转译”这一基本理论。众所周知，如同人类的基因、语言和许多其他事物一样，文化在传播过程中也会发生走样，无论传出地还是受入地，文化从来都不是静止不变的，更不用说思想、体制、制度等事物了。即便是硬件设备，也会与当地的环境相适应、相协调，亦即各自都始终处于动态之中。考察、比较、诠释因动态而产生的差异，是许多学科都曾采用过的方法，以往并不鲜见。但鲜见的是，将这一理论运用到上海史研究中，张宁教授应该是这方面的先驱者和创新者，贡献也因此显著。具体来说，作为大英帝国“殖民社会”之一的上海租界，当一项运动从本土传至“外缘”时，它绝非原封不动的位移，而是势必有所变形，以此与当地社会相适应、相契合。与之相应，该运动在本土的环境中亦不断地处于变动和发展之中，且不同运动的变形情况还颇有差别。而与张宁相比，上海史研究界以往的类似考察大多没有摆脱静态的视野。

其三，学院性与社会性的相互呼应。张宁教授是非常典型的学院型学者，自入职“中研院”以后，20 年间心无旁骛、潜心向学，重在城市文化史和医疗文化史两方面用力，其发表的著作、论文总体数目并不算很多，但一步一个脚印，前后相互呼应，不断抬升，每篇论文均以独特性、严谨性、创见性、精深性见长，且大多刊登在有严格审查制度的《“中央研究院”近代史研究所集刊》上，其专书亦是集腋成裘、系统构建的结果，故而其经受了学术界高规格的反复检验是毋庸置疑的。此外，张宁的学术活动并不局限于个人书斋，她既是许多院务、所务活动的参加者，众多学术期刊的评议人，又是高校学生口试的认真检验者。更有甚者，她还亲身参与了若干面向公众的通识性演讲活动，充分体现了一位严肃学者治学之余，服务学界、服务社会的责任意识。

据笔者所知，《上海总会研究》《食物全球化：近代中国的蛋品输出》将是张宁教授今后要着力完成的两部专书。这当然也是其以往研究有逻辑的继续和提升，无疑具有创新性、前瞻性和挑战性，对于探讨近代中西经济、社会生活的交流规律，尤其是反映在沪西人的凝聚力将颇有裨益。笔者有理由相信，基于其出色的过往成绩，优良的学术素养，既广且精的观察特点，层层剖析的治学风格，她取得进一步的、能给学界带来重要启示和触动的新成果是完全可以预期的。

撰于 2023 年 2 月 18 日

近代城市发展史视野下的慈善社团研究

——评阮清华《慈航难普渡：慈善与近代上海城市社会》

陆轶隽

自晚明以降，各类由民间发起，民间主导的善会、善堂组织，如育婴堂、同仁堂、儒嫠会等，在社会赈济与纾解社会焦虑上扮演了关键作用。学界针对这些组织的创会群体、指导伦理、施善特征等已有较详细的讨论。① 到了近代都市社会，这些"民办民营"的慈善组织，为因应时局变化与自身发展需要，经历了怎样的转型，进而形成与明清时期善会、善堂迥然而异的运作特色？近代都市的发展又是怎样影响善会、善堂的运作？慈善组织的运作在近代都市社会形成过程中角色为何？针对上述问题的讨论，将有助于我们理解近代都市发展视野下慈善事业发展之新特征，以及其在都市发展中扮演的新角色。

2020年，华东师范大学历史学系阮清华副教授基于未公开发表的有关近代上海民间慈善事业硕士学位论文，经修改、完善，形成专著《慈航难普渡：慈善与近代上海城市社会》(复旦大学出版社，2020年)。该书以由地方士绅、商人兴建的民间性慈善组织与善举为考察对象，以上海为例，探讨在近代社会大变局与都市快速发展的脉络之下，这些民办慈善力量如何在生存的基础上，有所进一步发展，形成"海上慈善家多于过江之鲫"之局，②同

---

① 针对明清民间慈善事业史论著主要有梁其姿《施善与教化：明清的慈善组织》，北京师范大学出版社2013年版；Joanna Smith Handlin, *The Art of Doing Good: Charity in Late Ming China* (Berkeley, Los Angeles, and London: University of California Press, 2009)(中译本[美]韩德林著，吴士勇、王桐、史桢豪译：《行善的艺术：晚明中国的慈善事业》，江苏人民出版社2015年版)；[日]夫马进著，伍跃、杨文信、张学锋译：《中国善会善堂史研究》，商务印书馆2005年版；游子安：《善与人同：明清以来的施善与教化》，中华书局2005年版。等等。

② 《王一亭热心养老院》，《申报》1928年11月28日，22版。

时与西方在华慈善力量分庭之势，并借此分析还可观察这些组织对于都市社会发展与维系的意义。

一、近代民间慈善研究的观察与检讨

慈善史研究，特别是针对民间主导的慈善机构研究，是社会史研究中近年来较为热络的一个领域。[①] 日本、中国港台学界在该领域起步较早，自 20 世纪 80 年代起已针对中国民间慈善机构，从国家与社会等视角阐发民间慈善组织发起的社会、经济、思想背景，以及其在地方社会上扮演的作用等；[②] 大陆地区则在 90 年代中后期起，有部分学者开始关注慈善救济事业与慈善家的施善行为，如周秋光针对民国前国务总理、慈善家熊希龄经办慈善事业等出版《熊希龄传》等。[③] 至 21 世纪，针对民间慈善事业的学术作品呈现质与量的提升，关注的焦点也从针对慈善机构、慈善家、善举的探讨，上升到慈善事业与政府行政、社会控制、“慈-政-商”关系等问题的讨论，并且已经出现了一些面向区域内慈善事业的讨论，如冉枚烁（Mary Rankin）以浙江善会、善堂的运作为例，以国家-社会关系为研究框架，指出善会、善堂已成为地方社会重要的中间层；[④]罗威廉（William Rowe）则从汉口城市研究出发，指出善会、善堂已成为 19 世纪汉口城市中关键性机构，“代表地方社会在公共福利方面能动性的胜利”。[⑤] 尽管学界针对晚明以降至民国时期的民间慈善机构研究，已拥有多面向的成果，但总体而言有以下几个尚待详细探讨

---

① 针对近年来中国近代慈善史的研究领域及成果以及学术批评，详参曾桂林：《近 20 年来中国近代慈善事业史研究述评》，《近代史研究》2008 年第 2 期，第 147—160 页。

② 如梁其姿《施善与教化》一书运用 2 600 余部全国各地方志，着重分析晚明以来民间发起的慈善组织发展过程，借此观察其与社会经济条件和价值观改变的关系，以及民间慈善组织在地方社会扮演的角色；夫马进《中国善会善堂史研究》则从民间善会出版的征信录等材料为出发点，介绍善会、善堂的特点、作用、影响，借此分析善会、善堂在明清及近代早期国家与社会关系中的重要角色。

③ 周秋光：《熊希龄传》，湖南师范大学出版社 1996 年版。

④ Mary R. Rankin, *Elite Activism and Political Transformation in China, 1865 - 1911*. Stanford: Stanford University Press, 1989.

⑤ ［美］罗威廉著，鲁西奇、罗杜芳译：《汉口：一个中国城市的冲突和社区（1796—1895）》，中国人民大学出版社 2016 年版，第 140 页。

的问题。

首先,从时限与地域来看,目前针对民间慈善团体的研究仍呈现出晚明至清中期多于晚清、民国的局面,且大多集中于善会、善堂运作较为成熟的江南地区。诚如梁其姿于《施善与教化》中所指出19世纪中期之后的善堂,不仅受到"洋化",即受到西方教会等外来势力的影响,还在承担传统救济工作外需承担地方秩序维持的工作,因而"有太多非传统因素"。[①] 同时,针对近代慈善组织的讨论,易使分析重点分散,因此梁其姿、夫马进等学者将关注重心仍聚焦于清代中晚期前,对近代善会、善堂着力仍稍显不足。同时,由于江南地区善会、善堂占全国比例最高,[②]因此无论是从社会、经济背景考察慈善组织勃兴原因,还是从慈善组织对地方社会的影响而言,江南地区势必会成为探讨民间慈善组织与地方社会关系的重点地区。诚然,以整个中国而言,由于各地地域社会经济发展水平的差异,难以做到全国性、整体性的民间慈善团体考察,但江南地区民间善会、善堂的运作经验,是否能在全国其他地区适用,仍有待商榷。

其次,对于近代民间慈善社团的讨论,容易简单以"近代化"的模型观察。中国近代慈善事业的转型,固然会受到西方教会慈善组织等外来因素在施善业务等方面的影响,一些传统慈善团体也因为经费短缺、建筑年久失修、滋生腐败等自身问题而走向没落,[③]但这并不代表善会、善堂等传统慈善组织就此彻底地退出历史舞台。相反,在上海等城市,一些善会、善堂通过自身的转型,包括走上联合化道路、吸收西方慈善团体做法等,在延续运作的同时,传统赈济业务也并未完全废弛,展现出在近代化的过程中传统慈善文化的强大惯性,这是"近代化"叙事难以覆盖的现象。

再次,从区域慈善史的角度观察,对于单一地域的慈善机构讨论,常常散见于专著、论文的部分篇章中,鲜有在特定地域中,针对民间慈善组织进

---

① 梁其姿:《施善与教化:明清的慈善组织》,第1—2页。

② 据梁其姿统计,江浙两省拥有全国58%施棺善会、超过61%助葬善会、超过32%的育婴堂。《施善与教化:明清的慈善组织》,第6页。

③ 周秋光、曾桂林:《中国慈善简史》,人民出版社2008年版,第231—234页。

行长时段以观察其发展历程及变化特征。以本书关注的近代上海为例，对上海民间慈善组织与地方自治、慈善社团与城市公共性建构等议题，有小浜正子、梁元生等学者在其论著中均有所涉及，①但缺乏从近代区域社会、经济等的发展考察慈善社团流变的整体研究。

基于上述研究现况，本书选取民间慈善机构分布密度较高的近代上海作为研究区域，力图整体考察近代上海民间慈善团体运作的变迁，以及其与近代上海都市社会形成的联系。同时，本书尝试突破过往慈善史研究中的"近代化"模式，一定程度打破时间断限，上溯近代民间慈善社团成立源头，依中国的传统慈善文化运作的脉络观察其延续性与强大生命力。

二、近代上海民间慈善社团的演进历程

本书在绪论部分指出，近代上海慈善事业发展共有两条并行不悖的主线，其一是民间传统慈善组织自身的整合与完善进程，使自身发展为一张能覆盖全市，乃至全国其他地区，甚至影响力遍及海外的巨大慈善网；另一条即受到"欧风美雨"影响下，传统慈善组织的因应以及与西方慈善组织等的合作。两条线共同成为近代上海慈善事业发展的主轴。（19—20 页）在此基础上，作者除绪论、结论外共分为七章，以时间先后为序，将上海重要民间慈善团体与善举作为材料，介绍慈善团体的结构、制度变迁及主要善举等，并重点观察慈善组织因应都市社会发展需要而作出的创新之举，以及其与都市社会互动的关系。

第一章以为应对小刀会起义后上海县城内善会、善堂遭大面积破坏，1855 年由同仁、辅元二堂设立的"同仁辅元堂"为考察对象，探讨从义冢发展而来的"同仁堂"，以及另一以助葬为主业务的"辅元堂"整合过程，并考察其财产规模与收入来源等理解其为何不仅能维持经费的赓续，且其施善范

① ［日］小浜正子著，葛涛译：《近代上海的公共性与国家》，上海古籍出版社 2004 年版；梁元生：《慈惠与市政：近代上海的堂》，《史林》2000 年第 2 期。

围突破了梁其姿所言“小社区”,[①]业务也从原先的“送死”(施棺、助葬)为主,逐渐向赈济、施医施药、传授受助者技艺等更多“救生”业务发展与转型,成为19世纪末上海具有领导地位、有重要影响力的大型综合性慈善社团。

第二章以因应1900年庚子之变华北难民之救济,由上海绅商发起之“救济善会”“济急善会”成立过程及募捐、疏散难民等主要善举为主题,探讨士绅作为国家与社会关系中“官-民”合作的重要中介角色、施善范围的扩大化、与近代公共传媒发展之联系,以及各慈善社团间通力合作等近代慈善组织的新变化与新特征,强调其在重塑地方社会秩序、安定人心等作用之重要性。

第三章延续前两章探讨上海慈善事业整合过程的脉络,以1912年由上海市政厅牵头成立的上海慈善团为中心,讨论其成立过程、成员与关系以及主要善举和附设机构、资金来源与收益情况,证明了近代上海慈善事业的一些新特征,如将城市中的中、小善会进行整合、统一筹办善举的整合性;在善团整合性基础上发展的善举之整合与扩展;依靠不动产等更为可靠、稳定的收入维系运作;由原先的以赈济为中心的“消极救济”向对受助者进行教育,使之能自食其力的“积极救济”转变。传统的民间慈善机构与其善举并没有萎缩,反而因为整合化得以更进一步生存与扩展。同时本章针对过往学界认为慈善组织是近代上海地方自治发端的观点,借善堂董事身份考察指出“这些人依靠善堂董事成为地方自治领袖,实在无根可据,实际情况甚至相反”(178页),进一步强调了民间慈善组织并无必要提升至地方自治源起的高度,慈善组织的领导人经营慈善并无太多慈善以外,诸如政治地位之目的。

第四章从上海慈善团主要慈善活动之一,强调收容教养游民并培训,授以一技之长以助他们自筹生路的“积极救济”引申,进一步以20世纪20年代新型慈善组织——游民工厂成立的背景、筹建过程与运作维持为观察对象,讨论游民工厂这一尝试究竟如何创新赈济手段与融资来源,展现出“对

① 梁其姿:《施善与教化:明清的慈善组织》,第175—223页。

中国慈善思想和思想文化在现代社会的调适”，以及“上海民间慈善界适应社会变化的能力和进行创新、创造的勇气”。(181页)游民工厂的尝试最终以失败告终，作者指出工厂运营追求的逐利与社会福利救济需要的根本性矛盾是本质原因。但以历史意义而言，游民工厂吸收工厂生产等形态进行“积极救济”对于传统慈善事业仍是重要的创新与探索。

第五章讨论了1927年“上海慈善团体联合会”(以下称“慈联会”)的成立，作为慈善事业“再整合”阶段的观察样本。联合会的成立是继同仁辅元堂、上海慈善团之后的第三步整合，是集合分散各慈善团体力量组成的协调性、整合性机构。不同于前两个整合性社团，慈联会无固定资产、无财产收益，更准确地说类似于民间慈善业的“同业公会”。在慈联会的组织网络中，旗下的慈善社团呈现出相互协助、分担工作的共生局面，并且通过慈联会理监事制实现对慈善机构业务、行动上的统一调度与协调，从而实现“上海慈善界无论从资金上、人事上还是组织上都真正形成了网络，慈联会成为这个网络的真正核心，也成为上海慈善界真正的领导者”。(233页)

第六章则将关注的焦点放在了慈善组织与都市社会、地方政府间的关系上，以1947年发生的苏北流沪难民挤占各大同乡会馆寄柩所风波为个案，分析慈善机构的产权问题。在这次风波中，难民以“义民”身份包装自身表达诉求，并结成团体坚守寄柩所，拒绝搬离；慈善组织对地方政府施压，却又通过暗助难民，“成全”难民的滞留；地方政府在对清退难民事宜上犹豫不决，某种程度“纵容”难民的滞留现况，但在维持难民群体治安，拆除寄柩所中违章建筑等事宜态度强硬。此三者表现出“无意识的合谋”，正是这种合谋实现了难民得以长时间滞留寄柩所，三者间基本相安无事(260页)。而从产权的意义观之，“寄柩所风波”则展现出作为公团私有财产的慈善社团，其合法产权常因为其“慈善助人”的属性变得暧昧不清。政府在维护慈善团体产权方面的缺位，使得慈善团体在对待难民安置等问题上进退维谷。

第七章延续第五章的讨论，集中探讨上海慈善事业的网格化，并在此章以宁波(经济文化发达的府城)、杭州(省城)、北京(京城)三座不同层级城市的民间慈善事业发展进行横向比较，强调上海近代慈善事业高度的组织化、联合性，而正是基于此两大特征，使得上海慈善事业拥有强大的内部组织协调力，展现出上海强大且成熟的民间社会力量。在高度联合化的慈善团体中，通过联合机制形成了一张强大的社会网结构，身处网内结构的慈善团体实现了资金、活动等的流动与协调。同时，也正是通过联合的机制，使得其施善范围可以远远突破上海一隅，实现建立全国性的施善网。

结语部分中作者结合上海近代城市发展的若干特征，以定量、定性综合分析上海慈善组织兴建时间与数量，人口增加、经济发展、政府管理等对慈善组织兴建的影响，慈善组织的区域分布和业务、运作等方面的变迁，以及从施者（慈善家）、受者（受助者）的身份与背后的社会网络，讨论都市发展事业下上海近代民间慈善事业得以继续发展壮大的原因。同时，也针对慈善组织发展中存在的若干问题，如政府的过度干涉，以及“义利”矛盾等，对于慈善事业发展的阻碍性，呼应标题“慈航难普渡”。

本书从史料运用的层面而言，运用了大量近代报刊、上海地区的方志，以及上海市档案馆藏慈善团体档案等，以及梁其姿、小浜正子、夫马进等史家著述，对于近代上海民间慈善事业有着鸟瞰式的整体细致的考察，资料翔实、行文流畅，在前述史家的基础上，对于一部分重要观点（如慈善事业与地方自治关系）根据史料进行一定的修正与补充，展现出作者对于近代慈善史领域的深耕与创新的见解。

三、近代上海慈善机构发展主轴：调整与适应

本书对民间慈善事业史研究的重要性，主要在于以近代城市发展脉络下考察慈善组织的发展历程，对于慈善史书写中常常会采用的“近代化”叙事进行系统反思。在近代上海从城乡一体的传统社会形态迈向近代都市的过程中，作为慈善事业经营者的地方绅商与精英群体，在运营机构的过程中始终要面对传统与现代、华人与外人、施助与受助等多重的对立与矛盾之

况，就是在这样的相互对立中，既存在对立方间的提防，又存在彼此的学习、借鉴。现有的“近代化”叙事，常常只从其中单一维度的对立面进行观察，难免有“盲人摸象”之感。同时，传统慈善机构吸收西方救济思想，采取董事或理监事制等管理制度，以及强调“教养结合”的“积极救济”思维等方面，固然可以将近代传统慈善机构的运作与明清时期的模式区分开来，呈现出“现代化”表征，但这样的分析也明显带有过强的逻辑推理色彩，离民间慈善组织在近代都市社会的生存与发展实况仍有距离。①

因而，笔者认为将传统与近代的时限打通，从传统慈善组织的发展脉络观察近代城市社会形成之时，慈善组织在吸纳西方慈善思想，如强调技能培训的“积极救济”思想等之外，如何继续保有传统慈善组织的救济方式与理念，如以慈善家人际网络为圆心的资金筹募网络，以及对于权益纠纷协调等方面，表现出中国传统慈善文化的“韧劲与顽强生命力”(19页)，系统性地反思“近代化”叙事外，这些中国自明清以来就已形成发展的民间慈善组织，如何通过对于中国传统的承袭、与都市近代化的适应与调整等实现更进一步之发展，是为本书在研究观念方面颇值得肯定的地方。

那么，近代上海都市社会形成的过程中，民间慈善组织如何实现生存与发展，成为救济各类灾难、舒缓社会焦虑、维护社会秩序等方面的一支重要力量？作者在本书中主要关注的脉络之一，是慈善机构因应都市社会发展而进行的自身适应性调整，其中最为关键的就是上海慈善社团分阶段的“联合化”。过往针对民间慈善事业的研究，常从单一类型的慈善组织探讨其运作，甚少从一个“统合”的眼光考察慈善组织间的横向联系。“联合化”的道路，对于民间慈善运动而言，不仅实现了资金、人员、业务等方面的流动与共享，而且至1927年上海“慈联会”成立时，在尊重旗下各成员相对独立、自主运作的前提下，实现了慈善事业的统筹运作，各成员也能在慈善事业中发挥其作用，使各成员团结在自身周围，实现了相较其他城市而言更高的联合程度与网络化水平。正是“联合化”的运作，使得上海民间慈善事业不仅能够

① 汪华：《慈惠与规控：近代上海的社会保障与官民互动(1927—1937)》，上海书店出版社2013年版，第4—5页。

吸收更多元类型的慈善团体，如慈善医院等，更使得上海民间慈善事业的施善范围能够远远突破上海一隅，成为有全国影响力的慈善力量。“联合化”更重要的意义在于通过资金、业务等的横向联系，形成了一个以慈善机构为基础的社会网，在这个社会网中，自我管理与联合管理的水平得以大幅度提升，不仅使得在救灾等事宜上能够以统筹方式开展而不再令各组织“各自为政”，大大提升了赈济效率，更使得上海慈善界能适应都市社会高速发展的需要。作者借此指出“近代中国这种局部的严密组织到处存在，在其他各种各样的社会关系中也存在这一现象”，这种自上而下组织起来的民间社团网络展现中国民间社会活力的强大，也反映了中国民间社会已渐渐发展出对都市社会发展的自我组织与自我协调的方法与能力。(292—293 页)这使得研究的意义能跳出慈善史本身的讨论，升华到讨论中国民间社会在面对“欧风美雨”式近代化道路下如何以高度的自觉与组织，引领一支强大的适应于社会高速发展的民间力量，维系慈善、地方建设事业等以民间力量主导事业的推展，从而大大深化了研究意义。

本书另一主要关注的脉络在于较为系统地梳理了近代上海慈善事业的创新性。近代上海的民间慈善社团固然在业务范围上，仍然以传统的救济业务为主，如施衣送米、施棺助葬等。但若泥于此而不改弦更张以适应形势，加之经费厥缺与腐败滋生等其他因素，传统的民间慈善社团仍会走向衰落。本书一反部分学者认为近代民间慈善社团因为经费枯竭与腐败弊病丛生等因素走向衰落，主张“善堂内在落后性”为导致其衰落原因之论断，[①]以近代上海都市社会发展下民间社团的运作实践为例，强调无论是在理念的更新，如借鉴西方福利社团秉持之“教养兼施”，还是具体实践，如 20 世纪 20 年代开设的游民工厂(本书第四章)，以及运用近代公共传媒进行慈善呼吁与募捐动员等(83—84 页)，都证明了近代上海的民间慈善社团并没有因为其“落后、传统”的施善模式而走向衰败，反而结合了近代都市社会发展的新要素，如公共传媒的勃兴等外在客观条件，在坚持自身施善模式的前提下

---

① 周秋光、曾桂林：《中国慈善简史》，第 231—236 页。

进行自我改良，展现出都市社会发展下慈善组织运作道路的独特性与复杂性。若简单地以“近代化”叙事的逻辑推论，断言慈善组织在面对时局变化下必然走向衰落，则既不符合史实，也难以细致观察这些民间社会团体内在的强大的韧劲与不竭的创新思维，从而反证“近代化叙事”之于近代慈善团体研究的存在的局限性。

综上，本书将近代慈善事业关注的焦点，从单纯地探讨慈善机构的制度运作、经费来源、施善行动等，上升到考察近代慈善事业在面对都市社会形成巨变时的“调整与适应”，从传承传统与吸收创新两个层面整体地观察近代上海慈善事业如何整合各类社会资源，逐渐形成一张有巨大影响力的慈善之网，而非简单将近代上海慈善事业发展以“近代化”式线性发展的面目示之，是本书之于近代慈善史，特别是城市慈善组织事业讨论的重要意义所在。

四、值得深化的若干议题

如前文所述，本书将写作聚焦于讨论近代都市社会形成的背景下，上海民间慈善机构如何在坚守传统施善精神的大前提下，适应都市社会发展需要，进行的自我调整与吸收借鉴，使之成为一张影响力遍及上海乃至全国的慈善网。阅毕全书，笔者认为在此问题脉络下，仍有若干值得深挖的一些议题。

首先是作者在书中指出上海近代慈善事业发展历程中有两条并行主线，其一为“传统民间慈善组织自身组织力、行动力的不断增强，组织程度不断提高，组织规模不断扩大”，另一为“欧风美雨影响下的新型慈善机构和新式救济方式的出现及其运作”。(19 页)前者论述颇为着墨，然针对西方慈善团体与中国传统慈善团体的合作、交流论述仍有待加强。事实上在近代上海，传统慈善组织在吸收借鉴西方经验的同时，另一方面，还出现了由中、西善士共同组建的慈善团体，如 1910 年 12 月因应江皖水灾，由上海绅商头面人物沈敦和(1866—1920)、朱葆三(1848—1926)等华董，以及福开森

(1866—1945)等西董以华洋协同义赈为原则成立之“江皖义赈会”。朱浒指出该团体相较于原先以“上海万国红十字会”“丙午义赈会”等西人占赈灾事务话语主导权之局，中国绅商的参与程度与合作透过协商、抗争等手段得以大大提高，实现中国义赈与西方赈灾的合流；且因为中国义赈的本土化路径使西方赈灾空间大幅扩展，西人雄厚资源又为中国士绅拓展慈善事业提供便利，创造了双赢局面，使赈灾成绩更为出色。① 回到近代上海城市的舞台，华人经办慈善时与西人间，如本书所言“既有抗拒与竞争，又有学习、模仿与合作”(328 页)，那么华人在慈善事业上与西人竞争、合作究竟呈现出哪几个面向，例如民族尊严的诉求、各类资源的协调、运作模式的主导权等等，皆是进一步需要结合近代上海若干中西合办慈善社团，以及中国慈善社团与西人的交涉记录等实例进行深度分析的，特别是考虑到近代上海华洋杂处的历史背景下，中国慈善经营者如何与在资金、管理经验上更占优势的西人打交道，更有探索之必要。

其次是对于施善者身份的进一步探讨。近代上海慈善组织的发起群体以身份观之，以地方有实力的商人和士绅为主，除此之外还有佛教居士等，同时单一慈善家往往兼以不同身份，如本书所提及的王一亭，他是上海著名的佛教居士，在南市地区经营银行、地产、面粉、电气等实业，②同时身兼同仁辅元堂总董、仁济善堂总董、普善山庄总董等上海多个慈善团体的负责人，本书借此说明了民国建立后上海慈善团体之间高度的联合性，以及“合作大于竞争”之格局。(326 页)但这一现象同样可以表明一个人不同的身份，也能够对创办、经营慈善团体产生一定影响，如身为佛教徒的王一亭事母至孝，且笃信“博济施众”的佛教施善观，③这对于他参与创办、营运上海主要慈善团体起到了重要作用。从施善者的身份切入考察上海慈善组织运作，不但能更准确地把握慈善家“为何施善”，即慈善家的动机，更可以在书中着力阐述的慈善网之外，寻找与之连接的社会关系网，从这层关系网中探

① 朱浒：《辛亥革命时期的江皖大水与华洋义赈会》，《清史研究》2013 年第 2 期。

② 陈祖恩、李华兴：《白龙山人王一亭传》，上海辞书出版社 2007 年版，第 1—2 页。

③ 陈祖恩、李华兴：《白龙山人王一亭传》，第 145—172 页。

索慈善组织的资金、人事、业务等方向流动的动力问题，从而“跳开慈善看慈善”，以上海经济形态的变化以及社会阶层嬗变等更高的角度考察近代上海慈善事业的发展脉络，提升了研究深度。

延续施善者的身份探讨，还可以挖掘近代上海慈善组织运作思想动因上的变化，此亦为张济顺教授为本书所作序言中指出的“没有见到思想文化脉络里令人信服的分析”（“序言”第 4 页）。事实上，近代上海慈善事业发展的一个重要表征便是道德符号的去除化。明清慈善组织运作精神的重要特点，便是“教化服膺施善”：在梁其姿、游子安等学者的论述中，指出明清时期的善会、善堂活动其成立并非以解决社会成员的贫困问题为首要目标，而是借施善重塑社会秩序，维护特定社会价值；[①]同时，慈善行动也有极为明显的劝诫与警示的作用，明清各类善书就强调“善恶有报，警示惩戒”，加上民间一些人士奉行施善可以避疫、免灾等功用，[②]不可避免地使这一时期的慈善社团道德意味甚为浓厚。而进入近代社会后，慈善社团的道德意义逐渐淡化，“施善”渐渐与“教化”脱钩。随之而来的现象是惜字会等与民间信仰挂钩的慈善团体的式微，以及慈善团体施善动因的多元化：与人为善、救人水火固然是所有慈善组织施善的“初心”，但在这层“初心”之外，施善可以因为“商道”，即将慈善作为投身其中的资本家实现拓展经营，获取更多社会资源的途径，通过自身的“施善”实现“扬名”；[③]也可以是出于宗教的目的，如前文所述王一亭的施善动因之一即为佛教信仰；施善甚至还能是一种诉诸同胞爱，也就是民族主义的诉求，如民国初年的中国红十字会在直隶、浙江水灾中募款启中有“垂念同胞”等字眼，在赈济东南旱灾、兵灾时，红会总办事处以“数百万同胞日处水深火热”之况呼吁捐款。[④] 当然，行善积德、善恶有报的行善观念在清末民初并未完全式微，仍是普通民众施善的重要诉求。对于行善动机的更详细分析，有助于以思想文化的视角理解近代慈善

① 梁其姿：《施善与教化：明清的慈善组织》，第 3 页。

② 游子安：《善与人同：明清以来的施善与教化》，第 304—305 页。

③ 汪华：《慈惠与规控：近代上海的社会保障与官民互动(1927—1937)》，第 223—224 页。

④ 张建俅：《中国红十字会初期发展之研究》，中华书局 2007 年版，第 97 页。

事业演进的动力问题，通过对于施善群体“为何施善”，及背后价值观、心态等的更深入探讨，能够更好地与既有针对明清江南地区慈善机构研究形成对话，理解一些施善者心态之历史与社会渊源，从而更准确地把握“慈航”的文化内涵。

当然，由于篇幅的限制以及相关资料的匮缺（如慈善组织内部刊行之征信录等），针对近代上海慈善事业与都市发展关系的讨论，本书以传统慈善组织因应近代社会发展特点进行的适应、改革为视角进行整体、全面的考察，已是一部相对较为全面、精细的近代城市慈善事业史专著，对于深刻揭示以慈善团体为代表的中国民间力量，其历史传统的强大韧性及面对社会丕变时的良好适应性，以及突破“近代化”叙事，打通传统与近代考察慈善组织发展史具有重要意义。同时，作为一名“新上海人”，在本书结语中，作者结合自身来沪生活打拼的故事经历，反思上海慈善事业发展背后的动力，展现出了浓厚的人文关怀与优秀的学术敏锐度。希望作者及包括笔者在内的慈善史研究者，能够在慈善事业中国家权力与社会关系、慈善者行善动机讨论等更多议题上有所突破，贡献更多相关专著以惠学林。

（陆轶隽：上海师范大学人文学院博士生）

1910—1911年间东北鼠疫研究新探索

——读威廉·萨默斯《东北博弈：环境与地缘政治(1910—1911)》

迟静文

鼠疫是世界性流行疾病，历史学家将世界性鼠疫划分为三个阶段：第一阶段始于公元541年的查士丁尼瘟疫，直到公元743—750年的北非和地中海东部鼠疫结束；第二阶段始于1347—1352年的黑死病，持续300多年，直到1665—1666年的伦敦大鼠疫结束；第三阶段从19世纪中叶在南亚、东南亚和东亚新暴发的鼠疫开始，到20世纪中叶逐渐消失。本书研究对象为第三阶段世界性鼠疫期间的一场鼠疫。

1910—1911年间发生在中国东北地区的鼠疫流行疾病，引起国内外学术界的广泛关注。[①] 以往学界对鼠疫的考察多集中于疾病本身，其中以伍连德的成果最为显著[②]。后续的研究大多以伍连德及其成就作为研究对象[③]，以公共卫生视角来解读。近年来，社会文化史、环境史与医疗史的理论与实证研究的兴起，对这次鼠疫的研究产生了重要影响[④]。威廉·萨默

---

① 中国东北鼠疫的学术性记录现有三种，一种是伍连德自传；首部历史类成果是哈佛大学东亚研究系列中卡尔·F. 内森1967年出版的著作(他认为这次鼠疫暴发在最为复杂多变的亚洲地区，重点关注的是围绕鼠疫的国际政治)；2006年马克·加姆萨(Mark Gamsa)根据某位身处哈尔滨的重要参与者的日记，从一位亲历者的角度补充了内森和伍连德的记载，提供俄国官员在疫情高峰面对疫情防控任务的视角。

② 伍连德著，程光胜译：《鼠疫斗士：伍连德自传》，湖南教育出版社2020年版。

③ 参见姚崧龄：《"抗疫医生"——伍连德医生》(《传记文学》1968年第6期)；姒以翼：《防疫工作的先驱者——伍连德博士》(《哈尔滨文史资料》1984年第3辑)；马伯英：《中国近代医学卫生事业的先驱伍连德》(《中国科技史料》1995年第1期)等。

④ 关注点则多侧重于社会范畴的诠释，主要对鼠疫的防控机制、政治因素及社会影响等进行研究，参见赵士见：《近十年东北庚子鼠疫研究之扫描》，《黑龙江史志》2015年第5期；杜丽红：《清末东北鼠疫防控与交通遮断》，《历史研究》2014年第2期；管书合：《1910—1911年(转下页)

斯《东北博弈：环境与地缘政治(1910—1911)》,试图整合中国东北鼠疫的政治、医学和文化视角,将它放置到20世纪初东亚地区展开的宏观地缘政治角力语境,延伸前人学者研究工作,提供一种更加全面和细致的分析。

一、东北问题与鼠疫

威廉·萨默斯著作第一章和第二章,首先分析了鼠疫及其周期性的暴发,为1910—1911年东北鼠疫面临的具体条件、局部环境和科学发展设定场景。随后,作者将注意力集中到这次鼠疫本身。这次大鼠疫基本医学信息,以及中国东北在后日俄战争时代怎样形成分属于中、日、俄的三个相互竞争相互对峙的政治实体,虽然中国在名义上享有主权,但日本和俄罗斯控制了大部分铁路,并且在铁路沿线享有治外法权。日俄权力包括但不限于驻军、运行铁路、开采矿业、发展贸易、建设定居点等。这样的分割状态可以经受住之前小范围的周期性的腺鼠疫,等面对更加罕见传染性更强的肺鼠疫,三方难以形成有效的合作,而且还会把鼠疫和公共卫生问题视为一个政治斗争的机会。作者还简要地谈到了美国"门户开放"政策,即尽量维持列强在东北的权力均等,不承认任何一家独大,这也为随后美国选择支持中国制衡日本做了铺垫。

二、制度下的应对之法

介绍完大鼠疫基本背景信息之后,作者在第三章考察中国东北的局部环境,政治矛盾、中国正在发展的技术变革,特别是东亚地区的铁路及工业

(接上页)东三省鼠疫之疫源问题》,《历史档案》2009年第3期;胡成:《东北地区肺鼠疫蔓延期间的主权之争(1910.11—1911.4)》,《中国社会历史评论》2008年第5辑;焦润明:《1910—1911年的东北大鼠疫及朝野应对措施》,《近代史研究》2006年第3期;田阳:《1910年吉林省鼠疫流行简述》,《社会科学战线》2004年第1期;胡勇:《清末瘟疫与民众心态》,《史学月刊》2003年第10期;王学良:《1910年东北发生鼠疫时中美与日俄之间的斗争》,《社会科学战线》1992年第3期。

化萌芽，并使用并列式结构，对比了哈尔滨、奉天、大连三个地区和三种制度，怎样应对这次鼠疫大暴发。

哈尔滨分为两个行政实体，一个是俄罗斯的哈尔滨市，在铁路沿线包含今天的道里区和南岗区一部分，另一个是中国的滨江厅，包含当时的傅家甸和四家子等地，约为今天的道外区。从俄罗斯视角来看，俄方工作的重心有两个，一个是保护海参崴等本土城市不受鼠疫波及，另一个则是巩固和扩张在哈尔滨的影响力，其目标最终达成。俄方派出的鼠疫专家丹尼洛·扎博洛尼以及数个医疗队和资金支持，并以武力威胁向傅家甸派出医生和工作人员参与隔离和卫生工作。中国方面虽积极参与公共卫生工作，但伍连德的工作独立于俄方，到达哈尔滨后进行秘密尸检，确定了本次瘟疫是肺鼠疫而不是腺鼠疫。此外，伍连德还争取到了许可火化尸体，这是切断鼠疫传播的一项重要进展。伍连德医生的成就是两方面的，一方面是以瘟疫作为一个窗口从现代细菌科学的角度了解鼠疫，这使他成了鼠疫方面的权威专家，他基于这次鼠疫所著《鼠疫防治手册》，直到 20 世纪 40 年代一直是国际卫生组织的标准防治方案，论文《论肺鼠疫》直到 1954 年仍是鼠疫研究的标准参考文献；另一方面，他的成功是政治性的，正是因为伍连德在抗击鼠疫中的功劳和科学发现，使得中国能够主导鼠疫预防和疫情回顾的话语权，拒绝了向俄方和日方让渡公共卫生管辖权的要求。

俄国在奉天的影响力于 1905 年后已经消退，日本势力还未形成，因此奉天的鼠疫管理和防控措施是最中国式的。遇到的主要问题是资源不足，大部分人手已经北上赴哈尔滨协助鼠疫防控，在一月中旬，长春到奉天的铁路被关闭，即便如此，奉天的医疗和隔离资源仍是捉襟见肘，没有在切断扩散和传播方面有任何特别的成功。直到哈尔滨鼠疫平息之后，奉天的感染率和死亡率才显著下降。

鼠疫从未真正进入大连，而是被日本严密的隔离制度和军事警戒抵挡在外。这一方面和旅大地区靠南，不是鼠疫首发地，日本有较久的时间进行准备有关，另一方面，也得益于“满铁”首任总裁后藤新平为殖民设计的行政和医疗两套系统。作者认为，日本的殖民扩张是对欧洲殖民范式的模仿，武力占领，经济剥削，文化同化，都是日本在扩张中使用的策略。而对医学现代性的占有，则是日本殖民议程中的重要工具。后藤新平本人在回忆录中所说，“殖民政策就是文装的武备，执行举王道之旗行霸道之术……我们必须以中央试验所推进文化侵略，为当地人口提供民粹教育，构建其他学术和经济联系…… 自古以来统治的秘诀就在于抓住人类生活方式的那些弱点……它与殖民政策休戚相关”①，是日本利用医学和公共卫生实现扩张野心的自我注脚。

三、作为主权之标志的万国鼠疫研究会

第四章是该书核心章节，介绍了万国鼠疫研究会的召开和进程。日本要求参与奉天鼠疫防治行政管理后，总督锡良承受了巨大压力，他接受了美国建议邀请各国医学专家赴奉天合作成立国际组织，调查和预防鼠疫。其中尤为重要的是，中国虽然处于相对的弱势，仍然抵制将这个科学委员会赋予行政职能的尝试。把会址设在奉天也是出于政治上的考虑，因为这里不是外国的势力范围。作者认为，万国鼠疫研究会一方面是为了通过引进国际社会的援助，制衡俄国、日本势力，另一方面也是中国进行现代化的一个自我表达：正如俄国和日本使用现代性来合法化其在中国东北的存在一样，伍连德的科学贡献和防治鼠疫的突出成绩加强了中国在东北行使和捍卫主权的国际声誉。

灾变发生后，东北成为医学领域的国际“战场”，各国竞相派出医学权威，一场寻找发现传染病源头、抢夺话语权的医学竞赛上演。为中国力挽狂澜的是伍连德，他的对面是强大的各国权威医学专家。他力排众议，率先调查疾病性质、病体及其传播模式，西方医学界向中国医生学习传染病现代理论，这还是历史上的第一次。万国鼠疫研究会的成功召开，体现出国际协作防治传染病的雏形，伍连德也从此成为世界公认的权威。

① ［美］威廉·萨默斯著，王进译：《东北博弈：环境与地缘政治（1910—1911）》，上海人民出版社2022年版，第55页。

会议结束后，中国近代公共卫生事业正式起步，成立了专门的防疫机构。从中国近代医学发展角度看，这场东北博弈间接推动了国际医学合作，客观上促进了现代医疗和科学技术在中国的传播，以及中国近代医疗卫生事业的发展。

四、现代医学的进步与国际局势

随着这场鼠疫的画面清晰地浮现在我们眼前，作者在第五章回顾了围绕鼠疫生物学及鼠疫在中国东北与中亚地区的产生原因，以及不断形成的历史争议。书中引入了一个关键的方法，那就是疾病生态学。为了让读者对于鼠疫的源头了解得更加具象，书中通过这样的视角来阐述：莱比锡和维也纳染料技术的进步促进了欧洲对旱獭毛皮的需求，使更多的东北人为了利益加入旱獭毛皮贸易中，因汉人的捕猎方法要比传统满族蒙古族猎人的方法更容易捕捉到病旱獭，从而加大了感染鼠疫的风险。作者发挥了他在现代细菌生物学上的专长，将中亚确定为这次鼠疫的最可能来源，并且把人类行为和生态中的宿主和微生物联系在一起，这些理解和认识是 20 世纪人类生物医学进步的一个开始，对于不熟悉环境史和对公共卫生感兴趣的读者来说，不失为一个难得的了解机会。

最后一章不仅从殖民与后殖民模式疾病史的更广泛语境，还从涉及鼠疫、瘟疫和国家利益的更为总体性的医学史重新定位这场鼠疫。作者再次回到了地缘政治上，讲述了鼠疫是如何和东北的政治斗争交织在一起的，认为清政府对鼠疫的相对成功的公共卫生努力和举办万国鼠疫研究会在一定程度上遏制了日本的扩张，却无法阻止日本对中国东北“不可避免的”全面入侵。1911 年的革命和随即而来的乱世使得清政府的成功显得无关紧要。

在后记中，作者指出成功的公共卫生举措必须基于国际共识和合作，乐观地指出世界卫生组织在过去的 60 年里，找到了钝化国家利益的方法，能够劝说国际合作来面对全球健康问题，并保持广泛的科学可信度。但也发出对世界卫生组织受到地缘政治干扰，损害了全球公共卫生使命的担忧。

本书中文版于2022年出版，当时新冠疫情在全球肆虐，各国之间缺乏合作，世界卫生组织和传染病专家的争议被高度政治化，作者的担忧仍然显得有现实意义。

五、评　　介

该书有两处书写引人注意。其一是关于东北。作者认为东北是“20世纪备受列强关注的商业发达地区”（第3页），这显然与通常印象中的东北截然不同。“发生在充满国际对峙与外交斗争的地区，引发了各国的重视和兴趣”（第5页）。东北地区地处边境，曾因清政府的禁垦政策，在相当长的一段时间里是罪臣的流放之地，天寒地冻，荒无人烟，即便后期得到某种程度的开发，政治、经济和文化相比于中原地区都较为落后，似乎与“商业发达”相距甚远。其二是关于鼠疫的作用。作者在书中写到“鼠疫及其后果在当地地缘政治事件中发挥了重要作用，堪称后来日本完全占领中国东北，乃至第二次世界大战爆发的序章”（第3页）。此前也有人写关于鼠疫的内容，更加翔实的著作如伍连德的自传《鼠疫斗士》，但并没有关注这两点。不难看出，作者有意强调东北地区和鼠疫的重要性，东北鼠疫不只是一场人类的不幸悲剧，还在历史上起到了更为重要的作用。

作者试图通过以下路径凸显东北鼠疫的特殊地位。整体来讲，首先考察了疫情发生地的特殊环境，即由各国在中国东北地区的不同诉求形成的地缘政治及权力的运作机制，以及不同国家与文化交锋的各种历史遗产。与此同时，也探讨了技术、历史与疾病，以及铁路、农业市场与19世纪新兴微生物学之间的相互关系。此外，还分析了疾病的多种“用途”，作为政治策略的工具、研究自然与医学科学的载体，以及作为获得声望与财富的机遇。

鼠疫展现了流行疾病的全球影响。对中国来说，鼠疫不仅仅是一场环境灾变，还是近代中国应对外侮的历史写照，生态灾害、地缘冲撞和政治交锋相互交织，展现了中国在地缘政治极其动荡时期所作出的努力，中国现代公共卫生事业于危机中借势萌芽，其影响延续至今。对世界来说，鼠疫的暴发无疑是一场人类重大悲剧，但与此同时，也推进了世界医学知识的进步，促进了公共卫生事业的发展。

作者在研究方法上可能并没有达到他所期望的目标：即把疾病生态学和地缘政治这两个学科的方法有机地结合起来。全书主要是在探讨地缘政治，只在第五章单独探讨了疾病生态学，介绍的重大发现并没有改变地缘政治已经广泛形成的观点。这样一来，作者意图分析和研究的“医学科学对瘟疫的利用”和“地缘政治对瘟疫的利用”并没有达成平衡，地缘政治才是主导。

此外，作者以丰富的一手资料，生动地记录了中外科学家和外交官在面对疫情和国际政治危机双重压力下所呈现的不同形象和态度。但研究中国东北地区鼠疫，主要依赖英文资料，偶尔使用少部分俄文资料，几乎没有中文和日文资料，因此无法借鉴在过去几十年中，其他学者对俄文、中文、日文史料的出色挖掘和新看法。即使是俄文资料也都来自俄罗斯本土，没能够追溯到本地的哈尔滨来源。当讲到沙俄在哈尔滨的殖民和扩张的时候，因为缺乏本地的中俄文史料，作者无法还原出当时的沙俄哈尔滨市议会和清朝滨江厅道员之间的权力交锋细节以及权力如何被运用。同时，作者大量地引用了来自英美档案馆中的外交通信，但是却没有加以鉴别。外交官以一个外来者视角进行观察，其述说不可避免地受到他们偏见的影响。然而，对于希望了解疾病生态学和公共卫生史的研究者和学生来说，本书仍是一部优秀的参考读物，可以帮助了解方法和分析框架。

（迟静文：上海社会科学院历史研究所硕士研究生）

学术追踪

小浜正子教授来访并讲座

小金　报道

2023年8月29日，“现代中国与世界”论坛之五在上海社会科学院分部2号楼503会议室举行，讲座题目为“东亚是不是‘儒教社会’？——一个比较家族史尝试”，由日本大学文理学院副院长小浜正子教授主讲，上海社会科学院历史研究所现代史研究室主任马军研究员负责主持，多位所内师生及校外学者到场参与。

首先，小浜正子教授介绍了日本上海史研究会的活动情况与自己近年来的研究成果。接着，她解释了研究东亚“儒教社会”的意义。在她看来，家庭和家族是研究性别(gender)时的重要问题，儒教规范构建了东亚家庭结构的基本框架。但在东亚各国社会中，“儒教社会”的表现形式又各不相同。随后，小浜教授又分别列举了中国、日本、朝鲜、越南四国社会中“儒教社会”的建立时间、阶层划分、婚姻状况和祭祀习俗等，并加以比较。通过归纳，她指出，古代大文明圈如中国、印度、伊斯兰教圈，都是父系社会；而其他地区如日本、朝鲜、东南亚和欧洲，都是双系社会。前近代的文明化其本质是儒教化，也就是父系化，并且是在近世——即近代前夕完成的。而近代文明化的本质则是欧美化，在这一时期，东亚各国的儒教因素也受到了不同程度的冲击，产生了不同形态的嬗变。小浜教授在最后指出，“儒教社会”是研究东亚社会性别秩序和家庭结构的一个独特视角，在东亚各国从前近代到近代的历史中，“儒教社会”经历了多次再构筑和脱构筑，在此影响下的性别秩序和家庭结构也经历了多次的再构筑和脱构筑，因此比较性别史还需要学者们继续作更进一步的研究。

报告结束后，在场的各位学者纷纷发表了感言，并与小浜教授进行友好的学术交流和讨论。讲座在现场的热烈掌声中圆满结束。

东亚是不是《儒教社会》？
一个比较家
族史尝试

聚焦上海都市化180周年，上海社科院历史所现代史研究室发布新书八种

1843年11月17日，上海作为通商口岸开放，都市化进程随之开启。在上海都市化180周年纪念到来之际，上海社科院历史研究所现代史研究室发布新书八种，回溯上海近现代历史的发展，以期推进相关学术研究的交流与精进。近日，该研究室召开新书发布会，八本书的编者、作者介绍了相关情况。

《红映浦江——上海工运历史研究》第二辑（上海书店出版社2022年9月版），是一部以书代刊的连续性出版物，由上海社科院历史所现代史研究室与上海市静安区文物史料馆联合主办。据该研究室主任马军介绍，该书收录了上海社科院所藏的工人运动史料，如上海公共租界工部局警务日报摘译，反映了当时上海工人运动的动态，是该所颇具特色的独家资料。

上海社科院历史所研究员段炼主编的《上海史研究》四编（上海社会科学院出版社2023年6月版），旨在继承该所上海史大家唐振常先生开创的研究事业。该系列的论文集在20世纪80年代曾出版过2编，后长期中断。现在恢复，并在稳步推进。唐振常先生因其主编的《上海史》（1989年版）而在上海史研究的学术史上占据着独特的地位。当年在率领团队撰写大部头《上海史》的过程中，唐先生还领衔做了一系列的铺垫工作，以期培养队伍、逐步推进。其中就包括在1984年和1988年分别主编、推出的《上海史研究》第一、第二编，各收论文约10篇，绝大多数作者都是《上海史》课题组成员，“他们在写作全书之余，产生了一部分中间成果。把这些中间成果汇集出版，得闻各方雅教，当有助于促成上海史研究的提高”。（《上海史研究·

二编》序)据段炼研究员介绍,现在恢复这一刊名,旨在秉承初心,把一些拙朴、尚不成熟的成果第一时间推向社会,大胆地接受检验和审视。他还指出,上海史已经是走向世界的显学,因此新刊增设了英文目录。

上海社科院历史所现代史研究室与龙华烈士纪念馆合编的《峥嵘岁月:龙华烈士纪念馆口述资料选辑》第2辑(上海人民出版社2023年3月版),汇集了该所前辈沈以行、姜沛南、郑庆声等人在20世纪50年代后期采访上海老工人的口述回忆20多万字,系首次向全社会公布,弥足珍贵,被视为是"新中国最早的一批口述采访"。

由上海社科院历史所研究员马军、江文君主编的《史潭清流:上海社会科学院历史研究所现代史研究室的2012—2023年》(上海教育出版社2023年8月版),汇聚了该所现代史研究室过去十年开展的学术活动,尤其是出版品的重要信息,该所的历史留下了可供信赖的凭据与史料。

日籍华人教授刘建辉著、上海社科院历史所助理研究员甘慧杰翻译的《魔都上海:日本知识人的"近代"体验》,写出了明治时代的日本人眼中的上海,对"摩登"成为"魔都"的历程进行了一次知识考古。该书由上海古籍出版社首版于2003年,时隔20年,由凤凰出版社于2023年6月推出了该书的修订、增补本,该书对于了解上海所见的早期中日关系极有裨益。

江文君研究员介绍了前述两本书的由来,并指出今年是"魔都"这一概念诞生整整一百年。一个世纪的时间里,这个由日本大众作家松村梢风在20世纪20年代提出的名词已经远远偏离了它原本的含义,被赋予了更丰富的内涵,并且广泛流传,这其中折射的上海城市变迁也值得探讨。

马军编著的《〈史林〉杂志目录(1986—2010)及研究》(上海社会科学院出版社2023年9月版),是上海社科院历史所主办的《史林》杂志有史以来的第一本总目,它不仅具有学术史、所史、刊物史的重要意义,对于继续开展研究工作尤其是研究生教学亦颇有帮助。

马军研究员表示,编纂过程中遵循"事无巨细"的原则,除文章外亦将广告、启事等悉数收录,除时间顺序外还设置了专题、人名索引。

上海社科院历史所研究员周武表示,该书是一本杂志的生命史,它收录了《史林》成长过程中重要的一段时期。周武研究员回忆了这一时期他所参与的办刊历程，从接手刊物、改组编辑部到建立声誉、挺进C刊，《史林》在这段时期走过的路程“看似寻常最奇崛”。这一时期的《史林》树立了自己的风格，以江南史、城市史为特色，刊出相关领域最前沿学者的文章，还是最早关注阅读史领域的学术期刊，逐渐打响自身的品牌。他表示，这本《史林》总目的梳理是一件颇具意义的事。

马军研究员编写的《从自在到自为——李华兴教授青年时代的工运史研究》(征求意见稿)除了继续推进本研究室的特色项目——工运史研究外，也旨在纪念缅怀该所已故的老所长李华兴教授，今年是他的九十寿辰。马军研究员表示，他清楚地记得，在20世纪80年代末、90年代初，面对经济大潮的猛烈冲击，李华兴教授曾竭尽全力地领导呵护全所的学术大局，度过了艰难时刻，可谓功不可没。

《历史学家刘修明纪念集》(上海社会科学院出版社2023年1月版)，是由马军研究员编写的文论集、资料集，为纪念上海社科院历史所老一辈同人刘修明先生(1940—2021)，得到了刘先生之子刘潇江先生的大力支持。刘修明先生是上海社会科学院历史研究所研究员、九三学社社员，主要从事中国古代史、秦汉史和史学理论研究，曾任《史林》副主编、《社会科学报》常务副主编、中国秦汉史研究会副会长，代表性著作有《儒生与国运》《雄才大略的汉武帝》《汉光武帝刘秀》《从崩溃到中兴》等，编著有《话说中国》(主编)、《毛泽东晚年过眼诗文录》等。他曾承担“七五”国家社会科学基金项目“儒生与国运——中国封建社会知识分子的道路”，这一研究在学术界有广泛的影响。

(原载《澎湃新闻》2023年11月17日)

“中国的抗日战争与上海法租界的终结”暨第五届上海法租界史研讨会召开

80年前，英、美等国政府与中国政府签订新约，取消在华治外法权和租界，废除了自1840年鸦片战争以来强加给中国的一系列不平等条约。通过此举，中国得以收回了一部分主权，在精神上打碎了不平等条约强加在中国人民身上的沉重枷锁，从而在法理上结束了百年来的租界历史，对中华民族走向复兴之路具有极其重要的象征意义。

为了铭记历史、以史为鉴，2023年12月12日，“中国的抗日战争与上海法租界的终结”暨第五届上海法租界史研讨会在上海淞沪抗战纪念馆成功召开。此次学术会议由上海抗战与世界反法西斯战争研究会、上海炎黄文化研究会指导，上海社会科学院历史研究所现代史研究室、上海师范大学都市文化研究中心、上海淞沪抗战纪念馆联合主办。来自国防大学政治学院、上海社会科学院、上海师范大学、上海交通大学、上海市历史博物馆、上海淞沪抗战纪念馆等高校、科研院所、文博场馆的20余位专家学者和同仁参加会议。会议由上海抗战与世界反法西斯战争研究会秘书长唐磊主持。淞沪馆党支部副书记、副馆长徐伶致欢迎辞。

上海师范大学都市文化研究中心主任、教授苏智良，上海抗战研究会会长、国防大学政治学院教授张云分别作了主旨发言，提出要结合上海史、抗战史，以多元化的研究思维，深入挖掘新史料，开拓新方向，不断深化上海租界史研究。

上海社会科学院历史研究所马军、段炼、李志茗，上海社会科学院宗教研究所张化，上海师范大学人文学院蒋杰，江苏科技大学周新民，上海市历史博物馆刘华，上海淞沪抗战纪念馆胡文君，上海师范大学丁怡骏，上海社会科学院出版社章斯睿，上海社会科学院靳胜昔，上海市长征中学张绍俊，上海交通大学卢官一，以线上线下的方式，分别围绕“法租界‘收回’前后”“法租界公董局”“多元视角下的法租界”等多个主题展开论述，分享研究进展，从不同的视角和层面，反映了法租界被“接收”前后社会、政治、经济状况，从一个侧面表明上海租界史是认知近代上海社会、中外关系，以及中国抗战的一个不容忽视的面向，开拓了中国近现代史和中外关系史研究的领域。

会议由上海抗战研究会会长、国防大学政治学院教授张云，上海社会科学院历史研究所副研究员江文君作会议总结。

学术研究成果是我们最坚实的基础和支撑。依托各位专家、学者的研究力量，我们将为弘扬民族精神、赓续红色精神而不懈努力，通过铭记历史、缅怀先烈，激励大家追寻红色基因，增强历史自信和文化自信，汲取奋进力量，为新时代强国建设和民族复兴不懈奋斗。

（原载微信公众号“淞沪馆”2023 年 12 月 13 日）

“历史回响与精神启示”

——纪念一·二八淞沪抗战爆发 92 周年学术座谈会综述

为纪念一·二八淞沪抗战爆发 92 周年，2024 年 1 月 26 日下午，由中共上海市委党史研究室、上海市社会科学界联合会指导，上海市宝山区文化和旅游局、上海抗战与世界反法西斯战争研究会主办，上海淞沪抗战纪念馆承办，上海师范大学都市文化研究中心、上海社科院历史所现代史研究室协办的“历史回响与精神启示”纪念一·二八淞沪抗战爆发 92 周年学术座谈会在上海淞沪抗战纪念馆顺利召开，来自海峡两岸的 20 余位抗战史领域的专家、学者和来自博物馆、纪念馆的同仁们从不同角度分享交流了关于淞沪抗战的最新研究成果。

上海市宝山区文化和旅游局党组书记、局长黄铁红在致辞中表示，近年来，宝山区文旅局持续挖掘和传播宝山“五个百年”的深厚文化底蕴和丰富的红色文化资源，坚持做大、做专、做优抗战纪念活动，在深化拓展上海抗战史研究课题的基础上积极转化研究成果，以持续加强爱国主义教育阵地建设。未来希望与各位专家和同仁共同携手，在红色文化传承、文物保护利用等领域进一步深化合作，探索形成文旅融合创新产品，合力打造具有显著标识度和影响力的红色文化品牌，让红色革命精神融入百姓生活。

本次座谈会开幕式由上海淞沪抗战纪念馆新任馆长孔祥俊主持。座谈会发言环节由上海抗战研究会名誉会长、国防大学政治学院教授张云主持。

上海抗战研究会会长、上海师范大学教授苏智良作主旨发言。承接关于推进文旅融合和打造红色文化品牌的话题，苏教授首先展望了上海抗战史学界将于 2025 年推出的一批重要成果，随后围绕会议主题，从军民合作、战场表现、城市品格和历史形势等四个方面深入浅出地阐述了一·二八淞沪抗战的伟大功绩，并就中国军队在两次淞沪抗战中在战略战术、军事指挥方面的优劣比较，以及日军作战情况和其他历史细节，指明了进一步研究的方向，给年轻学者们以思考和启发。

浙江省历史学会抗日战争史研究分会会长王选从持续收集淞沪抗战相关史料和深化研究的角度，同样带来颇具启发性的研究思路，她列举了澳大利亚历史研究者对被日军押至巴布亚新几内亚沦为奴工的四行仓库守军的探寻，日本友人松冈环收集的日军屠杀宝山百姓的亲历者口述资料，以及上海周边省市对两次淞沪抗战的突出研究成果，指出广泛关注国内外史学界研究动态对丰富上海抗战史研究的意义。

国际视野中的淞沪抗战

立足上海抗战在中国抗日战争与世界反法西斯战争中的重要历史地位，多位与会专家学者通过分析和解读相关国家的档案史料，将淞沪抗战置于国际视野中进行考察。

上海抗战研究会副会长、复旦大学副教授皇甫秋实作了题为《美国军事情报视野下的淞沪抗战》的报告，通过解读和分析一·二八淞沪抗战期间美国军事情报资料，梳理了美方从军事观察、外交干涉、多边关系、全球局势等四个方面对一·二八淞沪抗战的国际考量，与此同时发掘了关于淞沪战场的诸多历史细节，佐证了美方基于战场观察和军队表现所作的关于中国抗战走向，乃至远东局势的判断，充分揭示了一·二八淞沪抗战对美国制定“援华制日”的远东政策，以及中美在形成反法西斯战争同盟中所发挥的推动作用。

上海师范大学博士生宋伟志的报告《辅车相依：一二八事变与在沪韩人的援中反日斗争》综合运用了包括韩国、日本、中国台湾地区的多方史料，细致梳理了一·二八事变前后在沪韩人的反日团体和展开的援中反日斗争，以及中国军民对其活动的援助和支持，阐明了中国抗日救国运动与韩国独立复国运动的密切联系，由此指出，一·二八期间在沪韩人的援中反日斗争不仅推动了韩国独立运动从低谷走向复兴，也象征着近代中韩合作争取民族解放的新起点。

上海犹太难民纪念馆展览研究部研究人员蔡沁在题为《“淞沪抗战”记忆的国际关注》的发言中，报告了其通过查阅外文学术文献所了解到的国外学界对一·二八淞沪抗战的研究现状，以及国外学者对中国抗战历史叙述的多种观点，并在此基础上分享启发：学术传播在历史事件的国际传播中发挥着重要作用，需客观严谨并兼顾多面，在记述苦难的同时亦充分展现中国人民顽强不屈的抗战精神和捍卫人类和平事业的坚定形象。

抗日救亡浪潮中的淞沪抗战

一·二八淞沪抗战是爱国军队进行的民族自卫战争，同时也是一场波澜壮阔的民众抗日救亡运动。与会的多位学者将视线投向立于斗争前列的不同群体，通过史料展现了抗战精神为民族奋进凝聚的磅礴伟力。

上海抗战研究会副会长、中共上海市委党史研究室主任科员曹典进行了题为《刘少奇与沪西反日大罢工》的报告，介绍了一·二八淞沪抗战期间由刘少奇参与领导的，以沪西日商纱厂工人反日大罢工为代表的工人运动，探讨了刘少奇工运策略蕴含着的统一战线鲜活思想，阐述了刘少奇如何将工运重心从经济斗争转向援战反日的政治层面，并积极为工人争取权益，从而为反日大罢工打下良好物质基础，凸显了他领导的上海工人力量为支援淞沪抗战作出的重要贡献，也进一步丰富了学界对中共在淞沪抗战期间活动的考察。

上海社会科学院历史研究所研究员李志茗在《从一·二八淞沪抗战中被毁的精武黄钟讲起》的发言中，以带有民族精神象征意象的“精武黄钟”为视点，讲述了我国首个民间体育团体上海精武体育会“为扬华人志气”，建造精武公园和铸造精武黄钟，之后在一·二八淞沪战火中，该公园和黄钟连同重要文化设施惨遭炸毁和劫掠，如今又得以重建的历程，从微观视角展现了中华民族从救亡图存到迈向伟大复兴的坎坷光辉之路。

中国左翼作家联盟会址纪念馆副研究馆员顾良辉在题为《以文化人以文铸魂——从左翼文艺作品看一·二八淞沪抗战》的报告中，阐述了一·二八事变爆发后，左翼文化界的标志性反日行动和代表性作品，囊括了小说、报告文学、电影、戏剧、诗歌、漫画、歌曲等诸多题材，并在常见文艺形式的基础上重点介绍了报告文学的兴起和抗日新闻纪录片在海内外的传播影响，立体展现了左翼文化界发时代之先声，立时代之潮头的历史担当与重要贡献。

社会场景中的上海抗战

在长达十四年的抗日战争中，上海发挥了独特的重要作用，同时经历了复杂的社会变化，一些学者从社会生活史角度对抗日战争中不同时期的上海进行了考察。

上海社科院历史所副研究员江文君的报告《战争阴影下的生活图景：抗战时期上海市民社会生活状况》主要利用了上海公共租界工部局工业社会处的统计资料，并以全民族抗战爆发和太平洋战争爆发两个历史节点为对比时间线，挖掘和分析了上海各级职员家庭在人口数量、人居面积、家庭收入、消费情况、营养水平等方面的统计数据，不仅从量化层面展现了上海沦陷时期，特别是孤岛时期的市民日常生活，也为全面客观了解抗战时期上海国民经济状况带来了辩证思考的启发。

上海社科院历史所研究生靳胜昔的报告《汪伪时期的上海防空与民众生活日常：以1941—1945年防空物品广告为例》，同样尝试以新颖视角重返历史现场，通过系统性地梳理汪伪时期的上海防空广告，阐述了汪伪时期上海防空政策的制定背景，介绍了常见于广告的民用防空物品类型和使用场景，提供了关于当时政策影响下民众生活情境的具象化认识，也为相关时期研究提供了鲜活的历史切片。

衡阳师范学院历史系讲师蒋欣凯作了关于《战后中国文物的损失调查》的发言，介绍了国民政府在战后为清查和追索战时文物损失而成立的专门机构和采用的工作办法，以及上海在讨回文物中发挥的转站作用，从战后清偿角度回顾了中国作为战胜国为维护民族尊严和守护文化遗产所作的努力，同时深刻地指出了国际社会合作对捍卫历史公平正义的重要性。

在会议总结部分，上海抗战研究会副会长、上海社科院历史所研究员马军基于各位的发言，分享了关于抗战史研究的几点感悟，将其梳理为五组关系：纪念性与研究性；宏观性与微观性；专题性与相关性；国际性与本位性；历史性与法律性。马军教授在发言中强调了围绕重要历史纪念日举办纪念活动和对学术研究进行整体规划的重要性，主张在研究中兼顾宏观叙事和微观视角，在把握整体的前提下展开联系、突出重点，在主要课题下以不同切面深入研究衍生课题，以及运用多语种史料和各种学术平台增进与国内外学者和学术团体的交流和了解，以促进上海抗战史研究的繁荣发展。

本次座谈会上还举行了《上海所见的抗日战争》新书发布仪式。此书作为上海抗战史研究领域最新学术成果之一，由马军、蒋欣凯等著。

（原载微信公众号“淞沪馆”2024 年 2 月 6 日）

“现代中国与世界”论坛之六记略

晓荆　报道

2024年3月15日下午，由上海社会科学院历史研究所现代史研究室主办的“现代中国与世界”论坛之六，在历史所831会议室举行。本次论坛分为上、下两场，主题分别为“访法见闻·数字技术·工运史”和“日本学界的上海法租界史研究”。来自上海社科院历史研究所、日本关西学院大学、上海师范大学、华东师范大学等高校和科研机构共20余位师生参加了活动。

上半场由历史所江文君副研究员主持，由上海师范大学人文学院博士研究生陆轶隽报告，分为三部分，分别是陆轶隽在法国7个月的生活经历，在法国埃克斯——马赛大学安克强（Christian Henriot）教授处学习的数字技术，以及在撰写博士学位论文期间一直进行的工运史研究。陆轶隽称，自己去法国的契机是了解到安克强教授的ENP-China项目招收高年级的历史系博士，便于去年递交简历。申请通过后，于6月末离沪赴法，直至今年1月返沪。他在报告中分享了自己在法国的生活见闻和出行轶事，以及克服饮食差异、语言障碍、支付方式等问题的经历。7个月的留法生活对他来说不仅仅是学业上的增进，更是生活能力和适应能力的极大锻炼。

陆轶隽参加的研究项目ENP-China（Elites, Network and Power of Modern China，近代中国的精英、网络与权力），由安克强教授负责，旨在运用数据挖掘、分析、可视化等一系列过程，在建立精英人物数据库的基础之上，探索近现代中国精英的转变过程，及其形成的正式及非正式的网络。其团队成员来自多个国家和地区，不仅有历史学的研究人员，更有专业的软件工程师和数据工程师。陆轶隽详细介绍了团队成员与工作内容，又以自己研究的《老工人谈话记录》为例，分享了自己如何将其作为语料库，用数字工具抓取关键词，并建立关键词间的主题联系，由此进行主题建模和文本分析。同时他也直言，数据抓取存在一定误差，历史研究者对于数字人文还是要采取比较谨慎的态度。他通过研究发现，现在主流工运史的书写可分为两类，一种是线性化的革命史叙事，另一种是以《英国工人阶级的形成》为代表的新工人史，后者以社会学的方式重新解读工人生活、运动和心态。而他所研究的《老工人谈话记录》则可以与二者结合，更可以将其作为底本，用数字技术探索20世纪20年代上海工人运动中存在的各种网络。最后，他总结道："掌握技术不仅仅在于掌握工具本身，而是需要学习一整套思维，即运用现有合适的工具去探索史料中的新可能。"

在讨论环节，与会人员就史学研究如何与数据分析、文本挖掘等数字技术的发展相结合进行了热烈讨论。江文君副研究员指出，人工智能在阅读汗牛充栋的史料时速度极快，建立数据库有助于史料的研究与使用，但其前提是史料的数字化。

下半场由日本关西学院大学教授赵怡作"日本学界的上海法租界史研究"主题的报告，主持人为历史所马军研究员。赵怡教授首先介绍了日本人的上海情结和上海主题作品，这些文学及影视戏剧作品数量庞大，其内容多在反复消化"魔都"意象，虽然流于表面的"摩登"描述较多，但也有不少比较翔实的传记或回忆。日本的上海学研究，多集中于高纲博文教授为首的日本上海史研究会，尽管它现已休会，但留下了丰硕的成果。它们多聚焦于日本侨民、日本文人和中日关系，研究资料多以中、日文为主。兰心大剧院也是重要的研究主题，以大桥毅彦为代表的研究者们则主要将上海租界发行的中、日、英、法、俄、德各国报刊作为主要研究资料，详查兰心大戏院上演的各种戏剧音乐剧目，以凸显上海戏剧音乐文化东西融合交汇的特征。其中法文《上海日报》(*Le Journal de Shanghai*)是非常珍贵的材料。

赵怡教授原为比较文学专业出身，研究对象为日本著名反战诗人金子光晴和其妻森三千代，对上海历史的关注使她得以从文学研究进入历史视角。在考察兰心大剧院时，她注意到了上海法租界里一位重要的文化人物——高博爱(Charles Grosbois)。高博爱(1893—1972)于1919年来沪，历任法租界公董局学校校长、法租界教育处处长、法国使馆文化参赞等职位，于1951年离开上海后，又于1953年至1959年赴日任关西日法学馆馆长。从高博爱的经历可以看出，当时中、日、法的文化就已经紧密地联系在了一起。之后，赵怡教授还介绍了以榎本泰子为代表的日本学界上海法租界史研究的现状。2022年3月，日本首次以上海法租界史为主题召开了线上研讨会，2023年1月，论文集《上海フランス租界への招待——日仏中三か国の文化交流》正式出版，是为日本法租界研究的第一本学术专著，其主题之一即为“寻找高博爱之旅”。

分享结束后，马军研究员做了简要的概括：日本方面对上海法租界史的研究，可谓是通过一张报纸，即法文《上海日报》来深入追寻几个重要人物的轨迹；赵怡教授的报告通过梳理自己的研究脉络，带出了日本学界的群体研究，由点及线至面；通过今天的报告，使我们可以比较日本学界与中国学界在研究上海法租界问题上的各自特点和差异。他表示期待今后能加强与日本学界的相关沟通与合作。

远东城市史研究网站 FOCAL 简介

靳胜昔　编译

一、网 站 简 介

FOCAL 是一个英文数字资源网站，用以展示《亚洲编年史和目录》(*The Asia Chronicles and Directories*)的电子资源和相关研究成果，供读者阅览检索。该项目的主办机构——欧洲全球研究所(Institute for European Global Studies)，是巴塞尔大学(University of Basel)的一个跨学科研究机构，一直致力于推动超欧洲中心主义的欧洲全球研究，并为相关区域和全球背景下的研究提供理论和方法论方法。

《亚洲编年史和目录》是香港历史最悠久的英文报纸之一——《每日新闻》(*Daily Press*)的编辑部在 1863 年至 1941 年间每年发行的商业目录。《亚洲编年史和目录》序言宣称，其出版的目的是"使这部出版品成为影响西方国家与中国和日本的政治或商业安排的每一份官方文件的纪事"。它涉及中国、日本、韩国、印度支那、海峡殖民地、马来亚、暹罗、荷属印度、婆罗洲、菲律宾等多个国家和地区，其中包括 *The China Directory*(中国目录)和 *The Hongkong Directory and Hong List for the Far East*(远东地区的香港目录和列表)。《亚洲编年史和目录》按照体例每卷可分为四个部分：第一部分为目录和年度日历；第二部分为条约和代码等，包括合同和关税法规；第三部分为按照国家、地区排列的有效目录，用以查找不同国家和地区的地理位置、港口性质、风景特色和地方风俗等信息；第四部分为按字母顺序排列的所有外国居民的名单，通常还附有该居民的公司、工作头衔和居住地等个人信息。

《亚洲编年史和目录》中所列信息的多样性使研究者能够在一个较长的时间范围内跟踪研究问题。FOCAL 网站创建者通过将其数字化和建立书中外国居民数据库，为公众提供了访问这些目录和获取其中信息的独特途径。

二、栏 目 介 绍

Home 主页

https://www.asia-directories.org/focal/

主页介绍了《亚洲编年史和目录》的基本情况及其独特的学术研究价值，着重介绍了目录的骨干部分——List of Foreign Residents 国外居民名单，并指出这份名单所呈现的政治潜力尚未得到充分研究。主页还放置了其他栏目的图片链接。

Discover the Asia Directories 探索亚洲目录

该栏目收录 1863～1941 年的《亚洲编年史和目录》，并标注每卷的现存地、总页数、外国居民大约住户数和封面图片，供读者了解。读者可以点击 View source 按钮，可进行整本阅读(阅读需要使用 ORCID 账号登录，该账号可以通过邮箱免费注册)；也可点击 Search this volume 进行卷内搜索。少数年份的目录尚未在网上发布。

Search the Database 数据库搜索

该栏目用以搜索人物实例数据。简单搜索可输入 1～2 个关键词进行搜索，高级搜索可根据人物相关的姓氏、姓名、组织、职业、地理位置和年份进行搜索。搜索结果示例：

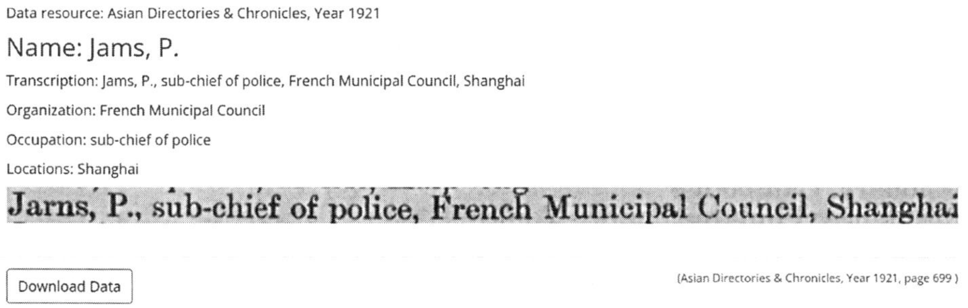
Data resource: Asian Directories & Chronicles, Year 1921

Name: Jams, P.

Transcription: Jams, P., sub-chief of police, French Municipal Council, Shanghai

Organization: French Municipal Council

Occupation: sub-chief of police

Locations: Shanghai

Jarns, P., sub-chief of police, French Municipal Council, Shanghai

Download Data

(Asian Directories & Chronicles, Year 1921, page 699)

Source Info 信息来源

该栏目主要介绍《亚洲编年史和目录》的主要内容、出版信息，并展示网站团队获取档案资源并将其转化为数字资源的过程。

Curated Studies 策划研究

该栏目展示了一些基于数据集得出的研究。目前收录的文章有：

Tracing Internees in French Indochina between 1929 and 1942（《追踪1929 年至 1942 年间法属印度支那被拘留者》）

Women in the Directories — Traces of the English Governess to the Siamese Royal Family（《目录中的女性——英国家庭教师到暹罗王室的踪迹》）

Tracing Individuals in Late 19th / Early 20th Century China（《追踪19 世纪末/20 世纪初中国的个别人士》）

Tracing Socio-Ecological Projects in British Malaya（《英属马来亚社会生态项目追踪》）

Foreign Residents in and beyond the Chronicles & Directories of Asia（《〈亚洲编年史及目录〉内外的外国居民》）

About the Project 关于该项目

该栏目介绍 FOCAL 项目的产生背景、主办机构，且附有欧洲全球历史研究所及其合作伙伴开发的其他数字资源的网页链接，包括 Global Information at a Glance（全球信息一览）、ADC Foreign Residents Benchmark（ADC 外国居民基准）、Hinode Manga Map（Hinode 漫画地图）等，并介绍 FOCAL 项目的团队参与者。

Contact US 联络我们

读者可通过此页面获取巴塞尔大学欧洲全球研究所的联络方式，或通过网页进行反馈。

三、使用感受

FOCAL 网站为初学者了解《亚洲编年史和目录》及其相关研究提供了

很好的渠道，了解网站各部分功能后就能获取信息。网站上的《亚洲目录》资源目前未开放下载，仅支持在线浏览。检索功能围绕外国居民名单展开，有关条约法规等内容还需要整本查阅。网站还提供了其他电子资源网站链接，也为阅览者了解其他电子资源提供有效渠道。

（感谢法国安克强 Christian Henriont 教授提供信息）

Virtual Shanghai（“虚拟上海”）平台网站简介

靳胜昔　编译

一、网 站 概 述

Virtual Shanghai（“虚拟上海”）（网址：https://www.virtualshanghai.net/）是一个研究近现代上海历史的资源平台。该平台团队的总负责人为法国著名上海史学者安克强（Christian Henriot）教授。安克强教授曾先后在里昂第二大学（Université Lumière Lyon II）、里昂高等师范学院（Ecole Normale Supérieure de Lyon）、艾克斯·马赛大学（Aix-Marseille Université）任教。代表作有：《1927—1937 年的上海——市政府、地方性和现代化》《上海妓女：19—20 世纪中国的卖淫与性》《中国民间生活：上海土山湾孤儿院人物木刻》《镰刀与城市：以上海为例的死亡社会史研究》等。“虚拟上海”平台是其以往主持同名课题成果转化而来的电子数据平台，旨在为广大学者、学生和公民提供研究工具和史料资源。

二、使 用 方 法

在“虚拟上海”平台的主页，主要有两套索引菜单：

1. 水平菜单栏

左上角的水平菜单栏主要是数据和文档的索引，便于访问者查找各类资源，包括 Map Collection、Image & Media、Texts & Data、References 四个部分。

Map Collection(地图合集)

地图数据库：收录平台中的所有地图，涉及人口、交通、街道等多个领域。浏览者可以根据原始题名、年份、拼音等信息进行检索。

原始地图：收录来源于档案馆、图书馆和书籍中的原始历史地图。这些地图可作为原始历史文献使用。

底图：收录在基础地图基础上绘制的线稿，多用来反映行政区划等管理边界。它们以 jpeg 格式提供，并以 GIS shapefile 的形式存在。

E-图集(eAtlas)：收录“虚拟上海”团队制作的主题地图。这些地图以 jpeg 格式提供。部分文件和 shapefiles(一种矢量图形格式)一样可用，并且可以在实景地图上看到。

实景地图：用以介绍地理信息系统(GIS)服务器及实景地图的功能和使用方法。目前该页面可以浏览的历史地图有《上海历史地图》和《上海二十一世纪地图》。

Image & Media(图像与媒体)

图像：收录从档案馆、图书馆、书籍中收集的旧照片，时跨 19—20 世纪，内容涉及战争、城市景观、官方机构、文化、建筑、教育、健康与运动、经济、民间组织、民众日常生活等多个领域。浏览者可用题名、时间等关键词对图片进行检索。

视觉叙述：项目团队用 VizStory 制作的视觉叙述。视觉叙述是以线性电影、网格和树状图等形式呈现出的图像叙事方法。此项目目前尚在开发中。

电影：收录 1922—1997 年间的中国电影，浏览者可通过题名、发行年代、导演等关键字进行检索，并在线观看或下载。其中包括《马路天使》《神女》《三毛从军记》等著名电影。

声带：收录电影配乐、歌曲等音频。由于各种版权限制，该板块仍在开发中。

Texts & Data(文本与数据)

论文：收录虚拟上海团队成员的论文。读者可进入详情页下载 PDF

文件。

E-图书馆：收录项目团队在档案馆、图书馆、书籍收集的原始文本，反映了研究小组成员个别项目的需要。

附录：收录个别项目过程中产生或收集的杂项文件。如公司名单，词汇表等。

量化数据：收录项目团队从文献中获取的原始数据文件，主要以 Excel 电子表格的形式呈现。

分析：以静态和动态可视化的形式显示经过处理的定量数据。该板块目前还尚未开放。

建筑物：收录从 1939—1941 年和 1947 年两个版本的《上海市行号路图录》和其他文献来源中搜集到的上海民国建筑资料。目前已收集到信息的建筑数量超过 2 000 栋，并且数量还在增加。浏览者可通过建筑名称（中文 & 英文）、主楼功能（英文）、地址（英文）进行检索。

References（参考文献）

参考书目：收录中文、英文、日文和各种欧洲语言的上海历史参考书目。该数据库旨在全面覆盖英文书籍和发表在期刊上的学术论文。浏览者可随时联系“虚拟上海”项目（邮箱：contact@viralshanghai.net）提供额外的参考资料。

传记：收录“虚拟上海”平台不同部分提到的人物，以论文作者、图像或地图的绘制者为主。

出版社：收录识别地图的出版商的相关信息。

资料库：图片资源的集合。该页面对平台上的图像资源以来源进行分类，点击机构名称可查询平台收录的该来源的所有图片。

2. 垂直菜单栏

网页右边的垂直菜单栏，则用以介绍网站和相关项目的基本内容，可以使访问者了解平台创建团队、所用技术等相关信息。浏览者可通过垂直菜单栏顶端的语言选择按钮切换英语、繁体中文和简体中文。语言选择下的栏目可分为三组,分别是:常规项目、特殊集合和参考文献。

常规项目

索引:"虚拟上海"平台的主页。

项目:该页面介绍了"虚拟上海"项目的创建历史、创建目的、内容概述、研究方法和当前状态,可以使读者对"虚拟上海"项目有总体了解。

研究小组:该页面介绍了"虚拟上海"项目现有和过去所有贡献者,包括项目负责人、网络平台设计与管理团队、常设研究小组委员会、技术团队和资金来源等。

用户手册:该页面介绍了虚拟上海平台的构成和各部分的使用方法,方便浏览者学习。

其他城市:该页面用以介绍全球虚拟城市项目。页面内提供了其他单个虚拟城市平台的链接,目前除"虚拟上海"外还有"虚拟北京""虚拟汉口""虚拟西贡""虚拟苏州"和"虚拟天津"多个平台。

最近新闻:该页面是虚拟上海的嵌入式微博,页面内提供"虚拟上海"和"战争制造上海(War made Shanghai)"官方博客的链接。

特殊集合

WMS系列:该页面是对WMS(全称War made Shanghai)项目的介绍。WMS项目是法国国家研究机构(National Research Agency)资助的研究项目,由安克强教授等主持。该项目旨在探索长达一个世纪(1842—1952)的战争对上海空间历史的影响,并试图探寻战争影响下城市转型的决定因素和模式。

WMS论文:该页面收录了与WMS项目相关的论文。

WMS图像-WMS电子图集:该页面收录了与WMS项目相关的图片(包括照片、图画、草图等)、原始历史地图和主题地图。

WMS数据-WMS书目:该页面收录了与WMS项目相关的数据文件(主要以Excel表格形式呈现)和参考书目。

IPRAUS系列:该页面是对IPRAUS的介绍。IPRAUS是巴黎-贝尔维尔国家建筑学院(Paris-Belleville National School of Architecture)的一个

研究实验室。自2000年以来，IPRAUS团队一直致力于上海城市转型的研究。

图像-地图：该页面收录IPRAUS制作的图片（照片、绘制图等）和主题地图。

参考文献：

使用条款：该页面用以展示“虚拟上海”平台的版权声明、捐赠者信息和协议模板。

工具箱：该页面介绍了项目团队基于正在构建的工具箱VCP Toolbox。

三、小　结

本文是以“虚拟上海”平台用户手册为基础，加以笔者个人使用感受撰写的网站介绍。文中各栏目的名称均遵照网站简体中文界面的名称。浏览者初次使用可先将界面文字改成自己惯用语言，并阅读用户手册，以方便后续使用。

新书上架

沈洁:《百年锐于千载——清末民初的世局与士议》

(上海人民出版社,2023 年 9 月,6+273 页)

20 世纪对于中国,是一个急速的世纪。几十年一百年时间,走完了西方数百年的历程,不到十年时间即推翻了几千年的帝制,正如孙中山所说,"百年锐于千载"。本书是作者关于 20 世纪前半叶中国思想与社会变迁的思考。全书分为三部分,第一部分通过若干个案,从思想和文本这一内在理路分析辛亥前后的时代变化与读书人的心态变迁,以及这一变迁是如何深刻影响和塑造了百年间的中国历史。第二部分写民族精神与人格、国格,涉及族群、身份认同、政治行动的思想资源等问题。第三部分是串联起关于 20 世纪中国革命长线思考的几篇访谈,关注的重点在中国革命的都市性。三部分各有侧重,但都围绕着一个相同的问题展开——百年前的国人,在惶恐什么,又在希冀什么?辛亥前后,是变革的时代,也是脱序的时代。以短短数月终结两千余年帝制,新旧人物、新旧观念、新旧制度,等等,都处于碰撞、冲突、融合、变动之中。中国现代转型起于外力威迫,一切都期望迅捷和彻底。而彻底,往往带来的就是不彻底;结果也往往会在迅捷的过程中变形。由此,晚清、民初的一系列矛盾其实都可以获得解释。看似翻覆、对峙,实则紧密关联,并且始末相继、相互缠结。因而在革命之后,共和未尽,破碎感仍在久久蔓延。贯穿本书始终的便是这种"大历史"背后的破碎感,也是作者极力想要触及的历史真实。

【目录】

张剑:《民国学术评议制度的创立与学术发展》

(花木兰文化事业有限公司,2024年3月,8+724页)

学术评议是学术发展的逻辑结果,是学术发展到一定阶段后为确立知识优先权而自发产生的一套学术机制。从国外移植并本土化的民国学术评议制度作为学术体制的重要组成部分,是中国近代学术发展到一定程度的产物,虽有超前制度设计的冲动与躁动,但最终回归学术发展的正常轨道,并形成了以政府为主导、民间为辅助的本质性特征体系。具体的评议过程中,无论是政府机构还是民间组织,都逐步形成了一套比较完善而公正的评议程序,以杜绝现实政治、意识形态及其他非学术因素的侵扰,显现了学术独立于政治、学术超越政治的相对自由的学术理想状态;参与其间的学人们也往往超越个人利益与局部利益,以学术良知弥补了规则的漏洞,不仅遴选出能真正代表民国学术发展的奠基性作品与标志性人物,描绘出民国学术发展较为繁盛的图景,更建立起一套良性的学术运行机制,从而极大地影响民国学术发展。仅仅二十来年逐步建立起来的学术评议机制与整个学术体制一样,完全不能抵挡政治强力与暴力,学人们孜孜以求的学术独立梦想破灭,诉说了学术与家国的悲剧性命运。

【目录】

马军、蒋欣凯等著：《上海所见的抗日战争》

（上海社会科学院出版社，2023年12月，2+231页）

2020年12月7日，为了纪念太平洋战争爆发79周年，上海社会科学院历史研究所现代史研究室召开了名为“上海所见的亚洲太平洋战争”的学术工作坊，参与者多为“二战史”和“上海史”研究领域的熟手或新锐。本书即为当时与会论文的汇编，内容以远东最大的都市——上海为基点，考察涉及了战时生活、空军抗战、细菌战、日伪“清乡”、战犯审判等诸领域，可谓卓有特色，亦代表了目前国内抗日战争史研究的学术取向和较高水平。为了更加切题，正式出版时书名确定为《上海所见的抗日战争》，希望本书能在2025年第二次世界大战结束、世界反法西斯战争胜利80周年之际，到达专业人士和“二战”史爱好者手中，接受大家的检验与批评。

【目录】

陈雁主编：《戎光印记——上海军休干部口述历史系列（一）》

（复旦大学出版社，2023年9月，2+278页）

本书由上海市军队离休退休干部活动中心与复旦大学历史学系合作编写，历史系陈雁教授担任主编。

复旦大学历史学系40位本科生合作完成了本次口述历史，他们在上海市军队离休退休干部活动中心和各军休服务管理机构的支持和帮助下，完成了20组访谈。受访对象们人生经历千差万别，最年长的王经文政委，1928年生人，是"南京路上好八连"命名期间的指导员；最早参军的马振甲同志，1946年入伍，是参加过昌潍、济南、淮海、广德、上海扬行等解放战争重要战役的老战士；最年轻的黄凯辉士官是名80后。老兵们向复旦的学生们讲述的不只是他们人生辉煌的故事，润物细无声传递的更是做人的道理、对信念的追求、在困难前的不屈、不计名利得失的谦逊……在这项收集、整理、保存、宣传中国人民解放军先进典型人物事迹的工作中，大学生们深受教育与激励，很多原本只在教科书、在报刊中读到过的人和事突然能够面对面地对话，有机会亲身触摸历史，这种感动与教育是课堂和书斋永远无法取代的。《戎光印记》的出版，是复旦大学历史学系的学生们走出书斋对话英雄模范的第一课，也是军地合作征集、整理英雄模范的口述史料，挖掘优秀典型故事，弘扬人民军队辉煌历史、丰富经验和伟大精神的一次有益尝试。

【目录】

蒋杰主编：《数字人文与史学研究》

（上海三联书店，2023 年 8 月，263 页）

基于自然语言处理、机器学习和数据挖掘等技术的"数字人文"(Digital Humanities)是过去十多年中人文学科最热门的研究方向之一，其巨大的影响力波及文学、哲学在内的一切传统文科。面对滚滚而来的"数字洪流"，古老的历史学也难以"独善其身"。计算机设备、数字化和数据化资源以及网络环境的急速变化，在给科研环境带来革命性变革的同时，也开始不断颠覆史学研究的传统模式，特别是 OpenAI 推出基于大语言模型的 Chatgpt 之后，历史学的教学和研究又将面临怎样的挑战？上海师范大学"数字人文资源建设与研究重点创新团队"邀集一批长期从事数字历史研究的学者，分别从理论、资源和案例等三个方面分享他们的最新成果与发现。"理论篇"主要针对数字历史的现状、困境以及未来展开评估。数字资源的建设与利用构成了"资源篇"的核心议题。"巧妇难为无米之炊"，在数字时代，将数字化和数据化了的各类历史文献视作史学研究赖以生存的"战略资源"似不为过。因此，是否掌握数字资源的检索技巧，能否获得充足的数字资源，成为一项史学研究能否成功的关键。数字历史研究，除理论探讨和资源宣介外，还必须落实在一个个鲜活的研究个案之上，方能展现其科学、高效以及与众不同之处。为此，"案例篇"围绕文本挖掘、图像研究和量化分析等主题，组织了一系列最新的研究成果。

【目录】

征稿启事

《现代中国与世界》系上海社会科学院历史研究所现代史研究室主办之连续性学术出版物，旨在汇聚学界新声，推动中国现代史学科发展。本集刊由上海书店出版社出版，每年一本。热忱欢迎海内外广大学者、研究生赐稿。

本集刊主要聚焦20世纪前半叶之中国历史，侧重中国与世界在政治、经济、文化、社会等各方面的关联，设专题论文、现代中国的革命与战争、现代中国的社会与文化、中外关系史、国际视野下的中国抗战研究、国际汉学研究、文献目录、学术动态（含研究综述、书评、会议综述）等专栏。

本集刊接受中英文投稿，字数最多不超过3万字，注释统一为页下注，注释规范请参考《史林》。英文稿件，参照国际通行注释规范。投稿作者请注明联系方式。由于人力所限，如来稿一月之内未得本集刊编委会录用通知，敬请自行处理。

本集刊专用投稿邮箱：shxiandaishi@sina.com

图书在版编目(CIP)数据

现代中国与世界. 第四辑 / 马军，张剑，江文君著. 上海 ：上海书店出版社，2025. 8. -- ISBN 978-7-5458-2495-7

Ⅰ. K270. 7

中国国家版本馆 CIP 数据核字第 202562YP74 号

责任编辑 邓小娇
封面设计 郦书径
封面题字 金秀才

现代中国与世界
（第四辑）
马　军　张　剑　江文君　等著

出　　版 上海书店出版社
（201101　上海市闵行区号景路 159 弄 C 座）
发　　行 上海人民出版社发行中心
印　　刷 上海叶大印务发展有限公司
开　　本 710×1000　1/16
印　　张 28.25
字　　数 400,000
版　　次 2025 年 8 月第 1 版
印　　次 2025 年 8 月第 1 次印刷
ISBN 978-7-5458-2495-7/K·537
定　　价 98.00 元